근대 역사담론의 생산과 역사소설

지은이 이승윤(李承潤, Lee, Seung-Yun)은 연세대학교 국어국문학과를 졸업하고, 같은 학교 대학원에서 2006년 2월 「한국 근대 역사소설의 형성과 전개—매체를 통한 역사담론의 생산과 근대적 역사소설 양식에 관한 통시적 고찰」로 박사학위를 받았다. 논저로는 「교양소설의 가능성 혹은 소설의 미래」, 「토지에 나타난 식민지 경성의 문화와 근대성의 경험」, 「총서에 나타난 해방기 북한의 국가 만들기 기획과 서사의 균열」, 『토지의 문화지형학』(공저), 『독서지도 어떻게 할 것인가』(공저), 『딱지본 대중소설의 발견』(공저) 등이 있다. 최근에는 근대 잡지와 신문 등에 나타난 정치 · 사회 · 역사 관련 자료를 통해 당대의 현실이해나 역사인식을 구성하는 표상작용 및 역사 서술의 제도성과 문학적 실천에 대한 연구에 관심을 두고 있다.

근대 역사담론의 생산과 역사소설

2009년 10월 1일 1판 1쇄 인쇄
2009년 10월 5일 1판 1쇄 발행

지은이 _ 이승윤
펴낸이 _ 박성모
펴낸곳 _ 소명출판
등록 _ 제13-522호
주소 _ 137-878 서울시 서초구 서초동 1621-18 (란빌딩 1층)
대표전화 _ (02) 585-7840
팩시밀리 _ (02) 585-7848

somyong@korea.com | www.somyong.co.kr

값 17,000원
ISBN 978-89-5626-423-3 93810

근대 역사담론의 생산과 역사소설

Production of Modern Historical Discourse and Historical Novels

이승윤

소명출판

책머리에

그대는 사랑의 기억도 없을 것이다
긴 낮 긴 밤을
멀미같이 시간을 앓았을 것이다
천형 때문에 홀로 앉아
글을 썼던 사람
육체를 거세당하고
인생을 거세당하고
엉덩이 하나 놓을 자리 의지하며
그대는 진실을 기록하려 했는가
—박경리 詩, 「司馬 遷」 全文

'역사'는 익숙한 것이면서도 낯설다. '역사'는 기억 저편에 존재하는 것이면서, 교육과 교양, 계몽과 학습의 도구로 가장 빈번히 호출되는 대상이기도 하다. 그것은 누군가에 의해 선택적으로 호명되고, 가공된다. '여기 지금' 호출된 '역사'는 과거의 기억이 아니라 현재적 의미를 가진 그 무엇이 된다. 이제 '역사'는 누군가에겐 치명적인 무기가 되기도 하고, 누군가에겐 위로가 되기도 한다. '역사'는 단순한 과거의 기록이 아니라 그것이 실린 여러 매체, 그리고 역사가·소설가·시인·출판편집자·정치인 등 다양한 유저(user)의 필요에 의해 새로이 구성된 과거이다.

한무제에게 직언을 하다가 궁형을 당하는 처지를 맞이한 사마천, 그가 탐구했던 것은 정의롭지 않은 역사 속에서 인간은 '어떻게' 살아야 하는가 하는 문제였다. 여기서 '어떻게'를 구성하는 것은 결국 '이야기'

이다. 세계는 '이야기'로 가득 차 있다. 주체를 둘러싼 세계와 그 둘의 불협화음, 단절, 간극들……. 그 둘 사이를 조정하고, 연결하며, 메우는 일을 이야기가 맡고 있다. '역사'와 '이야기'에 대한 관심, 그 둘의 길항 관계, 끊임없이 변화하는 교섭과 차용과 배제의 회로, 그것이 곧 내 문학 연구의 출발이었으며 이 책의 문제의식이기도 하다.

이 책은 필자의 박사학위 논문을 정리한 것이다. 박사논문을 제출한 것이 2005년이니 벌써 4년 가까운 세월이 흘렀다. 4년여의 시간이 논문을 숙성시켜 더욱 살찌우기를 바랐지만 그러지 못했다. 모두 필자의 게으름 탓이다. 이 책에서 이룬 작은 전진이 있다면 그것은 선행 연구자들이 쌓아올린 수많은 퇴적 속에서 가능한 것이었다.

역사소설에 대한 관심은 지극히 개인적인 환경 속에서 잉태되었다. 주로 역사드라마를 집필하였던 아버지 덕분에 집안 곳곳에는 역사소설들이 넘쳐났다. 위인전보다 박종화의 『삼국지』와 유주현의 『대원군』이 내겐 익숙한 텍스트였다. 동화집보다 신정언, 차상찬, 윤백남 등의 야담 전집이 내겐 훨씬 더 흥미진진한 어린 시절의 독서 체험으로 남아 있다. 하지만 어렸을 때의 원체험과 그것을 논리적으로 재구성하는 것은 전혀 별개의 일이다. 박사논문 기획부터 지금까지 같은 주제로 오랫동안 시간을 끌 수밖에 없었던 것은 어쩌면 당연한 결과였다.

본 연구는 일제 식민지하 역사담론의 생산과 재편의 과정을 살피는 일이 곧 역사소설 생산의 역학과 실천의 과정을 해명하는데 기본전제가 된다는 문제의식으로부터 출발하였다. 현실과 역사가 생성되는 과정과 그것이 이른바 역사소설로서 재생산되는 과정은, 현실이해나 역사인식을 형태 짓는 표상작용 및 역사서술의 제도성과 실천에 대한 접근과 해명이 전제되어야 한다. 역사・문학・매체・독자 간의 상호 길항관계와 그들이 생산해내는 여러 담론에 대한 고찰은, 근대 역사소설 양식에 이르는 과정을 해명하기 위한 것이었다.

2장에서 다룬 근대계몽기 역사전기소설에 대한 연구는 그것이 특정한 시기의 예외적인 문학 현상이기 이전에, 사회와 역사, 양식과 독자에 대한 고민의 결과라는 점에 주목한 것이다. 표면상 1910년 이후 역사전기소설의 생산은 불가능해지지만 그것은 작가들에게 '역사'가 대중 독자들을 교양, 계몽하기에 가장 유용한 도구임을 확인할 수 있게 하였다.

국난극복이라는 대의는 사라졌지만 1910년대 이후에도 '역사'는 여전히 대중 독자들에게 현실에 대한 관심을 환기시키는 주요한 소재였다. 또한 출판시상에서 '역사'는 가장 안선하게 독자를 확보할 수 있는 유용한 콘텐츠였다. 3장에서 시도한 구활자본 고소설 중 많은 부분을 차지하는 역사소재 소설에 대한 검토는 이러한 현상에 주목한 것이다.

사실 1910년대와 20년대에 주로 생산된 구활자본 고소설은 시기적으로는 현대문학 전공자들의 연구대상이지만 내용상으로는 고전문학 전공자들의 것이다. 따라서 이에 대한 본격적인 연구는 지금까지도 미진한 상태이다. 국문학과 안에서도 분과간의 교류가 절실하다는 생각을 했던 지점이기도 하다. 논문의 진행 과정 중에 대중서사학회 딱지본 세미나 팀의 조언과 발표의 기회는 거친 생각들을 다듬는데 많은 도움이 되었다.

3장과 4장에서 다룬 『한빛』, 『별건곤』, 『삼천리』, 『조광』 등에 나타난 역사담론과 역사를 매개로 한 여러 양식의 글들은 아직 근대적인 의미에서 역사소설로 나아가지는 못했지만 대중의 역사에 대한 수요를 충족시키는 중요한 기능을 담당했음을 확인할 수 있었다. 하지만 이에 대한 연구는 여전히 진행형의 과제이다. 특히 JODK의 역사동원 방식과 식민정책에 대한 연구는 자료에 대한 접근이 쉽지 않았다. 최종 결과라기보다는 문제제기의 성격으로 차후 보완할 수 있기를 기대한다.

다양한 역사담론들과 그것들의 생산, 그리고 역사소설 양식의 정립에 이르는 과정은 수직적인 계승관계였다기보다는 충돌과 변이, 경쟁과 갈등 속에서 재배치되며 또한 상호 보완적인 제휴의 관계를 맺기도 한다. 일제하 여러 담론의 생성과 소멸은 외적 요소에 의해 강하게 견인될 수밖에 없으며, 그것은 곧 이 시기의 담론이 외부현실과 맺었던 치열한 긴장관계를 반증하는 것이기도 하다.

이상의 연구를 통하여 역사발전의 특수성과 관련지어 역사의식 형성의 특수성과 초기 역사소설 대두와의 상호관계, 폭넓은 의미의 우리나라 역사소설의 전통과 근대 역사소설의 관련성, 춘원 이후 20세기 역사소설의 문학사적 발전에 따른 서술문제 등에 대한 실마리를 제공할 수 있었으면 하는 바람이다.

이러한 시도들을 성취하기 위해서는 당대 잡지와 광범위한 자료에 대한 수집 검토 작업이 불가피했다. 이 책의 부록으로 실려 있는 『별건곤』, 『한빛』, 『삼천리』, 『조광』 등에 실린 사화(史話), 야담(野談), 역사관련 목록과 JODK의 강좌·위안·문예·역사 관련 기사목록이 그 중 일부이다. 이 목록을 두고 개별 연구들이 진행되었는데 모두 반영하지는 못하였다. 자료들의 아우성이 들리는 듯하다. 아우성이 의미 있는 메아리가 될 수 있도록 서둘지 않고 한 걸음씩 나아갈 것이다.

처음 책을 낸다. 부끄럽다. 이 작은 결실을 맺기까지 감사의 말씀을 드려야 할 분들이 너무나 많다. 먼저, 부족한 제자를 아버지처럼 때론 엄한 스승으로 인생과 학문의 길을 가르쳐 주신 정현기 선생님께 감사를 드린다. 오랫동안 건강하셨으면 하는 마음 간절하다. 학문하는 태도 뿐 아니라, 주저하는 필자에게 언제나 용기를 주고 조언을 아끼지 않으신 김영민 선생님께도 깊은 감사의 말씀을 드린다. 논문의 출발부터 마무리까지 선생님의 격려와 충고가 없었으면 이 논문은 불가능했다. 허술하고 성긴 논문을 꼼꼼히 지도해 주신 송하춘, 양문규, 이경훈 선생님의 따뜻한 가르침 또한 잊을 수 없다. 선생님들께 큰 빚을 졌다. 정진하여 차차 갚을 것을 약속드린다.

윤덕진, 임성래 선생님과는 오랜 기간 프로젝트를 진행하며 가시적인 결과물보다 더 많은 것을 보고 배울 수 있는 소중한 기회를 얻었다. 두 분 선생님께도 머리 숙여 감사드린다. 최유찬 선생님과 토지문학연구회 선생님들에게도 감사의 마음을 전한다. 기꺼이 연대할 수 있는 동지들이 있다는 것은 연구자에겐 더할 수 없는 행운이다.

박경리 선생님의 시집 『자유』(1994)의 첫 시가 「사마 천(司馬 遷)」이다. 사마천의 삶이 곧 선생님의 삶은 아니었는지……. 역사와 글쓰기, 사랑과 진실은 둘 모두에게 평생의 키워드였다. 소중하고 오랜 인연이 무색하게 선생님께 보여드린 것이 없고, 이제 보여드릴 수도 없어 애통하다. 연구자로서의 길을 성실히 가는 것만이 내가 할 수 있는 일이라 생각한다. 궁극적으로 사마천은 정의롭지 않은 역사일지라도 각자가 자신이 옳다고 생각하는 일을 행하며 살아야 한다고 말한다. 내가 과연 그럴 수 있을까?

연구자는 언제나 출발선에 서 있는 자이다. 연구자의 운명은 언제나 한 연구의 끝이 다른 연구의 출발이 될 수밖에 없으며 또 그래야 한다고 믿는다. 비틀거리고 두리번거리며 왔지만 내가 아직 길 위에 있다는 사실에 감사한다.

20년이 넘었지만 늘 그리운 아버지, 당신에 대한 기억과 흔적들이 나를 버틸 수 있게 한 힘이 되었다. 공부하고 가르치는 아들을 자랑스러워 하시면서도 늘 안타까운 마음으로 지켜봐주시는 어머니, 어머니의 믿음과 격려가 없었다면 그 지난한 길을 버티지 못했을 지도 모른다. 이 책이 그 믿음에 대한 보답이 될 수는 없지만, 새로운 출발을 위한 다짐으로 당신에게 드린다. 오랜 시간 인내와 헌신으로 묵묵히 기다리며 응원해 준 아내와 내 삶의 동력인 두 아들은 이 책의 또 다른 저자이다.

마지막으로 이 책의 출판을 허락해 주신 연세대 근대한국학연구소와 어지러운 글을 반듯하게 책으로 꾸며준 소명출판에도 깊은 감사의 인사를 드린다.

2009년 8월
이승윤

● 차례 ●

책머리에 / 3

제1장_ 역사담론 · 역사소설 · 문학사

1. 문제제기 및 연구사 검토 11
2. 연구방법 및 연구대상 18

제2장_ 근대 계몽기 역사 · 전기소설의 형성과 전개

1. 역사 · 전기소설 출현의 시대적 의미 29
2. 역사 · 전기소설의 양식적 특질과 개념 규정 34
   1) 역사 · 전기소설의 개념과 범주 34
   2) 역사 · 전기소설의 형성과정과 양식적 특질 41
3. 역사 · 전기소설의 소멸과 전도 55

제3장_ 1910~20년대 역사 수용 양식의 변화와 모색

1. 역사 소재 구활자본 고소설의 등장 59
   1) 수용과 변개(變改)－역사 소재 구활자본 고소설의 생산과 유통 59
   2) 구활자본 고소설의 역사 차용 방식 77
   3) 구활자본 고소설의 소설사적 위치 84
2. 역사물 보급운동과 야담운동의 발흥 89
   1) 역사물 보급운동과 『한빛』의 창간 89
   2) 조선야담사의 창립과 양식적 실험 91
   3) 역사를 통한 계몽의 기획과 통속성 97
3. '민중적' 역사의 복원과 계몽의 욕망 109
   1) 1920년대 문단 지형과 매체의 발간 109
   2) 『별건곤』의 창간과 양식적 실험 113
   3) 역사담물의 기획과 대중적 소비 121

제4장_ 1930년대 역사담론의 수용과 역사소설

1. 역사담론 생산의 지형과 문학적 대응 133
   1) 영웅의 호출과 공동체의 기억 133
   2) 『월간야담』과 『야담』의 역사 수용 방식 144
2. 대중지에 나타난 역사담론의 특질—『삼천리』, 『조광』을 중심으로 151
   1) 『삼천리』, 『조광』에 나타난 역사물의 생산과 유통 151
   2) 식민담론의 생산과 역사물의 대중적 소비 160
3. JODK의 역사 동원 방식 170
   1) 방송매체의 등장과 담론의 생산 170
   2) 식민정책과 경성방송의 프로그램 편성 174
   3) 문학관련 프로그램의 편성과 문인의 역할 180
   4) 식민지 언어정책과 일조동조론(日朝同祖論) 186

제5장_ 굴절과 계승

1. 역사소설 논의의 전개와 문단의 대응 190
2. 근대적 역사소설 양식의 정립 201

제6장_ 한국 근대 역사소설의 정립 208

참고문헌 / 220

부록

1. 『別乾坤』 史話 · 野談 · 역사 관련 목록(1926.11~1934.6) 243
2. 『한빛』 史話 · 野談 · 역사 관련 목록(1928.1~1928.8) 251
3. 『三千里』 史話 · 野談 · 역사 관련 목록(1929.7~1942.1) 253
4. 『朝光』 史話 · 野談 · 역사 관련 목록(1935.11~1944.8) 262
5. JODK 강좌 · 위안 · 문예 · 역사 관련 기사 목록 267

제1장
역사담론 · 역사소설 · 문학사

1. 문제제기 및 연구사 검토

우리의 역사소설들은 근대문학 초창기에 선구적인 활동을 담당했던 작가들에 의해 꾸준히 창작되어 그 맥락을 형성하게 된다. 특히 1930년대 본격적인 장편 역사소설의 등장은 일차적으로 1920년대 이후 저널리즘의 성장으로 인한 상업주의적 태도와 일제의 침략 정책 강화, 언론 통제와 문학 검열 등에 대한 작가의 대안적 태도에서 비롯된 것이라 할 수 있다. 이에 주목하여 기존의 많은 연구들은 식민지라고 하는 특수한 역사적 환경 속에서 역사물로의 도피, 민족의식의 고취에 역점을 둔 작가의 의도와 독자들의 복고적 취향에 영합하려는 심리 등이 1930년대 역사소설 생성의 조건이었음을 지적하고 있다. 하지만 작가 의도와 독자의 취향만으로 이 시기 역사소설 형성을 설명할 수는 없을 것이다.

무엇보다 이 시기 신문·잡지 등 저널리즘의 성장은 장편 연재소설의 중요한 생산 조건이었다. 이러한 저널들을 통해 생산된 많은 역사담론들과 역사소설들과의 관계 또한 규명되어야 할 것이다.

일제하에 진행되었던 역사를 둘러싼 여러 담론들의 생산을 단순히 정치적 억압의 문제에 따른 결과로만 볼 수는 없다. 이데올로기로서의 식민주의는 식민지의 역사와 문화를 부정하거나 열등한 것으로 설정함으로써 지배를 정당화하는 담론적 규칙성을 갖고 있다. 이러한 식민주의에 대한 식민지인들의 대응을 수용이나 부정, 또는 복종이나 저항으로 단순화할 수는 없다.

오히려 거기에는 식민지 근대의 사회 변동에 따른 여러 담론의 생산과 유통, 소비에 따른 다층적인 여러 양상과 이에 대한 대응이 자리하고 있다. 예컨대 식민지배를 받게 되었을 때 식민지인으로서 자신이 속한 사회가 나아가야 할 바람직한 방향이 무엇이고, 자신들이 누구인지를 묻고 답하는 이른바 정체성에 관한 여러 층위의 논의들이 '역사'를 둘러싸고 이루어져 왔다. 정체성이란 고정불변한 본질이라기보다는 사회문화적 제관계 속에서 생산되는 담론 형성 과정에서 밝혀질 어떤 것이다.

본 연구는 바로 이러한 문제의식으로부터 출발한다. 기존의 역사소설에 대한 연구는 이른바 근대계몽기의 역사·전기소설, 혹은 1930년대에 창작된 장편 역사소설 등 특정 시기의 작품론에 집중되어 있었다. 또한 주로 작품론에 치우쳐 전체 소설사적 맥락 속에서 근대 역사소설의 사적(史的) 전개 과정을 파악하기에는 미흡했다고 할 수 있다.

역사소설에 대한 기존 연구 성과 부족의 원인을 정리하면 다음과 같다. 첫째, 1920년대를 전후하여 역사소설이 집필되던 초창기의 특수한 시대적·문화적 환경과의 관련성이다. 즉, 이때의 역사소설은 대부분 신문연재소설의 형태로 발표되면서 대중적인 독자층을 의식할 수밖에 없었다. 또한 일부 작가들 중에는 현실 문제를 정면으로 취급할 수 없을 만큼 억압된 사회 현실 속에서 역사 사실들을 작품 소재로 택함으로써 당대 사회의 당면 문제에 대해 눈감거나 독자들의 복고적인 취향에 영합하려는 안이한 태도를 보여준 경우가 있었다. 이러한 사실은 곧 역사소설을 본격문학의 영역에서 제외시키는 경향을 자초하였다.

둘째, 역사소설이라는 장르 자체가 안고 있는 문제점 또한 역사소설 연구를 더디게 한 하나의 요인이라 할 수 있다. 루카치의 지적처럼 역사소설이란 하나의 독립된 장르라기보다는 소설 일반을 위시한 넓은 의미의 서사적 장르와 상호 유기적인 관련을 맺고 있다.[1] 따라서 소설과 시사형식의 일반적 논의 속에서 역사소설의 특수한 성격을 가려내기란 결코 쉬운 작업이 아니라고 할 수 있다.

셋째, 풍속사, 문화사, 경제사 등 과거의 소설화에 필수적인 역사학제 분야의 불충분한 연구 역시 역사소설의 발전과 이에 대한 연구의 걸림돌로 작용할 수밖에 없었다. 그러나 이러한 문제점들이 곧 역사소설 연구 부족의 이유는 될 수 없다. 역사소설 분야 또한 우리 문학사가 껴안아야 할 소중한 몫이다. 굴절된 형태로 나타날 수밖에 없었던 초창기 역사소설의 생성은 당대 제 조건들과의 관련 속에서 그 의미를 찾아야 할 것이다.

1920년대와 30년대 당시 역사소설에 대한 논의는 역사소설에 대한 관심 표명이나 작가의 창작 동기, 외국 이론 소개 등이 신문과 잡지 등에 단편적으로 발표된 것[2]으로서 본격적인 비평이나 연구라고 보기는

---

1) G. Lucács, 이영욱 역, 『역사소설론』, 거름, 1987, 13~26면 참조.

2) 양건식, 「강담과 문예가」, 『중외일보』, 1927.11.15; 이광수, 「단종애사에 대하여」, 『三千里』, 1929.7; 홍명희, 「임거정전에 대하여」, 『三千里』, 1929.7; 김동인, 「춘원연구」, 『三千里』(1934.12~1935.10), 『삼천리문학』(1938.1~1938.4), 『三千里』(1938.10~1939.6); 염상섭, 「역사소설시대」, 『매일신보』, 1934.12.20~22・24~28; 牛耳洞人, 「역사와 문학의 관계를 말함」, 『조선문학』, 1935.2; 이광수 외, 「장편작가회의」, 『三千里』, 1936.11; 한식, 「역사문학의 재인식의 필요」, 『동아일보』, 1937.10.6~7; 김남천, 「고발의 정신과 작가」, 『조선일보』, 1937.6.1~5; 김남천, 「유다적인 것과 문학」, 『조선일보』, 1937.12.14~18; 김남천, 「조선적 장편소설의 일고찰—현대 '쩌—나리즘'과 문예와의 교섭」, 『동아일보』, 1937.10.19~10.23; 김남천, 「현대 조선소설의 이념」, 『조선일보』, 1938.9.10~18; 김남천, 「관찰문학 소설론」, 『인문평론』, 1940.4; 이원조, 「신문소설 분화론」, 『朝光』, 1938.2; 이

어렵다. 해방 이후에도 역사소설에 대한 논의들이 간헐적으로 있어 왔으나, 역사소설에 대해 근본적인 문제를 제기하고 심도 있는 논의가 진행된 것은 1960년대 중반부터라 할 수 있다.[3] 이후 비평적인 접근보다는 학문적인 방향에서 접근하고 분석하려는 여러 시도가 1980년대 이후에 집중적으로 전개되어 왔다. 하지만 대개는 개별 작품론이나 작가론의 일부로 논의가 이루어졌을 뿐 역사소설 전반에 대한 연구는 여전히 상대적으로 미약한 형편이다.[4]

하지만 최근 많은 자료의 발굴과 함께 역사소설에 대한 연구는 괄목할 만한 성과를 보여주고 있다. 특히 근대계몽기의 이른바 단형서사에 대한 다양한 방법론적 접근[5]은 이 시기 역사・전기소설의 성립에 외국

원조, 「임거정에 관한 소고찰」, 『朝光』, 1938.8; 서인식, 「역사에 있어서의 행동과 관상—역사와 영웅을 말함」, 『동아일보』, 1939.4.23~5.4; 서인식, 「역사와 문학」, 『문장』, 1939.9; 서인식, 「께오리 루가츠 역사문학론 해설」, 『인문평론』, 1939.11; 현진건, 「역사소설문제」, 『문장』, 1939.12; 박종화, 「역사소설과 고증」, 『문장』, 1940.10 등.

3) 백낙청, 「역사소설과 역사의식」, 『창작과비평』, 창작과비평사, 1967년 봄; 한영환, 「한국 근대 역사소설의 연구」, 『성신여대 연구논문집』 2호, 성신여대 출판부, 1969.11; 반성완, 「루카치의 역사소설 이론과 우리의 역사소설」, 『외국문학』, 열음사, 1984년 겨울; 김윤식, 「우리 역사소설의 4가지 유형」, 『소설문학』, 소설문학사, 1985.6.

4) 개별 작가론이나 작품론이 아닌 역사소설 전반을 다룬 연구 성과는 송백헌, 「한국 근대역사소설 연구」, 단국대 박사논문, 1982; 최유찬, 「1930년대 역사소설론 연구」, 연세대 석사논문, 1983; 강영주, 「한국 근대역사소설 연구」, 서울대 박사논문, 1986; 신재성, 「1920~30년대 한국 역사소설 연구」, 서울대 석사논문, 1986; 김치홍, 「한국 근대역사소설의 사적 연구」, 명지대 박사논문, 1986; 홍정운, 「한국 근대역사소설 연구」, 동국대 박사논문, 1987; 홍성암, 「한국 근대역사소설 연구」, 한양대 박사논문, 1988; 문철주, 「한국 근대역사소설 연구」, 동아대 박사논문, 1993; 유재엽, 「1930년대 한국 역사소설 연구」, 단국대 박사논문, 1996; 공임순, 「한국 근대역사소설의 장르론적 연구」, 서강대 박사논문, 2000 등 10편 남짓에 불과하다.

5) 송현호, 「한국 근대소설의 형성에 관한 연구」, 『인문논총』 5집, 아주대 인문과학연구소, 1994; 임성래, 『조선 후기의 대중소설』, 태학사, 1995; 권영민, 「개화 계몽시대 서사양식의 장르 분화」, 『한국문화』 16호, 서울대 규장각 한국학연구원, 1996; 김영민, 『한국 근대소설사』, 솔, 1997; 송현호, 「애국계몽기의 문학개혁운동과 문학론」, 『인문논총』 8집, 아주대 인문과학연구소, 1997; 강명관, 「근대계몽기 출판운동과 그 역사적 의의」, 『민족문학사연구』 14호, 민족문학사연구소, 1999년 상반기; 정선태, 『개화기 신문 논설의 서사 수용 양상』, 소명출판, 1999; 한기형, 「신소설 형성의 양식적 기반」, 『민족문학사연구』 14호, 민족문학사연구소, 1999; 권보드래, 『한국 근대소설의 기원』, 소명출판, 2000; 김유규, 『개

작품의 번역·번안이라는 외래적 요소뿐만이 아니라, 군담소설이나 전(傳), 야담 등 전래적 서사문학 장르의 전통이 중요한 역할을 담당하였음을 확인시켜 주고 있다.[6] 이러한 작업은 무엇보다 고전문학과 현대문학의 경계를 허물고, 역사학·사회학·서지학 등 인접 분야와의 활발한 교류를 통해 향후 역사소설 연구의 토대가 될 수 있을 것이다.

나아가 이 시기 신문이나 잡지 등에 실린 이른바 인물기사나 인물고 등이 역사·전기소설의 창작에 많은 영향을 미쳤음을 보여주는 연구 또한 중요한 성과라 할 수 있다.[7] 근대계몽기 난형서사들에 대한 다양한 방법론적 접근은 전통적 양식이 근대적 양식으로 변모하는 여러 경로들을 천착함으로써 그들이 근대문학 형성 과정에 개입한 과정을 보

화기 단형서사문학의 이해』, 국학자료원, 2000; 우림걸, 「양계초 역사·전기소설의 한국적 수용」, 중한인문과학연구회 국제학술대회 발표문, 2001; 이상금·장희권, 「역사와 문학의 매개체로서 전기소설의 가능성」, 『비교문학』 27호, 비교문학회, 2001; 권영민, 「개화기 서사양식의 분화과정과 반식민주의 담론의 성립」, 『한국 근대사회와 문화』 I(이병근 외), 서울대 출판부, 2003; 양문규, 「1900년대 신문·잡지 미디어와 근대소설의 탄생」, 『현대문학의 연구』 23호, 한국문학연구학회, 2004.7.

6) 강영주, 「애국계몽기의 전기문학」, 『전환기의 동아시아 문학』(임형택·최원식 편), 창작과비평사, 1985; 김교봉·설성경, 『근대 전환기 소설 연구』, 국학자료원, 1991; 한기형, 「한문단편의 서사전통과 신소설」, 『민족문학사연구』 4호, 민족문학사연구소, 1994; 임형택, 「야담의 근대적 변모－일제하에서 야담전통의 계승양상」, 『한국한문학연구』 19집, 태학사, 1996; 신해진, 「야담연구의 현황과 그 과제」, 『고소설연구』 3, 월인, 1996; 이강엽, 『토의문학의 전통과 우리 소설』, 태학사, 1997; 이경우, 『한국 야담의 문학성 연구』, 국학자료원, 1997; 정부교, 「근대 야담의 전통계승양상과 의미」, 『국어국문학』 35집, 국어국문학회, 1998.12; 이주영, 『구활자본 고전소설 연구』, 월인, 1998; 권혁래, 「조선 후기 역사소설연구」, 연세대 박사논문, 1999; 김영민, 「한국 근대소설 발생과정 연구－조선 후기 야담과 개화기 문학 양식의 연관성을 중심으로」, 『국어국문학』 127집, 국어국문학회, 2000; 박중렬, 「한국 근대 전환기 소설의 근대성과 계몽담론 연구」, 전남대 박사논문, 2000; 권순긍, 『활자본 고소설의 편폭과 지향』, 보고사, 2000; 양문규, 「근대전환기 한국소설의 전통과 서구수용」, 『한국문학논총』 34호, 한국문학회, 2003; 김찬기, 『한국 근대소설의 형성과 전(傳)』, 소명출판, 2004 등.

7) 김영민, 「역사·전기소설 연구－양식의 발생과 소설사적 맥락을 중심으로」, 『애산학보』 19호, 애산학회, 1996; 김영민, 「역사·전기소설의 형성과 전개」, 『제31회 동양학학술회의 강연초』, 단국대 동양학연구소, 2001; 김영민, 「근대계몽기 단형서사문학 자료 연구」, 『근대계몽기 단형서사문학 자료전집』(김영민·구장률·이유미 편), 소명출판, 2003.

여주었다는 점에서 중요한 의미를 갖는다.[8)]

하지만 다른 한편으로 이들 연구는 근대계몽기라는 시대적 제한에 묶임으로써 일정한 한계를 노출할 수밖에 없다.[9)] 예컨대 1920년대까지 갱신을 거듭하며 지속된 서사물들의 존재를 간과함으로써 이 서사물들이 관습화된 하나의 양식이라기보다는 잠시 명멸한 소규모의 징후로 절하될 소지를 내포한다. 또한 단편 서사물과 신소설의 관계에만 집중하여 논의를 진행할 경우, 이후 진행되는 지속적인 융합과 교섭의 과정을 규명하는 데 한계를 가질 수밖에 없다.

본 연구는 이러한 기존의 성과들을 바탕으로 근대의 여러 매체들이 생산해내는 다양한 역사담론의 형성과 소설적 수용,[10)] 나아가 근대적 역사소설 양식의 정립에 이르는 사적(史的) 관계에 대해 고찰해 볼 것이다. 신문·잡지 등 매체에 주목하는 이유는, 지금까지 근대 역사소설에 대한 접근이 주로 일제하라는 시대적 상황에 근거하여 작가의식이나 작품의 미학적 측면 즉 문학의 생산적 차원을 중심으로 조명되어 왔으

---

8) 예컨대 1900년대 계몽담론의 서사양식은 '서사적 논설/논설적 서사'나 '단편 서사물'로 불린다. 김영민은 한국 근대소설 발생의 전사(前史)로 '서사적 논설'과 '논설적 서사'의 두 단계를 설정하고 외형상 서사가 강조된 문학양식인 '논설적 서사'를 근대소설 양식의 출발로 간주한다(『한국 근대소설사』, 솔, 1997). 정선태는 이러한 논의의 연장에서 개화기 신문의 '서사적 논설'을 '문답식', '토론식', '일화식'으로 구분하였다(『개화기 신문 논설 서사수용 양상』, 소명출판, 1999). 한편 한기형은 김영민이 말한 '서사적 논설'과 '논설적 서사'를 '단편 서사물'로 통칭하면서, 단편 서사물과 신소설이 수직적 계승관계가 아님을 주장하였다. 그는 신문에 나타난 단편 서사물의 양상을 '시사토론체', '우의체', '기사체', '풍자'로 나누어 설명한다(『한국 근대소설사의 시각』, 소명출판, 1999).

9) 박진영, 「근대 초기 문학을 바라보는 시각과 과제」, 『상허학보』 9집, 깊은샘, 2002.8 참조.

10) 역사담론의 형성이 역사소설로 수용되는 과정이 늘 일방적으로 진행되는 것은 아니다. 역으로 하나의 문학작품이 그 사회의 담론 형성에 영향을 미치기도 한다. 시바료타로[司馬遼太郎]의 역사소설 『언덕위의 구름[坂の上の雲]』이 '새로운 역사교과서를 만드는 모임[新しい歴史教科書をつくる會]'의 역사관에 어떠한 영향을 미쳤는지에 대한 보고는, 문학작품과 담론 형성과의 관계를 보여주는 최근의 사례라 할 수 있다. 小森陽一, 이규수 역, 「문학으로서의 역사, 역사로서의 문학」, 『내셔널 히스토리를 넘어서』(小森陽一·高橋哲哉 편), 삼인, 2002, 26~43면 참조.

며, 문학의 물적 토대라고 할 수 있는 신문이나 잡지 등 매체에 대한 관심은 상대적으로 부족하다고 판단하였기 때문이다.

계승과 지양은 단일 양식에 의해 온전히 완성되는 것이 아니다. 특정 양식에 대한 정치 · 사회적인 요구와 그것이 당대 사회 여러 담론들과 맺는 관계, 거기서 이른바 '역사소설'이란 양식이 호출되고 생산되는 방식, 또한 그것이 어떻게 유통되고 소비되는가에 대한 검토 등을 고려할 수 있을 때, 비로소 하나의 양식이 생산되고 정착되어 가는 과정을 살필 수 있다.

양식 재편기에는 필연적으로 양식들 간의 길항과 급변이 발생하고, 양식들 간의 전환과 교섭의 과정이 뒤따른다. 이는 다만 양식 간의 차용과 분열만으로 제한되는 것이 아니라, 기존의 시대적 요구에 따른 각 양식의 자기 변모를 수반하게 되는 것이다. 즉 전통적 양식은 근대화를 요구받았고 서구적 장르는 정착화를 필요로 했다.[11] 근대 각 시기의 역사담론들과 역사소설의 관계 또한 이러한 과정 속에서 진행되었던 것이다.

소설은 경계선에 걸쳐 있는 담론이다. 그것은 공식적 담론이 말하는 것보다 훨씬 더 많이 말하기도 하고, 혹은 훨씬 덜 말하기도 한다.[12] 일제 지배 하에서 생산된 역사에 대한 여러 담론과 역사소설은 민족의식에 대한 직 · 간접의 표현일 수 있었다. 하지만 저항 민족주의의 이념이 강하면 강할수록 그것이 역사를 필요 이상으로 미화하거나 확대 축소하는 경우를 확인할 수 있다. 또는 일제 식민통치 하에서 오히려 역사가 현재화 · 사유화(私有化)됨에 따라 역사를 한갓 진기한 것, 이상한 흥밋거리, 삽화적인 것으로 다루기도 하였다.[13] 그런 와중에도 역사는 여

---

11) 이경돈, 「1920년대 단형서사의 존재양상과 근대소설의 형성과정 연구」, 성균관대 박사논문, 2003, 107면.

12) 魯曉鵬, 조미원 · 박계화 · 손수영 역, 『역사에서 허구로』, 길, 2001, 82면.

13) 루카치는 제국주의 사상이 어떻게 역사를 부정하고 그것을 현재화, 사유화했는지에 주목하면서 파시즘의 논리야말로 역사를 신비화시키는 하나의 전형이라고 지적한다. 즉, 역사적 단계들의 참된 특수성을 객관적으로, 있는 그대로 파악하지 않고 지난날

전히 민족적 교육에 이바지할 수 있는 것으로 간주되었으며 의식성과 대중성을 함께 갖추려는 시도 또한 지속적으로 나타난다.

역사담론을 비롯한 역사 서술이 갖는 이런 양가성을 해명하기 위해서는 협력이냐 저항이냐 민족이냐 반민족이냐 하는 단순도식만으로는 해결할 수 없다. 일제 식민지하의 다양한 담론적 실천들을 단순히 저항과 투항, 항일과 친일, 선과 악의 평면 위에 분할할 경우, 그 경계에서 이루어지는 다양한 착종과 균열의 흔적들은 지워질 수밖에 없다.[14] 그 경계 위에서는 수많은 담론들이 교차하고 충돌한다. 범박하고 폭력적인 이분법적 패러다임에서 벗어나 역사담론의 다양한 생산과 유통, 소비의 구조에 대한 다층적인 접근을 통해서만 비로소 근대 역사소설 양식의 정립에 이르는 다양한 경로들을 해명할 수 있다.

2. 연구방법 및 연구대상

한국 역사소설은 근대정신의 산물로서 우리나라 근대 리얼리즘 소설

사건의 '일회적 성격'이 그려지지 않음에 따라 역사는 현재화 되고 만다는 것이다. 이러한 사실은 역사가들이 과거의 기본구조는 경제적으로도 이데올로기적으로도 현대의 그것과 같다는 확신에서 출발하였음을 뜻한다. 이렇게 되면 역사는 진기한 것, 이상한 것의 수집으로 해소되고 말며, 역사가는 역사적인 에피소드의 이야기꾼에 멈추고 만다는 것이다. G. Lucács, 이영욱 역, 『역사소설론』, 거름, 1987, 223~238면 참조.

14) 일제말 친일 문학 및 친일 문학론의 양상을 시대적 억압에 따른 단순한 변절이나 타협과 같은 전적으로 수동적인 것으로 해석할 수는 없다. 한 사회의 지배적인 담론 형성은 단순히 개인의 선택이나 심정적 동의에서 촉발되는 것이 아니다. 예컨대 일제말 문단의 친일 문학 혹은 친일 문학론은 일본의 이른바 '근대의 초극론'의 영향 속에 오히려 세계관적으로 뒷받침된 적극적인 면도 가지고 있었다. 이경훈, 「『근대의 초극론』—친일문학의 한 시각」, 『다시 읽는 역사문학』(한국문학연구학회 편), 평민사, 1995, 306~307면 참조.

의 성숙 단계를 나타내는 것이라고 할 수 있다. 또한 그 형성기에서 식민지라는 수난기에 처하여 현실 도피적이거나 대중추수적인 경향의 작품들, 혹은 지배층의 이념 전파 수단을 위한 작품들이 발표되기도 하였지만, 민족의식을 고취하고 민중에 대한 각성을 제기하려는 뚜렷한 역사의식을 지닌 작품들도 발견된다. 시대를 막론하고 문학사에서 역사소설이 갖는 이러한 부정적인 면과 긍정적인 측면은 본격적인 연구를 통해 보다 명백히 해명될 수 있을 것이다.

한국 문학사에서 근대적인 의미의 역사소설의 등장은 1920년대 사회 역사적 배경을 바탕으로 1930년대에 들어서면서부터 본격화되었다. 하지만 1890년대부터 1910년대에 이르는 이른바 근대계몽기의 역사 전기물들은 역사소설의 선행형태로서 기능하며, 또한 그 이전의 군담소설이나 전(傳) 등 전래적 서사문학 장르의 전통도 같은 맥락에서 논의될 수 있을 것이다. 무엇보다도 이 시기 문학은 전대(前代) 문학과의 상호관련성 문제가 해명되지 않고서는 그 실상이 드러날 수 없다.

또한 3·1운동 이후 민중의 정치적 각성과 함께 각종 사회운동의 영향에 힘입어 1930년대로 들어서면서 본격적인 역사소설의 창작과 함께 그에 대한 논의가 진행된다. 특히 1930년대 후반에 오면 춘원류의 역사소설에 대한 비판적 인식과 함께 역사소설이 현실의 난국을 타개하는 매우 효과적인 장르로 각광을 받게 된다. 이러한 문단의 상황은 당대 사회적인 배경과 밀접한 관계를 맺고 있다.[15)]

본 연구는 일차적으로 이 시기 유통된 『독립신문』, 『제국신문』, 『대한매일신보』, 『대한민보』 등의 신문과 『서우학회월보』, 『서북학회월보』, 『별건곤(別乾坤)』, 『한빛』, 『삼천리(三千里)』, 『조광(朝光)』, 『월간야담

15) 1930년대 우리 문단에서 진행된 역사소설론의 전개에 관해서는 최유찬, 「1930년대 역사소설론 연구」, 연세대 석사논문, 1983; 신재성, 「1920~30년대 한국역사소설 연구」, 서울대 석사논문, 1986 등을 참조할 수 있다.

(月刊野談)』 등의 잡지 등에 실린 인물기사와 인물고 및 야담과 사화, 국내외의 역사적 사건이나 인물들에 대한 논평과 기사 등에 대해 살펴 볼 것이다. 이들은 특정한 대상이나 개념에 관한 지식을 생성시킴으로써 당대의 현실에 관한 설명을 산출하는 언표로써 작용한다. 이러한 역사담론은 중요한 정치적 무기이기도 하다.[16] 많은 경우 역사담론은 내셔널리즘을 비롯한 복합적인 이데올로기와의 공모 혹은 연대를 통해 생산된다. 이 연구는 궁극적으로 이러한 역사담론들이 실제로 근대계몽기의 역사·전기소설들과 이후 역사소설의 생산에 어떠한 영향을 주었으며, 소설로 어떻게 재생산되는지에 대해 살펴볼 것이다.

이러한 과정을 살피는 일은 곧 역사소설 양식[17]의 형성과정을 규명하는 작업이 다. 양식은 고정불변의 것이 아니다. 양식은 문학의 고유한 작동원리가 되는 동시에 시대와 정신에 의해 끊임없이 영향 받는 가변적 실체라 할 수 있다. 따라서 본 연구는 각 문학 양식들이 서로 다른 사회·역사적인 조건 속에서 어떻게 구성되고 변형되는가의 문제에 주목하고자 한다. 이러한 통시적인 연구가 의미를 가질 수 있는 것은 그것이 고립된 하나의 양식이 아니라, 각 양식에 내재한 새로운 특성들이 어떻게 서로 구별되고 뒤섞이며, 차용되고 출현하는가, 그리고 다른 방

16) 魯曉鵬, 조미원·박계화·손수영 역, 『역사에서 허구로』, 길, 2001, 111면. 실제 근대계몽기의 역사·전기소설들과 일제하에서 생산되는 여러 역사담론의 생산과 소설적 적용은 문학적 논리만으로는 해명될 수 없으며, 정치적·사회적·제도적 차원의 접근과 함께 논의되어야 할 것이다.

17) '양식' 개념은 문학 연구에서 가장 널리 쓰이는 용어 중의 하나이면서 동시에 가장 모호한 용어 중의 하나이다. 지금껏 한국 근대문학사 연구에서도 양식 개념은 연구방법론에 따라, 혹은 연구 대상에 따라 다양한 함의를 지닌 채 사용되어 왔다. 그것은 mode, style, genre, pattern, method 등의 의미를 가진다. '양식의 개념에 대해서 논하는 것은 곧 양식의 역사에 대해서 논하는 것'(Michael Kelly, ed. *Encyclopedia of Aesthetics*, *vol.4*. Oxford University Press, 1998, p.318)이란 진술처럼 양식 개념의 다양한 층위와 이론적 가능성에 대한 탐색이 동반되어야 한다. 본고에서는 일단 양식의 개념을 '시대정신이 문학 텍스트로 구현되는 방식이자, 형식 속에 녹아 있는 각 시대 세계관·가치관의 표출'로 정의하고 논의를 전개토록 한다.

식으로 위계화된 새로운 총체들 속에 어떻게 재분배되는가 등의 문제에 다가설 수 있기 때문이다.[18)]

양식은 역사 산물이며 동시에 작가의 예술적 실천에 의해 수용되고 극복되는 실체이다. 따라서 문학적 양식에 대한 탐구는 곧 문학사를 구성하는 중요한 축을 형성한다.[19)] 물론 이는 단지 편협한 일국 단위의 문학사 기술을 되풀이하는 일은 아니다.[20)] 이 연구가 근대 계몽기에서 1930년대에 이르는 여러 담론들에 주목하는 이유는 특정한 이념적 틀에서 벗어나 순응과 저항 사이의 다양한 시선들과 맥락을 검토하기 위한 것이다.[21)]

---

18) 기존의 '유형론적' 이론들은 역사적인 변이를 설명하는데 한계를 가질 수밖에 없다. 대부분의 경우 유형론적 이론은 한 영역의 선택에 근거하여 다른 영역들을 그에 종속시키는, 지극히 한정된 범주들에 근거하고 있다. 이가원의 『조선문학사』(태학사, 1997)에서 보여주는 장르체계는 유형론적 방법의 한계를 어떻게 극복할 수 있는지를 보여주는 한 사례라 할 수 있다. 『조선문학사』에서는 총 15개의 장르류와 각 류에 속해 있는 대표적인 장르종 262개를 제시하고 있는데, 이들은 모두 특별한 위계질서에 속하지 않고 상호간에 평등한 지위를 가지고 병립한다. 그것은 각각의 문학 형태가 가진 유형적 특성을 고려한 것이기도 하며, 생성되어온 역사를 감안한 것이기도 하고, 발현되는 외적 형식을 중시한 것이기도 하다. 『조선문학사』의 장르체계에 대해서는 최유찬, 『한국문학의 관계론적 이해』, 실천문학사, 1998, 11~79면 참조.

19) "통속적인 문학사 서술이 표피적인 양식사의 서술에 그치고 있다면, '과학적인 문학사'는 정신사, 사상사의 영역에까지 나아가야 한다"는 임화의 진술은 문학사 서술의 한 방향성을 제시해 주고 있다(임화, 「조선문학연구의 일 과제」, 『동아일보』, 1940.1.19). 이 연구가 역사소설 양식과 역사적 · 사회적 담론과의 관계에 주목하는 것도 이러한 문제의식에 기초한다(김철, 「한국 근대문학사 연구의 쟁점」, 『잠 없는 시대의 꿈』, 문학과지성사, 1989, 97~111면; 김영민, 「임화의 신문학사 연구의 성과와 의미」, 『임화문학의 재인식』, 소명출판, 2004, 13~40면 참조).

20) 김철, 「국문학을 넘어서－국문학 연구방법론에 대한 하나의 제안」, 『국문학을 넘어서』, 국학자료원, 2000 참조.

21) 한편 하정일은 한국 근대의 특수성을 읽어내기 위한 방법론으로 '수행적 독법'을 제안한다. 그는 이른바 해체론적 탈식민론이 구체적 현실까지도 텍스트로 환원시킨다고 지적하면서, 이러한 텍스트주의적 독법이야말로 단절과 차이를 읽어내지 못하게 만드는 본질주의로 함몰되도록 한다고 비판한다. 그에 의하면 수행적 독법이란 "담론을 하나의 사회적 실천으로 읽어 냄으로써 담론의 맥락적 의미와 실천적 효과를 규명하고 이를 통해 역사성을 복원"하는 것이다. 하정일, 「탈식민의 역학」, 2005학년도 민족문학사학회 기초학문육성지원팀 학술회의 자료집, 성균관대 출판부, 2005.4.23, 1~6면.

여러 담론을 통한 문학적 접근은 소설이라는 양식의 고정된 특징을 규명하려는 것이 아니다. 이는 오히려 소설로 통칭되었거나, 당대에 소설로 불리는 시공간 속에서의 명명과 형성, 반복과 변형, 차용과 교섭의 관계를 탐색하는 것이다. 또한 소설(혹은 소설로 간주되는)을 생산하는 행위자의 의도와 전략, 그것의 유통과 소비에 이르는 모든 것들이 위치하고 있는 역사적이고 사회적인 공간에 대한 분석을 주요한 임무로 삼는다.

하나의 문학양식은 곧 시대정신이 문학 텍스트로 구현되는 방식이자 형식 속에 녹아 있는 세계 인식의 표출이다. 따라서 여러 담론에 대한 검토는 곧 역사소설 양식을 탐구하기 위한 기본 전제가 된다. 요컨대 30년대 역사소설은 이전 양식들의 물리적인 종합이라기보다는, 그것들을 토대로 하여 여러 사회・역사적인 담론들과 거기에서 생산되는 문학 혹은 문단간의 상동성을 구체적으로 보여주는 사례이다.

특정한 담론 역학은 문학 및 문화 현상에 대한 논의 행위를 지탱한다. 그리고 그 담론 역학은 우리의 상상을 훨씬 뛰어넘어 우리를 계속 규제하고 있다. 특정한 담론은 그 담론 형성과 변환을 지배하는 가능성의 장, 관계들의 집합과 관계 속에서 이해해야 한다.[22] 담론은 제도나 기술, 사회형태들의 일차적인 관계와 더불어 담론을 제한하거나 그에 어떤 형태를 부여하는 담론적 관계들의 복잡한 조건 하에서 형성되는 것이다.

역사소설 양식의 형성과정을 살피는 일은 역사담론과의 상관성을 통해 다층적인 이데올로기와 그것의 지배화를 역사적으로 고찰하는 일이다. 이 연구에서 역사소설 양식을 역사담론과의 관계 속에서 고찰하고, 양식을 시대정신의 역사적 복합성 속에서 고찰하려는 것은 이 때문이다.

본 연구는 우선 근대계몽기 역사・전기소설의 형성과 전개에 대해

22) 미셸 푸코, 이정우 역, 『담론의 질서』, 서강대 출판부, 1998, 7~46면 참조.

살펴볼 것이다. 즉, 역사·전기소설 출현의 사회문화적 의미와 함께 서사 문학 장르의 전통 계승에 대해 살펴보도록 할 것이다. 역사·전기소설의 형성과 전개에 중요한 역할을 담당한 단형서사로 당시 『독립신문』이나 『그리스도 신문』 등에 실렸던 인물의 일대기 혹은 중요 행적에 관해 정리한 '인물기사'와 『서우학회월보』, 『서북학회월보』, 『대한자강회월보』 등 잡지에 실렸던 동일한 성격의 '인물고'를 들 수 있다.[23] 「알푸레드님군」, 「을지문덕」, 「길재」, 「양만춘전」, 「온달전」, 「김부식」, 「강삼찬」, 「빈충성공영환선」 등이 이에 해당한다. 따라서 이들 작품에 대한 면밀한 검토도 이루어져야 한다. 이를 통해 역사·전기소설의 양식적 특질과 개념 정리가 이루어질 수 있을 것이라 기대한다. 지금까지 우리가 역사·전기소설이라고 부르는 글 가운데에는 매우 다양한 성격의 글들, 혹은 이질적 성격의 글들이 혼재되어 있음을 상기할 때 이러한 작업은 역사·전기소설의 소설사적 위치를 바로잡는 데도 반드시 필요한 작업이 아닐 수 없다.

1910년 한일합방 이후 역사·전기소설은 더 이상 생산되지 않는다. 1910년대 소설에 접어들면 이전의 전통소설과 상당한 단절을 겪는다. 기존의 논의들은 이러한 소설사의 전개과정을 직선적인 발전사관의 입장에서 접근하는 것이 대부분이었다. 즉, 서구의 영향으로 전통적인 양식에서 점차 벗어나 그들의 양식을 모방함으로써 비로소 근대적인 양식이 정착될 수 있었다는 것이다. 근대문학 형성기에 일본과 서구 문학의 영향을 전적으로 배제할 수는 없다. 하지만 근대적인 양식이 서구의 양식

---

23) '인물기사'란 『독립신문』, 『그리스도신문』 등 근대계몽기의 여러 신문에 실렸던 인물의 일대기 혹은 중요 행적에 관해 정리한 기사를 말한다. '인물고'란 『서우학회월보』, 『서북학회월보』 등 잡지에 실렸던 동일한 성격의 기사를 말한다. 신문의 경우에는 '인물기사'란 표기를 따로 하지 않았으며 길이가 길어 연재 발표되는 경우도 있었다. 잡지의 경우에는 '인물고'란 표기를 적시한 경우와 그렇지 않은 경우 모두 발견된다. 순한글과 순한문, 국한문혼용 등 다양한 형태가 병존한다. 김영민, 『한국 근대소설사』, 솔, 1997, 95~104면; 김영민, 「역사·전기소설의 형성과 전개」, 『제31회 동양학 학술회의 강연초』, 단국대 동양학연구소, 2001, 129~136면 참조.

을 수용하면서 얻게 된 것과, 선택과 배제, 충돌과 변이를 통해 전통적인 양식으로부터 계승되고 탈락된 것들은 무엇인지에 대해서도 면밀히 검토되어야 한다. 하나의 양식이 도출되고 정착해가는 과정이 일괄적인 청산과 수용으로 그 길항관계를 모두 설명할 수는 없기 때문이다.

1910년대와 1920년대에 이르면 상당수의 활자본 고소설들이 활발하게 생산 유통되기 시작한다. 이들은 필사본이나 방각본으로 출판된 적이 없는 신작들과, 이미 출판된 바 있는 방각본 계통의 소설들, 그리고 미처 출판되지 못하였던 필사본 계통의 일부 소설을 그대로 옮겨 놓은 것이 대부분이었다. 이들 중 전대의 역사소설이나 민족 영웅을 주인공으로 한 신작들이 상당수를 차지하고 있다. 따라서 이들 작품들과 역사·전기소설과의 관계, 이후 1930년대 활발히 창작된 근대 역사소설들과의 영향 관계 또한 중요한 연구의 대상이다.

또 하나 주목할 것은 1910년대의 역사 연구 및 대중화 운동과의 동일한 궤적 속에서 이루어진 1920년대의 역사물 보급운동 및 야담운동이다.[24] 1926년 창간된 월간지 『별건곤(別乾坤)』에 이르면 거의 매호 야담 및 사화에 상당한 지면을 할애하고 있다. 또한 1928년 창간된 잡지 『한빛』은 야사와 정사를 통틀어 우리의 역사를 전문적으로 취급하고 있다. 1934년 윤백남에 의해 발행된 야담 전문잡지 『월간야담(月刊野談)』이나, 1935년 김동인에 의해 발행된 『야담(野談)』 또한 야담을 비롯한 역사담론들을 앞 다투어 싣고 있다.

그렇다면 이 시기에 어떠한 이유로 전대(前代)의 문학 양식인 야담이 문학사의 전면에 재등장하게 되었는가에 대한 검토와 함께 이들이 근대 역사소설의 성립과 어떠한 영향을 주고받았는지에 대한 연구 또한 이루어져야 한다. 이러한 작업은 근대계몽기의 역사·전기소설들과 1930년대의 역사소설 사이의 간극을 메우고 1930년대 문학의 전통 지

24) 최유찬, 「역사소설과 리얼리즘의 이론」, 『한국문학의 관계론적 이해』, 실천문학사, 1998, 293면.

속적 측면의 실상을 밝히는 데 기여할 수 있을 것이다.[25]

이러한 작업이 단순히 야담과 역사소설의 관계를 진화론적 전개 양상으로만 파악하는 일방적 시각을 의미하는 것은 아니다. 그럴 경우 '야담은 소설에 비하여 저급한 것'이라는 전제하에서 '야담의 소설화 과정'이 문제될 수밖에 없다. 이른바 '역사소설시대'로 불리던 1930년대 중반에 『월간야담(月刊野談)』(1934.10~1939.10)이나 『야담(野談)』(1935.12~1945.2)과 같은 야담 전문 잡지가 생겨났다는 사실은, 단순히 그 둘을 선후관계로만 파악할 수만은 없음을 증거하는 것이다. 따라서 각각의 문학 갈래를 향유·전승시켜왔던 계층들의 존재와 그들이 견지하고 있었을 이념적 의식의 차이, 또 그 편차의 작용 등으로 인해 양식을 달리하여 구현되고 있을 나름의 서사 원리에 대해서도 살펴야 한다.

대중매체는 그 본성에 따라 한 시대 사회의 정치·경제·사회·문화의 모든 구조와 긴밀하게 관련된다. 대중매체는 우리가 살고 있는 환경을 정보나 사상·신념 등의 측면에서 상징적으로 구축하며 그들 간의 상호 밀접한 관계를 설정하고, 나아가 각각의 요인들을 결합시키는 역할을 수행하기도 한다. 신문·방송·잡지 등 여러 매체는 그가 속한 집단의 문화적 '기억'들을 소통하게 하는 중요한 매개체 중의 하나이다. '기억'이란 사회적으로 구성되며 집단의 성격에 따라 서로 다르게 나타날 수 있다.

그렇게 만들어진 '기억'은 각종 집단의 정체성 구성에 중요한 역할을 한다. 과거를 현재로 불러오고 과거의 현재적 의미를 재구성하면서, 대중매체는 과거를 인식하고 이해하는 역사 인식의 방향에 직간접적인

---

25) 물론 이러한 존재하는 사실의 연속성과 영향관계가 또 다른 의미에서 '우리 것'을 강조하는 민족주의적 시각이나 근대의 내적 발생론으로 회귀되는 것은 경계할 필요가 있다. 전통계승이냐 단절이냐 양자택일의 강박으로부터 놓여날 때, 오히려 당대의 지배적 담론과 양식과의 긴장관계를 해명하는데 가까이 다가설 수 있으리라 믿는다. 중요한 것은 동일한 사실이 각기 다른 환경 속에서 존재하는 방식의 대비를 통해 담론의 생산과 작품 생산 간의 작동원리를 해명하는 것이다.

영향을 미친다. 매체는 단순히 과거에 대한 사실적인 정보를 투명하게 전달하는 차원을 넘어 기억의 형태와 내용을 조건 짓는 담론을 형성하고 그에 간섭한다. 매체는 과거에 대한 다양한, 때로는 상충되는 기억을 매개하고 그것에 대한 인식의 틀을 제공한다.

따라서 '대중' 매체는 개인의 기억에 앞서거나 개인의 기억에 영향을 미치는, 이른바 사람들의 '집단기억(collective memory)'[26] 형성에 중요한 역할을 담당한다. 집단기억은 단순히 과거의 기억을 회수하는 행위가 아니라 과거를 현재의 맥락에서 재구성하는 것이다. 집단기억을 공적 공간에서 전달되고 협의되는 '과거에 관한 서사'로 보았을 때, 일제하 신문 잡지 등의 여러 매체 또한 이러한 '집단기억'의 생산을 통해 서사를 구체화하고 소통시키는 하나의 조건이 된다. 하나의 담론으로서 집단기억은 특정한 주체의 위치나 사회적 경계, 혹은 권력 관계로 작동할 수 있다.[27]

이에 주목하여 본 연구에서는 이른바 '야담' 전문 잡지뿐 아니라 『별건곤(別乾坤)』이나 『조광(朝光)』, 『삼천리(三千里)』와 같은 종합 대중지에

---

26) M. Halbwachs, translated by L. Coser, *On Collective Memory*, University of Chicago Press, 1992, p.224. 집단기억과 담론 형성, 미디어의 관계에 대한 한국적 적용의 사례는 이동후, 「국가주의 집합기억의 재생산－일본 역사교과서 파동을 중심으로」, 『언론과 사회』, 성곡언론문화재단, 2003년 봄 참조. 이 글은 이른바 일본의 역사교과서 왜곡사건이 대중매체를 통해 매개되면서 집단기억이 어떻게 구성 또는 재구성되어 가는지를 살피고 있다. 필자는 국내 신문들이 국가주의적 입장에서 일본이란 타자에 대한 전형적인 집단기억의 이미지를 재생산한 반면, 스스로를 타자화하거나 국가주의에서 벗어나 있는 다양한 입장을 수용하지 못했음을 지적하고 있다.

27) 예컨대 한 국가의 집단기억을 구성하는 정치적 기획으로서의 국사(國史)는, 역사의 기억을 전유함으로써 국가권력의 정당성을 뒷받침하는 기제로 작동하기 쉽다. 즉, 특정 권력 주체의 기억에만 정통성을 부여하고 다른 기억은 배제하거나, 혹은 권력 집단의 기억질서에 맞게 수정하거나 조작하여 집단적 정체성을 강화시키는 방식으로 작동하는 것이다. 우리의 경우 일제 식민지시대에 대한 평가는 크게 근대화 조성론과 수탈착취론으로 양립된 채 뜨거운 논쟁거리로 남아있다. 무엇이든 일국적 이기주의를 넘어 역사에 대한 반성적 성찰에 이를 때만이 사태를 올바로 바라볼 수 있게 할 것이다. 이에 관한 논의로는 이영훈, 「한국 국사교과서에 기술된 일제의 수탈성과 그 신화성」, "한·일, 새로운 미래 구상을 위하여－교과서 문제를 중심으로", 한·일 연대 21 발족 기념 심포지엄 발표자료집, 2004.11.19, 59~77면; 임지현, 「국사－제국에 포섭된 민족」, 『문학·판』 통권 14호, 열림원, 2005년 봄, 31~44면 참조.

나타난 야담과 사화, 역사 관련 기사들이 어떻게 집단기억들을 생산하고 재배치하며 담론 형성에 영향을 미치는지를 중요한 관심의 대상으로 삼는다. 역사나 종교, 교육 등 특정 분야, 혹은 여성이나 학생 등 특정 대상이 아닌 일반 대중을 상대로 간행되는 종합 대중지를 대상으로 삼은 것은 이들이 상대적으로 당대의 사회·역사적인 분위기에 민감할 수밖에 없으며 대중에 대한 영향력 또한 무시할 수 없다고 판단하였기 때문이다. 이들 종합지들은 문학의 대중적 유통이란 측면에서 오히려

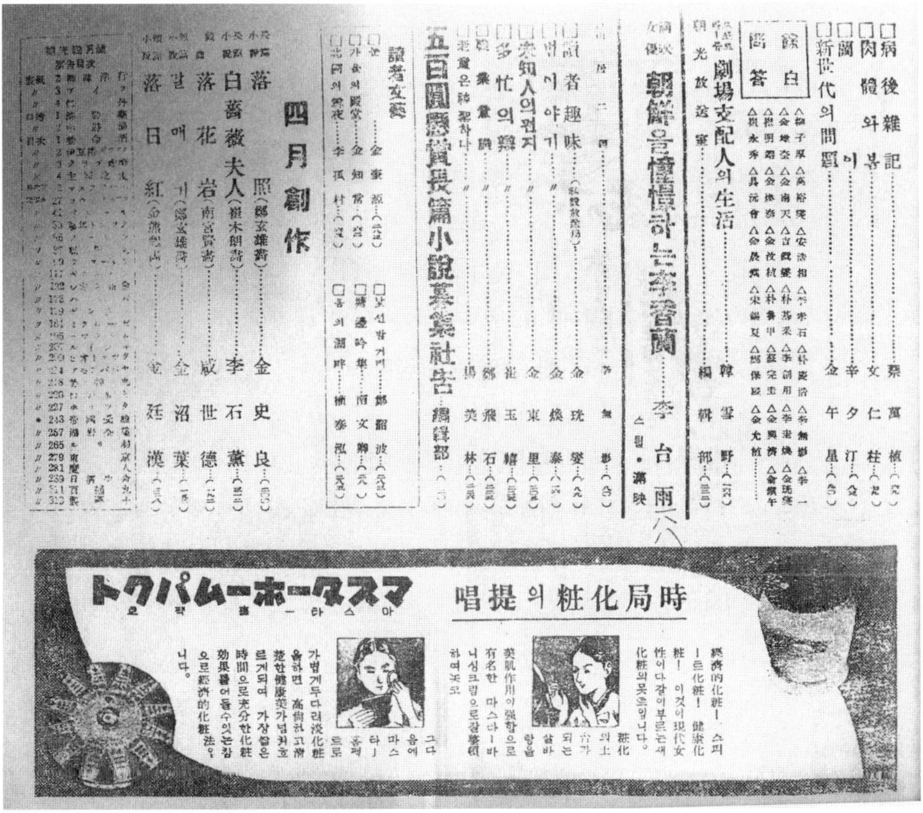

"時局化粧의 提唱" 1937년 중일전쟁 이후 태평양전쟁으로 들어서면서 시대상황을 반영한 광고카피들이 등장한다. 여성화장품 '마스타 홈팩트'의 광고는 '스피드 화장'을 강조하고 있다. '비상시 화장법'이란 스피드하게 '가장 짧은 시간으로 충분한 화장 효과를 얻을 수 있는 것'이다(『조광』, 1940. 4).

전문지를 능가하는 역할과 위상을 가지고 있었다.

일제하 대표적인 대중지였던 『조광(朝光)』(1935.11～1944.8)의 경우 소설, 시, 수필, 희곡 등 문학작품뿐 아니라 동시와 동화, 야담, 사화, 과학, 교육 분야의 글들, 신체제론을 비롯한 정치비평, 당시의 시대적 상황을 유추해 볼 수 있는 '비상시 화장법', '남방의 향기' 등과 같은 상업광고 그리고 여러 단체의 소식과 동정 등이 실려 있다. 이들 중 역사 관련 기사들과 역사 비평, 야담, 사화 등을 분류하고 분석하여 역사소설과의 관련성을 살펴보게 될 것이다. 이러한 작업은 역사소설의 형성과 전개를 고찰하는 데에 기존의 작가의식이나 시대상황을 통한 접근을 넘어, 직·간접의 구체적인 자료에 대한 천착을 중심으로 한 연구라는 점에서 중요한 의미를 갖는다.

결국 이러한 연구를 통하여 역사발전의 특수성과 관련지어 역사의식 형성의 특수성과 초기 역사소설 대두의 상호관계, 폭넓은 의미의 우리나라 역사소설의 전통과 근대 역사소설의 관련성, 춘원 이후 20세기 역사소설의 문학사적 발전에 따른 서술문제 등에 대한 실마리를 제공할 수 있을 것이다. 또한 이러한 논의는 지금껏 이루어진 단편소설 위주의 문학사 기술에 대해 반성을 제기할 뿐만 아니라, 지금까지 특정 시기에 집중된 역사소설에 대한 논의들을 문학사적 맥락 속에서 재배치하고, 사회적·역사적 담론과의 관계망 속에서 역사소설 양식의 형성과 전개과정을 파악할 수 있을 것이다. 나아가 한국 근대문학의 체계와 작동원리를 보다 분명하게 해명할 수 있는 하나의 근거를 제공할 수 있을 것으로 기대한다.

제2장
근대 계몽기 역사·전기소설의 형성과 전개

1. 역사·전기소설 출현의 시대적 의미

조선 후기 신분제 붕괴는 필연적으로 새로운 계층 형성을 가능케 하였다. 또한 경제적으로 화폐·상품 경제의 발달은 자본 축적을 가능하게 하였으며 새로운 계층 형성을 촉발하게 된다. 양반의 몰락과 상민 계층의 성장으로 요약될 수 있는 당시 사회 변화는 그동안 양반의 전유물이었던 문예를 부의 축적을 통한 새로운 계층까지 그 향유계층의 폭을 점차 넓혀 나갈 수 있게 하였다. 이 시기는 이른바 소설의 시대라 할 만큼 소설이 크게 성행했고, 문학의 전 영역에 걸쳐 서사화의 경향이 뚜렷이 나타난 시기였다.[1] 하지만 소설의 생산과 유통이 활발해지면서

1) 임성래, 『조선 후기의 대중소설』, 태학사, 1995, 7~38면 참조.

사대부들 간에는 오히려 소설에 대한 찬반 논란이 일어나게 된다.[2)]

이른바 근대계몽기[3)]의 역사·전기소설의 작가들 또한 전대(前代) 소설과의 관련 속에서 소설 양식이 가지고 있는 이중적 평가에 대한 고민을 극복해야만 했다. 즉 애국 계몽을 통한 대중의 각성을 성취하기 위해서는 소설 양식이 다른 문학양식보다 효과적이라는 인식과, 다른 한편으로 고전소설과 신소설이 가지고 있던 통속성을 어떻게 극복해 나가야 하는가 하는 과제가 그것이다.

> 夫小說者ᄂᆞᆫ 感人이 最易ᄒᆞ고 入人이 最深ᄒᆞ야 風俗階級과 敎化 程度에 關係가 甚鉅한지라 故로 (…중략…) 何鍾이 盛行ᄒᆞᄂᆞᆫ 것을 問ᄒᆞ면 可히 其國의 人心風俗과 政治思想이 如何ᄒᆞᆫ 것을 覩ᄒᆞ리라 ᄒᆞ엿스니 (…중략…) 我韓은 由來 小說의 善本이 無ᄒᆞ야 國人所著ᄂᆞᆫ 九雲夢과 南征記 數種에 不過ᄒᆞ고 自支那而來者ᄂᆞᆫ 西廂記의 玉麟夢과 剪燈神話와 水湖志 等이오 國文小說은 所謂 蕭大成傳이니 蘇學士傳이니 長豊雲傳이니 淑英娘子傳이니 ᄒᆞᄂᆞᆫ 種類가 閭巷之間에 盛行ᄒᆞ야 匹夫匹婦의 菽栗茶飯을 供ᄒᆞ니 是ᄂᆞᆫ 皆荒誕無稽ᄒᆞ고 淫靡不經ᄒᆞ야 適足히 人心을 蕩了ᄒᆞ고 風習을 壞了ᄒᆞ야 政敎와 世道에 關ᄒᆞ야 爲害不淺ᄒᆞᆫ지라 若使世之覩國者로 我邦의 現行ᄒᆞᄂᆞᆫ 小說種類를 問ᄒᆞ면 其風俗과 政敎가 何如타 謂ᄒᆞᆯ깃ᄂᆞᆫ가.[4)]

---

2) 서종문, 「조선조 후기의 소설의 수용」, 『한국 서사문학사의 연구』 V(사재동 편), 중앙문화사, 1995, 1,620~1,624면.

3) 1890년대 이후 1910년에 이르는 시기를 논자에 따라 개화기, 근대전환기, 계몽기, 애국계몽기 등 다양한 용어로 부른다. 어떤 경우 단순한 문학사의 시기 구분을 위한 명명에 그치기도 하고 다른 한편으론 이 시기 문학이 가진 근대적 성격과 관련지어 나름의 의미부여를 통한 접근도 이루어진다. 이와 관련해서는 다음의 글들을 참조할 것. 최원식, 「제국주의와 토착자본」, 『한국 근대소설사론』, 창작사, 1986; 김교봉·설성경, 『근대전환기소설 연구』, 국학자료원, 1991; 임형택, 「20세기초 신·구학의 교체와 실학—근대계몽기에 대한 학술사적 인식」, 『민족문학사연구』 9호, 민족문학사연구소, 1996; 김영민, 「한국문학사의 근대와 근대성」, 『20세기 한국문학의 반성과 쟁점』(문학과 사상연구회 편), 소명출판, 1999; 고미숙, 「근대계몽기, 그 생성과 변이의 공간에 대한 몇 가지 단상」, 『민족문학사연구』 14호, 민족문학사연구소, 1999 등.

4) 박은식, 「瑞士建國誌」, 『역사·전기소설』 6권(한국학문헌연구소 편), 이세이문화사,

박은식은 당대에 수용되는 소설의 질적 정도에 따라 한 사회의 기풍과 사상이 결정될 수 있음을 강조하면서, 고전소설의 통속성에 대해서 신랄하게 비판하고 있다. 요컨대 계몽주의 시각의 지식인들은 일반 대중의 계몽과 의식의 각성에 기여할 수 있는 소설 양식을 고대하고 있었다. 박은식, 신채호 등의 역사·전기소설에서 공통적으로 발견되는 서사성의 약화와 계몽성의 강조는 그들이 소설 양식을 통해 도달하고자 했던 뚜렷한 목적의식의 소산이다. 역사·전기소설은 철저히 시대의 산물이었던 셈이다.

1905년 일본의 강압에 의한 보호국 체제의 등장은 왕의 힘이 급격히 약화된 자리에서 새로운 정치 공간을 출발시켰다. 일제는 통감부를 통한 조선 지배를 대내적으로는 시정 개선이라는 개혁의 명분으로 정당화하였으며, 대외적으로는 문명개화를 위한 보호라는 명목으로 위장하였다. 일진회와 같은 친일 단체들은 일본의 정치적 선전을 한국 사회의 내재적인 요구처럼 포장하였으며, 나아가 이를 조선에 대한 일본의 식민지 지배를 정당화시키는 식민주의 담론으로 확대 재생산하기에 이른다.

변화된 현실적 조건 속에서 이전의 정치 세력들은 전략을 다시 고안해야만 했으며, 그들의 대립관계 역시 새로운 국면으로 접어들었다. 예컨대 척사론자들이 왕조 체제의 부활을 기도하며 의병운동을 도모하였을 때 대부분의 개화론자들은 오히려 의병운동의 무모함을 지적하면서,[5] '국권회복의 관건이 자강, 즉 실력의 양성에 있으며, 그 실력 양성

1979, 197면. 이하 인용문의 표기는 원문에 충실하되 띄어쓰기만 현대어문규정에 맞게 고쳐서 사용한다.

5) "嗚呼라 國運이 不幸ᄒᆞ야 義兵을 倡起홈이 有ᄒᆞ도다 (…중략…) 此ᄂᆞᆫ 時機를 全昧하고 同族을 自滅케 ᄒᆞᄂᆞᆫ 誤見이라 (…중략…) 義의 一字ᄂᆞᆫ 時勢의 宜와 四行의 宜를 義라 稱ᄒᆞᄂᆞᆫ 것이오 若其時勢와 事行에 適宜치 못홀지면 義라 칭ᄒᆞ기 不可ᄒᆞ니 (…중략…) 義兵의 諸君은 吾輩의 忠告를 受容ᄒᆞ야 各其生命의 保全을 深思ᄒᆞ고 實力의 發展을 希圖ᄒᆞ야 歸家安業ᄒᆞ다가 稍稍國權의 恢復을 期待홀지오." 「再警告義兵」, 『황성신문』, 1907.10.22.

은 정치의 개혁, 단체의 결성, 신교육의 실시, 신지식의 보급, 실업의 진흥에 있음'을 주장하였다.[6] 각종 단체, 잡지, 학교 설립 등으로 드러난 새로운 정치적 실천들은 바로 당시 정치적 세력들이 계몽활동을 본격화했음을 보여주는 지표들이었다. 이들 계몽활동의 중요 부분은 신문, 잡지 등의 매체를 통한 담론적 실천이었으며,[7] 역사·전기소설은 이러한 상황 속에서 일제의 식민주의 담론의 사회적 확대 과정에 대응하기 위해 등장한 문학 양식이었다.

근대계몽기의 번역·번안류를 포함한 역사·전기류 문학들은 한일합방이 일어나는 1910년까지 지속적으로 나타난다. 1895년경부터 『만국략사(萬國略史)』, 『중일략사(中日略史)』, 『아국략사(俄國略史)』, 『서사건국지(瑞士建國誌)』 등 수십 편의 역사물과 전기물에 대한 번역이 이루어지는 한편, 창작물은 1900년 이후, 특히 1905년경부터 1910년 사이에 전개된 애국계몽운동의 일환으로 주로 발표되었다.[8]

신채호·박은식·장지연 등 역사·전기소설의 주요 작가들은 주지하다시피 『황성신문』과 『대한매일신보』 계열의 중심인물들이었다. 1905년 이후 생산된 소설들이 그 이전의 소설과 구별되는 지점 중의 하나는 작가의 이름을 분명히 명시함으로써 담론의 공공적 책임성을 분명하게 드러내었다는 점이다. 즉 이들 소설은 독자들을 향한 정치적 발언으로

---

6) 박찬승, 『한국 근대 정치사상사 연구』, 역사비평사, 1992, 30~36면 참조.

7) 1906년 이후 설립된 대한자강회, 신민회, 대한협회, 성우학회, 기호흥학회 등의 단체는 대개 기관지로 잡지를 출간하였다. 이를 두고 임화는 "개화와 계몽의 열성이 앙양되면서 잡지의 시대가 도래"하였다고 지적하였다. 임화, 『신문학사』(임규찬·한진일 편), 한길사, 1993, 84면.

8) 지금까지 우리 학계에서는 이 시기 '역사·전기소설'에 대해 역사소설, 정치소설, 전기소설, 역사전기 문학, 전기류 문학, 역사·전기류 소설 등 다양한 용어로 지칭했다. 이러한 용어의 혼재는 같은 논자의 같은 글에서도 발견되는데 이는 지금까지 이 용어가 분명한 장르 의식 아래 사용된 것이 아니었음을 반증하는 것이기도 하다. 김영민, 『한국 근대소설사』, 솔, 1997, 83~94면 참조. 본고에서 역사·전기소설이라 칭할 때에는 이 시기 발표된 작품들 중 창작물에 한하여 사용한다. 이에 대해서는 2-2-1에서 상론토록 한다.

서의 담론적 실천이었다. 따라서 역사·전기소설이나 이후 신소설에는 담론 생산자로서의 작가가 처한 정치적 위치와 그 위치로부터 비롯된 세계에 대한 인식의 틀이 그대로 각인되었다.[9]

또한 역사·전기소설의 주요 작가들은 모두 유학이나 망명 경험이 전무한 토착 세력이었다. 이들은 자국의 전통과 가치를 긍정하며, 당시 이른바 『대한협회』 계열이 보호국 체제를 승인한 것과 달리 보호국 체제를 철저히 배격하였다.[10] 이들이 자신들의 정치적 지향과 세계관을 구소화하는 데 가장 이상적인 담론 형태로 선택한 양식이 역사·전기소설이었던 것이다.

역사·전기소설은 그 배경이나 주인공 등 서사의 내용 자체가 역사적 실재성에 근거하고 있으며, 실존했던 인물의 삶과 행적에 초점이 맞추어져 있다. 역사적 사건과 인물은 현재와 미래의 세대에게 본보기·가치·명분·이상을 제공한다.[11] 역사·전기소설은 당대의 시대적 조건 속에서 민족이 추구하는 이상적인 영웅적 인간상의 서사적 구현을 목적으로 하는 것이었다. 즉, 역사가 국권 회복을 위한 애국심, 애국주의를 배양하는 데 가장 좋은 방법과 부문이라고 보는 역사 민족주의[12]의 고양이 외국의 역사물을 보급하고, 특히 사서류(史書類)와 구국 영웅의 전기류 발간을 촉진하였던 것이다.

---

9) 하지만 김윤식의 주장처럼 이러한 사실이 당시 일본 정치소설의 영향 아래 정치소설의 결여형태로서 우리의 신소설이—사이비 정치소설 혹은 준 정치소설로서—성립되었음을 보여주는 사례라는 데는 동의할 수 없다. 우리의 근대문학이 일본의 영향 아래 놓여 있었다는 사실은 부정할 수 없는 사실이다. 하지만 그 영향관계를 선후, 혹은 주종의 관계로 파악하여 이질적이고 다층적인 여러 양상들을 미달이나 왜곡의 차원에서 접근해서는 곤란하다. 우리 근대문학의 여러 현상들이 단지 일본을 "한 사이클 뒤져서 되풀이" 하고 있다는 시각은 한국문학사 자체의 동력과 그 특수성을 밝히는데 일정한 한계를 가지고 출발할 수밖에 없다. 김윤식, 『한국 근대문학 사상사』, 한길사, 1984, 125면; 김윤식, 『한국 근대소설사 연구』, 을유문화사, 1986, 15~44면 참조.

10) 심보선, 「1905~1910년 소설의 담론적 구성과 그 성격에 대한 사회학적 연구」, 서울대 석사논문, 1997, 58~79면; 박찬승, 앞의 글, 69~99면 참조.

11) 魯曉鵬, 조미원·박계화·손수영 역, 『역사에서 허구로』, 길, 2001, 160~161면.

12) 신용하, 『신채호의 사회사상 연구』, 한길사, 1984, 160면 참조.

2. 역사 · 전기소설의 양식적 특질과 개념 규정

1) 역사 · 전기소설의 개념과 범주

1895년경부터 1910년 사이에는 '역사 · 전기류 문학'이란 문학 양식이 존재했다. 역사 · 전기류 문학의 범주에는 창작물은 물론, 외국의 문학 작품이나 역사서 등의 글들을 번역 · 번안한 작품들이 포함된다. 1900년까지는 주로 번역물이 발표되었고, 창작물은 1900년 이후에 주로 발표된다. 역사 · 전기소설은 역사 · 전기류 문학 안에 포함되는 한 양식이다.

하지만 '역사 · 전기소설이 역사 · 전기류 문학 안에 포함되는 양식'이라는 간단한 명제 안에도 논란의 여지가 있다. 이 명제가 성립되기 위해서는 우선 역사 · 전기소설이 무엇인지, 그리고 역사 · 전기류 문학과는 어떻게 구별되는지에 대한 합의가 전제되어야 한다. 지금까지 학계에서 역사 · 전기소설에 대한 논란의 핵심은 이와 관련된다. 논란이 합의된 결론에 이르기 위해서는 일단 그 연구 대상을 어떻게 한정할 것인지, 그리고 그 대상에 대한 개념 규정이 선결되어야 할 것이다.

지금까지 역사 · 전기소설은 역사소설,[13] 정치소설,[14] 역사서(歷史書)와 전기(傳記),[15] 역사 · 전기체소설,[16] 역사 · 전기문학[17] 등으로 호칭되

13) 안자산은 『조선문학사』(한일서관, 1922)에서, '역사 · 전기류 문학'을 이인직의 신문학에 앞서 당시의 시대적 정치적 상황이 낳은 '역사소설'이라 정의한다. 김태준 역시 안자산처럼 '역사소설'이라는 용어로 역사 · 전기류 문학을 설명한다. 김태준, 『增補 조선소설사』, 학예사, 1939, 241면.

14) 임화, 『신문학사』, 한길사, 1995, 136면. 역사 · 전기류 문학을 가리켜 임화가 사용한 '정치소설'이란 개념은 양식 개념보다는 내용에서 정치적 색채를 지니고 있는 소설을 가리키고 있는 것으로 보인다. 이후 '정치소설'이란 용어는 근대계몽기 역사 · 전기류 문학이나 일본과의 영향관계 속에서 신소설의 성격을 해명하는 데 동원되기도 하였다. 김윤식, 「'정치소설'의 결여 형태로서의 신소설」, 『한국 근대소설사 연구』, 을유문화사, 1986 참조.

15) 전광용, 「한국소설발달사」, 『한국문화사대계』 5, 고대민족문화연구소, 1967, 1,207~

거나, 혹은 한 논자의 같은 글 안에서도 역사 · 전기 문학, 전기류 문학, 역사 · 전기류 소설 등의 용어들이 혼용되기도 하였다. 용어의 혼란은 곧 역사 · 전기소설을 한국문학사에서 어떻게 자리매김해야 하는지에 대한 혼란으로 이어진다. 예컨대 번역 · 번안물들과 창작소설들을 하나로 뭉뚱그려 논의함으로써 이 시기 '역사 · 전기소설'이 이식문학의 전거로 이용되기도 하는 것이다.

역사 · 전기소설이란 용어가 학술적인 용어로 통용된 것은 1979년 김윤식 · 백순재 · 송민호 · 이선영 등이 편(編)한 『역사 · 전기소설』 자료집이 발간된 이후로 보인다. 발행 취지를 통해 밝히고 있는 것처럼 "한국문학사의 중요한 사적(史的) 연계(連繫)를 이룩"[18]하기 위한 기획의 일환으로 간행된 이 자료집은, 원본에 충실한 자료의 집대성으로 이후 연구자들이 기댈 수 있는 의미 있는 초석이 되었다. 하지만 이 자료집 역시 '역사 · 전기소설'이란 용어 속에 외국 위인의 전기(傳記)나 역사서, 소설 등을 번역 · 번안 해놓은 것과 우리 작가들의 창작들이 혼재해 있어[19]

1,208면.

16) 김교봉 · 설성경, 『근대 전환기 소설 연구』, 국학자료원, 1991, 79면.

17) 강영주, 『한국 역사소설의 재인식』, 창작과비평사, 1991, 22면.

18) 한국학문헌연구소 편, 『역사 · 전기소설』 1권, 아세아문화사, 1979, 4면.

19) 한국학문헌연구소 편, 『역사 · 전기소설』, 아세아문화사, 1979. 자료집에 수록된 작품들의 목록은 다음과 같다. 1권 : 『텬로역정』, 『중일략사(中日略史)』, 『파란말년전사(波蘭末年戰士)』. 2권 : 『태서신사(泰西新史)』, 『아국략사(我國略史)』. 3권 : 『중동전기(中東戰記)』, 『미국독립사(美國獨立史)』. 4권 : 『법국혁신전사(法國革新戰史)』, 『애굽근세사(埃及近世史)』, 『법란서신사(法蘭西新史)』, 『오위인소역사(五偉人小歷史)』. 5권 : 『월남망국사(越南亡國史)』(玄采 譯), 『월남망국ᄉ』(李相翼 譯), 『월남망국ᄉ』(周時經 譯), 『비율빈전사(比律賓戰史)』, 『이태리건국삼걸전(伊太利建國三傑傳)』. 6권 : 『의대리독립사(意大利獨立史)』, 『서사건국지(瑞士建國誌)』, 『비사맥전(比斯麥傳)』, 『ᄋᆡ국부인젼』, 『라란부인전』, 『애국정신(愛國精神)』. 7권 : 『을지문덕(乙支文德)』, 『ᄶᅡ퀴일트전』, 『후례두익대왕칠년전사(厚禮斗益大王七年戰史)』, 『세계식민사(世界植民史)』. 8권 : 『중국혼(中國魂)』, 『영법로시제국기리미아전사(英法露土諸國哥利米亞戰史)』, 『강감찬전(姜邯贊傳)』, 『피득대제(彼得大帝)』. 9권 : 『몽견제갈량(夢見諸葛亮)』, 『나파륜전사(拿破崙戰史)』, 『나파륜사(拿破崙史)』. 10권 : 『보법전기(普法戰記)』, 『나빈손표류기(羅賓孫漂流記)』, 『부란극림전(富蘭克林傳), 『십오소호걸(十五少豪傑)』. 이처럼 총서에는 '독립사', '망국사', '전사(戰史)'를 다룬 역사서가 가장 많은 분량을 차지하며, 그 외에 나폴레옹, 비스마르

'역사 · 전기소설'의 양식적 특질을 규정하고 이해시키는 데에는 충분하지 못했다.

『역사 · 전기소설』 자료집에서 확인할 수 있는 것처럼 지금 '역사 · 전기소설'이라고 부르는 글들 가운데에는 다양하고 이질적인 성격의 글들이 혼재해 있다. 이러한 사실은 곧 '역사 · 전기소설'의 양식적 특질을 규명하는 데에도 걸림돌로 작용할 수밖에 없으며, 그로 인해 이른바 역사 · 전기소설의 소설사적 의의를 밝히는 데에도 어려움을 겪을 수밖에 없었다. 따라서 이 시기 발표된 '역사 · 전기류 문학'의 범주를 '당시 창작된 작품, 또는 외국의 문학작품이나 역사서 등의 글들을 번역 · 번안한 작품들' 로 전제했을 때, 그 중 '역사 · 전기소설'은 우선 창작 소설에만 한정해야 할 것이다. 그러나 창작물 모두가 역사 · 전기소설의 범주에 포함될 수 있는 것은 아니다.

예컨대 장지연의 『민충정공영환전(閔忠情公泳煥傳)』(『대한자강회월보』 제8호, 1907.2.25)이나 박은식의 『을지문덕전(乙支文德傳)』(『서우』 제2호, 1907.1.1), 『양만춘전(楊萬春傳)』(『서우』 제3호, 1907.2.1), 『김유신전(金庾信傳)』(『서우』 제4호~8호, 1907.3.1~7.1) 등의 작품은 역사 · 전기소설로 보기 어렵다. 이 작품들은 역사 · 전기소설이라기보다는, 그 이전 단계인 '인물기사'로 보아야 할 것이다.

閔忠正公泳煥字文若桂庭其號也驪興人系出高麗奉御閔稱道入本朝留守審言以節行著至中葉驪陽府院君文貞公維重誕仁顯王后寔 肅宗之次妃也又四世僉樞端顯 贈 領議政生致久蔭輔國諡孝獻女爲興宣大院君夫人誕育今皇帝陛下入承大統考泰鎬參奉早夭生父謙鎬文科輔國謚忠肅母貞敬夫人徐氏都事庚淳女始公之娠徐夫人夢獲珠三枚又見諸長老公服至外舍羅拜于忠肅公以哲宗辛酉七月卄

크, 잔다르크, 빌헬름텔 등 외국 위인들과 강감찬, 을지문덕과 같은 국내 위인들의 전기, 그리고 역사 · 전기소설과는 무관한 다니엘 디포의 『로빈슨크루소』(1719)와 쥘 베른의 『15소년 표류기』(1888)까지 망라되어 있다.

六日生幼而孝能恭敬聽長者指教口無妄言與群兒遊戱雖不恊亦不露圭角今皇上丁丑筮童蒙敎官明年魁人日製拜待敎歷藝文檢閱說書文兼修撰東壁檢詳舍人辛巳陞三品同副丞旨.[20]

乙支文德은 平壤郡 石多山의 人이니 沈毅有智略ᄒᆞ야 高句麗 嬰陽王朝의 大臣이라. 支那 隋煬帝大業 八年에 高句麗ᄅᆞᆯ 伐ᄒᆞᆯ시 二十四軍을 左右道로 分ᄒᆞ야 出ᄒᆞ니 凡 一百十三萬 三千八百人인ᄃᆡ 號ᄅᆞᆯ 二百萬이라 ᄒᆞ고 饋輸者ㅣ 倍之라. 左翊衛 大將軍 宇文述은 出 扶餘道ᄒᆞ고 右翊衛 大將軍 于中文은 出 樂浪道ᄒᆞ야 與九軍으로 期 會於 鴨綠江ᄒᆞ고 又 大將軍 來護兒ᄂᆞᆫ 江淮水軍을 率ᄒᆞ고 浮海先入 浿江ᄒᆞ야 水陸 竝進ᄒᆞᆯ시 工部 尙書 宇文愷와 少府監 何稠等은 造浮橋於 遼水ᄒᆞ야 進圍 遼東城ᄒᆞ니 遼東이 嬰城固守라 嬰陽王이 乙支文德을 遣ᄒᆞ야 詣其營詐降은 欲觀虛實이라. 時에 于仲文이 隋帝의 密旨ᄅᆞᆯ 奉ᄒᆞ엿스되 若 高句麗王及 乙支文德이 來者면 必擒之ᄒᆞ라 ᄒᆞᆫ지라. 仲文이 將執之러니 慰撫使尙書右丞 劉士龍이 固止之ᄒᆞ야 遂聽 文德還이러니 仲文이 旣而悔之ᄒᆞ야 遣人紿文德曰更有可言者ᄒᆞ니 復來ᄒᆞ라 호ᄃᆡ 文德이 不顧ᄒᆞ고 還渡 鴨水ᄒᆞ니 隋將이 遂追 文德이라. 文德이 隋軍의 飢色이 有ᄒᆞᆷ을 見ᄒᆞ고 欲引而疲之ᄒᆞ야 每戰輒走ᄒᆞ니 隋將이 一日之中에 七戰皆捷이라 恃其驟勝ᄒᆞ고 東濟 薩水ᄒᆞ야 去 平壤三十里에 因山爲營이어ᄂᆞᆯ 文德이 遺 仲文詩曰神策究天文이오 妙算窮地理라 戰勝功旣高ᄒᆞ니 知足願云止라 ᄒᆞ니 此ᄂᆞᆫ 我東五言詩의 祖라. 文德이 復遣使詐降 曰 若旋師者면 當奉王ᄒᆞ야 帝의 行在所에 朝ᄒᆞ리라 ᄒᆞᆫᄃᆡ 隋將이 見士卒이 疲弊ᄒᆞ야 不可復戰이오 又 平壤 城固ᄒᆞ야 度難猝拔이라 遂班師ᄒᆞᆯ시 爲方陣而行이어ᄂᆞᆯ 文德이 出軍擊ᄒᆞ야 至 薩水에 隋兵이 半渡라. 麗軍이 尾擊ᄒᆞ야 將軍 辛世雄이 戰死ᄒᆞ니 諸軍이 俱潰ᄒᆞ고 將士奔還ᄒᆞ야 一日一夜에 至 鴨水ᄒᆞ니 行四百五十里라. 來護兒도 亦爲麗軍所誘引ᄒᆞ야 大敗ᄒᆞ니 僅以身免이라. 初에 隋軍渡遼者凡一百萬五千이러니 及還至遼東에 只二千七百人이

20) 장지연, 『민충정공영환전(閔忠情公泳煥傳)』, 『대한자강회월보』 제8호, 1907.2.25, 1면.

오 資粮器械의 蕩失이巨萬計라. 後에 國人이 建祠於 平壤ᄒᆞ야 以祀 文德ᄒᆞ니 曰 忠武祠라 ᄒᆞ고 今 平壤에 頓氏가 其遺裔요 石多山下에 洗硯池가 有ᄒᆞ니 卽公의 修學ᄒᆞ든 處라 云ᄒᆞ더라.[21]

처음의 인용은 장지연의 『민충정공영환전(閔忠情公泳煥傳)』의 도입부이며, 다음의 인용은 서우학회월보였던 『서우』[22]에 발표된 『을지문덕전』의 전문(全文)이다. 우선 표기방법상 『민충정공영환전』 경우는 전문이 순한문으로 되어 있으며, 『을지문덕전』 경우는 한문에 한글 토씨를 단 작품이라는 점에서 근대문학 양식 속에 편입시키기 어렵다고 할 수 있다. 작품의 길이 또한 매우 짧아 하나의 독립된 서사로 보기 힘들다. 『김유신전』의 경우는 예외적으로 5회에 걸쳐 연재되면서 전체 분량이 200자 원고지 50장 내외의 분량으로 짧은 단편소설의 분량에 다가서고 있다. 하지만 『을지문덕전』과 마찬가지로 출생과 이력, 전사(戰史) 등 역사적 사실 전달에 많은 비중을 두고 있어 소설이라기보다는 오히려 신문, 혹은 잡지의 기사(記事)적 성격이 두드러진다고 할 수 있다.[23]

따라서 엄밀한 의미의 역사・전기소설은 이른바 '인물 기사류'를 제외한 창작 작품들로 한정해야 한다. 그러나 이것만으로 근대계몽기 역사・전기소설을 고정시킬 수는 없다. 이 시기 상당수의 번역・번안 작

21) 박은식, 『을지문덕전』, 『서우』 제2호, 1907.1.1, 36~37면.

22) 『서우(西友)』는 1906년 12월 1일에서 1908년 8월 1일까지 통권 14호가 간행된 '서우학회'의 기관지이다. 주필은 박은식, 편집 겸 발행인은 김명준으로 되어 있다. 『을지문덕전』의 경우 작품이 게재될 당시에는 작가가 명기되어 있지 않으나, 이후에 발표되는 작품들과 견주어 볼 때 『서우』의 주필이었던 박은식의 글로 보는 것이 타당하다. 서우학회는 평안남북도・황해도 출신 지식인을 중심으로 1906년 10월 조직된 단체이다. '학회'라는 명칭을 사용하면서 정치 활동을 표면에 내세우지 않고 서우학교를 설립하는 등 교육 진흥 운동을 표방하였다. 그러나 실제 목표는 '민력양성'을 통한 국권 회복과 인권 신장이었다. 1908년 1월에는 한북흥학회(漢北興學會)와 통합하여 서북학회로 개편되었다. 서우학회의 성격에 대해서는 이송희, 「韓末 西友學會의 愛國啓蒙運動과 思想」, 『韓國學報』 26, 일지사, 1982 참조.

23) 김영민, 『한국 근대소설사』, 솔, 1997, 108~109면.

품들이 생산되는데 이들에 대한 고려 또한 요구된다.[24] 소설사적 맥락에서 볼 때 근대계몽기 역사·전기소설은 다른 무엇보다 철저하게 당대 사회적·역사적 담론이 생산해낸 양식이라 할 수 있다. 그런데 좁은 의미에서의 양식사적 계통에만 집중하여 역사·전기소설을 창작소설로 한정하면 오히려 역사·전기소설의 소설사적 의미는 축소될 수밖에 없다. 양식이란 단순히 문학의 외적 형식이 아니라 '활동의 결과로서 이해'[25]되어야 한다. 양식이란 시대정신이 문학 텍스트로 구현되는 방식이자, 형식 속에 녹아 있는 시대 나름의 세계관·가치관의 표출이라 할 수 있는 것이다.

따라서 역사·전기소설의 범주는 창작소설과 함께 국외의 전기나 소설을 우리의 실정과 시대적 요청에 맞추어 번안한 경우까지 포함시켜야 한다. 이 시기 간행된 번안 작품들은 그것이 원작의 단순한 직역이라기보다는 번역자의 의도에 따라 원작을 굴절시킨 경우가 적지 않았음을 생각할 때, 이들 또한 역사·전기소설의 범주에 포함하여야 할 것이다.

예컨대 장지연의 『애국부인전』의 경우 잔 다르크의 전기를 기술하는 중에 돌연 작가가 개입하여 양만춘, 을지문덕, 강감찬의 사적을 거론한다. 프랑스의 국난이 곧 한말의 위기로 인식되어 전도되고 있는 것이다. 이는 외국 작품의 번안이 궁극적으로 무엇을 의도하고 있었는지를 여실히 보여주는 것이라 할 수 있다.

> 슬프다 이ᄯᅢ 아리안셩은 도마우에 살뎜이요 가마안에 고기라 엇지 위틱ᄒᆞ지 안이리오 옛적 우리나라 고구려 시ᄃᆡ에 당태종의 백만 군병을 안시셩 태수양

---

24) 최근 박진영의 「일재 조중환과 번안소설의 시대」, 『민족문학사연구』 26호, 민족문학사연구소, 2004.11; 박진영, 「1910년대 번안소설과 '실패한 연애'의 시대—일재 조중환의 『쌍옥루』와 『장한몽』」, 『상허학보』 15, 깊은샘, 2005.8, 박진영, 「1910년대 번안소설과 '정탐소설'의 매혹—하몽 이상협의 『정부원』」, 『대동문화연구』 52집, 성균관대 대동문화연구원, 2005.12 등 번안소설에 대한 일련의 연구는 이 시기 번안소설의 성격과 사적 의미를 규명하고자 하는 진전된 성과라 할 수 있다.

25) 佐佐木健一, 민주식 역, 『미학사전』, 동문선, 2002, 190면.

만춘이 능히 항거ᄒᆞ여 ᄇᆡᆨ여일을 굿게 직히다가 맛ᄎᆞᆷᄂᆡ 당병을 물리치고 평양성을 보전하엿스며 슈양뎨의 ᄇᆡᆨ만명은 을지문덕의 한계칙으로 젼군이 함몰케 ᄒᆞ엿스며 고려 강감찬은 슈천명으로 걸안 소손녕의 삼십만명을 물리치고 ᄉᆞᆼ경을 보젼ᄒᆞ엿스니 아지 못커라 법국은 이 ᄯᅢ에 양만춘 을지문덕 강감찬 ᄀᆞ튼 충의 영웅이 ᄂᆡ잇는고 정히 이 처량한 빗만 눈에 가득ᄒᆞ거늘 중류지쥬에 의긔인이 ᄂᆡ잇는가.[26]

이처럼 외국 영웅들의 전기나 역사서의 소개는 근대국가 성립의 성공이나 실패담을 통해 독자들로 하여금 당시 조선의 처지를 상기토록 하기 위한 것이었다.

결국 근대계몽기 역사・전기소설이란 그 전 단계의 양식인 단형의 인물 기사류를 제외한, '1895년~1910년 사이에 국한문이나 한글로 발표된 창작 소설과 번안소설로 단행본 정도의 길이를 가진 작품'을 가리키는 것이 되어야 한다. 그 내용적 특질은 '국내외의 역사적 사건이나 인물의 전기를 소재로 하고, 단순 번역이 아니라 서사적 요소와 작가의 해석이 첨가된 작품'이라 할 수 있다.[27]

따라서 순수 역사서나 역사적 사실을 매개로한 논설류의 글들, 그리고 단순 직역한 작품들[28]은 별도로 '역사・전기류 문학'과 같이 또 다

---

26) 장지연, 『의국부인전』(역사・전기소설 6, 한국학문헌연구소 편), 아세아문화사, 1979, 348~349면.

27) 한편 김영민은 역사・전기소설의 범주를 '근대계몽기 창작소설과 번역・번안소설'로 정의하고 있다(김영민, 「역사・전기소설의 형성과 전개」, 『제31회 동양학학술회의 강연초』, 단국대 동양학연구소, 2001). 이러한 그의 견해는 '역사・전기소설은 창작소설에만 한정해야 한다'는 자신이 내세웠던 기존의 견해보다 확장된 개념이다(김영민, 『한국 근대소설사』, 솔, 1997). 김영민의 이러한 주장은 지금까지 관용적으로 사용되어 온 역사・전기소설이라는 용어의 개념과 범주에 대해 명확한 정의와 그 경계를 한정짓고 있다는데 의의가 있다. 본고는 기본적으로 그의 견해에 동의하면서, 번역소설과 번안소설에 대한 엄밀한 구분 또한 필요하다고 생각한다.

28) 학부편집국이 번역 간행한 『중일략사합편』(1898), 『아국략사』(1898); 현채, 『중동전기』(1899), 『미국독립사』(1899), 『법국혁신전사』(1900); 어용선, 『파란말년전사』(1899); 장지연, 『애급근세사』(1905); 김덕균, 『의태리독립사』(1907) 등.

른 분류가 필요하다.[29] 그렇게 하면 역사·전기소설에는 크게 창작류 역사·전기소설과 번안류 역사·전기소설들이 존재하게 된다.

2) 역사·전기소설의 형성과정과 양식적 특질

근대계몽기에 접어들면서 조선으로부터 정치·군사·경제적 이권을 쟁취하기 위한 세국들 간의 각축전이 한층 격화된다. 이런 와중에 일본이 침략적 외세의 실체로 등장하고, 이에 대응하는 다양한 저항적 담론들이 생겨나기 시작한다. 부국강병을 위한 근대화가 시급한 과제였지만, 그보다 더 중요한 것은 우선 국권을 수호하는 것이었다. 결국 1905년 11월 17일 일제의 소위 을사 5조약에 의하여 국권의 일부를 빼앗기게 되자, 당면한 민족적 과제로써 국권회복을 위한 애국계몽운동이 일어나게 된다.

역사·전기소설은 1905년 을사 5조약 이후 대량으로 창작 발표되기에 이른다. 특히 1907년 고종 양위 직후부터 1909년까지 애국계몽운동

29) 이 시기의 작품들을 번안 작품과 번역 작품으로 구분지어 설명하기 위해서는 여러 작업이 수반되어야 한다. 당시 작가들이 참고하였던 저본들 중에는 원작을 직접 번역한 경우보다는 한역본(漢譯本)과 일역본(日譯本)을 중역하는 경우가 대부분인데, 먼저 이들 작품과의 비교가 우선되어야 할 것이다. 이 경우 번역의 함량과 와전을 해명하기 위해서는 3개의 판본이 존재하는 셈이다. 우리말로 중역하는 경우에도 서구 작품의 경우는 축약이 빈번하게 일어나고, 따라서 불가피하게 의역이 일어나는 경우가 발생한다. 이에 반해 일본 작품의 경우에는 완역과 직역에 가깝다. 그렇다고 일괄적으로 전자를 번안소설로, 후자를 번역소설로 설명할 수는 없다. 그 외에 원작 및 저본을 확인할 수 없는 작품들의 경우는 어떻게 처리해야하는지의 문제 또한 해결해야 한다. 나아가 양계초의 경우처럼 특정 작가의 작품이 직접적으로 영향을 미치는 경우 비교문학적 관점에서의 접근과 고찰이 요구된다. 대상 작품에 대한 개별 작품론이 상재되고, 국가, 작가, 작품 간의 영향관계가 해명되었을 때 비로소 근대소설사에서 이들의 역할과 사적 의미가 명확해 질 수 있다. 근대소설사에서 번안소설과 번역소설에 대한 탐구는 본 연구의 범위를 넘어서는 것이다. 이에 대한 구체적인 연구는 앞으로의 과제로 남겨놓는다.

이 가장 치열하게 전개되던 시기는[30] 역사·전기소설이 가장 많이 창작된 시기이기도 하다. 국권을 상실한다는 위기감의 확대에 비례하여 이른바 역사·전기 문학의 생산량도 증가하고 있는 것이다. 이러한 문단적 상황은 과거의 민족적 영웅들을 호출하여 민족적 기억들을 선택적으로 복원함으로써 민족 통합과 민족국가 수립으로 나아가려는 의도의 산물이었다.

이처럼 역사·전기소설은 근대계몽기의 정치적·사회적 담론의 생산물이었다. 역사·전기소설의 작가들이 자신들의 정치적 지향과 세계관을 구조화하는데 가장 이상적인 담론 형태로 선택한 양식이 역사·전기소설이었다. 당대의 시대적 조건 속에서 국권 회복을 위한 애국심, 애국주의를 배양하기 위한 방법적 선택이 곧 역사·전기소설이었던 것이다. 역사·전기소설은 이렇듯 철저하게 시대의 산물이었지만, 그 문학적 형식은 전류(傳類) 문학이나 군담계 소설과 같은 전대 문학 양식을 이어받고 있다.

전(傳)은 사마천(司馬遷)의 열전(列傳)을 기원으로 하며 후세인을 감계(鑑戒)하거나 포폄(褒貶)할 수 있는 인물의 일대기를 기술하는 양식으로서 도덕적 표창의 차원에서 특정인물의 덕성이나 인간적 자질을 몇몇 특징적 일화에 의해 드러내는 장르이다. 이 점에서 전(傳)은 가치를 찾아가는 장르라기보다, 이미 찾아낸 가치를 적절한 예화(例話)를 통해 추인하는 장르라 할 수 있다.[31] 전(傳)의 구성은 세 부분으로 나눌 수 있는데[32] 우선 입전 인물의 가계 및 출생 주변이 기술되고, 그 다음은 생애 중 두드러진 행적 및 처세 상황이 기술되며, 끝으로 평결(評決)이 이루어진다. 이러한 전(傳)의 구성 양식은 대부분의 역사·전기소설에서 답습

30) 신용하, 『한국 근대의 민족운동과 사회운동』, 문학과지성사, 2001, 117~118면.

31) 박희병, 「한국문학에 있어 '전(傳)'과 소설의 관계양상」, 『한국한문학연구』 12집, 태학사, 1989, 33~34면.

32) 김교봉·설성경, 『근대 전환기소설 연구』, 국학자료원, 1991, 84~86면

되거나 확장된다.

역사 · 전기소설은 이러한 전(傳)의 양식적 서술구조를 따르면서도, 한편으로 회(回)나 장(章)으로 나누어진 회장체 구성방식을 택하기도 한다.[33] 장지연의 『애국부인전』과 신채호의 『을지문덕』 등이 모두 이러한 회장체 구성 방식을 따르고 있을 뿐 아니라, 번역물에 속하는 박은식의 『서사건국지』 또한 회장체 구성 방식을 따르고 있다. 회장체 서술방법의 선택은 각 회나 장에서 전개될 내용을 미리 소제목으로 요약 제시해 줌으로써 전달하고자 하는 주제를 명확히 드러내줄 뿐 아니라 독자의 이해를 구하는 데에도 유리한 방식이었다.

또한 회장체 방식에 더하여 서문(序文)과 때로는 발문(跋文)까지 갖춘 작품도 상당수 있음을 확인할 수 있다. 서문에서는 대체로 작품이 창작되는 동기와, 사건이 유발되는 상황이나 배경이 기술된다. 발문에서는 작품에서 사건이 종결된 후의 사정과 그 사건이 지니는 교훈적 의미에 대한 기술이 중심을 이룬다. 이러한 사실은 국내외 인물의 전기나 과거의 역사를 취급하는 것이 단순히 강사적(講史的) 의미 이상의 것을 목적으로 하였음을 보여주는 것이다.

> 大家의 史筆로 英雄의 眞面目을 寫傳ᄒᆞ며, 才子의 詞賦로 英雄의 大功德을 讚美ᄒᆞ고 爐의 香과 壇의 鼓로 英雄의 下降을 祈禱ᄒᆞ며 金의 宮과 玉의 堂으로 英雄의 來臨을 預待ᄒᆞ고 英雄이 無ᄒᆞ거던 胸中으로 英雄英雄ᄒᆞ며 英雄이 有ᄒᆞ거던 眼中으로 英雄英雄 ᄒᆞ여야 英雄이 出現 ᄒᆞᆯ지어ᄂᆞᆯ 乃我國은 英雄 崇拜ᄒᆞᄂᆞᆫ 根性이 何如是薄弱ᄒᆞᆫ지 (…중략…) 過去의 英雄을 寫ᄒᆞ야 未來의 英雄을 招하노라.[34]

---

33) 역사 · 전기소설의 이러한 서술방법은 1910년대와 1920년대 구활자본 고소설에서도 그대로 반복된다. 하지만 그러한 형식적 유사성이 곧 역사 · 전기소설과 구활자본 고소설의 연속성의 증거라고는 단언할 수 없다. 물론 형식적인 측면에서 이전의 양식을 답습하고 있지만 그것이 놓인 층위는 전혀 다른 것이었다. 이에 관해서는 3－1에서 상론토록 한다.

위의 글은 신채호의 『을지문덕』 '서론(序論)'의 일부를 발췌한 것이다. 『을지문덕』의 원제목은 『대동사천재(大東四千載) 제일대위인(第一大偉人) 을지문덕(乙支文德)』이다. 총 열 다섯 장의 회장체 구성에 서론과 결론이 붙어 있는 이 작품은 논설적이요, 논증적으로 서술된 작품이다. 또 하나 이 작품의 구성상 특이점은 별도로 3개의 서(序)가 붙어있다는 점이다. 3개의 서(序)는 변영만 · 이기찬 · 안창호의 것인데, 변영만의 것은 순한문체로, 나머지 둘은 국한문혼용체를 사용하고 있다. 이들의 진술에 따르면 3개의 서(序) 모두 신채호가 직접 이들에게 부탁하여 실은 것이다. 『을지문덕』은 신채호 개인의 창작이지만, 시대적 조건 하에서 작품 창작의 의미는 신채호 개인의 것이 아니었다. 3개의 서문에서 밝히고 있는 『을지문덕』 창간 의의는, 독자들이 이 책을 읽고 "乙支文德을 喚起"하여 "先民의 偉大事業을 贊ᄒᆞ야 國民의 英雄 崇拜心을 鼓吹"[35]할 수 있도록 하는 것이었다.

신채호 역시 '서론'에서 작품을 통해 단지 과거의 영웅을 찬양하는데 머무르지 않고, "미래의 영웅의 출현"을 바란다는 미래지향적 목표를 뚜렷이 하고 있다. 서문의 필자들이나 신채호에게 영웅의 출현은 현실적 시대적 조건을 타개하고 자랑스러운 전통을 되살려 민족의 독립을 쟁취하려는 의지를 의미하는 것이었다.

구성과 내용상의 이러한 특징은 역사 · 전기소설의 형성이 1890년대에 나타나기 시작한 이른바 '서사적 논설'[36]과 조선 후기 야담과의 관련 속에서 파악할 수 있음을 보여준다. 사실 '서사적 논설'은 근대계몽기에 불현듯 나타난 양식이라기보다는 오히려 조선 후기 서사문학 양식의 시대적 변용물이라 할 수 있다. 요컨대 '서사적 논설'은 기본적으

34) 신채호, 『을지문덕』(역사 · 전기소설 7), 아세아문화사, 1979, 24~27면.

35) 위의 글, 15~16면.

36) '서사적 논설'의 개념과 문학사적 의의에 대해서는 김영민, 『한국 근대소설사』, 솔, 1997; 한기형, 『한국 근대소설사의 시각』, 소명출판, 1999; 정선태, 『개화기 신문논설의 서사 수용 양상』, 소명출판, 1999 등의 글들을 참조할 수 있다.

로 조선 후기 사회상을 담아내던 야담이나, 서사를 통해 교훈을 전달하던 한문단편[37]의 표현법을 취하고 있다.

야담의 여러 형태 중 특히 중심 서사와 작가 해설이라는 구성 방식을 취하고 있는 작품들은 서사적 논설과의 연관성이 두드러진다. '서사적 논설'의 중요한 양식적 특질 가운데 하나는 편집자 주(註)나 해설을 포함하고 있다는 점이다. 대개 편집자 주는 짧게 한 두 문장으로 서사물의 시작을 알리는 형식적 역할을 담당하는 경우가 대부분이다. 이에 반해 서사물의 뒤에 부기된 '해설'은 직접적으로 서사물의 내용과 직결되는 내용을 담고 있으며, 구체적으로 글쓴이의 계몽적 의도를 드러내고 있다.

> 일노 보드릭도 무숨 일이던지 심녁을 써셔 공부는 아니ᄒᆞ고 편ᄒᆞ게 안져셔 되기를 기다리는 거슨 셰상에 졔일 못 싱긴 사ᄅᆞᆷ이라 ᄌᆞ고로 큰 사업과 큰 공을 일운 사ᄅᆞᆷ은 자나ᄭᆡ나 누우나 안지나 잠시라도 마음을 놋치 아니ᄒᆞ고 죽을 지경을 몃 번 지닉도 잡은 마음과 긔운을 조곰도 들이지 아니ᄒᆞ고 게으르지 아니ᄒᆞᄂᆞ니 셰상에 나셔 무숨 사업이던지 싱각이 잇는 사ᄅᆞᆷ은 아모조록 부ᄌᆞ런이 힝히가고 잠시라도 게으르지 마라 병든지 일곱 힉에 삼 년 묵은 쑥을 구ᄒᆞ기 어려옴을 탄식ᄒᆞ지 마시오.[38]

위의 인용은 1898년 7월 21일 『매일신문』 논설란에 실린 글의 마지

37) '야담'이란 용어가 처음 사용된 것은 17세기 초 『於于野談』에서이다. 이후 18세기 중후반기에 『東稗洛誦』에 이르러 일정한 성격이 이루어졌으며, 19세기 전반기에 『靑邱野談』으로 결집되었다고 할 수 있다. 특히 18세기에서 19세기에는 단편문학의 빼어난 성과가 쏟아져 나오는데, 통상 이 시기의 작품들을 일컬어 '한문단편'이라 부른다. 일단 본고에서 한문단편이라 칭할 때는 한문으로 된 단편 산문 모두를 지칭하는 것이 아니라 주로 19세기 전후에 창작되고 읽혀졌던 한문단편문학에 한정한다. 임형택, 「야담의 근대적 변모—일제하에서 야담 전통의 계승양상」, 『한국한문학연구』 19, 대학사, 1996, 47~50면 참조. 한문단편과 관련한 텍스트는 이우성・임형택, 『이조한문단편집』(일조각, 1973)을 참조하였다.

38) 『매일신문』, 1898.7.21; 김영민・구장률・이유미, 『근대계몽기 단형 서사문학 자료전집』 上, 소명출판, 2003, 207면.

막 해설 대목이다. "이젼에 흔 노인이 도량이 너그럽고 지식이 광활흔 즁 직산도 유여ᄒᆞ고 ᄌᆞ녀손이 션션ᄒᆞ되 나희 칠십이 되도록 부지런ᄒᆞ야 좀시라도 흔가히 노지 아니ᄒᆞᄂᆞᆫ지라." 그 노인과 마을 소년의 삽화가 중심서사로 자리 잡고 있으며, 소년의 깨달음을 편집자의 해설로 부기(附記)하고 있는 것이다.

요컨대 야담이나 한문단편에서 발견되는 '중심서사와 해설'이라는 형식적 측면이나, 교훈의 제시와 계몽의 의도적 표출이라는 내용적 측면 모두 '서사적 논설' 의 전범이 된다[39]고 할 수 있다. 이러한 형식은 역사 · 전기소설의 구성방식과도 같은 맥락에서 논의될 수 있다. 역사 · 전기소설에서는 구체적으로 중심 내용의 앞에 서(序)를 덧붙이거나, 앞에서 살펴본 바처럼 서론과 결론을 구분지음으로써 작가의 의도를 직접적으로 드러내고 있는 것이다.

조선 후기 야담에서 발원한 '서사적 논설'의 글쓰기 방식은 근대계몽기 단형서사 양식으로 이어진다. 그 중 신문이나 잡지에 실렸던 '인물기사' 혹은 '인물고'는 '역사 · 전기소설' 양식 발생의 구체적인 토대로써 작용한다. '인물기사'란 한 인물에 대한 전기적 성격을 띠는 기사를 가리킨다.[40] '인물기사'는 일회 발표로 완료되는 경우도 있고, 연재 발표되는 경우도 있는데, 그 표기 방법은 순한글과 순한문, 국한문 혼용 등 다양한 모습을 보인다. 근대계몽기 역사 · 전기소설이 국내외의 영웅

39) 김영민, 「한국 근대소설 발생과정 연구—조선 후기 야담과 개화기 문학 양식의 연관성을 중심으로」, 『국어국문학』 127집, 국어국문학회, 2000.12, 316~328면 참조.

40) 근대소설사의 전개에서 '인물기사'를 하나의 양식으로 파악하고 그 사적 맥락에 처음으로 주목한 이는 김영민이다. 그는 '인물기사'를 기사체 창작물의 하나로서 양식 분류상 단형 소설 속에 포함시켜 고찰하였다. 이에 관해서는 김영민, 『한국 근대소설사』, 솔, 1997; 김영민, 「근대 계몽기 단형서사문학 자료 연구」, 『현대소설 연구』 17집, 한국현대소설학회, 2002 참조. 그 외에 전대(前代) 양식과의 관련 속에서 '인물기사'의 양식적 연원을 탐색하는 글로 김찬기, 「근대계몽기 신문 잡지 소재 인물 기사 연구」, 『근대계몽기 단형서사문학 연구』(연세대 근대한국학연구소 편), 소명출판, 2005 등을 참조할 수 있다.

적인 인물이나 위인을 소재로 창작된 것을 상기하면, 그 전사(前史)로서 국내외의 영웅들이나 위인을 다루었던 '인물기사'를 상정해 볼 수 있다. 역사 · 전기소설과 마찬가지로 '인물기사'에서도 국내외의 민족적 영웅이나 위인들을 호출하고 있다. 이는 물론 읽는 이로 하여금 나라를 지키려는 의지를 높이기 위한 것이었다.

역사 · 전기소설과 관련된 인물기사 중 특히 주목되는 것은 『그리스도 신문』이다.[41] 이 신문에는 성서에 나오는 인물들의 행적이나 기독교 선교의 역사 속에서 추앙받는 목회자, 을지문덕이나 김유신 등 우리 민족의 위인들을 다룬 '인물기사'를 빈번히 다루고 있다. 최근 발굴 정리된 『그리스도 신문』에 실린 15편의 단형서사 중 '인물기사'에 해당하는 것은 「알푸레드님군」, 「라파륜ᄉ젹」, 「을지문덕」, 「원텬셕」, 「길지(吉再)」, 「김유신」 등 모두 7편이다.[42]

『그리스도 신문』의 '인물기사'는 크게 두 가지 유형으로 나누어 설명할 수 있다. 하나는 신문의 특성에 걸맞게 기독교에 대한 독자들의 믿음을 호소하려는 목적으로 기획된 것들이며, 다른 하나는 구체적인 역사적 인물을 상정하여 민족적 시대적 사명감을 일깨우려는 의도로 쓰인 것들이다. 이러한 기획은 서로 다른 '인물기사'에서 독립적으로 발견

---

41) 『그리스도 신문』과 '인물기사'의 관계에 대해서는 김영민, 『한국 근대소설사』, 솔, 1997, 98~104면 참조. 한편 함돈균은 『죠션크리스도인회보』와 『그리스도신문』의 서사 양상을 분석하면서, 기독교 계열 신문 논설란에 실린 '우화적 알레고리' 형식의 단형 서사들이 전통적 정신 질서와 보편도덕을 강조하는 '교훈성'을 내포하고 있다고 지적하고 있다. 우화형식에 대한 강조는 조선 후기 야담이나 한문단편과의 관련성을 해명할 수 있는 하나의 단초가 될 수 있다는 점에서 주목된다. 함돈균, 「근대계몽기 단형서사에 나타난 서사전략 연구－기독교계열 신문과 『독립신문』을 중심으로」, 『근대계몽기 단형서사문학 연구』(연세대 근대한국학연구소 편), 소명출판, 2005 참조.

42) 김영민 · 구장률 · 이유미, 『근대계몽기 단형 서사문학 자료전집』 上, 소명출판, 2003 참조. 이들 외의 단형서사들로 「코기리와 원숭이의 니야기」(1897.5.7), 「무듸ᄉ젹」(1901 3.28~4.4), 「늙은 흑인(무듸션싱)」(1901.5.16), 「조곰 어그러지는 밋음」(1901.5.30), 「이ᄉ도의 ᄉ젹(빈의원)」(1901.6.27), 「머사현몽」(1901.8.29~9.5), 「로인의 부부지락」(1901.12.19), 「그루소의 흑인을 동모홈」(1902.5.8), 「모듸거져(象名)가 그 쥬인의게 복죵홈」(1902.5.15) 등이 있다.

되기도 하며, 하나의 '인물기사'에 복합적으로 다루어지기도 한다. 우선 매체의 특성상 종교적인 색채가 두드러진 '인물기사' 「무듸사젹」의 경우를 살펴보도록 한다.

미국 노스필드라 ᄒᆞ는 ᄯᅡ헤 ᄒᆞᆫ 유명ᄒᆞᆫ 사ᄅᆞᆷ이 잇ᄉᆞ니 셩명은 ᄯᅳ와잇 무듸라 쥬 강ᄉᆡᆼ 일천팔ᄇᆡᆨ삼십칠년 이월 초오일에 낫는지라 가셰가 본ᄅᆡ 빈한ᄒᆞ더니 쥬강ᄉᆡᆼ 일쳔 팔ᄇᆡᆨᄉᆞ십일년 오월 이십팔일에 그 부친이 셰샹을 리별ᄒᆞ매 이ᄣᅢ에 ᄯᅳ와잇 무듸의 형이 다ᄉᆞᆺ이오 아오가 ᄒᆞ나히니 형의 나흔 십삼세요 씃헤 아오는 그 부친 죽은지 일삭 후에 난지라 이 수다ᄒᆞᆫ 식솔이 쟝ᄎᆞᆺ어ᄃᆡ다 의탁ᄒᆞ리오 (…중략…) 그 가셰의 간고는 ᄎᆞᆷ아 말 ᄒᆞᆯ 수 업거니와 이 부인이 그 ᄋᆞ히들 압헤셔는 ᄒᆞᆼ샹 화안 희식으로 ᄃᆡᄒᆞ나 그 남편을 리별ᄒᆞᆫ 첫 ᄒᆡ에는 져녁 잘 ᄣᅢ마다 눈물을 금치 못ᄒᆞ더니 ᄌᆞ긔를 샹쥬씌 맛기고 ᄯᅩᄒᆞᆫ 샹쥬씌셔 아비업는 ᄋᆞ히와 과부의게 ᄒᆞ신 언약만 밋더라 ᄯᅳ와잇 무듸의 어려실 ᄣᅢ에 ᄉᆞ젹을 이 아래 긔록ᄒᆞ노라.

겨울에 공부를 ᄆᆞ치고 그 여름에 비로소 ᄉᆡᆼ애를 시작ᄒᆞᆯ ᄉᆡ 리웃사ᄅᆞᆷ의 소를 ᄭᅳ을고 산곗헤 가셔 풀을 먹여주고 삭으로 밧는 돈이 ᄆᆡ일 일젼식이니 이거시 무듸의 처음으로ᄒᆞᆫ 버리더라 학당에 두 편당이 잇서 ᄒᆞᆫ편은 말ᄒᆞᄃᆡ 초달이 아니면 학돌를 다ᄉᆞ리지 못ᄒᆞ겟다 ᄒᆞ고 ᄯᅩ다른 편에셔는 말ᄒᆞᄃᆡ 학도를 ᄉᆞ랑ᄒᆞᆷ으로 다ᄉᆞ리자 ᄒᆞ더니 몃날 후 션뎡ᄒᆞ는 날에 초달노 다ᄉᆞ리자 ᄒᆞ던 편당은 지고 ᄉᆞ랑ᄒᆞᆷ으로 다ᄉᆞ리자 ᄒᆞ던 편의 말대로 ᄒᆞ기를 쟉뎡ᄒᆞ니 학당 ᄋᆞ히들이 서로 말ᄒᆞᄃᆡ 그 겨울에 뎌희들이 됴흔 긔회를 엇겟다 ᄒᆞ더라 그후로브터 초달의 형벌은 조곰도 아니쓰고 ᄉᆞ랑ᄒᆞᆷ으로 다ᄉᆞ리기를 시작ᄒᆞ더라 이 ᄣᅢ에 션ᄉᆡᆼ은 녀인인ᄃᆡ 공부를 시작ᄒᆞ기 젼에 몬져 샹쥬씌 긔도ᄒᆞ니 학도들이 이와 ᄀᆞᆺ치 ᄒᆞ는 거ᄉᆞ로 이젼에는 보지 못ᄒᆞᆫ지라 그 션ᄉᆡᆼ이 긔도ᄒᆞᆯᄣᅢ에 특별이 제 몸에 강건ᄒᆞᆷ과 은혜를 쥬샤 학당을 ᄉᆞ랑ᄒᆞᆷ으로 다ᄉᆞ리기를 간구ᄒᆞ더라.

형이 ᄀᆞᆯᄋᆞᄃᆡ ᄯᅳ와잇아 네게 돈줄사ᄅᆞᆷ이 여긔 온다 ᄒᆞ거늘 ᄀᆞᆯᄋᆞᄃᆡ 엇지ᄒᆞ여 그 사ᄅᆞᆷ이 내게 돈 줄줄을 아ᄋᆞ뇨 그형이 ᄀᆞᆯᄋᆞᄃᆡ 그 사ᄅᆞᆷ은 이 동리에 처음으로 온 ᄋᆞ히의게 일젼식을 주ᄂᆞ니라 ᄒᆞᆫᄃᆡ ᄯᅳ와잇이 울듯 낫촐 그 사ᄅᆞᆷ의게 뵈

이지 아니ᄒᆞ려고 눈물을 씻고 그 사ᄅᆞᆷ을 보니 얼골이 일광과 ᄀᆞᆺᄒᆞ고 흔연 화ᄉᆡᆨ이 만안ᄒᆞᆫ지라 쓰와잇 잇ᄂᆞᆫ 곳에 와셔 쓰와잇 잇ᄂᆞᆫ 곳의 ᄀᆞᆺ을 벗기고 머리에 손을 ᄃᆡ며 뎨형ᄃᆞ려 ᄀᆞᆯᄋᆞᄃᆡ 이 ᄋᆞ희가 이 동리에 처음으로 온 ᄋᆞ희냐 ᄀᆞᆯ아ᄃᆡ 그러ᄒᆞᄂᆞ이다 이 ᄣᅢ에 쓰와잇이 그 사ᄅᆞᆷ의 쥬머니에 손 넛ᄂᆞᆫ 것만 보더니 그 사ᄅᆞᆷ이 뎌ᄃᆞ려 닐ᄋᆞᄃᆡ 샹쥬ᄭᅴ서 독ᄉᆡᆼᄌᆞ를 이 셰샹에 보내시매 악ᄒᆞᆫ 사ᄅᆞᆷ들이 뎌를 죽엿ᄂᆞᆫᄃᆡ 뎌ㅣ 너를 위ᄒᆞ여 도라가셧ᄂᆞ니라 ᄒᆞ며 쥬머니에 손을 너허 돈 ᄒᆞᆫ푼을 내여주고 가거ᄂᆞᆯ 그 동을 ᄉᆞᆯ펴보니 금과 ᄀᆞᆺᄒᆞᆫ지라 제 ᄉᆡᆼ각에 금젼인 쥴을 알고 선무후무ᄒᆞᆫ 횡ᄌᆡᄒᆞᆫ ᄌᆞᆯ노 ᄉᆡᆼ각ᄒᆞᆫ 고로 쓰와잇 무듸ㅣ ᄉᆞ오십년이 지나도록 그 로인의 인ᄌᆞᄒᆞᆫ 말이 귀에 징징ᄒᆞ여 그 ᄣᅢ 일을 ᄒᆞᆼ샹 닛지 아니ᄒᆞ더라 이후에 무듸의 쟝셩ᄒᆞ엿슬 ᄣᅢ ᄉᆞ젹과 그의 ᄉᆞ진을 ᄒᆞᆫ가지로 판츌ᄒᆞ겟노라.[43]

위의 인용은 「무듸사젹」의 일부를 발췌한 것이다. 이 인물기사는 연재의 방식으로 게재됨으로써 다른 인물기사의 3~4배의 분량을 차지한다. 전체적인 서사의 중심 내용은 주인공 '쓰와잇 무듸'의 어려웠던 어린 시절과 그가 어떻게 기독교의 세례를 받았는지에 집중되어 있다. 무디(Moody, Dwight Lyman, 1837.2.5~1899.12.22)는 미국의 세계적인 대중설교 전도사이자 부흥사로 추앙받던 인물이다. 당시 기독교 보급을 위해선 우리에게도 무디와 같은 인물이 절실하게 필요하였음은 물론이다.[44]

도입부는 '쓰와잇 무듸'의 이력과 주변상황에 대한 설명으로 시작한다. '쓰와잇 무듸'는 미국 노스필드 출신으로 '쥬 강ᄉᆡᆼ(降生)' 1837년 2월 5일 생이다. 7형제 중 6남인 그는 네 살 때 아버지가 돌아가시는 바람에 어머니, 형제들과 함께 어려움에 빠진다. 가족이 뿔뿔이 흩어질 위기에서도 어머니는 "자긔를 샹쥬ᄭᅴ 맛기고" 모든 것을 믿고 의지하며 이겨

43) 「무듸ᄉᆞ젹」, 『그리스도 신문』, 1901.3.28~4.4; 위의 책, 65~68면.

44) 무디는 계몽기뿐 아니라 합방 후에도 기독교 보급을 위해 자주 호명되던 인물이었다. '기독교 동양선교회 성결교회' 기관지였던 『活泉』에는 무디의 전기와 관련한 기사가 7회에 걸쳐 연재되기도 한다. 토 레, 「大說教者 무-듸」, 『活泉』, 1927.7~1928.1.

낸다. 이에 "ᄯᅳ와잇 무듸의 ᄉᆞ적을 이 아래 긔록"한다는 것이다. 이하 'ᄯᅳ와잇 무듸'의 학당 시절과 방황하는 모습이 중심서사로 자리 잡고 있다. 결국 방황의 끝에 어느 인자한 노인을 만나 'ᄯᅳ와잇 무듸'가 개심(改心)한다는 내용으로 마무리된다. 이후에 '무듸'는 노인의 은혜에 보답코자, 그 노인의 사적과 사진을 출판하겠노라 한다는 작가의 해설이 첨부되어 있다.

「무듸ᄉᆞ젹」은 당대 조선의 정치적 · 시대적 조건과는 무관하게 한 인물의 삶을 통해 '상주(上主)'의 말씀과 가르침을 전파하는데 목적을 둔 인물기사라 할 수 있다. 학당에 있던 초달(楚撻)의 가르침과 사랑의 가르침의 대결에서 결국 사랑의 가르침이 승리한다는 장면이나, 수업 전 교사가 '상주'께 기도를 올리면서, "특별이 ᄀᆞᆼ건ᄒᆞᆷ과 은혜ᄅᆞᆯ 쥬샤 학당을 ᄉᆞ랑ᄒᆞᆷ으로 다ᄉᆞ리기를 ᄀᆞᆫ구ᄒᆞ더라" 하는 장면 등은 이 글이 기독교의 가르침을 독자에게 전달하고 선교하려는 목적으로 쓰였음을 확인케 해준다. 특히 이야기의 말미에 삽입된 에피소드와 "상쥬ᄭᅴ서 독싱ᄌᆞᄅᆞᆯ 이 셰상에 보내시매 악ᄒᆞᆫ 사ᄅᆞᆷ들이 뎌ᄅᆞᆯ 죽엿ᄂᆞᆫᄃᆡ 뎌ㅣ 너ᄅᆞᆯ 위ᄒᆞ여 도라가셧ᄂᆞ니라" 하는 구절은 구체적으로 성경의 한 대목을 연상시키는 장면이다.

「무듸ᄉᆞ젹」은 당대 세계적인 부흥사였던 무디와 관련된 여러 삽화를 통한 선교의 목적과 함께, 독자들로 하여금 기독교에 대한 믿음을 불러일으키기 위한 인물기사였다. 나아가 「무듸ᄉᆞ젹」은 실존했던 역사적 인물과 성경 구절의 차용, 그리고 가상의 여러 삽화를 연관시킴으로써 소설적 형상화의 한 편린을 보여준다고 할 수 있다.

한편 기독교 계열의 신문이면서도 그 안에 구체적으로 국내외 민족적 위인이나 영웅을 상정하여 민족적 시대적 사명감을 일깨우려는 의도로 쓰인 '인물기사' 또한 존재한다. 「라파륜ᄉᆞ젹」, 「알푸레드 님군」, 「을지문덕」, 「김유신」, 「길재」 등이 이에 해당한다. 나폴레옹이나 을지문덕, 김유신 등은 이후 역사 · 전기소설이나 구활자본 고소설에서도 자주 등장하는 인물들이다. 하지만 고려 충신이었던 길재(1353~1419)의 경우는 예외적이라 할 수 있다. 길재의 호출은 왕조가 교체되고 나서도 두 임금을 섬기지 않은 길재의 충절을 곧 기독교의 신에 대한 절대적인 믿음과 관련지을 수 있겠다는 편집자의 의도로 풀이된다. 「길재」의 마지막 편집자 해설 대목은 기사의 이러한 의도를 잘 보여주고 있다.

> 션싱은 우리 대한의 현인이라 ᄣᆡ도 지금과 ᄀᆞᆺ지 아니ᄒᆞ고 디위도 ᄀᆞᆺ지 아니ᄒᆞ나 그러나 우리 예수ᄅᆞᆯ 밋ᄂᆞᆫ 쟈가 이거ᄉᆞᆯ 보고 취ᄒᆞᆯ 거시 이ᄉᆞ니 ᄒᆞᆫ 님군의 게민 복죵ᄒᆞᄂᆞᆫ 절의ᄅᆞᆯ 가히 텬복ᄒᆞ리로다 우리ᄂᆞᆫ 이 ᄆᆞ음을 본밧아 예수ᄅᆞᆯ 셤기ᄉᆞ이다.[45]

이러한 편집자 해설은 결국 "계급(계집)은 두 지아비ᄅᆞᆯ 셤기지 아니ᄒᆞ고 신하ᄂᆞᆫ 두 님군을 셤기지 아니"한다는 길재를 본받아, 기독교인들도 절개와 충심으로 예수를 섬기자는 뜻으로 풀이된다. 편집자는 실존했던 역사적 인물을 활용하여 독자들로 하여금 민족적 시대적 사명감을 일깨운다는 목적과 함께, 독자들의 신앙심을 강조하려는 일석이조의 효과를 거둘 수 있었다. 이렇듯 '인물기사'는 민족적 영웅이든 종교 지도자이든 간에 당대의 시대적 요구에 부합하는 인물을 호출해내는 유용한 양식이었다.

조선 후기 야담에서 발원한 '서사적 논설'의 글쓰기 방식은 '인물기사'로 이어지고, 이들은 다시 '역사 · 전기소설'의 등장에 토대가 된다. 1905년 이후 집중적으로 발표된 창작류 역사 · 전기소설 등장에 앞서 1895년부터 발표되기 시작한 역사 · 전기물의 번역과 번안 작품들은 창작류와 함께 '역사 · 전기소설'의 중요한 한 축이면서, 동시에 '역사 · 전기소설' 생산의 토대를 제공한다. 『만국략사』, 『중일략사』, 『아국략사』,

45) 「길재(吉再)」, 『그리스도 신문』, 1901.9.5; 김영민 · 구장률 · 이유미, 앞의 책, 90면.

『서사건국지』 등 수십 편의 역사물과 전기물의 번역은 '역사·전기소설' 발생에 직접적인 영향을 미치고 있는 것이다.

번역물과 번안물은 한 나라의 문학이 다른 나라와 수수관계(授受關係)가 활발한 시기에 나타나는 자연스런 현상이다. 이 때 외국의 문학을 번역·번안하는 문학적 행위는 '어느 나라 문학사에서나 순수한 창작 행위를 하기 위한 준비 단계의 역사적 과정'[46]으로 이해할 수 있다. 그것은 외국문학을 소화, 흡수하는 데 필연적인 한 과정인 셈이다. 특히 번안의 경우는 외국의 문학을 원문 그대로 전달하는 번역이 주는 이질감을 해소시켜 독자에게 친근감을 갖게 할 수 있을 뿐 아니라, 당대의 시대적 요구와 문학적 전통을 반영할 수 있다는 점에서 더욱 적극적인 문학적 행위라 할 수 있다.

역사물과 전기물의 번역과 '역사·전기소설' 발생 사이의 영향관계는 번역·번안 작품의 저자가 곧 '역사·전기소설'의 작가와 일치한다는 점에서도 짐작할 수 있다. 이들 작품의 번역자는 곧 한말 민족지의 '서사적 논설'의 필자이기도 했고,[47] '인물기사'의 작가이기도 했으며, 그 후 '역사·전기소설'의 작가로 활동하기도 했다.

이러한 사실로 미루어 볼 때 '서사적 논설'과 '인물기사', 그리고 역사·전기물의 번역이 곧 근대계몽기 '역사·전기소설'의 창작으로 이어졌다는 점은 명백하다. 역사물과 전기물의 번역은 그것이 외래적인 문화의 유입임에는 틀림없는 사실이지만 철저히 민족적인 동기에서 이루어진 것이었다. 따라서 그것은 외래문학 이식의 사례라기보다는 당대의

46) 임헌영, 『한국 근대소설의 탐구』, 범우사, 1974, 40면.

47) 신문의 논설은 그 집필자가 개인이더라도 결국 그 매체의 세계관과 정체성을 반영하기 마련이다. 신문 논설의 경우 실제 작성자의 이름을 명기하지 않는 것이 관례이고, 서사적 논설 또한 집필자의 서명이 없는 것이 대부분이다. 하지만 대개는 주필이나 논설을 주관하던 집필자가 있기 마련이었다. 다른 글에서 발견되는 문체와 논조로 미루어 보면 박은식, 장지연, 신채호 등이 서사적 논설의 주요 필자였던 것으로 판단할 수 있다. 박은식과 신채호는 서사적 논설의 주요 매체였던 『대한매일신보』의 주필을 지내기도 하였다.

시대적 조건 속에서 민족적 전통과 국권 수호를 위해 선택한 것이었다. 단순히 서구적인 지식을 받아들이기 위한 것이 아니라 현실의 필연적인 변혁을 의식하고 그것의 준거를 역사 속에서 찾으려 한 것이었다. 말하자면 역사적 상상력에 의한 우의(寓意)의 방식이었던 것이다.[48] 결국 번역과 번안을 통한 외국 역사물과 전기물의 수용은 외래적인 조건에 대한 주체의 창조적 적용 과정인 동시에 전통성에 대한 발전적 이해로 평가되어야 할 것이다.

'역사 · 전기소설' 및 역사 · 전기류 문학의 작가와 번역사는 전통 한학의 수혜자였다. 그들의 주된 문자 행위는 한문으로 이루어졌다. 그러나 그들은 서사적 논설에서 '역사 · 전기소설'에 이르기까지 오히려 한글 사용에 적극적이었다. 그것은 자신들의 글이 좀 더 많은 독자들에게 읽히기를 희망했기 때문이다. 민중 교화를 통한 애국계몽에 이르기 위해선 문자의 선택이 우선 고려되어야 했다.

신채호는 일찍부터 전통적인 한학 교육을 받았고, 성균관에서의 수업 과정을 통해 전형적인 선비 학자로 성장했다.[49] 그의 글은 대부분 국한문 혼용체이거나, 한자어를 특히 많이 사용하고 있다. 그렇다고 신채호를 결코 한문 숭상론자라고 단정할 수는 없다. 오히려 기존의 식자층들이 한글을 폄하하고 한글 쓰기를 꺼렸을 때에도,[50] 그는 적극적으로 한글 사용을 강도 있게 주장하였다.

> 삼국 이후로는 거의 집집마다 한문을 져축ᄒᆞ며 사름마다 한문을 닑어 외국력ᄉᆞ에 국민의 정신이 미몰ᄒᆞ며 외국 풍속에 국가의 혼빅을 일허 (…중략…) 오늘날에도 오히려 국문을 한문보다 경ᄒᆞ다ᄒᆞ는 쟈ㅣ 잇스니 이 사름도 ᄯᅩᄒᆞᆫ

48) 이재선 譯註, 『애국부인전, 을지문덕, 서사건국지』, 한국일보사, 1975, 178면.
49) 신채호의 전기에 대해서는 안병직 편, 『신채호』, 한길사, 1982, 229~240면 참조.
50) 1900년대 표기법의 문제와 국한문체의 사용에 관해서는 권보드래, 『한국 근대소설의 기원』, 소명출판, 2000, 131~144면 참조.

한국 인민이라 칭ᄒᆞᆯ가.[51]

ᄌᆞ긔나라의 언어로써 ᄌᆞ긔나라ㅅ 문ᄌᆞ를 ᄆᆞᆫᄃᆞᆯ고 ᄌᆞ긔나라에셔 ᄆᆞᆫᄃᆞᆫ 문ᄌᆞ로써 ᄌᆞ긔나라의 력ᄉᆞ와 디지를 편즙ᄒᆞ야 젼국인민을 ᄀᆞᄅᆞ치기도 ᄒᆞ고 비호기도 ᄒᆞ여야 그 텬ᄉᆡᆼ으로 잇ᄂᆞᆫ 국가의ㅅ 정신을 보젼ᄒᆞ며 슌젼ᄒᆞᆫ ᄋᆡ국심을 분발케 ᄒᆞᆯ지어ᄂᆞᆯ 이제 한국인을 볼작시면 (…중략…) 조상의 ᄉᆞ적은 모다 일허ᄇᆞ리고 리웃집 문젼에 구걸ᄒᆞᄂᆞᆫ 모양을 지으니 가히 후회ᄒᆞ며 가히 한탄ᄒᆞᆯᄆᆞᆫᄒᆞᆫ 일이 이보담 더 심ᄒᆞᆷ이 잇스리오 오호－라 이 원인을 궁구ᄒᆞ여보면 한국의 국문이 늣게난 ᄭᆞ닭으로 그 셰력을 한문에 쎼앗기여 일반인민들이 한문으로써 국문을 대용ᄒᆞ며 타국 력ᄉᆞ로써 본국 력ᄉᆞ를 대용ᄒᆞ야 국가ᄉᆞ상을 박멸케 ᄒᆞᆫ 소이로다 (…중략…) 오늘날에도 오히려 국문을 한문보다 경ᄒᆞ다 ᄒᆞᄂᆞᆫ쟈를 한국인이라 칭ᄒᆞᆯ가.[52]

신채호 자신은 한학의 전통에서 자라왔음에도 불구하고 오히려 당시의 한문 중시 및 한글 경시풍조에 대해서 개탄하고 있다. 한문을 읽음으로써 외국 역사와 외국 풍속에 매몰되어 국민의 정신과 국가의 혼백을 잃을 수밖에 없으며, 결국 국문을 한문보다 경하다 하는 자는 한국인이라 할 수 없음을 거듭 강조하고 있는 것이다.

요컨대 번역, 번안물을 포함한 역사 · 전기소설의 작가들은 한글 사용에 대한 남다른 의식을 가지고 있었다고 할 수 있다. 이러한 사실은 역사 · 전기류 문학의 존재 의미가 무엇인지를 말해주는 것이기도 하다. 그것은 문학 그 자체로서의 의미보다 시대적 사명과 소임을 자처한 양식이었다. 곧 근대계몽기 역사 · 전기류의 번역과 창작은 외세의 침탈에 대한 경계와 국운을 되살리려는 의지의 문학적 반영이었던 것이다.

---

51) 신채호, 「국한문의 경중」, 『대한매일신보』, 1908.3.22.
52) 신채호, 「국한문의 경중」, 『대한매일신보』, 1908.3.24.

3. 역사 · 전기소설의 소멸과 전도

역사 · 전기소설은 1910년 한일합방 이후 자취를 감추게 된다. 신문 잡지 등에 연재 발표되지 못하는 것은 물론 이미 출판된 단행본들조차 판매금지 처분을 받아 회수 당한다.[53] 이러한 국내 여건의 악화로 주요 작가들은 국외로 망명하거나 칩거함으로써 국내의 정치 공간으로부터 퇴장하였다. 일부는 국외에서 지속적으로 저술 활동을 벌였으나 국내에서 역사 · 전기소설이라는 특정한 담론 형태는 더 이상 지속되지 않았다.[54] 그것은 근본적으로 특정 정치세력과 이들의 정치적 논리가 국내에서 소멸한 결과였다. 역사 · 전기소설이 애국계몽운동을 통한 전면적인 계몽과 동원의 정치가 요구했던 하나의 특수한 담론이라고 할 때 그것은 당연한 귀결이었다. 당시의 역사 · 전기소설은 한편으론 하나의 자율적 양식이라기보다는 그들을 생산했던 담당자로서의 정치세력의 논리와 실천에 의해 규정된 담론이었던 것이다.

---

53) 융희 2년(1908) 구한국법령 6호로 제정된 '출판법'은 일제시대 내내 유지되었고 심지어 해방 후까지 존속하였다. 잘 알려진 것처럼 조선어 출판물에 대한 일제의 탄압은 1910년대에 가장 극심했다. 주로 근대계몽기에 나온 역사 전기물들과 조선인들이 발간한 교과서류가 주된 탄압의 대상이었다. 천정환, 『근대의 책읽기－독자의 탄생과 한국 근대문학』, 푸른역사, 2003, 177~180면.

54) 국내에서 역사 · 전기소설이 소멸된 후 역사 · 전기소설의 전통을 이어 받으며 국외에서 창작된 작품이 신채호의 『꿈하늘』(1916)과 『용과 용의 대격전』(1928)과 같은 경우이다. 신채호는 한일 합방이 임박할 무렵 안창호 등과 함께 중국으로 망명하였다. 근대계몽기 역사 · 전기소설의 창작 체험과 중국이란 공간에서 유지할 수 있었던 일제와의 거리가 이들 작품의 창작을 가능하게 했다. 또한 『꿈하늘』이나 『용과 용의 대격전』은 근대계몽기 역사 · 전기소설의 소설사적 맥락 속에서 이해할 수 있다. 예컨대 『꿈하늘』과 같은 경우 군담계 영웅소설의 전통을 이어받으면서, 오히려 이전의 작품들에 비해 시사성이 강화되고 있다. 또한 역사 · 전기소설에서 다루었던 민족의식의 각성과 촉구라는 동일한 주제가 그대로 지속됨을 발견할 수 있다. 하지만 이들 작품이 원고 상태로만 보존되었을 뿐 창작 당시에는 발표되지 못했기 때문에, 당대 역사담론의 생산에 일정한 역할을 담당했다거나, 혹은 이들 작품이 이후 역사소설의 고리 역할을 하였다고 보기에는 다소 무리가 따른다.

역사 · 전기소설은 이전의 전류(傳類) 문학과 군담계 소설에 뿌리를 두고 '서사적 논설'의 한 유형인 '인물기사'와 '인물고' 등의 단계를 거치면서 탄생된 문학양식이라 할 수 있다. 개화기 신문에 실린 여러 가지 양식의 글들 가운데, '서사적 논설'은 조선 후기 야담과 밀접한 관련을 맺고 있는 과도기적 문학 양식이었다. '서사적 논설'의 작가와 조선 후기 야담의 작가는 모두 그 시대를 대표하는 지식인 집단에 속한 인물들이었다. 이들은 특별히 새로운 문체의식을 가지고 있었다는 점에서도 공통성을 지닌다. 문체의 선택은 세계관의 중요한 반영이 된다는 점에서 조선 후기 야담의 작가들이나 '서사적 논설'의 작가들은 시대의 변화를 적극적으로 수용하고, 독자 대중을 계도하려는 진취적 의식 또한 지니고 있었던 사람들이었다.

결국 조선 후기 야담에서 발원한 '서사적 논설'의 글쓰기 방식은 '인물기사'와 같은 단형서사들로 이어지며, 이들은 다시 '역사 · 전기소설' 생산의 토대가 된다. 조선 후기 야담의 문학적 성과는 왕조의 마무리와 함께 단절되고 사라진 것이 아니라, 근대계몽기라는 새로운 시대적 제조건 속에서 새로운 내용과 형식으로 전이되고 계승된 것이다.[55)]

또한 1895년경부터 발표되기 시작한 수십 편의 역사물과 전기물에 대한 번역물들은 역사 · 전기소설의 발생에 중요한 영향을 미쳤다. 주지하다시피 주요 번역자인 신채호, 박은식, 장지연 등은 곧 역사 · 전기물들의 작가와 일치한다. 대부분 구국영웅의 일대기를 내용으로 하는 이들 작품들은 애국정신의 고취와 영웅의 출현을 기대하던 시대적 요구의 산물이라 할 수 있을 것이다. 이들 작품의 번역자는 곧 한말 민족지의 서사적 논설의 필자이기도 했고, 서사적 논설의 한 변형인 인물기사의 작가이기도 했다. 이러한 사실로 미루어 볼 때 서사적 논설과 인물기사 그리고 역사전기물의 번역이 곧 역사 · 전기소설의 창작으로 이어

---

55) 김영민, 「한국 근대소설 발생과정 연구—조선 후기 야담과 개화기문학 양식의 연관성을 중심으로」, 『국어국문학』 127집, 국어국문학회, 2000.12, 313~333면 참조.

졌음을 확인할 수 있다.

'역사 · 전기소설'은 전대의 문학 양식들을 이어받고 있으면서도, 한편으로 그것과 구별되는 근대소설로서의 속성을 지니고 있다. 전류 문학과 군담소설이 '영웅'이 전체 서사의 중심에 놓여 있었다면, '역사 · 전기소설'은 '영웅'이 등장하더라도 영웅 그 자체가 아니라 민족을 이야기하기 위한 매개물로서 존재한다. 근대적인 의미의 역사소설의 조건이 역사적 진실성의 구현과 함께 과거와 현재를 통합적으로 이해할 수 있는 역사의식에 있다면, 기존의 전류 문학과 군담소설들은 그 대상을 특정한 한 인물의 삶과 이상적 가치의 추구 과정에 초점을 맞추고 있다. 이 시기 역사 · 전기소설에 등장하는 영웅은 '민족' 이야기를 하기 위한 하나의 방편이었으며, 전대 문학의 양식에 익숙한 독자들을 유인할 수 있는 안전하고 익숙한 소재였을 뿐만 아니라, 무엇보다 민족적 가치를 앞세운 계몽의 수단이기도 했다.

전대 양식에 비해 '역사 · 전기소설'은 분명 근대적인 의미의 역사소설의 양식에 다가선 것이었음은 분명하다. 근대계몽기 역사 · 전기소설에서 나타나는 역사적 배경과 사건, 인물의 서사화는 역사소설에서도 기본적인 조건이 된다. 그러나 그 자체로 역사소설의 양식에 부합하는 것이었다고 할 수는 없다. 그것은 역사 · 전기소설의 작가들이 문학적 양식에 대한 뚜렷한 의식을 지니고 있지 못했음을 지적하는 것만으로도 충분하다. 강렬한 역사의식과 시대적 사명감이 곧 문학 양식의 완성을 의미하는 것이 될 수는 없다.

1910년 합방 이후 '역사 · 전기소설'은 자취를 감추었지만 일제 식민지하에서도 역사와 영웅은 끊임없이 불려나온다. 이제 또 다른 방식으로 역사와 영웅들이 호출되고 호명되기에 이른 것이다. 과거의 역사와 영웅의 생산과 유통은 근대계몽기의 그것과는 비교할 수 없을 만큼 전면적인 것이었다. 작가군은 전면 교체되었다. 작품을 생산하는 작가가 바뀌면서 작가의 창작 동기와 태도 또한 전대와는 전혀 다른 것이 될 수밖에 없었다. 작품을 '소비'하는 독자 또한 다양한 지형 속에 재배치된다. 역사의 옷으로 화려하게 치장한 구활자본 고소설의 육체는 전대의 양식을 이어받고 있었지만, 거기에는 근대계몽기 '역사 · 전기소설'과는 전혀 다른 피가 흐르고 있었다.

제3장

1910~20년대 역사 수용 양식의 변화와 모색

1. 역사 소재 구활자본[1] 고소설의 등장

1) 수용과 변개(變改)－역사 소재 구활자본 고소설의 생산과 유통

일제가 1910년 8월 병합을 강제함으로써 우리 민족은 완전한 식민지 상태에 떨어진다. 일제는 통치기구를 정비하고 헌병 경찰제도를 확립하

1) 소설을 활자본으로 인쇄한 것은 1912년 이후의 일이다. 19세기말 새로운 활판 인쇄술이 도입되면서 납활자를 사용하여 서책을 인쇄한 경우를 볼 수 있는데, 이때 사용한 납활자와 지금 사용하고 있는 납활자를 구분하여 이를 구활자(舊活字)라고 하며, 논자에 따라서는 이전의 방각본 형태와 비교하여 신활자(新活字)라고도 한다. 본고에서는 '구활자본'으로 통일하여 부르도록 한다. 새로운 인쇄기술의 도입이라는 기술의 변화를 통해 나타난 구활자본 계통의 소설은 이미 출판된 바 있는 방각본 계통의 소설뿐만 아니라 미처 출판되지 못하였던 필사본 계통의 일부 소설까지를 출판하는 모습을 보인다. 이창헌, 『이야기문학 연구』, 보고사, 2005, 163~166면.

여 무단통치 체제라는 식민지 통치체제를 구조화시켜갔다.[2] 일제의 강점이라는 시대적 변화에 따라 그 이전부터 이루어져오던 문학은 성격을 차츰 바꾸어 나아가기 시작한다. 무엇보다 일제가 1909년 2월 23일 공포한 출판법의 시행은 자유로운 창작과 출판을 제약하기에 이른다.[3] 전문 18조로 되어 있는 '출판법'은 원고의 사전 검열과 출판물을 배포하기 전에 납본 검열을 의무 규정으로 하여 이중의 통제 장치를 두고 있었다. '조선총독부(朝鮮總督府) 경무총감부(警務總監部)'의 '인가(認可)' 또는 '허가(許可)'를 받은 출판사만이 발행자와 인쇄자의 성명과 주소를 밝힌 판권지를 첨부하고서야 비로소 서적 간행이 가능해지게 되었다.

출판법의 시행과 합방이라는 객관적인 현실의 악화로 1910년대 이후 대부분의 역사·전기소설은 판매금지 처분되기에 이르며, 정치적 변화에 따른 주요 작가들의 퇴장으로 이전의 역사·전기소설류의 창작은 더 이상 이루어지지 않았다. 대부분의 신소설 또한 통속적인 사건구성으로 일관하였으며 때로는 친일적인 성격도 노골적으로 드러내게 된다. 객관적인 현실의 악화가 '오늘 / 여기'의 문제를 다루는 것 자체를 금기시하자 자연스레 '옛날 / 저기'의 문제를 다루는 흐름이 생겨나게 되고,[4] 그러한 흐름이 활자술의 도입과 맞물리면서 한문단편과 함께 고소설이 신활자의 매체로 대량 출간되며 복고적인 흐름[5]을 형성하기 시작한다.

---

2) 박경식, 『일본 제국주의의 조선지배』, 청아출판사, 1986, 23~56면 참조.

3) 정진석, 『한국 언론사』, 나남출판, 1990, 309~312면.

4) 한만수, 「영웅인물에서 장애우 인물로—식민지 시기 검열과 한국문학의 우회」, "식민지시기 검열과 한국문화" 자료집, 동국대 한국문화연구단 연례학술회의, 2005.11, 116면.

5) 이 시기 한문학과 고소설의 부흥에 관해 김재용 등은 '그 이전까지 반외세·반봉건 운동에 의해 역사의 뒷전으로 내몰렸던 봉건지배계급이 일제의 강점을 계기로 일제와 결탁함으로써 경제적 기반을 확보하자 자신들의 문학이었던 한문학도 동시에 부흥시켰다'고 지적하면서 '이것은 조선인들의 민족의식과 현실의식을 말살시키려고 했던 일제 침략자들의 의도에 부합하는 것'이었다고 비판한다. 김재용·이상경·오성호·하정일, 『한국 근대민족문학사』, 한길사, 1993, 183~189면 참조.

'륙전쇼설'이란 제목으로 묶여서 출판된 『심청전』, 『전우치전』, 『저마무전』(신문관, 1914)과 딱지본 소설 중 여러 이본을 가지고 있는 대표적인 작품인 『조웅전』(동양서관, 1925)의 표지.

야담과 고소설은 모두 전시대에 유행했던 문학양식이다. 야담은 한문으로 쓰인 식자층이 즐기던 문학이었음에 반해, 고소설은 한글로 된 중하층의 문학으로 간주되었다. 이렇게 서로 다른 계층을 독자로 가지고 있던 야담과 고소설은, 새로운 활판 인쇄술이 들어오고 구활자본으로 인쇄된 책이 출판되면서 이전과 다른 양상의 독자층을 형성하게 된다.

초창기 구활자본의 체재는 처음에는 크기를 국판으로 하고 내용은 띄어쓰기를 하지 않은 내리닫이 조판으로 하였다. 표지는 작품의 내용 가운데 가장 흥미로운 한 대목을 흑백으로 그린 초라한 장정이었다. 그러다 크기를 4 · 6배판으로 바꾸고 표지도 몇 가지 색을 쓰고 간단한 설명을 덧붙여 얼룩덜룩하게 독자의 시선을 끄는 것으로 변화를 보이게 되는데, 이를 일컬어 '구활자본' 또는 '딱지본'이라고 하였다.[6] 출판법에 의해 모든 작품에 저작자가 표시되지만 대부분의 경우에는 출판사 사주(社主)가 저작자 명의에 올라가 '저자 겸 발행자'로 되어 있음을 확인할 수 있다. 이렇게 하여 쏟아져 나온 구활자본 소설은 1930년대 말까지 이어진다. 이들 작품을 모두 통산하면 그 종류가 무려 250여 종에 이르며, 이를 낸 출판사도 도합 70여 곳에 이른다.[7]

활판 인쇄술의 도입은 방각이라는 방법으로는 거의 불가능하였던 장편물의 출판을 가능하게 하였다. 이는 단위 시간당 생산해내는 책의 양을 증가시켜 급격하게 팽창하는 독자들의 수요를 충족시킬 수 있었다. 1930년 '경무국(警務局) 도서과(圖書課)'에서 펴낸 『경무휘보(警務彙報)』에 따르면 1920년부터 29년까지 단행본으로 출판된 정치 · 경제 · 법률 · 사상 · 지리 · 역사 등 총 36개의 주제별 종수 중 단연 수위는 '족보'가 차지하고 있다. 그 다음이 신소설[8]과 구소설류인데 이 둘을 합치면 '족보'의

---

6) 소재영 · 민병삼 · 김호근, 『한국의 딱지본』, 범우사, 1996, 10~11면. 딱지본이란 대개 책의 표지가 아이들 놀이에 쓰이는 딱지처럼 울긋불긋하게 인쇄되어 있는 데서 유래된 말이다. 구활자본이 처음 출판되던 1910년대 초반에는 출판사 간에 가격경쟁을 벌여 이야기책 한 권의 값이 파격적인 육전이었으므로 이를 '육전소설(六錢小說)'이라고도 하였다.

7) 활자본 고소설에 대한 전체 목록은 논자에 따라 조금씩 차이가 난다. 처음으로 활자본 고소설의 전반적인 서지를 밝힌 이능우는 총 202종으로 목록을 작성하였으며(이능우, 「고대소설 구활자본 조사목록」, 『숙대논문집』, 숙명여대 출판부, 1968) 서울대에서 펴낸 '고전소설 목록'에서는 196종이 정리되어 있다(서울대 동아문화연구소 편, 『국어국문학사전』, 신구문화사, 1981). 소재영은 필사본, 방각본과 함께 246종의 활자본 고소설을 정리하였다(소재영, 『고대소설론』, 이우출판사, 1983). 우쾌제는 249종의 활자본 고소설을 서적상, 출판년도 등과 함께 정리하고 있다(우쾌제, 「구활자본 고소설의 출판 및 연구현황 검토」, 『고전소설연구의 방향』, 새문사, 1985). 비교적 최근의 통계로는 이주영(『구활자본 고전소설 연구』, 월인, 1999)과 권순긍(『활자본 고전소설의 편폭과 지향』, 보고사, 2000)의 자료를 참조할 수 있다. 이에 따르면 약 250여 종의 작품이 존재한다. 하지만 이것이 전부인지는 확언할 수 없다. 활자본 고소설의 발굴과 서지작업은 진행형의 과제이다. 본고는 이 시기 활자본 고소설의 생산과 유통, 대중적 소비에 주목하면서, 그 중 역사관련 작품들을 추출하여 전대 역사 · 전기소설과 이후 본격적인 역사소설과의 맥락 속에서 살펴볼 것이다.

8) 이른바 딱지본 소설 중 '신소설'의 표기를 달고 출판된 작품들이 있어 주목된다. 『벽

출판 건수와 맞먹는 수의 단행본들이 출판되었음을 확인할 수 있다.9)

이처럼 활자본의 등장은 독서 시장 전반에 변화를 가져오게 된 것이다. 이전까지 부녀자나 하층 서민들을 중심으로 완만한 영향을 끼쳐왔던 이야기책이 양적 질적인 면에서 그야말로 영향력을 행사하기에 이른 것이다. 카프의 대표적 논객이었던 김기진의 이른바 딱지본 소설에 대한 다음과 같은 언급은 활자본 고전소설이 가지고 있었던 독자에 대한 파급력에 주목한 것이었다.

> 재래의 소위 이야기冊이라는 玉樓夢 九雲夢 春香傳 趙雄傳 劉忠烈傳 沈淸傳가튼 것은 年年히 數萬券씩 出刊되고 이것들 외에도 秋月色이니 江上淚니 再逢春이니 하는 二十錢 三十錢 하는 小說冊이 十餘版씩 重版을 거듭하야 오되 이것들은 모다 通俗小說의 圈外에도 참석하지 못하여 왓다. 이것들 읽읏붉

부용』(회동서관, 1912), 『절처봉생(絶處逢生)』(박문서관, 1914), 『송죽(松竹)』(박문서관, 1914), 『강명화전(康明花傳)』(신구서림・박문서관, 1925), 『자작부인(子爵夫人)』(박문서관, 1926) 등이 그것이다. 이 중 『벽부용』과 『절처봉생』은 아세아문화사에서 간행한 한국개화기 문학총서 『신소설・번안(역)소설』(1978)에는 누락되어 있으며, 계명문화사에서 간행한 『신소설 전집』(1987)에는 각각 5권과 12권에 수록되어 있다. 하지만 뒤의 세 작품은 '총서'와 '전집' 어디에도 실려 있지 않다. 다만 『자작부인』의 경우 최원식이 「1910년대 친일문학과 근대성－최찬식의 경우」(『한국계몽주의문학사론』, 소명출판, 2002)에서 최찬식의 연보를 정리하며 소개하고 있을 뿐이다. 신구서림 간행의 『강명화전』 또한 최찬식의 작품이지만 아직 학계에서 논의된 바 없으며, 필자를 알 수 없는 『송죽』의 경우도 마찬가지이다. 요컨대 이들 작품은 기존의 연구에서 구활자본 고소설로도 신소설로도 편입되지 않은 작품들이다. 1920년대 중반까지 '신소설'이란 표기 아래 작품들이 발표되고 있다는 사실은, 당시 '신소설'이란 용어가 개화기에 생산된 특정한 문학적 양식명을 지칭한 것이었다기보다, 단지 상업적・대중적 수사로써 사용되었음을 짐작케 한다.

9) 신소설과 구소설을 나누는 당시 경무국의 기준이 무엇인지는 알 수 없지만, 통계에는 그 둘이 따로 분류되어 있음을 확인할 수 있다. 아마도 '신소설' 표기가 되어 있는 작품은 '신소설'로, '고대소설', '고소설' 등의 표기가 되어 있는 작품은 '구소설'로 분류하였으리라 짐작해볼 수 있다. 이 시기에 신소설이 가장 많이 출판된 해는 1928년으로 총 122종, 구소설은 1926년 65종이다. 신소설은 대략 1년에 90에서 100종 정도 출판되었으며, 구소설은 평균 50에서 60종 내외의 책이 출판되었음을 확인할 수 있다. 警務局圖書課, 「最近10年間に於ける諺文出版物の趨勢」, 『警務彙報』 288호, 1930.4, 73~74면.

웃한 표지에 四號活字를 바다가지고 文學의 圈外에 멀리 쫓기어 온 것이 事實이다. 그러나 新聞紙에서 길러낸 文藝의 使徒들의 通俗小說보다도 이것들 이야기冊이 훨씬 더 놀라울만큼 比較할 수도 업게 大衆 속에로 傳播되어 잇는 것도 또한 事實이다.[10]

위의 인용은 김기진이 소설의 기능을 어떤 측면에서 이해하려고 했는가를 분명하게 보여주고 있다. 김기진에게 당시의 활자본 고전소설들은 통속소설 축에도 끼지 못하는 저열한 것이었다. 그럼에도 불구하고 고전소설의 대중 수용 효과를 인정하여 고전소설의 외피(外皮)를 빌어 '통속소설' 아닌 '대중소설'을 창작할 것을 주장한다. 활자본 고전소설이 보여주고 있는 놀랄만한 대중성에 견인되어, 고전소설의 형식을 활용하고 거기에 이념적 실질을 담음으로써 대중 각성을 추구하자는 이른바 '문학대중화론'[11]을 주창하는 것이다.

김기진의 '문학대중화론'은 결국 임화 등의 반론에 부딪치게 되고, 논리적・현실적 한계를 드러내고 말지만, 문학작품의 생산과 그것을 유통시키는 전달 매체, 최종적 소비자인 독자 수용에 대해 우리 문단 최초로 포괄적인 논의를 촉발하였다는데 의미를 둘 수 있을 것이다.

이렇듯 새로운 인쇄기술의 도입이라는 기술의 변화를 통해 나타난 구활자본 계통의 소설은 일반 대중 독자뿐 아니라 사회주의 문학의 입장에서도 외면할 수 없는 하나의 경향이었다. 당시에 유통되었던 구활자본 고소설들은 필사본이나 방각본으로 출판된 적이 없는 신작들과, 이미 출판된 바 있는 방각본 계통의 소설들, 그리고 미처 출판되지 못하였던 필사본 계통의 일부 소설을 그대로 옮겨 놓은 것이 대부분이었다.[12]

10) 김기진, 「대중소설론」, 『동아일보』, 1929.4.14.

11) '문학대중화논쟁'에 관해서는 김영민, 『한국 근대문학비평사』, 소명출판, 1999, 173~220면 참조.

12) 활자본 고소설은 동국대 한국학연구소 편, 『활자본고전소설전집』(아세아문화사, 1976)과 인천대 민족문화연구소 편, 『구활자본 고소설전집』(은하출판사, 1983)을 텍스트로 한다.

이 중 방각본이나 필사본으로부터 변이를 보이며 간행된 작품들은 다시 두 가지의 경우로 대별하여 살펴볼 수 있다.[13] 하나는 이전 시대에 널리 인기를 얻어 수용되던 장편소설의 내용 가운데에서 흥미로운 부분을 떼어 재구성해 간행하는 경우이다. 이는 대체로 적은 분량이어서 저가로 공급하기에 알맞도록 하려는 상업적인 목적에 따른 것으로 여겨진다. 다른 하나는 시대의 변화를 수용하여 배경과 인명과 표현 방법 등에 걸쳐 윤색을 가하는 경우이다.[14] 『조생원전(趙生員傳)』, 『봉황대(鳳凰臺)』, 『능견난사(能見難思)』 등이 이에 해당한다.[15]

이들 중 역사소설류로 분류할 수 있는 작품들은 전 시기 역사·전기 소설과 마찬가지로 세종대왕, 김유신, 이순신, 을지문덕, 사명당, 강감찬, 홍윤성, 한명회 등 과거의 군주(君主)나 명신(名臣), 명장(名將) 등 민족 영웅을 주인공으로 한 작품들과, 중국을 배경으로 쓰인 필사본으로 존재했던 군담을 소재로 한 영웅소설들, 그리고 중국의 번역소설들이 대부분을 차지한다. 민족영웅을 다룬 역사소설과 이른바 군담계 영웅소설은, 일제의 식민지 지배 하에서 독자들의 영웅 출현에 대한 기대와 열망을 충족시키는 데 적절한 양식이었다. 이것이 상업적인 출판 유통업자와 결합하면서 대중적인 호응을 얻게 된 것이다.

구활자본 고소설 중 이본과 개작까지를 포함하면 역사소설의 수는

---

13) 장효현, 「근대전환기 고전소설 수용의 역사성」, 『근대전환기의 언어와 문학』(홍일식 외편), 고려대 민족문화연구소, 1991, 91~94면 참조.

14) 그 외에도 신소설 작가인 이해조가 판소리 사설을 채록하여 손질한 후 『매일신보』에 연재한 후 활자본으로 간행한 『獄中花』, 『江上蓮』, 『燕의 脚』, 『兎의 肝』 등도 모두 변화된 시대의 독자층의 기호에 맞춘 것이라 할 수 있다. 이외에도 이해조는 신작으로 세조 때의 인물인 홍윤성(洪允成)을 다룬 『洪將軍傳』과 한명회(韓明澮)를 주인공으로 한 『韓氏報應錄』을 발표하기도 하였다.

15) 『장학사전』은 현재 『소씨전』, 『소부인전』, 『장한림전』, 『완월루』 등 여러 이본들이 소개되어 있는데, 그 중 『소씨전』을 저본으로 구활자본으로 개작한 작품이 『조생원전』이다. 『능견난사』는 『금령전(金鈴傳)』을 활자본으로 개작한 작품이다. 활자본 『봉황대』의 개작과 변이에 대해서는 뒤에서 상론토록 한다. 『장학사전』의 변이와 개작 양상에 관해서는 김복순, 「『장학사전』－『완월루』의 변화 양상 고찰」, 『1910년대 한국문학과 근대성』, 소명출판, 1999, 284~295면 참조.

약 100여 종에 이른다. 그 중 『삼국지』,[16] 『수호지』, 『초한지』 등과 같이 중국의 작품을 번역·번안한 작품들과 그의 이본들을 제외한 국내의 역사 관련 소설들을 정리하면 다음과 같다.[17]

소설명	출판사 및 출판년도
강감찬전	현공렴(1908), 광동(1914)
고려강시중전	조선(1913)
고려명장강감찬실기	영창서관(?)
곽분양전	신구(1917), 한성(1917)
곽분양실기	회동(1925)
곽분양충행록	경성(1926)
곽해룡전	조선서관(1917)
쌍두장군전	조선서관(1917)
김유신실기	영창(1926), 한홍(1926), 삼광(1926)
김진옥전	신구(1914), 덕흥(1916), 박문(1917), 대창(1920), 영창(1925), 한홍(1925), 삼광(1925), 태화(1929)
김태자전	유일(1915), 조선(1925), 경성(1926), 박문(1928)
남이장군실기	덕홍(1925)
남정팔난기	조선(1915), 박문(1938)
박문수전	한성(?), 유일(1915), 경성(1926)
사명당전	세창(1959)
생육신전	신구(?)
세종대왕실기	세창(?)
신숙주부전	세창(?)
영조대왕야순기	대성(1929)
유문성전	광문(1918), 조선(1925), 경성(1926), 영창(1928)
유충렬전	덕홍(1913), 대창(1919), 회동(1913), 광한(1915), 태화(1928), 이문(1930), 박문(1913), 세창(?), 진성(1913), 광동(1913), 삼문(1915), 진급(1919), 경성(1925), 신문(1925)
을지문덕전	박문(1929), 세창(?)
이대봉전	박문(1914), 조도(1914), 대산(1925), 한성(?), 유일(1918), 영창(?), 한홍(?), 삼광(1925)
봉황대	유일(1912), 한성(1916), 대창서원(1916)

16) 구활자본 고소설 중 단일소재로 가장 많은 관련서사와 이본들을 생산해내며 간행된 작품은 『춘향전』으로 총 97회이다. 그 다음이 『삼국지』인데, 『삼국대전』, 『수정삼국지』, 『산수삼국지』, 『산양대전』, 『오관참장기』, 『황부인전』, 『관운장실기』, 『장비마초실기』, 『조자룡실기』 등 약 30여 종에 이르는 작품들이 43회에 걸쳐 간행되었다.

17) 우쾌제, 권순긍, 이주영 등이 작성한 '구활자본 고소설 목록'을 바탕으로 재구성하였으며, 발표년도는 초판본을 기준으로 하였다. 실존 인물과 사건을 다룬 역사소설들과, 역사적 배경을 토대로 쓰인 영웅·군담소설류를 포함하였다.

인조대왕실기	세창(?)
임경업전	한성(?), 유일(1925), 회동(1926), 영창(?), 한흥(1926), 박문(1926)
임오군란기	덕흥(1930)
조웅전	덕흥(1914), 박문(1916), 서조(1925), 대창(1920), 대성(1928), 세창(1933), 화광(1935), 진급(1922), 회동(1925), 태화(1928), 한성(1916), 조복(1917), 진성(1917), 신문(1925), 동아(1935)
홍경래실기	신문(1917), 경성(1926), 박문(1929), 광학(1917), 세창(1917)
박씨전	조복(1915), 조도(1917), 유일(1917)
박씨부인전	조복(1915), 조홍(1917), 한성(1917), 유일(1917), 박문(1917), 대창(1920), 영창(?), 한흥(1925)
소대성전	광문(1914), 동문(1914), 공진(1917), 이문(1936), 조도(1925), 회동(1925), 신구(1917), 박문(1917)
소진장의전	광동(1918)
신유복전	광문(1917), 조도(1925), 회동(1927), 영창(1928), 성문(1935)
이린전	동창(1919)
이해룡전	유일(?)
장백전	덕흥(1914), 회동(1925), 태화(1929), 대성(1926), 보성(1916), 유일(1916)
장풍운전	한성(1916), 유일(1918), 대창(1920), 조도(1923), 박문(1925), 신구(1925), 영창(1925), 경성(1926), 동양(1929)
장익성전	광문(1922)
전우치전	동창(1919), 세창(1919)
정수정전	세창(1916), 영창(1923), 한흥(1923)
최고운전	회동(1927)
한씨보응록	오거서창(1918)
한후룡전	영창(1919), 보급(1919)
현수문전	조선(1915), 신구(1917), 태화(1918), 대산(1926), 오성(1915)
홍계월전	신구(1913), 광동(1916), 회동(1926), 태학(1916), 성문(1916)
홍길동전	덕흥(1915, 24년까지 10판), 이문(1925), 동양(1929), 세창(1934), 대창(1920)
황장군전	동미(1917), 신구(1924)

위의 작품 목록은 모두 국내와 중국을 배경으로 한 군담소설과 영웅소설[18]을 포함한 역사소설들이다. 이들은 다시 ① 실존했던 역사적인 인물을 소재로 다룬 작품들과, ② 역사적인 사건과 배경을 소설의 지배적인 요소로 삼으면서 허구적인 인물을 등장시키는 작품으로 세분해 볼 수 있다. 역사적인 인물을 소설화하는 경우에는 인물을 둘러싼 설화

18) 위의 목록은 군담소설과 영웅소설 전체의 목록이 아니라, 넓은 의미의 역사소설 범주—여기서는 과거 역사적인 사건이나 배경, 인물과의 매개가 드러나는 작품군을 의미한다—에 포함시킬 수 있는 작품의 목록이다. 따라서 영웅소설 중에서도 역사와의 매개가 두드러지지 않는 작품들은 배제하였다.

나 민담의 요소들이 개입되어 실존 인물을 사실보다 확대 과장하여 묘사하는 것이 대부분이다. 예컨대 『임경업전』의 경우 임경업에 관한 유문(遺文), 비문, 행장, 연보, 사당봉안제문(祠堂奉安祭文), 현령록(顯靈錄) 등의 실기(實記)를 모아 1791년에 간행된 『임충민공실기』를 참고하고, 민간에서 구전되는 설화를 토대로 하여 창작된 것으로 알려져 있다. 『전우치전』 역시 조선 중조 때의 실존 인물의 내력에 여러 문헌에 전해지는 전설이 보태어져 소설화된 사례라 할 수 있다. ②의 사례에서는 과거 역사적 배경 속에 허구적인 인물을 주인공으로 설정하면서, 전체 서사의 신뢰도를 높이기 위해 실존했던 역사적 인물들이 등장하기도 한다. 각각의 작품들을 분류하면 다음과 같다.

① 역사적 인물을 소설화한 작품 : 『강감찬전』, 『고려 강시중전』, 『고려명장 강감찬실기』, 『곽분양전』, 『곽분양실기』, 『곽분양충행록』, 『곽해룡전』, 『쌍두장군전』, 『김태자전』, 『김유신실기』, 『남이장군실기』, 『박문수전』, 『사명당전』, 『생육신전』, 『세종대왕실기』, 『신숙주부전』, 『영조대왕야순기』, 『을지문덕전』, 『인조대왕실기』, 『임경업전』, 『임오군란기』, 『홍경래실기』, 『박씨전』, 『박씨부인전』, 『소진장의전』, 『전우치전』, 『최고운전』, 『한씨보응록』, 『홍길동전』 등.

② 역사적 배경 속에 허구적 인물을 등장시키는 작품 : 『김진옥전』, 『남정팔난기』, 『유문성전』, 『유충렬전』, 『이대봉전』, 『봉황대』, 『조웅전』, 『소대성전』, 『신유복전』, 『이린전』, 『이해룡전』, 『장백전』, 『장풍운전』, 『장익성전』, 『정수정전』, 『한후룡전』, 『현수문전』, 『홍계월전』, 『황장군전』 등.

역사적 인물을 소설화한 경우 대부분 국내의 위인들이 주인공으로 등장하고 있지만, 예외적으로 『곽분양전』과 그의 이본들, 그리고 『소진장의전』과 같이 중국의 역사 영웅들을 소재로 한 작품들도 발견된다.[19] 이와 달리 역사적 배경 속에 허구적 인물을 등장시키는 작품의 경우는 대부분 서사의 주된 배경을 중국으로 설정하고 있음을 확인할 수 있다. 이는 창작 역사소설의 경우 국내를 작품의 배경으로 설정할 때보다 중국으로 설정하는 것이 작가 상상력의 진폭이 보다 더 확대될 수 있었기 때문으로 보인다.[20]

고전소설이 이 시기에 수용되는 현상은 그 자체 소재와 기법의 측면에서 봉건적, 전근대적 요소를 기본적 한계로 지니고 있는 것이고,[21] 대중에게 수용되는 과정에서도 일차적으로는 흥미를 위주로 한 통속성에 연유한 것임은 분명하다. 그러나 활자본 고전소설들은 봉건 유제가 강고하게 유지되어 오던 식민지 상황 속에서 노동자와 농민의 무산계급까지를 광범위한 수용층으로 삼으면서, 과거의 역사를 현재의 관점에서 재구

---

19) 『곽분양전』은 당나라의 실존 인물이었던 곽자의(郭子儀)의 생애를 소설화한 작품이며, 『소진장의전』은 중국 전국시대 책사(策士)의 제1인자로 불리던 소진과 장의의 활약상을 그린 작품이다.

20) 위에서 ①의 항목으로 분류한 『김태자전』의 경우 엄밀하게 말해서 ①과 ②의 경계에 서 있는 작품이라 할 수 있다. 『김태자전』은 신라 태자 김소선(金簫仙)의 일대기를 다룬 작품으로, 19세기 후반에 서유영(徐有英)이 지은 고전소설 육미당기(六美堂記)의 번역 축약본이다. 주인공 김소선의 아버지는 신라 제39대 소성왕이고, 소설에 김소선으로 나오는 소성왕의 실제 아들은 신라 제40대 애장왕으로 그는 숙부인 헌덕에게 살해당했던 비운의 왕이기도 하다. 그러나 실제 작품에서는 이러한 내용을 찾아볼 수 없다. 작가 스스로도 허구적 작품임을 강조하고 있으며, 내용 또한 불경 소재 『선우태자전(善友太子傳)』과 그것을 소설화한 『적성의전(翟成義傳)』, 그리고 『삼한습유(三韓拾遺)』, 『옥루몽(玉樓夢)』 등 다른 작품의 화소(話素)들을 적극적으로 수용하고 있다. 따라서 『김태자전』은 실존인물을 주인공으로 하고 있지만, 오히려 ②의 경우에 더 가까운 작품이라 할 수 있다. 최경환, 「『六美堂記』의 텍스트 생성과정 연구」, 서강대 박사논문, 1998, 156~162면 참조.

21) 물론 모든 작품을 '전근대적'이라고 단언할 수는 없다. 『유문성전』과 같은 경우, 여성 주인공의 역할이 강조되고 가문이나 관습보다 개인의 선택에 의한 애정의 중시와 같은 모티프들은 개인적인 자각을 중시하는 근대성의 표현으로 해석할 수 있다. 이강엽, 「군담소설 연구방법론」, 연세대 박사논문, 1993, 182~186면 참조. 하지만 이러한 양상은 예외적인 경우에 속하는 것이므로 구활자본 고소설의 일반적인 특징이라고 말할 수는 없다.

성하여, 독자들의 역사에 대한 관심을 불러일으키기도 하고, 충족시켜 주기도 하였다. 이 시기의 고전소설은 일제의 검열에 의한 내용의 한계와 대중 수용의 비좁은 진폭의 이중적 한계 안에서 존재했던 것이다.

대중적 취향에 주목하게 되면서, 작품은 평균적 내용을 담을 수밖에 없게 되고, 나아가 내용과 수준에 있어서도 동질화가 생겨날 수밖에 없게 된다. 이 때 선택 할 수 있는 가장 손쉬운 방식이 기존에 호평을 받았던 작품 유형을 되풀이하는 것이다. 영웅소설이나 군담소설과 같은 전대(前代)에 많은 호응을 얻었던 작품의 유형들이 집중적으로 발행되는 것도 이 때문이다.

예컨대 『조웅전』은 활자본 이전 시기에도 필사본 160여 종을 비롯하여 판각본으로 경판·완판·안성판으로 간행된 바 있는 군담소설류 중 가장 널리 읽혔던 작품이다. 따라서 이 작품은 작가나 출판사의 입장에서는 대중성이 확보된 안전한 작품으로 간주될 수 있었다. 지금까지 알려진 활자본 『조웅전』은 1914년에서 1935년까지 20년이 넘게 10개 출판사가 넘는 곳에서 총 22회의 간행을 기록하며 지속적으로 생산되고 유통되었음을 확인할 수 있다.

또한 특정 작품이 부분적 변용을 거쳐 계속 간행되는 현상도 나타난다. 그리고 그 과정에서 모방, 발췌, 축약 등도 생겨난다. 기존 '－전(傳)'의 형태를 '－실기(實記)'로 바꾸거나, 내용에 변개를 꾀해 만든 이본들이 여기에 해당한다. 『김유신전』(『김유신실기』, 『흥무왕삼한전』), 『곽분양전』(『곽분양실기』, 『곽분양충행록』), 『이순신전』(『이순신실기』) 등이 이와 같은 경우이다. 『강감찬전』의 경우는 『고려강시중전』, 『고려명장 강감찬실기』와 같은 이본들과 함께 1908년에서 1926년까지 근 20년 동안 출판 유통되기도 한다.

이처럼 구활자본 고소설들은 중판을 거듭하며 외형이 달라지는 경우가 많았고, 서로 다른 출판사에서 동일한 작품을 발행하여 판매 경쟁을 벌이기도 하였다. 또한 이들 중에는 제작자 나름대로 시대적 조건과 독자층을 고려하여 내용을 변개(變改)한 작품들도 다수 발견된다. 따라서 하나의 작품에 여러 형태의 이본이 있는 경우가 많을 수밖에 없었다.

원작이 있는 고전소설의 경우 그것의 전이 과정 중에 다양한 이본들이 산출되므로 내용의 변개는 쉽게 예상할 수 있다. 일제의 검열을 고려하여 미리 내용을 수정하거나, 검열에 의해 내용이 불가피하게 수정되는 경우 또한 존재할 수밖에 없었다. 출판 법 시행 전후에 간행된 『강감찬전』(현공렴, 1908)과 그의 이본 형태로 출판되었던 『고려강시중전』(조선서관, 1913)의 경우가 그러한 예에 해당한다.

> 先鋒이 急히 挽留ᄒᆞ야 曰 一勝一敗ᄂᆞᆫ 兵家의 常事라 支那의 史記를 觀ᄒᆞ면 西漢太祖劉邦은 孤軍弱卒로 八年風塵에 勝利ᄒᆞᆫ 時가 少ᄒᆞ다가 九里山 一戰場에 天下를 得定ᄒᆞ얏스며 楚伯王은 萬古의 英雄名將이라.[22]

> 션봉이 급히 말유ᄒᆞ여 왈 일승 일픽ᄂᆞᆫ 병가 샹ᄉᆞ ㅣ라 지라에 ᄉᆞ긔를 볼진ᄃᆡ 셔한 유방은 고군약졸노 팔년 풍진에 승젼ᄒᆞᆫ ᄣᅢ가 젹다가 구리산 ᄒᆞᆫ번 ᄊᆞ홈에 텬ᄒᆞ를 으더스니 쵸픽왕은 만고 영웅이오 일ᄃᆡ 명장이라.[23]

위의 인용에서 확인 할 수 있는 것처럼 『고려강시중전』은 『강감찬전』의 서사적 골격은 그대로 유지한 채 한주국종(漢主國從)의 문체를 국문으로 바꾸고, 출판법이 시행되는 상황에서 민족 영웅 강감찬의 일대기를 『고려강시중전』으로 모호하게 제목을 바꾸었다. 곧 『고려강시중전』이 『강감찬전』을 저본으로 하였음을 확인할 수 있다. 단지 『고려강시중전』은 저본과 다르게 회장체(回章體) 형식을 취하고 있는데, 이는 작품 구성 방식에 변화를 주어 독자의 흥미를 유도하려는 시도로 파악할

---

22) 우기선 편, 『강감찬전』, 현공렴, 1908, 20면.
23) 박건회, 『고려강시중전』(구활자본 고소설전집 1, 인천대 민족문화연구소 편), 은하출판사, 1983, 30면.

수 있다.[24] 주목할 것은 『고려강시중전』에서 새로이 삽입된 부분이다.

> 이후로는 빅셩이 감복ᄒᆞ야 갈ᄋᆞ되 부윤은 진ᄀᆡ쳔신이로다 무지혼 미물도 감히 영을 거역지 못ᄒᆞ거든 하믈며 빅셩이야 복죵치 아니ᄒᆞ리오 ᄒᆞ고 영ᄒᆞ면 힝ᄒᆞ고 금지ᄒᆞ는 이을 범치 아니 ᄒᆞ더라 이갓치 흔지 슈년에 일경에 ᄃᆡ치ᄒᆞ여 부윤이 갈닐가 두려워홈이 맛치 지금 죠선시ᄃᆡ로 말하면 사닉총독에 어진 덕화을 구가홈과 흡ᄉᆞᄒᆞ더라.[25]

위의 인용은 『고려강시중전』의 제3회 "ᄀᆡ고리 소ᄅᆡ를 금지ᄒᆞ미 경쥬일경이 감복ᄒᆞ니라"에서 지방민(경주)의 저항을 제압한 강감찬의 행적을 서술한 다음 부분이다. 여기서 강감찬은 왕권을 강화하는 인물로 등장한다. 그런데 강감찬의 행적이 1913년 당시의 "데라우치[寺內] 총독의 어진 덕화"에 비유되며 노골적인 친일의 논리를 보인다.

이러한 경우는 독자들을 고려한 작품의 변개라기보다는, 일제 식민지치하라는 객관적 조건과 검열이라는 제도를 피해 어쩔 수 없이 선택한 출판업자의 고육지책이었다고 할 수 있다. 이러한 대목이 곧 근대 계몽기의 역사·전기소설과 구활자본 고소설이 갈라서는 지점이기도 하다. 근대 계몽기의 역사·전기소설들이 민족적 영웅상을 부각시켜 국권 회복이라는 당면 과제를 해결하려 하였다면, 이 시기의 고전소설들은 객관적 현실의 악화 속에서 상업적인 이윤 획득을 목적으로 하였으므로 독자들의 흥미를 유발하는 통속적 경향을 보일 수밖에 없었던 것이다.

개작을 통한 작품의 변개는 문체를 변형시키거나 원래 있던 내용을

---

24) 하지만 회장체 구성이 독자들을 유인하고 확보하는데 성공적이었다고 말할 수는 없다. 오히려 판을 거듭하며 작품 분량을 줄이는 과정에서 회장체구성이 사라지는 경우가 많다. 『고려강시중전』은 총 10회로 구성되어 있는데, 1~3회는 강감찬에 대한 설화가 주내용이고, 4~10회는 거란을 물리친 역사적 사실을 다루고 있다.

25) 박건회, 『고려강시중전』(구활자본 고소설전집 1, 인천대 민족문화연구소 편), 은하출판사, 1983, 16면.

탈락시키고 새로운 모티프를 첨가하는 등의 방법을 취한다. 예컨대 『이대봉전』[26]의 개작본인 『봉황대』는 제목을 바꾸고 어려운 한자 어휘를 없애거나 통속적인 표현을 사용함으로써 독자들의 흥미를 끌려하였다. 또한 원래 『이대봉전』에 있던 불교적인 제재를 없애고, 그 자리를 기독교적인 요소로 대체하면서 당시 증가 추세에 있었던 기독교 신자들[27]을 독자층으로 겨냥하기도 하였다.

> 그 부인이 늣고 슉시 한림덕에 가셔 소져를 대ᄒᆞ야 조흔 말로 위로하다가 왕승상이 청혼한 말을 이르니.[28]
>
> —『이대봉전』

> 쟝쥰이 즐겨 허락ᄒᆞ고 집에 도라와 안히 진씨를 보내여 쇼져와 슈작ᄒᆞ다가 승샹왕희의 아ᄃᆞᆯ을 입에 츔이업시 일ᄏᆞᆺ고 그후 혼인말을 자어늬여 로구쟝이년의 과부호리듯 거진 한시간이나 감언리셜노 ᄭᅮᆯᄀᆞᆺ치 즁언부언ᄒᆞ며 ᄭᅩ이거늘.[29]
>
> —『봉황대』

---

26) 『이대봉전』은 전대의 영웅소설이 구활자본으로 여전히 많이 읽혔음을 입증해주는 작품이다. "일조웅 이대봉"이란 말은 당시 『조웅전』과 『이대봉전』의 인기도를 반영하는 속언 중에 하나였다(조희웅, 『이야기문학 모꼬지』, 박이정출판사, 1995, 160면). 『이대봉전』은 방각본으로는 완판만 존재하지만, 활자본으로는 중판을 거듭하며 14회나 간행되었다. 판이 거듭되면서 출판사간의 경쟁으로 처음에 30전이던 책값이 20전까지 내려가고, 책값이 하락하자 전체 분량도 줄어들게 된다(이주영, 앞의 책, 159~162면).

27) 한국에 개신교가 들어온 것은 1884년이었으며, 1900년대에는 부흥운동과 100만 명 구령운동을 펼쳐 급격한 교회의 성장을 이루었다. 이후 1916년에는 감리교에서 『신학세계(神學世界)』를, 1918년에는 장로교에서 『신학지남(神學指南)』을, 1923년에는 민간 평신도 단체인 조선기독교 창문사(彰文社)에서 『신생명』을 창간하여 신학계는 활기를 띠게 된다. 그리고 1930년대에 이르러 '한국 신학의 정초기'를 맞게 된다. 전택부, 『한국교회 발선사』, 대한기독교출판사, 1987, 239면.

28) 인천대 민족문화연구소 편, 『리대봉전』(구활자본 고소설전집 11), 은하출판사, 1983, 402면.

29) 인천대 민족문화연구소 편, 『봉황대』(구활자본 고소설전집 20), 은하출판사, 1983, 349면.

부처가 점지하여 태어난 이대봉(李大鳳)과 장애봉(張愛鳳)은 어려서 약혼한 사이였다. 하지만 우승상이었던 왕희는 소문이 자자한 이대봉의 정혼자 '장익봉(장익황)'과 자신의 아들을 혼인시키고자 한다. 위의 장면은 왕희의 부탁을 받은 '익봉(익황)'의 친척 '쟝균'의 아내가 '익봉(익황)'을 찾아와 그 말을 전하는 장면이다. 같은 설정하의 동일한 내용이지만 그 표현 방법은 확연하게 차이가 난다. "조흔 말로 위로" 하던 것이 "쇼져와 슈작ᄒᆞ다가"로 바뀌고, "청혼한 말을 이르니" 하는 대목은 "로구쟝이년의 과부호리듯 (…중략…) 감언리셜노 ᄭᅮᆯ ᄀᆺ치 ᄯᅮᆼ언부언ᄒᆞ며 ᄭᅬ이거늘"로 바뀌어져 있다.

이처럼 『봉황대』는 종종 세간의 통속적인 표현으로 이야기를 전개함으로써 체통이나 격식을 중요시하는 양반네의 풍모를 무시해버리고 있다. 이러한 경우는 주인공의 모친, 조정의 제일이라는 '리부상서'의 아내 양씨부인이 등장하는 장면에서도 찾아볼 수 있다.[30] 원작의 개작본인 『봉황대』는 좀 더 대중적인 취향에 맞춘 설정과 문체로 지식층이 아니라 일반 독자를 염두에 두고 흥미를 유발할 수 있는 방식으로 이야기를 전개하였던 것이다.

또한 개작본이었던 『봉황대』는, 전통 신앙이나 불교적인 설정과 모티프들이 사용되었던 『이대봉전』과는 달리, 새로이 기독교적인 요소를 차용함으로써 새로운 독자층의 수요를 충족시키려 하였다. 예컨대 『이대봉전』에서 이대봉을 도와주는 '텬츅국 금화산 빅운암의 로승'은 『봉황대』에서 '유디국 빅운동의 성소노인'으로 등장한다. 그리고 부처를 모시는 암자와 시주를 기록하는 권선은, 『봉황대』에서 처소, 연보금을 기록하는 '연보칙'이 된다. 또한 『이대봉전』에서는 장익봉(장익황)이 이익과

30) 위의 책, 344면. "엇지라 시랑의 부ᄌᆞ여 무인절도에 가오면 어늬세월에 다시 맛나오며 나ᄂᆞᆫ 누를 의지ᄒᆞ고 남은 셰월을 보내리오 하늘에 견우직녀셩은 일년일도 은하수에 오작교를 건너 샹봉ᄒᆞ거니와 오쳔리 빅셜도ᄂᆞᆫ 나는 ᄉᆡ도 출입지 못ᄒᆞᄂᆞᆫ 곳이라 엇지 상봉ᄒᆞ기를 바라리오 ᄒᆞ며 대셩통곡ᄒᆞᄂᆞ니."

이대봉 부자의 종적을 알고자 바닷가로 나아가 황천을 향하여 기도하는 장면이 등장하는데, 『봉황대』에서는 같은 장면에서 “하ᄂᆞ님씌 경비ᄒᆞ며 긔도” 하는 기독교 예배의 형식을 취하고 있음을 확인할 수 있다.

> 또 공ᄌᆞ(이대봉—필자주)를 위ᄒᆞ야 긔도ᄒᆞ니 널ᄋᆞ디 죄인 ᄋᆡ황은 하ᄂᆞ님씌 경비ᄒᆞ며 긔도ᄒᆞᄋᆞᆸ노니 하늘이 놉흐시나 나진말숨을 굽어드르소셔 (…중략…) 우리낭군 고기비에 쟝ᄉᆞᄒᆞ엿ᄂᆞᆫ가 멱라수에 굴원을ᄯᆞ라 츙절을 의론ᄒᆞᄋᆞᆸᄂᆞᆫ가 원통ᄒᆞ고 비창ᄒᆞ오이다 슈즁에 원혼되신 닝군과 자싱에 젼졍입ᄂᆞᆫ ᄋᆡ황이의 어늬곳에 셜원ᄒᆞ올잇가 비나이다 하ᄂᆞ님씌 비ᄂᆞ이다 억울ᄒᆞ고 가련ᄒᆞ온 우리낭군 극락으로 환싱케 ᄒᆞᄋᆞᆸ소셔 ᄉᆞᆲ히소셔 텬디만물 조화옹은 고단ᄒᆞᆫ ᄋᆡ황을 ᄉᆞᆲ히소셔 ᄋᆡ황일신 죽ᄂᆞᆫᄂᆞᆯ에 우리 낭군 다시맛나 지낸셰샹 무궁ᄒᆞᆫ ᄉᆞ셜을 다 말ᄒᆞ고 그리고 슬허ᄒᆞ던 졍회를 펴게ᄒᆞᄋᆞᆸ소셔 ᄒᆞ고 빌기를 맛치매 원촌에 닭의 소릐나며 동방이 ᄇᆞᆰ아오니 알괘라.[31]

새로운 모티프들을 도입하고, 한자어를 가능한 배제하며 익숙한 구투의 문체를 사용하는 등, 『봉황대』의 작자는 새로운 독자층의 확보를 위하여 새로운 방법을 시도하였지만 그에 대한 반응은 기대에 따르지 못했던 것으로 보인다. 『이대봉전』이 1914년에서 1926년까지 총 14차례에 걸쳐 간행되었던 반면 『봉황대』는 1914년에서 1916년까지 3차례의 간행에 그치고 만다.

이러한 사실은 새로운 작품을 선호하는 성향의 독자들이 존재하는 한편으로, 여전히 보수적인 독자층이 존재했음을 보여주는 것이다.[32] 이 시

---

31) 위의 책, 415~417면.

32) 천정환은 일제히 소설의 독자층을 설명하면서 전통적 독자층, 근대적 대중독자, 엘리트적 독자층으로 구분한다. 전통적 독자층은 ‘노동자와 농민’, ‘양반’, ‘부녀자’들이 주를 이룬다. 하지만 이러한 세 가지 독자 부류와 그들이 향유하는 소설이 엄격히 구분되는 것은 아니다. 중요한 것은 작가와 출판사 모두 각기 취향이 다른 이들 독자층들을 염두에 둘 수밖에 없었으며, 한편으로 독자층들 사이에도 서로 영향을 주고받았

기의 구활자본 고소설들이 전대(前代)에 많이 읽혔던 역사소설이나 영웅소설의 영향을 많이 받고 있음을 고려하면, 오히려 『이대봉전』에서 『봉황대』로 개작이 진행되면서 영웅담이나 역사적인 인물에 관련된 서술이 약화된 것이 오히려 독자들에게는 흥미를 반감시키는 요소로 작용하였던 것으로 판단할 수 있다. 또한 오랫동안 익숙한 '전(傳)'의 양식이 독자들에게는 손쉽게 작품에 다가설 수 있도록 한 요인이었던 것으로 보인다.

> 대명셩화원년 즉위초에 긔쥬짜 모란동에 한사람이 잇스되 셩은 리씨오 명은 익이라 좌승상용철의 증손이요 우승상덕연의 ᄋᆞ들이라 일즉 룡문에 올나 벼슬이 리부상셔에 쳐하야 명망이 죠졍에 졔일이라.[33)]
>
> —『이대봉전』

> 악ᄒᆞᆫ나무에ᄂᆞᆫ 악ᄒᆞᆫ실과가 밋치고 션ᄒᆞᆫ나무에ᄂᆞᆫ 션ᄒᆞᆫ실과가 밋치ᄂᆞ니 범상ᄒᆞᆫ 나무도 이러ᄒᆞ거든 하믈며 하늘에셔 특별이 품부ᄒᆞ신 신령ᄒᆞᆫ 지각을 가진 사ᄅᆞᆷ이야 더구나 이러ᄒᆞᆫ 리치가 엇지 업ᄉᆞ리오 악ᄒᆞ면 반다시 악ᄒᆞᆫ결과가 잇고 션ᄒᆞ면 반다시 션ᄒᆞᆫ결과가 잇ᄂᆞ니 악ᄒᆞᆫ결과ᄂᆞᆫ 무엇인고 즐거움씃히 셔러움이오 션ᄒᆞᆫ결과ᄂᆞᆫ 무엇인고 고ᄉᆡᆼ씃히 영화니라.[34)]
>
> —『봉황대』

『이대봉전』에서는 위와 같이 이대봉이 남다른 혈통을 가지고 있는 위대한 인물임을 나타내 보이기 위하여 이대봉의 아버지 이익의 정치적 지위와 인간 됨됨이를 소개하는 것으로 시작함으로써 영웅담의 양식을 갖추고 있다. 과거 사실을 설명하고 시간적 압축을 시도하는 설명적 서사

다는 사실이다. 천정환, 앞의 책, 52~58면 참조.

33) 인천대 민족문화연구소 편, 『리대봉젼』(구활자본 고소설전집 11), 은하출판사, 1983, 395면.

34) 인천대 민족문화연구소 편, 『봉황대』(구활자본 고소설전집 20), 은하출판사, 1983, 335면.

방법은 '전(傳)'의 두드러진 기술방법이기도 하다. 그러나 『봉황대』는 이러한 부분을 생략하고 기독교적인 논조에 어울리는 선악론을 펼치는 것으로 시작한다. 작품 서두에 선과 악을 설교하듯이 논하다가 선한 사람 중 대표적인 인물이 이대봉이며 악한 사람으로는 왕희를 따를 사람이 없다고 함으로써 이야기의 전개가 선과 악의 대결로 나아갈 것임을 짐작하게 한다. '전(傳)'의 양식과 영웅담에 익숙한 독자들에게 『봉황대』의 구성은 새로운 것이기는 했지만 흥미로운 것은 되지 못했던 것이다.

2) 구활자본 고소설의 역사 차용 방식

지금까지 확인된 약 250여 종의 구활자본 고소설 중 역사관련 서사가 100여 종에 이른다는 것은 결코 적은 수가 아니다. 결국 이러한 역사에 대한 관심의 증대와 독자층의 확대를 통해 역사 소재 활자본 고소설들은 근대 역사소설이 발흥할 수 있는 기반을 마련해주었다. 인물의 위인적 면모나 왕조사나 궁중비사 중심의 사건은 근대 역사소설에 그대로 전이되어 나타난다. 하지만 역사적 인물을 주인공으로 하여 궁중비사나 권력투쟁사를 다루는 방식은 역사적 총체성과는 거리가 있으므로, 고소설의 유산은 근대 역사소설이 통속적 시대물로 떨어지는 한 근거가 되기도 한다.

하지만 통속성 이전에 이 시기에 역사를 소재로 한 많은 이야기책들이 생산되었다는 사실만으로도 이러한 양상은 역사에 대한 새로운 인식을 반영하는 것이라 할 수 있다. 사실 필사본이나 방각본 시대에는 역사의 자유로운 해석에 대한 금기로 인해 풍부한 역사소설의 전통이 확립되지 못했다. 조선왕조의 중세적 통치 질서는 역사의 해석을 규범화하고 자료를 독점했다. 국사 개설 및 전왕조의 시대사를 국가에서 맡아 편찬하고, 당대의 역사는 실록에다 기록했으며 공개하지 않았다. 민간에서 야사를 저술할 수는 있었으나, 자료 편록에 그치고 해석을 새롭게 하는 것은 금기시 되었다.[35] 역사의 기록은 관에서 주도했으며, 담론은 사회에서 최대한 결합적이고 구심적인 효과를 낳도록 통제되었다. 어떠한 경우라도 과거에 대한 접근은 자격을 갖춘 자만이 할 수 있는 사업, 즉 이해와 설명에 대한 해석학이어야 했다.[36]

근대로 들어서면서 이런 제약은 없어져 역사를 소재로 한 작품이 많이 등장할 수 있는 여건이 마련되었다. 역사에 대해서 자유롭게 생각하는 것 자체가 중세의 역사관을 청산하는 의의가 있었다. 그런데 역사에 대한 중세적 규제를 철폐하고 민족사 재구성에 착수할 시점에 일제의 국권 침탈이 일어났다. 이제 역사는 단순히 과거에 대한 기록이나 해석의 문제가 아닌 제국주의에 맞서는 중요한 무기가 되었다. 곧, 역사 이해의 근대적 자각이 일제에 대한 항거 의지와 결부되어 역사·전기소설의 발전을 촉진시키기에 이른 것이다.

하지만 한일합방 이후 이제는 역사적 정통론에 대한 것이 아니라 일제의 간섭과 출판 검열 등이 문제가 될 수밖에 없었다. 일제하의 모든 출판물은 '출판법' 상의 허가제에 의해 발간되었다. 조선인이 도서를 출판하려면 출판 전에 고본(稿本)을 첨부하여 총독의 허가를 받아야 했고, 일본인 및 기타의 외국인은 출판된 후 제본 두 책을 제출하면 되었다. 이러한 차이는 조선인에게는 신문지법과 출판법을 적용하고 일본인과 외국인에게는 신문 규칙과 출판 규칙을 적용한 때문이었다.

잡지는 신문지법에 의하지 않으면 정치·시사·평론을 게재할 수 없었다. 그러던 것이 1931년에 이르러서부터는 신문지법에 의한 잡지 발행은 새로 허가하지 않는 대신에 출판법에 의한 잡지도 정치·시사·평론을 게재하는 것을 묵인하게 되고, 1933년 9월부터는 검열제를 완화

35) 조동일, 『한국문학통사』 5, 지식산업사, 1994, 307면.
36) Prasenjit Duara, 문명기·손승회 역, 『민족으로부터 역사를 구출하기』, 삼인, 2004, 46~47면.

하여 일부 잡지는 교정쇄 납본제를 적용하였다.[37] 활자본 고소설 또한 총독부 경무국의 '납본필증'을 받아야 출판, 판매가 가능했다.

따라서 이 시기 역사 소재 활자본 고소설의 등장이 근대계몽기의 역사·전기소설의 영향을 받았고, 그런 작품을 원하는 독자의 영향을 받았음은 사실이지만 그 접근 방식은 전혀 다른 것이 될 수밖에 없었다. '국가'의 소멸 위기에서 역사·전기소설들이 공통적으로 역사를 차용하여 '민족' 의식을 표현하기 위해 쓰인 것이라면, 오히려 이 시기 구활자본 고소설들은 상업적인 의도에서 대중에게 보다 쉽게 다가가기 위한 매개체로서 전대 양식과 역사를 활용하였던 것이다. 이는 곧 1910년대와 20년대 역사 소재 활자본 고소설의 형성이 근대계몽기 역사·전기소설이 지니고 있었던 현실에 대한 지속적인 고민의 결과였다기보다는 양식적 계승에 집중되어 있음을 보여주는 것이다.

근대계몽기 역사·전기소설에서 발견되는 '－傳'의 모습은 당시 작가들이 스스로에게 가장 익숙하고 자신의 생각을 독자에게 전달하기에 효과적인 양식이기에 선택되었던 것이라 할 수 있다. 박은식은 작가에게 익숙한 열전체(列傳體)의 전대소설 형식을 답습할 수밖에 없음을 『서사건국지(瑞士建國誌)』의 서문에서 다음과 같이 고백하고 있다.

> 國權이 墮落ᄒᆞ야 究竟他人의 奴隷가 된 原因은 卽我國民의 愛國思想이 淺薄ᄒᆞᆫ 緣故라. 同是圓顱方趾의 冠帶之族으로 獨히 愛國思想이 淺薄ᄒᆞᆫ 것은 一則學士大夫之罪오 二則學士大夫之罪라. 余가 間嘗同誌를 對ᄒᆞ야 小說著作을 擬議ᄒᆞ나 現方報館에 執役ᄒᆞᆷ으로 暇隙이 苦無ᄒᆞᆯ뿐더러 또 此等著作에 技能이 不及ᄒᆞᆫ지라 抱志莫逐에 從深慨嘆터니.[38]

---

37) 김근수, 『한국도서해제논고』, 청록출판사, 1979, 403~405면; 정근식, 「일제하 검열의 실행과 검열관」, "식민지 검열체제의 역사적 성격" 발표집, 동아시아 학술원 연례학술회의, 성균관대 출판부, 2004.12.17, 1~24면.

38) 한국학문헌연구소 편, 『역사·전기소설』 6권, 아세아문화사, 1979, 198면.

박은식은 곧 자신이 여가가 없고 능력이 모자라 새로운 문체를 숙지하지 못함을 탄식하고 있다. 하지만 그러한 탄식에도 불구하고 그가 창작 활동에 임했던 것은 그의 선택이 독자와의 소통에는 별 문제될 것이 없다고 믿었기 때문이다. 역사·전기소설의 대부분의 작가들이 본격적인 문학 수업을 하지 않은 한말의 지식층이었고, 독자층도 한문을 해독할 수 있는 중류 이상의 보수적 계층이었음을 감안한다면 새로운 문학 형태보다는 전통적 문학 형태에 더 관심이 갔을 것이다. 내용 또한 영웅의 일생을 통해 구국의지를 나타내고 일제에 저항하기 위한 것이므로, 새로운 형태의 모험보다는 작가에게 부담이 적은 전통적인 양식을 고수하려 했을 것이다.

하지만 1910년대 이후 역사 소재 활자본 고소설에서 발견되는 '－전(傳)'의 형식[39)]은 근대계몽기 역사·전기소설들과 같은 작가의 선택이라기보다는, 통속화되고 대중 출판물로 자리 잡으면서 좀 더 많은 독자들을 확보하기 위한 선택의 결과였다. 애국 계몽의 기획자이기도 했던 근대계몽기 역사·전기소설의 작가들은 '－전(傳)'을 통하여 "성인의 가르침과 역사적 사건을 기록해야 한다거나 국치를 일깨우고 인간의 상정을 표현할 수 있다"[40)]고 믿었다. 따라서 과거 영웅의 호출은 곧 근대계몽기 역사·전기소설을 통한 지배적 담론 방식의 하나로 자리 잡았다. 근대계몽기 애국 계몽의 주체들은 '영웅이란 성스런 텍스트'를 통하여 애국계몽의 기획이 실현될 수 있다고 믿었던 것이다. 다음의 『수군제일위인(水軍第一偉人) 이순신(李舜臣)』에서도 이점은 분명하게 드러나 있다.

39) 본 연구는 이전 양식과의 영향관계 속에서 구활자본 고소설에서 나타나는 '－傳'의 형식에 주목하였다. 구활자본 고소설의 반 이상이 '－傳'의 형식을 하고 있다. 그 외에는 『義人의 무덤』(성문당서점, 1916), 『老處女 孤獨閣氏』(광명서관, 1916), 『異性의 선물』(영창서관, 1925) 등 실제 작품의 내용과 관련하여 제목을 붙이거나, '記·夢·錄·歌·曲' 등의 표기들이 발견된다.

40) 이보경, 『문(文)과 노벨(novel)의 결혼』, 문학과지성사, 2002, 149면.

大抵 水軍의 第一偉人을 有ᄒᆞ고 鐵甲船 創造에 鼻祖된 我國으로 今日에 至ᄒᆞ야 彼 海權最大ᄒᆞᆫ 國과 比較ᄒᆞ기는 姑捨ᄒᆞ고 竟乃 國家란 名詞도 若存若亡의 悲境에 陷ᄒᆞ얏스니 (…중략…) 玆에 李舜臣傳을 撰하야 苦痛에 陷한 我國民에게 餉ᄒᆞ노니 凡 我善男善女는 此를 模範ᄒᆞ며 此를 步趨ᄒᆞ야 荊天棘道를 踏ᄒᆞ며 苦海難關을 超過ᄒᆞᆯ지어다. 上天이 二十世紀의 太平洋을 莊嚴ᄒᆞ고 第二李舜臣을 待ᄒᆞ나니라.[41]

위의 인용에서 작가는 한 때 우리에게 수군제일 위인이며 최초로 철갑선을 만든 이순신이 있었으나, 이제는 '국가'란 명사마저도 존망의 지경에 이르렀음을 한탄하고 있다. 작가의 창작은 여기서 출발한다. 이순신전을 선택한 이유가 곧 고통 받는 우리 국민이 하나의 모범으로 삼아 고통 난관을 극복코자 함이라는 것이다. 민족영웅의 사적(事蹟)을 동원하여 이른바 국가정신을 진작시키려는 역사 전기물의 의도가 여기에도 잘 나타나 있다. 나아가 20세기 제2의 이순신을 기다린다는 진술은, 결국 영웅의 호출 의도가 과거를 형상화하기보다는 당대에 방점이 찍혀 있음을 드러내고 있는 것이다.[42]

전(傳)이란 사적(事蹟)으로 남길만한 인물의 행적을 가계와 행적과 평결로 이루어진 형식에 담아 기록하는 문학양식이다.[43] 따라서 전(傳)은 공동체가 '이미 만들어낸 가치'를 다시 추인하는 형식이 된다. 그 추인의 주체로서 '영웅'이 요구되는 공간이 바로 근대계몽기의 공간이었다. 근대계몽기의 역사·전기소설들은 '공동체의 운명을 발견하는 개인'을

41) 錦頰山人, 「水軍第一偉人 李舜臣」, 『대한매일신보』, 1908.8.18.

42) 신채호·이광수·이은상·김탁환·김훈의 역사소설 등에서 최근의 TV 드라마에 이르기까지, 또한 각종 언론 매체와 공식 역사 안에서 이순신은 가장 빈번히 소환된 영웅 중에 하나이다. 시대를 막론한 영웅에 대한 호출은 민족적 영웅으로 상징되는 '이순신'이란 텍스트가 얼마든지 변주될 수 있음을 보여주는 좋은 사례이다. 이에 대해서는 4-1-1에서 상론토록 한다.

43) 김찬기, 『한국 근대소설의 형성과 전(傳)』, 소명출판, 2004, 123면.

호출하여 존재하는 현실과 존재해야만 하는 당위적 이상 사이의 극복할 수 없는 간극을 좁히고자 하였던 것이다.

하지만 합방 이후 구활자본 고소설에서 영웅의 호출 방식은 근대계몽기의 그것처럼 '애국계몽'을 위해 형상화되는 것이라 할 수 없다. 좀 더 익숙한 양식으로, 좀 더 많은 독자에게 거부감 없이 받아들일 수 있는 대상으로서 과거의 '역사'와 '영웅'이 호출되는 것이다. 역사 · 전기소설과의 이러한 차이는 생산 주체와 소비 주체가 달라졌기 때문에 발생하는 당연한 귀결이라고 할 수 있지만, 무엇보다 일제 식민지 통치라는 객관적 조건이 그 배경이 된다.

영웅의 호출 방식뿐만 아니라, 그것의 표현 형태인 표기법과 조판 방식에서도 구활자본 고소설은 많은 변화를 보인다. 이윤을 고려한 상업자본에 의한 생산과 유통, 그의 대중적 소비라는 메커니즘은 이전과 비교할 때 여러 측면에서 뚜렷한 차이를 보여준다. 그러한 차이의 원인은 무엇보다 독자에 대한 인식의 차이에서 비롯된 것이라 할 수 있는데, 작품의 내용뿐만 아니라 작품의 출판 형식에서도 여러 변화가 발견된다. 작품 제목에서 시도되는 다양한 변화, 띄어쓰기, 한자(漢字)병기, 단락 구분 등을 그 예로 들 수 있다.

우선 본문의 조판 방식에서는 한자 사용 여부와 띄어쓰기가 가장 큰 변화를 보인다. 이전의 역사 · 전기소설에서는 국문 전용과 국한문 혼용 두 가지 표기 방식이 모두 사용되지만, 국한문 혼용이 더욱 자주 발견된다. 하지만 구활자본 고소설에서는 국한문 혼용의 예가 거의 발견되지 않는다. 1915년 이전에 간행된 활자본 고전소설 중에는 초판에서 한자를 병기하거나 괄호 안에 한자를 제시하는 경우가 있지만, 이후에는 대부분 한글 전용의 방식을 취하고 있다. 구활자본 고소설의 간행 초기에 국한문 혼용 방식을 취했다는 사실은 작가들이 한문학의 세례를 어느 정도 받았음과, 작가나 출판업자들이 상정한 독자층이 일반 대중뿐 아니라 한자에 대한 식견을 갖춘 계층으로까지 확대되었음을 보여주는 것이다.

1900년대 이전에는 거의 쓰이지 않았던 '국한문체'는 '국민' 전체가 쓸 수 있는 공통의 언어를 만들자는 문제의식에서 고안해 낸 것이다. 전통 한학의 수양을 쌓은 지식인들에게 국문은 낯설고 불편한 양식이었을 뿐 아니라 점잖지 못한 것으로 간주되었다.[44] 이러한 상황 속에서 국한문체의 사용은 난해한 고문투를 경계하되 한자(漢字)의 의의를 인정함으로써 그 절충안을 모색한 것이었다.

사실 한자와 순국문, 국한문혼용의 표기법에 대한 논란은 표기문자의 선택을 넘어 새로운 담론층을 구성하는 대상을 한정짓는 것이기도 하다. 국한문체를 주장하는 논자들은 국문에서 시작하여 한문까지 나아가는 교과를 구상함으로써 국민의 계몽을 수행하려 한 것이다.[45] 국한문체의 구상에서 국민은, 한자를 사용하던 식자층과 한글을 사용하던 그 외의 사람들을 모두 포섭하려한 것이었다.

구활자본 고소설이 생산되던 초기에는 작가와 출판업자들도 그 모두를 독자로 상정하고 순한글체와 국한문체를 병행하였다. 하지만 시간이 지남에 따라 대부분의 경우는 한글이 소설 작품의 주요 표기 수단으로 정착해 가고 있음을 확인할 수 있다. 이것은 한글이 당시 지배적인 언어로 정착했다는 사실을 증명하기보다는, 구활자본 고소설의 독자층이 식자층보다는 일반 대중들이었음을 반증하는 것이다. 일부 식자층을 제외하면 역시 한글이 익숙한 표기법이었던 셈이다.

특히 동일 작품의 경우에도 초판에서 중판으로 판을 거듭하는 경우

44) 신소설에서 발견되는 루비식 표기 또한 당대 식자층을 고려한 표기방법으로 볼 수 있다. 일반 대중 뿐 아니라 국한문체의 사용계층이었던 지식인 역시 독자 대상으로 삼아야 한다는 고려에서 루비식 표기가 선택되었던 것이다. 루비식 표기는 개화 인텔리의 한문 또는 국한문 혼용을 견지했던 봉건지배계급 또는 상층문화에 대응하여 나온 하나의 디협적인 문지 행위였다. 구활자본 고소설에서 발견되는 국한문 혼용체의 사용도 이러한 맥락에서 이해할 수 있다. 양문규, 「근대전환기 한국소설의 전통과 서구수용—언어 양상을 중심으로」, 『한국문학논총』 34집, 한국문학회, 2003, 67~68면.

45) 국한문체의 사용과 국민의 형성에 관해서는 권보드래, 『한국 근대소설의 기원』, 소명출판, 2000, 136~144면 참조.

에 한자 병기가 사라지는 경우가 많다. 이는 한자에 대한 반감이나 한글 쓰기에 대한 인식에 기초했다기보다는 비용 절감이 가장 큰 문제였던 것으로 보인다. 예컨대 『여자충효록』은 초판에 한자를 병기하였으나, 재판에서 쪽수를 줄이면서 병기한 한자가 사라진다. 『진대방전』의 경우는 초판에서 한자를 병기하였으나 재판에서는 한자를 4쪽까지만 병기하고, 이후의 표기는 한글을 사용하고 있다. 띄어쓰기도 마찬가지이다. 간행 초기에는 신소설에서의 띄어쓰기와 마찬가지로 띄어쓰기를 적용하고 있지만 중판을 거듭하며 지면을 축소하면서 사라지는 경우가 많다. 한자병기를 생략하거나 띄어쓰기를 적용하지 않음으로써 출판업자는 생산비를 줄여 비용 절감의 효과를 낳을 수 있었던 것이다.[46]

이처럼 근대 계몽기의 역사 · 전기소설 이후 등장한 구활자본 고소설은 내용과 형식에서 일반 대중을 철저하게 의식하며 생산됨으로써, 이전의 역사담론의 생산과 소비가 주로 식자층에 의해 이루어졌던 것을, 대중적인 차원에까지 확장시켰다.

3) 구활자본 고소설의 소설사적 위치

일반적으로 한국문학사에서 역사 · 전기소설이 가지는 의의는 구활자본 고소설보다 상대적으로 높이 평가되어왔다. 그 둘은 명확히 구분되는 서로 다른 시기에 존재하지만, 한편으로는 두 가지 양식 모두 지난 역사를 다시 호출해내고 재구성하여 당대의 역사담론의 형성에 중요한 역할을 담당하였다.

따라서 역사 · 전기소설이 가지는 문학사적 가치와 의미는 충분히 인정하되, 상대적으로 폄하되거나 배제되어왔던 구활자본 고소설에 대한

46) 이주영, 『구활자본 고전소설 연구』, 월인, 1998, 137~143면.

접근과 사적 의미 또한 재평가되어야 할 것이다. 무엇보다 구활자본 고소설은 주로 일부 계층에 한정되어 생산되고 소비되었던 '역사'의 대중적 확산에 기여하였다. 즉 새로운 기술과 매체를 통해 '역사'를 대중적인 생산과 소비에 이르게 함으로써 당대의 사회적 조건과의 관련 속에서 역사에 관한 담론 형성의 한 축을 담당하였던 것이다.

소설의 생산과 소비라는 측면에서 소설의 창출과 이의 수용을 따져 보는 일은 이러한 현상이 사회적 관계를 맺거나 중요한 사회적 문제로 인식되는 단계에 이르렀을 때 가능하다. 결국 구활자본 고전 소설이 가지는 사적(史的) 의의 중의 하나는 활자 인쇄술이라는 새로운 생산 방식을 도입함으로써 작품을 대량으로 생산할 수 있게 되었다는 점을 들 수 있다. 이것은 이전 시대의 필사본이나 방각본과 비교할 때 더욱 두드러진다. 필사본에 비해서는 많은 양을, 방각본에 비해서는 손쉽게 작품을 생산할 수 있다는 점에서 고전소설의 활자본 출판은 대량 생산을 가능하게 했다.

대량생산은 곧 대량소비로 이어진다. 방각본에 비해 활자본 출판은 생산비를 절감할 수 있었으므로 소설의 책값은 낮아지고, 이는 보다 많은 사람들이 작품을 구입할 수 있게 하는 한 요인이 되었다. 또한 방각본에서 이루어진 책장사나 행상 등을 통한 판매와 병행하여 우편 판매가 등장했고, 서점 간의 작품 교환을 통한 새로운 유통 방법이 시도됨으로써 구활자본은 급속히 전파될 수 있었다.[47]

이제 작가나 출판업자, 서적상들은 보다 더 독자를 의식하게 되었으며, 작가나 출판업자의 개인적 취향보다는 대중적 취향에 주목하게 된다. 이러한 변화 속에서 계층에 관계없이 보다 많은 독자들에 의해 구활자본 고소설들은 향유되기에 이른다. 18・19세기에 중간 계층의 자산계급이 고전소설의 수용층이었던 데 반하여, 이 시기에 와서는 수용의 폭이 확장되어 농민, 노동자와 같은 무산 계급까지[48] 고전 소설의 수용

47) 위의 책, 182면.

48) 김기진, 「대중소설론」, 『동아일보』, 1929.4.14. "有象無象의 이야기冊(구활자본 고소

층이 확대되기에 이르는 것이다.

1912년 새로운 인쇄기술의 도입으로 생산 유통되기에 이른 구활자본 고소설은, 1915년에서 1918년까지 가장 많은 간행 횟수를 기록하며 이른바 전성기를 구가한다. 삼일 운동을 전후하여 잠시 침체되었던 활자본 고전소설은 1921년에서 1926년까지 다시 활황을 이룬다. 그러다 1927년부터 그 뚜렷한 쇠퇴의 징후를 보이기 시작한다. 통계에 따르면[49] 1925년 구활자본 고소설의 발행 횟수 112회, 1926년 총 78회에 달하던 것이, 1927년에 이르면 전년도 대비 8분의 1 수준에 머물고 있다. 1931년 이후에는 신규 발행 작품이 없거나 한 두 종에 불과하며, 출판계가 활황기에 있었던 1935년을 제외하고는 각 연도별 총 발행 횟수도 10회를 넘지 않는다. 이후로는 새로운 작품의 출판이 급감할 뿐 아니라, 출판 허가를 출원한 건 수 또한 크게 줄어든다.

1920년대 말에서 1930년대 초에 걸친 경제 공황은 일제 지배 정책의 전환을 가져오게 하였다. 특히 1931년 9월 일제에 의한 대륙 침략의 개시는 조선에 대한 종전의 산미(産米) 수탈을 중심으로 한 식민지로서 뿐만 아니라, 전쟁 수행을 위한 병참 기지로서의 역할을 강요하게 되었다. 이러한 사회적 조건의 악화는 구활자본 고소설의 퇴조 원인으로 작용하였다. 신문이나 잡지에 연재되던 다른 소설들과는 달리 영세한 출판사에 의해 단행본으로 출판 유통되었던 구활자본 고소설들은 이러한 외적 조건에 훨씬 민감할 수밖에 없었다.

또한 열악한 창작 환경은 작가들로 하여금 이전 작업에 등을 돌리게 했다. 구활자본 고소설의 생산이 시장 논리에 의해 이루어지는 상황에서 작가들의 지위는 불안정할 수밖에 없었으며, 신문이나 잡지와 같은

설)들이 大槪 누구의 손으로 팔리어 가느냐 하면 學生보다도 婦人보다도 農民과 그리고는 勞動者에게로 팔리어 간다. 장거리나 큰 길거리에서 行商人이 벌려 노흔 이따위 冊들은 좁쌀되나 北魚ㅅ마리나 사 가지고 집으로 돌아가는 장꾼 卽 農民이 사 가는 것이 대부분이다."

49) 이주영, 앞의 책, 34~41면.

매체에서도 이들에게는 지면을 개방하지 않아 작가의 수는 줄어들 수밖에 없었다. 따라서 작가들은 출판 시장에서 살아남기 위해 독자들의 수요에 맞추어 작품을 축약하거나 개작하지만 이는 곧 텍스트를 더욱 더 열악한 상태로 만드는 것이 되고 말았으며, 결국 더 이상 독자들을 끌어들이지 못하게 된다.

열악한 창작 환경과 출판 조건은 곧 작품의 통속성과 상품성의 강화로 이어진다. 그리고 구활자본 고소설이 지니는 통속성과 상품성은 그 쇠퇴를 촉진시킨 주요한 원인 중의 하나였다. 대중의 수요에 기반을 둔 이 시기의 고전소설은 문화적 상품으로서의 성격을 가지는 것이었다. 그 대상은 구체적으로 도시보다는 의식의 변화가 크지 않은 농촌을 통해 널리 유포될 수 있었다. 하지만 일제의 경제 침탈 행위가 거세져서 농촌이 더욱 피폐해지고, 출판에 많은 제약이 가해짐으로써 새로운 수요를 창출해내지 못하고 더 이상의 작품 공급이 이어질 수 없었다. 결국 구활자본 고소설은 주변부로 밀려나게 된다.

한편 구활자본 고소설의 쇠퇴와 맞물려 있는 1927년을 전후한 시기는 일제의 검열이 강화된 시기와도 겹치는데, 일제의 탄압에 의해 『개벽』이 해체되고 새로운 민족운동의 모색으로 신간회가 창립된 때이기도 하다. 구활자본 고소설이 쇠퇴의 길로 들어선 시점에 다른 한편에서는 '조선야담사'가 설립되면서 조직적인 야담부흥운동이 전개되며, 본격적으로 야담이 생산 유통되기 시작한다. 1910년 초반부터 20년대 중반까지 대중의 역사소비 방식의 중요한 매체로 기능했던 구활자본 고소설의 역할이 야담에게로 이행된 셈이다.

1920년대 후반 역사물 보급운동은 위기의식의 소산이라는 점에서 근대계몽기의 역사·전기류의 생산과 1910년대 역사연구 및 대중화 운동과 동일한 맥락에서 이해할 수 있다. 당시의 야담운동은 '역사를 통한 민중 교화운동'을 표방하는 한편, 당대 민중예술, 민중오락으로 선전되기도 하였다. 이러한 인식은 1920년대 역사의 문예화 논의와 함께 나타나기 시작한 역사소설의 맥락과 함께 위치한다. 역사를 대중화하는 문예 형식이라는 측면에서 구활자본 고소설과 야담, 역사소설은 공통된 지평 속에 놓이는 것이다.

한국 근대문학사에서 1910년대에서 1920년대 후반까지 지속적으로 생산되었던 구활자본 고소설에 대한 연구는 아직까지 매우 미약한 형편이다. 그 이유는 우선 본격문학과 대중문학, 순수문학과 통속문학 등의 구도 아래에서 이들 작품을 지금껏 본격적인 연구 대상으로 포섭하지 않았기 때문이다.

고전문학과 현대문학 각 분과의 경계를 나누고 연구 대상을 한정 짓는 오래된 관행 또한 이들 작품에 대한 접근을 더디게 만들었다. 구활자본 고소설의 경우, 시기적으로는 근대 이후에 생산된 것이면서도 내용상 고소설적 요소를 가지고 있다. 따라서 현대문학과 고전문학 두 분과 어디에서도 연구 축적이 이루어지지 못했다. 현대문학과 고전문학 각 분과 간의 경계를 넘어 상호 학문적 소통이 이루어질 수 있을 때에 이들 작품에 대한 실상이 보다 뚜렷이 드러날 수 있을 것이다.

새로운 활자 인쇄술의 도입과 그로 인한 출판 시장의 형성, 전반적인 작품의 생산과 유통, 대중적 소비에 대한 천착은 국문학 뿐 아니라 제반 학문의 영역까지 포괄하며 동시에 그 시대 일반 대중 독자의 형성에 대한 이해를 증진시킬 수 있을 것이다. 무엇보다 지금까지 한국문학사에서 상대적으로 소외되었던 이들 작품의 복원은 이른바 본격문학 혹은 고급문학 중심으로 조명된 한국문학사의 결락을 채우며, 나아가 그것의 문학사적인 의미를 올바로 정립함으로써 한국문학사의 층위를 한층 넓힐 수 있을 것이다.

2. 역사물 보급운동과 야담운동의 발흥

1) 역사물 보급운동과 『한빛』의 창간

1920년대는 역사를 민족적 삶의 일부로 융합시키려는 노력이 다른 어느 때보다 한층 고조된 시기였다. 역사에 대한 관심[50]이 학적 체계로 굳어져 이른바 근대 사학이 성립되고 한편으로는 역사물 보급운동의 일환으로 역사서의 출판이 봇물을 이룬다. 최남선의 『불함문화론(不咸文化論)』(1925)을 비롯하여, 민족혼 중심의 역사 서술인 박은식의 『한국독립운동지혈사(韓國獨立運動之血史)』(1920), 신채호의 『조선사연구초(朝鮮史研究草)』(1924) 등이 모두 이 시기에 소개된다.[51] 또한 역사에 대한 관심은 역사 관련 잡지의 창간으로 이어진다.

1928년 1월 창간된 잡지 『한빛』은 조선학 잡지를 표방하며[52] 전대(前代)의 역사적 사건에 대한 논평과 인물에 대한 소개, 역사 기행, 유적 답사, 사화(史話)와 야담 등을 집중적으로 취급한다. 야담운동으로 촉발된 역사에 대한 관심을 수용한 당시의 유일한 한국학 잡지로 30년대 『월간

---

50) 1928년 11월 25일자 『조선일보』의 「朝鮮語와 朝鮮史에 대하여」란 사설에서는 당시의 분위기를 다음과 같이 전하고 있다. "近來 青年 學徒 사이에 흐르는 思潮의 傾向을 볼진대 朝鮮人으로서는 朝鮮語와 朝鮮史를 알어야만 하겟다는 생각이 일반 向學熱의 연장을 쌀아 더욱 왕성해졌다."

51) 이만열, 『한국 근대역사학의 이해』, 문학과지성사, 1981, 87~102면 참조. 한편 조관자는 이 시기 최남선이 제창했던 '조선학'을 비롯한 일련의 '조선연구'의 의미를 '일제의 동화정책에 항거하고 민족문화를 보존하려는 민족운동'의 의미로 한정하는 것은 그것이 가지고 있는 다양한 층위들을 지나치게 축소할 수 있음을 지적하고 있다. 趙寛子, 「日中戰爭期の '朝鮮學'と'古典復興' -植民地の '知'を問う」, 『思想』, 2003.3 참조.

52) 당시에는 국권이 없었기 때문에 '국학'이 아닌 '조선학'을 표방할 수밖에 없었다. 당시 민족주의 진영의 이러한 딜레마는 조선어학회의 한글 운동이나 30년대 '고적보존운동'에서도 상징적으로 드러난다. 이에 관해서는 4-1에서 상론토록 한다. 『한빛』의 편집 겸 발행인은 3호까지는 이윤재, 4호부터는 이호가 맡았다. 창간호는 4·6배판 30여 면, 4호 이후는 국판 60~70여 면으로 발행하였다.

야담(月刊野談)』, 『야담(野談)』 등 야담 잡지류의 탄생에 선구적 역할을 담당한다. 『중외일보』 1927년 11월 25일자 기사에는 『한빛』의 창간을 다음 달인 12월로 광고하면서, "조선 사람으로 반듯이 알아야 할 조선 력사"와 "한글에 관한 지식을 일반 청년에게 보급케 할 뜻"[53]으로 잡지를 발행한다고 밝히고 있다.

하지만 창간호부터 일제에 의한 검열로 인해 발행이 순탄치 않았다. 최남선의 진술처럼 "당국에 의해 不許可되고 고치어 編輯함으로 말미암아" 창간이 늦춰짐으로써 1928년 1월 15일 발행의 제2권 1호가 창간호가 되며, 같은 해 8월 15일까지 통권 6호를 간행한다. 비록 단명하고 말았지만 이광수, 최남선, 문일평, 정인보, 최현배 등 당시 학계와 문학계의 명사들을 망라한 필진으로 당시 야담과 역사물 보급, 한글 운동의 한 축을 담당하였다고 할 수 있다. 『한빛』의 편집자는 창간호의 권두언격인 「여쭙는 말」을 통해 다른 잡지와 구별되는 『한빛』의 '특수성'과 창간 목적 등을 다음과 같이 적고 있다.

> 우리가 다른 온갖 것을 다 알고도 오히려 不足하다는 朝鮮歷史 · 朝鮮地理 · 朝鮮語文 · 朝鮮教學 · 朝鮮藝術 等 純粹히 朝鮮의 것만을 紹介하는 것이 이 『한빛』이 다른 雜誌보다 特殊하다는 것만을 여러분께서 밀이 알아주소서. 그러고 記事는 學究的 · 研究的의 것을 피하고 되도록은 通俗的 · 實用的을 爲主하여 少年의 讀物을 삼으려 합니다.[54]

『한빛』이 다른 잡지와 구별되는 '특수성'이란, 다른 잡지들이 서양과 일본 등의 풍물이나 풍속 등을 소개하거나 중국의 역사물 등을 다루고 있음에 반해, 역사 · 지리 · 어문 · 교학 · 예술 등에 있어서 "純粹히 朝鮮의 것만"을 다룬다는 것이다. 『한빛』의 필진은 최남선(崔南善)을 비롯

53) 『중외일보』, 1927.11.25.

54) 「여쭙는 말」, 『한빛』, 1928.1, 2면.

하여 신채호(申采浩), 문일평(文一平), 이광수(李光洙), 이은상(李殷相), 김윤경(金允經), 최현배(崔鉉培), 이능화(李能和) 등 학계와 문단의 저명인사들이 망라되어 있다. 하지만 그 내용만은 "學究的·硏究的"인 것을 피하고 "되도록은 通俗的·實用的을 爲主하여 少年의 讀物"을 삼겠다고 밝히고 있다. 비슷한 시기 발간되었던 『별건곤(別乾坤)』이 "趣味·實益雜誌"를 표방하며 일반 대중을 상대로 취미와 교양을 위한 계몽독물을 생산해냈다면, 『한빛』은 다른 한편에서 조선의 역사를 위주로 한 소년의 독물을 생산해내고 있었던 셈이다.

이 시기 역사물 보급운동은 위기의식의 소산이라는 점에서 근대계몽기의 역사·전기류의 생산과 1910년대 역사 연구 및 대중화 운동과 동일한 맥락에서 이해할 수 있다. 1925년 치안유지법의 시행으로 노동쟁의 등을 통한 조직적인 항일 운동이 극단적으로 억압되고 일제의 탄압정책이 다시 강화됨에 따라 민족운동 진영 내부에서 민족적 위기를 지키기 위한 방법으로 대두된 사회운동의 하나가 역사물 보급운동이었다.

2) 조선야담사의 창립과 양식적 실험

역사 관련 논문의 발표와 단행본 출간과 더불어 역사에 대한 관심의 고조는 1920년대 후반 역사의 문예화를 통한 운동의 차원으로 확산되는바 이른바 야담부흥운동이 그것이다. '조선야담사(朝鮮野談社)'의 창립과 함께 전개된 야담운동은 '야담구연대회(野談口演大會)'를 개최하여 청중에게 야담[55]을 들려주는 활동으로 구체화된다. '조선야담사(朝鮮野談

55) 문학의 장르상으로 볼 때 야담은 서사장르류에 속한다. 그러나 서사장르류의 하위양식, 장르종(種)으로서의 야담은 성립되기 곤란하다. 야담 속에는 신화·전설·민담뿐만 아니라 소설적인 작품까지 포괄되어 있어, 그 자체가 장르종이 될 수는 없기 때문이다. 따라서, 종래 문학의 한 양식명칭으로 '야담'이 많이 쓰여 온 것은 엄밀한 장르 의식에서였다기보다는 '민간에서 전해온 이야기'를 총괄하는 통념으로부터 비롯된 것이라

社)'는 1927년 11월 13일 서울시 계동 김진구의 숙소에서 김진구·이종원·민효식·김익환·신중현 등의 발기로 창립되었으며, 최남선·민태원·양건식·차상찬·이윤재·방정환 등을 고문으로 하고 있다. 이 운동의 주요 인물들은 대부분 30년대 『월간야담(月刊野談)』과 『야담(野談)』의 필진으로 이어진다. 주목할 것은 이들이 기존의 전통야담을 부정하며 철저하게 차별화된 전략으로 야담운동을 전개해나간다는 것이다.

> 야담! 야담! 야담이라는 술어는 조선에서 최근에 새로 난 신술어(新術語)이다 (…중략…) 야담이라는 술어가 녯날 조선에도 업든 것은 아니다. 청구야담(青邱野談) 어우야담(於于野談) 가튼 것이 그것이다. 그러나 그런 것은 어데 별로 근거도 업는 것을 엉터리로 적어노흔 서책(書冊)이라는 것을 의미하는 것이엇다. 그러나 이것은 절대로 그런 것이 아니라 일본의 강담(講談)과 중국의 설서(說書)를 절충하야 조선뎍으로 또 현대뎍으로 새민중예술(新民衆藝術)을 건설한 것이다 (…중략…) (물론 조선도) 불완전하고 넘우나 허무맹낭한 소리를 하며 흔히 미신(迷信)에 기우러진 진부(陳腐) 그것이엇지마는 엇젯든지 잇기는 햇든 것은 사실이엇다. 그러나 야담은 (…중략…) 적어도 력사적사실(歷史的事實)=력사중에도 재래의 력사, 다시 말하면 어써한 특권계급(特權階級)의 독뎜뎍력사(獨占的歷史) 그것이 아니라 민중뎍력사(民衆的歷史)=특권계급의 손으로 된 모든 추태를 음폐(陰蔽)한 재래의 력사를 훌썩 뒤집어 노흔 리면사(裏面史) 즉 야사(野史) 속에서 그 재료를 쏩아낸이만치 민중뎍이오 현대뎍 오락물(娛樂物)의 하나이라는 것을 여긔 단언한다.[56)]

할 수 있다. 요컨대 야담은 이념적 양식군이라기보다는 관습적 양식군으로 이해해야 할 것이다. 조희웅, 「야담」, 『야담문학연구의 현단계』 1(정명기 편), 보고사, 2001, 11~17면; 김화경, 「야담의 장르적 성격에 관한 고찰」, 위의 책, 206~224면 참조. 『別乾坤』에 실린 여러 단형서사에 붙는 다양한 양식명 또한 관습적 양식군이라 할 수 있을 것이다. 이에 대해서는 다음 장에서 상술토록 한다.

56) 「民衆의 娛樂으로 새로 나온 野談, 朝鮮에서는 첫 試驗」, 『동아일보』, 1928.1.31.

조선야담사의 창립과 함께 그 취지를 알리는 위 신문기사의 제목은 「민중(民衆)의 오락(娛樂)으로 새로 나온 야담(野談), 조선(朝鮮)에서는 첫 시험(試驗)」으로 되어 있다. 그 내용과 형식은 일본의 '강담(講談)'과 중국의 '설서(說書)'를 현대적이고 조선적으로 절충한 것이며, 무엇보다 과거 조선에 있었던 허무맹랑한 이야기가 아니라 '민중적 역사', '이면사', '야사'에서 소재를 취한 '현대적 오락물'임을 강조하고 있다. 기왕에 '역사'가 지배 계급의 전유물인 양 인식되어 왔고, 그것은 곧 '왕조사'이거나 '권력사'였음을 감안하면, 조선야담사의 이런 취지는 좀 더 대중의 눈높이에 맞춘 역사에 대한 새로운 시도라 할 수 있다. 물론 그러한 접근은 '오락물'로서의 기능을 고려한 것이기도 하지만, 다른 한편으로는 좀 더 친근하게 민중 계몽의 목적을 달성하기 위해 선택한 방법론이기도 했다.

따라서 1920년대 야담 구연 운동은 동일한 구연문화 형식임에도 18~19세기 이야기꾼과 구연문화의 계승이라는 측면보다는, 중국의 '설서(說書)'와 당시 일본에서 유행한 '신강담(新講談)'과의 관련 하에 관심의 대상으로 부각되고 있음을 확인할 수 있다. 중국의 '설서(說書)'는 강사(講史) 또는 연사(演史)라고도 하는데, 현존하는 『오대사평화(五代史平話)』와 『삼국지평화(三國志平話)』를 그 대본으로 하여 전대(前代)의 역사를 이야기식으로 강의하고 해석하는 것이다. 일본의 강담은 에도(江戶) 시대 초기에 비롯된 것으로 일본의 전쟁 이야기인 『태평기(太平記)』를 읽고 강석(講釋)하는 형태의 문학 양식에서 유래한 것이다. 따라서 김진구의 '일본의 강담과 중국의 설서를 절충한 것이 당시 조선의 야담'이라고 하는 진술은, 역사를 소재로 대중들 앞에서 해석 혹은 주석을 단 역사 이야기, 역사 강의의 형식을 염두에 둔 것이었다.

이처럼 당시 야담운동은 전대(前代)와의 긴밀한 영향관계 속에서 연속성을 의식하며 진행되었다고는 할 수 없다.[57] 조선야담사의 창립 취

57) 야담의 변이 과정과 다른 양식과의 관련 양상에 대해서는 다음의 글들을 참조할 수 있다. 김혜숙, 「傳・敍事(記事)・野談의 대비적 고찰」, 『한국 판소리 고전문학연구』, 이

지에서 확인할 수 있는 것처럼, 오히려 전대 야담과의 단절을 통한 새로운 양식의 창출에 비중을 두고 있는 것이다. 특히 "野談이란 中國의 說書와 日本의 講談, 그 中에도 新講談을 갈어다가 그 長을 取하고 短을 補하야 그 우에 朝鮮的 精神을 집어너어서 絶對로 朝鮮化시킨 그 것을 創設해 노은 것이 卽 野談"[58]이란 진술은 당시의 야담운동이 일본 신강담의 양식을 염두에 두고 진행되었음을 보여준다. 하지만 그러한 단절이 곧 청산을 의미하는 것은 아니다. 그것은 이탈과 포섭 속에 진행되는 전대 양식으로부터 새로운 양식으로의 전환인 셈이다.

일본 강담의 처음 모습은 역사 기록을 많은 사람들 앞에서 읽고 그 사이에 해석을 붙이는 연희문학의 형태였다. 그러던 것이 메이지・다이쇼 시기에 대중적 인기를 얻게 되자, 마침내 강담의 속기록을 작성하여 문자로 바꾸어 출판하기에 이른다. 『강담구락부(講談俱樂部)』・『강담잡지(講談雜誌)』 등 강담 전문 잡지가 발행되고, 여기에 속기 강담과 함께 창작 강담이 활발히 생산되면서 일어난 운동이 일본의 신강담운동이었다.[59] '조선야담사'에 의해 주도되었던 야담운동이 주로 구연의 형태로 이루어졌던 데 반해, 일본에서의 신강담운동은 활자의 형태로 진행되었던 것이다.

1915년 창간된 '박문관(博文館)' 간행의 월간 『강담잡지(講談雜誌)』는

세아문화사, 1983; 김현실, 「근대 단편소설의 전통계승에 관한 일고찰」, 『이화어문논집』 11, 이화여대 한국어문학연구소, 1990; 이동근, 「전・소설・야담의 기술방법에 대한 연구」, 『조선 후기 '傳' 문학연구』, 태학사, 1991; 정명기, 「전과 야담의 엇물림」, 『한국언어문학』 33, 한국언어문학회, 1994; 강진옥, 「야담소재 신소설의 개작 양상에 나타난 여성 수난과 그 의미」, 『이화어문논집』 15, 이화어문학회, 1997; 임형택, 「야담의 근대적 면모-일제하에서 야담전통의 계승 양상」, 『한국한문학연구』 19, 태학사, 1996; 한기형, 「한문단편의 서사전통과 신소설」, 『한국 근대소설사의 시각』, 소명출판, 1999; 김영민, 「한국 근대소설 발생과정 연구-조선 후기 야담과 개화기 문학 양식의 연관성을 중심으로」, 『국어국문학』 127집, 국어국문학회, 2000; 정부교, 「근대야담의 전통계승양상과 의미」, 『야담문학연구의 현단계』 3(정명기 편), 보고사, 2001.

58) 김진구, 「野談出現의 必然性 4回」, 『동아일보』, 1928.2.5.

59) 일본 신강담 운동과 관련해서는 三好行雄・竹盛天雄 編, 『近代文學』 4, 有斐閣雙社, 1977, 205~211면; 池田浩士, 정한기・김광수 역, 「대중소설의 세계와 반세계」, 『대중문학이란 무엇인가』, 평민사, 1995, 114~124면 참조.

강담이나 나니와부시[浪花節][60]를 속기사에게 받아쓰게 하고, 그것을 재현하여 삽화와 함께 실었다. 『강담잡지(講談雜誌)』보다 4년 이른 1911년 '대일본웅변회강담사(大日本雄辯回講談社)'가 창간한 『강담구락부(講談俱樂部)』는 속기 강담과 나니와부시뿐 아니라 만담이나, 소설 등도 함께 실었다.[61] 이들 잡지에 실린 강담 중, 엄밀한 의미에서 '신강담'이란 전대의 강담을 활자화한 속기 강담이 아니라, 작가에 의해 생산된 창작 강담을 지칭하는 개념이었다.

이후 일본의 '신강담'은 민중 예술론의 맥락 속에서 민중 교화를 위한 이른바 '사회강담(社會講談)'의 출현으로 이어진다. '사회강담'의 생산은 강담 전문 잡지뿐 아니라 『개조(改造)』와 오락잡지였던 『일본일(日本一)』 등을 통해서도 이루어지는데,[62] 이처럼 일본에서 '신강담'의 출현은 '잡지'라는 매체에 힘입은 것이었다. 잡지를 통한 강담의 생산과 이로 인한 독자층의 양산은 강석사(講釋師)들에 의한 구연의 양식이 점차 활자 매체로 그 역할이 옮겨졌음을 의미하는 것이었다.[63]

1920년대 후반 일어났던 조선의 야담운동은 조선의 전래 야담보다는 일본에서의 이러한 신강담운동을 의식하면서 진행되었다. 그러나 당시 야담운동의 성격과 사상적 기반이 일본의 이른바 '신강담'을 빌려온 것이라 하더라도, 김진구가 강조하고 있듯 그 내용은 철저히 우리의 것이

60) 샤미센[三味線]으로 반주하는 의리나 인정을 주제로 한 이야기에 곡조를 붙여 노래하는 대중적인 창(唱)을 말한다. 당시 강석사들은 자신들의 속기 강담이 나니와부시와 함께 잡지에 게재되는 것에 대해 거부감을 가지고 있었다.

61) 池田浩士, 앞의 책, 117면.

62) 최초의 '사회강담'으로 평가되는 작품은 1930년 7월 『改造』에 발표된 「鑄掛松の話」이다. 같은 달 『日本一』은 '講談革命號'란 기획 아래 현역 작가들의 강담을 싣고 있다. 이 잡지의 권두에는 "文藝の民衆化と講談の革命"이란 문구가 삽입되어 있다. 요컨대 '근래 일본의 문예는 민중의 문예가 아닌 문예가의 문예'일 뿐으로, 예술의 민중화를 위해 강담을 '民衆文藝作興の足場'으로 삼아야 한다는 것이다. 三好行雄・竹盛天雄 編, 앞의 책, 209~210면.

63) 잡지를 통한 신강담의 생산은 이전 강석사들에게는 곧 생존권의 위기로 받아들여졌다. 따라서 강석사들은 자신들에 의해서 생산된 속기 강담의 잡지 게재를 거부하기도 하였다. 성인문, 『일본 근대문학사의 재인식』, 도서출판 영한, 2001, 351면.

었으며, 우리의 필요에 의해서 만들어낸 양식이었다. 조선의 전래 야담이 대중의 기호에 맞추어 당시의 세태를 보여주려고 했었다면, 당시의 야담운동은 대중을 계몽할 목적으로 역사적 사실에 바탕을 두고 재현되었다. 김진구의 말대로 당시의 야담운동은 '역사를 통한 민중교화운동'[64]의 차원에서 진행되었던 것이다.

따라서 당시 야담의 형식을 단순히 일본 신강담의 이식문학의 형태로 보아서는 곤란하다. 같은 지면의 2월 6일자 글에서 김진구는 야담의 유래가 원래 조선에 있는 것이었으되 단지 그 내용이 "虛誕孟浪한 非科學的이며 사실을 너무 無視"하고 있음을 비판한다. 하지만 "原始的 形態일 망정 있기는 있었든 것은 사실"이라고 지적하면서, "지금의 野談은 그때 그것의 進化的 現身이며 科學的 出現이라는 것이 가장 공평한 適評"[65]이라고 적고 있다. 즉, 형식이나 호칭은 일반 대중에게 가장 익숙한 '야담'을 선택하고 있지만, 내용만은 전혀 새로운 것이라는 주장이다.

당시 야담운동을 주도한 '조선야담사'도 전대(前代)와의 관계에 대한 고려보다는 '강담'이 '새로운' 양식임을 강조하고 있으며, 언론에서도 독자들에게 '야담'을 '새로 창설된 민중예술'로 소개하고 있다. 여기서 '새로움'이란 역사를 소재로 한 대중 강연이나 강의 형식인 강담을 지칭하는 것이라 할 수 있다. 물론 이후 야담운동 진행 중에는 「건드러진 기생(妓生)」, 「뜬 세상풍경(世上風景)」 등과 같이 단순히 청중의 흥미를 불러 일으킬만한 화소(話素)들이 등장하기도 하지만, 조선야담사 창립 초기에는 굵은 활자로 쓰인 "특권계급의 독점적 역사"가 아닌 그 이면에 숨겨진 "민중적 역사"에 대한 이야기임이 강조된다.

야담사 창립 후 제1회 공연 또한 "野談社 第一回 公演 역사뎍 야담만"이란 제목 하에 "조선에서 처음 뽑은 역사적 야담으로 '손문(孫文) 황흥(黃興)의 처음 악수(握手)'라는 야담과 기외 두어 가지 재미잇는 야담이

64) 김진구, 「野談出現必然性 5—우리 朝鮮의 客觀的情勢로 보아서」, 『동아일보』, 1928.2.6.
65) 위의 글.

잇스리라"[66]고 광고하며 '역사' 이야기임을 강조하고 있다. 하지만 '역사를 통한 민중계몽'이란 조선 야담사의 창립 취지는 일제 식민지하에서 쉽게 실현될 수 있는 것은 아니었다. 이 시기의 야담이 점차 계몽보다 흥미 위주의 이야기로 옮겨가는 이유는 이에 기인한다.

3) 역사를 통한 계몽의 기획과 통속성

야담의 대중성과 오락성은 야담 형식이 가지고 있는 양식적 특징과 청중들이 원하는 이야깃거리에 대한 수요와 공급이란 측면이 우선 고려될 수 있다. 하지만 야담운동 초기부터 시작된 일제의 감시와 압박 또한 야담이 통속화의 길로 들어선 주요 원인이었다.[67] '조선야담사'의 활동을 "사상에 관한 정보"로 취급 했던 일제는 지속적으로 야담운동에 대한 사찰을 시행하고 있음을 확인할 수 있는데, 야담의 내용 중 불온한 내용이 있다고 판단되는 경우에는 현장에서 연사(演士)를 구속하기도 하였다.

> 조선야담사(朝鮮野談社)의 순회 야담대가 지난 십삼사 량일간을 대구 조양회관(朝陽會館)에서 중외, 동아 량지국 후원으로 야담대회를 열엇는 바 십사일에 동대회를 마치고 헤어지라할 지음에 림석경관으로부터 연사이던 김성(金聲), 김익환(金翊煥) 량씨를 검속하엿는 바 야담 중 불온한 말이 잇섯다는 것이 원인이라더라.[68]

이러한 일제의 감시와 탄압, 그리고 여러 단체의 지원 아래 열릴 수

---

66) 「野談社 第一回 公演 역사뎍 야담만」, 『중외일보』, 1927.12.10.

67) 당시의 야담대회는 일제의 요시찰 대상이었다. 발송자 경성종로경찰서장, 수신자 경성지방법원 검사정으로 되어 있는 '조선야담사 제1회 야담회 개최의 건'이란 문서에는 집회 장소와 참석자들의 면면들, 그리고 그들의 동향 등이 자세히 드러나 있다. 조선야담사 창립 자체가 이미 일제의 요주의 대상이었던 셈이다. 이 문서는 '사상문제에 관한 조사 서류'로 분류되어 있다. 문서번호 「京鍾警高秘 第14087號」, 1927.12.12.

68) 「野談 講演 中 演士를 檢束」, 『동아일보』, 1928.9.16.

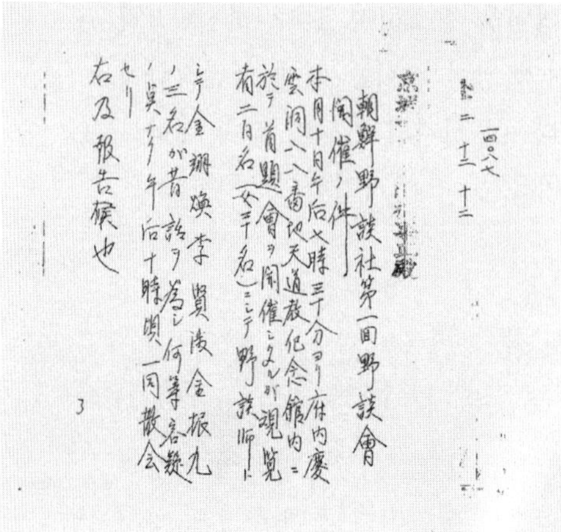

朝鮮野談社第一回野談會開催ノ件
本月十日午后七時三十分ヨリ府内慶雲洞八八番地天道教紀念館内ニ於テ首題會ヲ開催セルカ観覧者二百名（女子二十名）ニシテ野談師トシテ金振九 李貫漢 金翊煥ノ三名カ昔話ヲ為シ何等容疑ナク午后十時頃一同散会セリ
右及報告候也

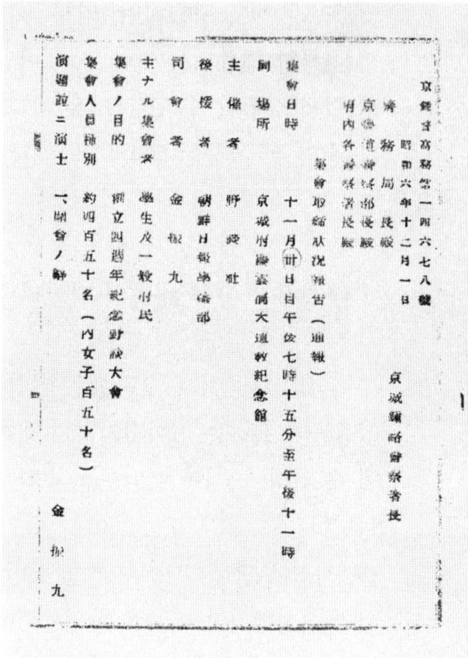

京鍾警高秘第一四六七八號
昭和六年十二月一日
京城鍾路警察署長
警務局長殿
京畿道警察部長殿
府内各警察署長殿
集會取締狀況報告（通報）
集會日時 十一月廿日自午後七時十五分至午後十一時
同場所 京城府慶雲洞天道教紀念館
主催者 野談社
後援者 朝鮮日報學藝部
司會者 金振九
主ナル集會者 學生及一般府民
集會ノ目的 創立四週年紀念野談大會
集會人員種別 約四百五十名（內女子百五十名）
演題並ニ演士 一、開會ノ辭 金振九

종로경고비(京鍾警高秘) 제14087호(왼쪽)와 종로경고비 제14678호(오른쪽). 일제하 종로경찰서의 야담대회에 대한 사찰문서. 경성 경운동 천도교 기념관에서 주최하는 야담대회에 대한 보고 내용이다. 김익환, 이현숙, 김진구 등의 이름이 보인다. 당시 일제는 야담 대회 진행 중에도 불온한 내용이라고 판단되는 경우에는 현장에서 연사를 구속하기도 하였다.

밖에 없었던 저간의 사정들로 말미암아 '조선야담사'의 처음 발기 의도는 일제 말로 접어들면서 점차 퇴색되고 만다. 이전에 학생과 대중들을 계몽할 목적으로 기획되었던 야담대회가, 일제 말엔 오히려 '황기이천륙백년(皇紀二千六百年) 기념야담대회(記念野談大會)'[69]처럼 일제의 지배를 정당화하는 대회로 변질되고 있는 것이다.

1927년 12월 10일 '경운동(慶雲洞) 천도교당(天道教堂)'에서 개최한 제1회 야담대회 이후, '신춘야담대회' 혹은 각 지역을 순회하며 순회강연의 형식으로 활발하게 야담대회가 진행되었다. 이러한 야담대회는 지방단체와 『동아일보』, 『조선일보』 등 신문 매체와의 적극적인 공조 체제 아

69) 「皇紀二千六百年 記念野談大會」, 『동이일보』, 1940.2.23.

래 이루어진다. 『동아일보』 1928년 1월 31일 3면에는 '조선야담사'가 주최하고 '동아일보 학예부'가 후원하는 '신춘야담대회(新春野談大會)' 광고가 다음과 같이 실려 있다.

> 오라! 들으라! 우리 조선에서 새로 창설된 민중예술(民衆藝術)=그리고 민중오락(民衆娛樂)인 신춘야담대회를 들으러 오라! 그리하야 우리는=정신에 극도로 굶주린 우리는 이것을 들음으로써 정신을 량식(糧食)을 구하라! 어드라! 동양풍운(東洋風雲)을 휩쓸어 닐으키든 혁명아(革命兒)들의 포연탄우(砲煙彈雨) 가운데서 장쾌한 활약을 하든 리면사(裏面史)의 사실담을 들으라! 뜻잇고 피끌는 만텬하의 청년들아! 반듯이 와서 들으라![70]

격정적이고 선동적인 문구로 가득 찬 위 광고는 1928년 1월 31일 『동아일보』 3면 한복판에 6단으로 처리되어 있다. 이후 2월 4일과 6일 같은 신문에 두 차례에 걸쳐 똑같은 크기로 광고가 나간다. 4일자 광고에는 구체적으로 각 야담의 연사(演士)인 이돈화(李敦化)·김진구(金振九) 등이 소개 되어 있다. 주목할 것은 야담대회가 열리는 2월 6일 당일의 신문보도이다. 이날은 3면 전체에 야담 관련 기사가 총 4개가 동시에 실려 있다. 우선 머리기사로 '조선에서 첫 시험인 신춘야담대회'가 장식하고 있고, 그 동안의 광고와 똑같은 편집의 광고가 굵은 활자로 '금일(今日)'이란 강조와 함께 3면 상단의 정중앙을 차지하고 있다. 바로 그 왼쪽에 '일매이인통용(一枚二人通用)'의 반액 할인권이 붙어 있으며,[71] 다시 그 왼쪽으로

---

70) 위의 문구 다음에 나와 있는 광고의 내용을 그대로 옮기면 다음과 같다. 野談題目 : 東洋風雲을 휩쓸든 東學亂 / 韓末豪傑大院君 / 李鴻章과伊藤博文 / 金玉均王國 時日 : 二月六日 下午七時(舊正月十五日日曜), 場所 : 慶雲洞 天道教 紀念館, 入場料 : 三十錢均一(讀者에 限하여 半額), 主催 : 朝鮮野談社, 後援 : 東亞日報 學藝部. 『동아일보』, 1928.1.31. 한편 '時日'에 나와 있는 '日曜'는 '月曜'의 오식(誤植)이다. 2월 4일과 6일 광고에는 수정되어 제대로 실려 있다.

71) 당시 야담대회는 청중들에게 '普通 八十錢', '學生 六十錢', 어떤 경우에는 '三十錢均一' 등의 형식으로 '입장료'나 '會費'를 받았다. 신문에 실린 야담대회 광고에는 예외

당일 야담대회의 『김옥균왕국(金玉均王國)』의 연사이기도 한 김진구의 「야담출현필연성(野談出現必然性)－우리 조선(朝鮮)의 객관적정세(客觀的情勢)로 보아서」란 글이 실려 있다.72)

당시의 야담대회는 '신춘야담대회(新春野談大會)'나 '하기야담대회(夏期野談大會)' 등 경성에서 열리는 야담대회와 개성·평양·해주·원산·강릉·춘천·논산·대구·부산 등 전국 각 지방 순회대회가 대종을 이룬다. 하지만 그 외에도 청년회나 부인회, 지방 여러 단체나 모임 등에서 연사를 초빙하여 초청 강연의 형식으로 대회가 개최되거나,73) 이른바 기획 강연이 개최되기도 한다.74) 이처럼 당시 야담대회는 일반 대중들로부터 인기 있는 오락물 중의 하나로 많은 호응을 받았다.75) 또한

없이 '讀者에 限하여 半額', '朝鮮日報讀者半額', '本報讀者는 特別優待' 등과 같은 문구가 삽입되어 있거나, 광고 옆에 '半額割引券' 등이 첨부되어 있다. 당시 신문사의 야담대회 후원은 이처럼 구독자를 확보하는 데에도 적극적으로 활용되었던 것으로 보인다.

72) 김진구, 「野談出現必然性－우리 朝鮮의 客觀的情勢로 보아서」, 『동아일보』, 1928.2.4·6.

73) 한편 『조선중앙일보』 1934년 2월 8일 2면에 "『라디오세계』 잡지 창간기념 야담대회"란 기사가 실려 있다. 『라디오세계』는 "조선에서 처음 발간되는" 라디오 잡지로 소개되어 있는데, 필자로서는 현재까지 그 소재를 확인할 수 없었다. 일제하 한국방송인 JODK에 대한 자료가 부족한 상황에서 『라디오세계』는 많은 단서를 제공할 수 있을 것으로 보인다. 이에 대한 발굴과 정리는 앞으로의 과제로 남겨 놓는다.

74) '長明學院同情 野談大會', '饑饉救濟 野談大會', '細窮民救濟 野談大會'와 같은 이벤트성 야담대회도 수시로 개최된다. '長明學院同情 野談大會'는 재정난에 빠진 수원의 장명학원을 살리기 위한 것이었는데, 장소와 연사까지 섭외되고 신문보도까지 나갔는데도 수원경찰서에서 대회를 금지하여 무산되고 말았다. 『동아일보』, 1929.4.23. '細窮民救濟 野談大會'에서는 윤백남이 연사로 나서 141원 60전의 수입을 올려 경비를 제한 나머지 수입으로 빈민들에게 음식을 제공하기도 하였다. 『동아일보』, 1935.1.31.

75) 당시 후원에 나섰던 신문들은 지방강연회 대부분이 "대성황"이었음을 알리는 기사를 사진과 함께 싣고 있다. 경성에서 열리는 야담대회의 평균 청중 수는 사백에서 오백 명에 달하였다. 당시 일제는 야담대회가 열릴 때마다 담당 경찰부서가 경무국장에게 그 정황을 상세히 보고하였다. 예컨대 1931년 11월 30일 '경성 천도교 기념관'에서 열린 야담대회에 대해 종로경찰서장이 경무국장에게 보낸 '集會取締狀況報告'란 문서에는 당시 야담대회의 주최자, 후원자, 사회자, 청중들의 성분, 연사와 야담내용, 청중들의 반응, 담당 경찰과 경찰 취재상황 등이 상세히 기록되어 있다. 당시 야담대회의 청중 수는 약 450명(여자 150명)으로 보고되어 있는데, 당시 야담에 대한 대중들의 관심을 짐작해 볼 수 있다. '集會取締狀況報告', 「京鍾警高秘 第14678號」, 1931.12.1.

조선에서 첫시험인 신춘야담대회
독자는 반액
안해의 종류
今日 新春野談大會
東亞日報社學藝部
野談出現必然性
野談大會半額券
BUTOSE
부루토-제
一身과 一家庭의 健康과 福利를 增進함에는
製繩機
藁打機
土地建物擔保金融
光成高等普通學校
開城公立商業學校
副業
가모느磨齒

1928년 야담대회 당일 신문보도. 3면 전체에 걸쳐 총 4개의 야담관련기사가 실려 있다. 정 중앙의 야담대회 광고 옆에 30전을 15전으로 할인해 준다는 '일매이인통용(一枚二人通用)'의 반액 할인권이 붙어 있다. 당시의 야담대회는 '조선야담사'와 매체와의 적극적인 공조 아래 이루어졌다(『동아일보』, 1928. 2. 6).

‘레코드’와 결합한 야담은 인기 있는 문화행사 중 하나이기도 했다.[76] 이렇듯 ‘민중예술과 민중오락으로서의 야담’이란 조선야담사의 기획은 대중들의 욕구와도 부합되는 것이었다. ‘역사’는 생산자의 입장에서는 대중들을 일깨우고 그들을 유인하는 데 가장 적합한 주제였으며, 일반 대중들에게는 오락으로서의 기능뿐 아니라 일종의 학습과 교양에 대한 욕구도 충족시켜 주었다.[77]

> 會館 落成 紀念事業의 第一着으로써 開催한 開城高麗靑年會 主催의 野談大會는 豫定과 가티 去卄五日 午後 九時부터 同會館 大講堂에서 朝鮮, 中外, 東亞 三支局 後援 下에 馬泰榮君의 開會로써 始作하야 ‘高麗偉人 金方慶先生’이란 題目으로 金益煥氏가, ‘金玉均先生의 最後’란 題目으로 金振九氏가, 각기 쾌활코 또는 悲壯한 論調로 모든 悲劇의 事實談을 如實하고 深刻하게 長時間 說破하야 滿場聽衆에게 만흔 感動을 주고 同 十日時 四十分頃 盛況裡에 無事 閉會하얏다더라.[78]

지방대회 낙성식에서 진행되는 야담대회에 조선·동아·중외 등 당대의 유력 일간지들이 모두 후원자의 역할을 담당하고, 거기에서 다루는 주제 또한 독자들의 관심을 유도할만한 역사적 인물에 초점이 맞추

76) 「朝鮮職業婦人協會의 野談과 레코드 콘서트」(『동아일보』, 1933.4.7), 「讀者慰安 野談音樂大會」(『조선중앙일보』, 1935.9.3), 「開城藥業組合主催 野談 名唱大會」(『조선중앙일보』, 1936.8.27) 등 가수들을 초청하여 야담과 함께 음악을 즐기는 일종의 문화행사의 성격을 지닌 것이었다. 『조선중앙일보』 대구지국 주최로 열린 ‘독자위안 야담음악대회’에는 당시 경성방송국 전속 야담가 경추강, 박인성과 ‘태평 레코-드축음긔회사’ 전속 예술가 강석연, ‘콜롬비아 레코-드축음긔회사’ 전속 작곡가 김준영 등이 출연하였다. 주최 측은 야담과 함께 가수 강석연의 “미묘하고 청아한 육성 그대로의 심연”을 들을 수 있는 절호의 기회임을 홍보하고 있다.

77) 당시 야담은 조선야담사가 의도한 민중계몽, 민중오락으로의 역할뿐 아니라, 구체적으로 특정 직원들의 교육을 위해 야담이 동원되기도 한다. 「開城店員修養 野談大會 盛況」, 『동아일보』, 1938.6.7.

78) 「紀念野談大會, 開城에서 盛況」, 『동아일보』, 1928.5.29.

어져 있음을 알 수 있다. 이상의 일련의 상황을 통해 당시 문단에 의해 발기된 야담운동과 그것의 구체적 실현인 야담대회는 문단과 언론매체가 합동하여 조직적으로 추동하였음을 확인할 수 있다.[79] 야담대회는 당대 주요 일간지들이 모두 후원에 참여하고, 지방의 '청년회'나 '야담동호회' 등이 적극적으로 동참하면서 성황리에 진행되었던 것이다.

한국문학사에서 야담은 세 번의 각기 다른 존립방식을 보여준다고 할 수 있다. 시기적으로 보면 18~19세기 『동패낙송(東稗洛誦)』, 『계서야담(溪西野談)』, 『삽교만록(雪橋漫錄)』, 『청구야담(青丘野談)』, 『동야휘집(東野彙輯)』 등에 실린 한문단편 형식의 야담이 맨 앞에 놓인다. 다음이 1910년대에서 20년대에 걸쳐 발간된 국한문혼용체의 야담집과 야담구연운동의 시기로 18~19세기 야담집에서 뽑은 야담들이 『청구야담(青丘野談)』, 『실사총담(實事蒽談)』, 『대동기문(大東奇聞)』, 『청구휘편(青丘彙編)』 등의 이름으로 조선서관에서 출간된다. 이들은 모두 현토체나 국한문혼용체의 형태로 출간된다.

1930년대에 이르면 이들 전래 야담집에 실린 상당수의 야담들은 『월간야담(月刊野談)』과 『야담(野談)』이라는 정기 간행물에 순한글체로 번역되어 실리고 있다. 하지만 전래 야담이 단순히 직역의 형태로 옮겨지지는 않는다. 거기에는 소설적 흥미가 강화되어 내용상 적극적인 개작을 통하여 새로운 사건을 삽입한다든지, 시간의 역전을 통한 플롯의 설정, 작중인물의 심리묘사가 강화되는 등의 모습을 보여준다. 또한 야담 제목 앞에 내용을 짐작할 수 있게 하는 '복수기담(復讎奇談)', '백제사담(百濟史譚)', '홍루사화(紅淚史話)', '왕궁비화(王宮秘話)', '염담(艶談)', '괴기사

---

79) '조선야담사'뿐 아니라 1935년 김동인이 창간한 잡지 『野談』도 신문 매체와의 공조 속에서 이른바 '野談講習會'란 명목으로 야담대회를 개최한다. "야담계의 거성 경추강(庚秋岡) 씨와 소설계의 위장 김동인(金東仁) 씨를 초청하야 개최하리라는데 본보인천지국에서는 이것을 후원하야 특히 본보독자에게는 하족료(下足料) 十錢을 면제하고 야담독자와 같이 二十錢을 받으리라 하며." 『동아일보』, 1936.5.30.

담(怪奇史談)', '거인군상(巨人群像)' 등의 분류를 통해 독자의 흥미를 고취시키기도 한다.

당시의 야담운동은 역사적 사실을 끌어와 대중의 흥미를 유도하고 이를 통해 대중을 계몽하고자 한 것이었다. 이른바 '역사를 통한 민중교화운동'이었던 셈인데, 이는 앞에서 살펴본 김진구의 진술처럼 일본 신강담의 형식을 차용한 것이었다. 이 시기 '강담'이란 용어가 매체를 통해 구체적인 작품으로 형상화되어 나타난 것은 1928년 8월에 발간된 『별건곤(別乾坤)』(제15호)에서 처음 발견된다. 최남선(崔南善)・송진우(宋鎭禹)・박희도(朴熙道)・김기전(金起田)・이돈화(李敦化) 등 당대의 명사들로 구성된 필자들이 이른바 '연작강담'의 형식으로 1929년 12월까지 연재한 「아츰」이 그것이다.[80] 연재되기 전 『별건곤(別乾坤)』의 편집자는 사고(社告)를 통해 이 작품을 다음과 같이 소개하고 있다.

> 小說以上・論文以上・讀物中의 讀物!!, 連作講談 아츰, 8月號부터 揭載 第一回 崔南善作. 天下萬人의 多大한 기대 중에 잇는 문제의 大讀物 名士 諸氏의 連作 大講談은 이제 8월호부터 揭載되게 되엿다. 그들은 과연 무슨 사건을 捉來하야 무엇을 제시하랴 하는가. 作者가 作者요 讀物이 讀物인 만큼 아모도 등한히 지나처 버리지 못할 것임을 미리 斷言한다. 創作家아닌 이의 創作 小說家 아닌 이의 小說에 점에서 이 강담은 興味無窮한 것이요 執筆者가 각 방면의 責任잇는 명사인 점에서 의미 또한 深長한 것이다. 우선 六堂 崔南善氏의 제1회 발단에 엇던 인물이 上場되고 무슨 사건이 전개될는지.[81]

---

80) 조동일은 『아츰』을 '흥미와 주제가 겉도는' 실패한 역사소설로 평가하고 있다. 하지만 편집자가 밝히고 있듯이 이 작품은 '역사소설'로 기획된 것이 아니라, 처음부터 '강담'으로 구상된 것이었다. 한편 조동일은 『아츰』의 서지사항을 1928년 8월부터 1931년 12월까지 연재된 것으로 밝히고 있지만, 실제 『아츰』은 1928년 8월에서 1929년 12월까지 총 7회에 걸쳐 단속적(斷續的)으로 연재되었다. 조동일, 『한국문학통사』 5권, 지식산업사, 1994, 308~309면 참조.

81) 『別乾坤』, 1928.7, 55면. 연작강담의 형식이지만 몇 달씩 건너뛰기도 하여 독자들이 줄거리를 따라가기 쉽지 않았을 것으로 보인다. 그런 까닭에 호가 바뀔 때마다 이전까

연작강담은 위의 5인 외에도 안재홍(安在鴻) · 정대현(鄭大鉉) 등이 필진으로 가담한다. 그때그때 줄거리 상황에 맞추어 쓴 최근 '릴레이 소설'의 형식[82]이었던 셈이다. 한 작가의 전체적인 기획이 아닌 이런 형식은 글을 쓸 시점의 시의적 성격을 반영하기가 용이하다는 장점이 있다. 하지만 작품의 연속성에는 문제점을 드러낼 수밖에 없으며, 세밀한 묘사는 생략된 채 주로 단문의 줄거리 중심으로 사건을 진행시킬 수밖에 없는 한계 또한 존재한다. 편집자는 우선 당대의 명사들로 필진을 구성함으로써 작품의 공신력을 높이려 한 것으로 짐작해 볼 수 있다. 그러나 역사에 대한 식견이 곧 작품의 함량을 결정지을 수 있는 것은 아니다.

> 그는 金可之라 하야 蔚山의 西生浦에서 자라난 청년이니 그 先祖는 고려 말년에 崔都統의 幕下에서 征明軍의 參謀가 되어 先陣으로 鴨綠江을 건넛다가 李侍中의 위화도회군으로 인하야 崔都統을 尖頭로 한 大震男兒 大陸雄飛의

지의 줄거리를 요약해서 보여주고 이야기를 시작하고 있다. 『아츰』은 총 7회에 걸쳐 연재되지만 결국 미완으로 끝나고 만다. 7회까지의 필자와 소제목들을 살펴보면 다음과 같다. 1회 : 崔南善, 「大陸의 꿈」(15호, 1928.8). 2회 : 宋鎭禹, 「怪常한 山家」(16 · 17합본호, 1928.12). 3회 : 李敦化, 「寂寞山中의 兩雄」(18호, 1929.1). 4회 : 朴熙道, 「女眞國의 征明動員令」(19호, 1929.2). 5회 : 金紀田, 「노라치의 病死와 太宗의 橫暴」(20호, 1929.4). 6회 : 安在鴻, 「悲痛한 脫走」(21호, 1929.6). 7회 : 鄭大鉉, 「痛快한 꿈」(24호, 1929.12) 대강의 줄거리는 다음과 같다. "김가지(金可之)라는 청년이 영웅의 기상을 품고 방랑하다가 이충무공 유손에게 비장한 '西北對地圖'를 얻는다. 그는 이 비밀지도로 광해군 때 평양감사 박엽(朴燁)과 함께 북중국 공략을 꾀하지만, 광해군이 폐위되는 바람에 뜻을 이루지 못한다. 이후 그는 여진의 장수가 되어 명나라 정벌에 나섰으나 노라치의 갑작스런 죽음으로 진퇴양난에 빠지게 된다. 꿈에 이징옥(李澄玉)을 만나 조선으로 진격하여 당쟁을 일삼는 양반을 일소하고 예전 고구려 같은 대국을 세우려 하지만 깨어보니 '일장의 꿈'이요, 可之는 '以後에 果然 엇더한 길을 또 取할가?'로 마무리 지으며 다음호를 기약하지만 더 이상 연재되지 않는다.

82) 1993년 5월 '신시한 문학정신과 김규티 통신의 문학적 강점의 행복한 결합'을 모토로 개설된 하이텔 문학관은 복거일 · 주인석 · 한수산 · 이순원 · 박상우 · 이상문 · 윤대녕 · 이승우 · 성석제 · 김인수 · 구효서로 이어지는 '릴레이 소설'을 연재하기도 하였다. 인터넷을 통한 새로운 문학적 환경의 창출은 이러한 저명 작가들 뿐 아니라, 독자들 간의 릴레이 소설 창작 붐으로 이어지기도 하였다.

銳氣가 참혹히도 꺽겨버리매 崔都統과 한가지 金石山上에 올라가서 몸에 잇는 물이란 물은 모다 눈으로 쥐여짜서 遼東 칠백 里를 눈물로나 정복하겟다 하고 방울방울 뿌린 뒤에 터지는 가슴을 겨오 뷔여잡고 開京으로 돌아왓다가 崔都統이 寃死까지 하야 王씨의 조정이 更無可奈何에 빠짐을 보고는 에라 이왕이면 李씨의 그늘밧게 다른 세계를 개척하리라 하야 470년 간 不平의 熱壓이 鬱積潛流하는 新羅遺民을 陳頭에 내세워서 一大新民運動을 일으키리라 하고 恭愍王의 下世를 機會로 新羅興復의 旗ㅅ발을 慶州城頭에 세웟다가 不幸히 敗倒된 일대의 快男兒 金旭이니 이러케 義라는 불에 끌어 올으기 잘하는 彈力 만흔 피가 祖父에게서 孫子 아비에게서 자식에게로 흘러나리다가 임진란에도 民國保衛에 出色한 활동을 하는 인물이 그 중으로서 輩出하고 더욱 金人虎라는 一血氣 청년가티 丁酉年 島山 싸홈에 加藤淸正을 살오잡겟다 하야 單身으로 敵陣에 들어갓다가 들켜서 잡혀 죽은 壯烈한 일도 잇섯다. 可之는 실상이 人虎의 유일한 遺子로 피가 피인데 그 아버지의 일을 생각하고는 차차 마음을 기르고 가슴을 틔워서 우리의 손으로 세계를 한번 뒤흔들어 볼 經論을 세우기에 ○○을 바앗섯다. 내야말로 과거의 역사에 짝이 업고 미래의 역사에도 나 혼자리라는 生民以來의 偉傑이 된다고 제가 저더러 豪語하고 지내기를 밤낫 하로와 가티 하얏섯다.[83)]

"~하고, ~하야"로 이어지는 위의 인용은 주인공의 이력과 행적을 작가의 설명으로 온전히 채우고 있는 장면이다. '전(傳)'의 기술 방법 중 설명적 서사 방법은 필수적이며, 이는 과거 사실을 설명하고 시간적 압축을 시도하는 데 가장 적절한 방법이기 때문인 것으로 볼 수 있다. 당시 우리의 강담은 이렇듯 이전의 '전(傳)'의 서술 방법을 차용하면서, 일본식 강담의 역사 주해의 방법을 덧붙인 것이었다. 하지만 위 '연속강담'의 경우 훈계조의 설명이 많아 일반 야담보다도 서사성이 현저히 떨어지고 흥

83) 「連作講談－아츰, 第1回 大陸의 꿈」, 『別乾坤』, 1928.8, 18~19면.

미도 반감될 수밖에 없었다. 처음 편집진의 야심찬 기획 의도와는 다르게 연재 중에 중단할 수밖에 없었던 것도 결국 이러한 사정과 무관하지 않으리라 짐작할 수 있다.[84] 잡지를 통한 연작강담의 기획은 중단되고 말았지만 '조선야담사'를 중심으로 한 야담운동은 이후에도 활발하게 진행된다.[85] 염상섭은 당시 강담의 의의를 다음과 같이 평가한다.

> 講談이라는 形式을 輸入하는 것은 文壇的 現象으로는 逆轉이요 退嬰이요 墮落이지만 文藝의 初步的 民衆化라는 點으로 보아서는 社會的 進出이요 文藝의 民衆에의 滲透를 促進할 것이니 (…중략…) 이러한 努力으로 말미아마 高級한 文藝를 民衆이 理解 消化식힐 素地 素養을 만든다는 意味로 歡迎한다는 말이다.[86]

즉, 강담이라는 형식 자체는 일본 것이지만 그것을 채운 내용은 우리 것이라는 전제 속에, 그것이 대중적 오락물로써 '고급한 문예'의 기준에서 볼 때는 타락이지만 계몽과 교화의 측면에서는 수용해야 한다는 것이다.[87] 이때 염상섭이 말하는 '고급한 문예'란 소설 양식을 가리키는

---

84) 「아츰」의 경우 당시 명사들에 의한 집필로 이루어 진 것인데 반해, 실제 구술의 형식을 녹취하여 연재한 경우도 있었다. 『別乾坤』 1932년 1월에서 1933년 2월까지 총 13회에 걸쳐 연재되었던, 月明山人(述), 金奎澤(畵)의 이른바 '장편강담', 「滄海力士」가 그것이다. 단군조선 이래 기자조선의 역사를 군담을 중심으로 풀어놓은 것이다. 넓은 시공간의 설정, 많은 대화의 삽입, 다양한 인물들의 등장, 진시황과 불사초에 얽힌 이야기 등 「아츰」보다는 훨씬 더 야담적인 요소가 두드러진 작품으로 이 작품 역시 미완이다.

85) '조선야담사' 창립 이후 약 1년 동안 동사(同社)가 주최한 야담대회는 다섯 차례에 걸쳐 이루어졌다. 김진구, 「野談運動의 1年 回顧」, 『조선일보』, 1928.12.16. 이후 당시 야담대회의 횟수를 기록한 공식적인 문건은 확인할 수 없었다. 가능한 방법으로 '조선야담사' 창립 이후 1940년까지 각 신문에 실린 야담대회 개최 관련 기사들을 검토해보면, 경성과 지방 순회대회 · 각종 초청대회 · 기획 야담대회를 모두 포함하여 약 200여 회에 이른다. 평균 한 달에 한 번 이상 야담대회가 개최된 셈이다.

86) 염상섭, 「講談의 完成과 文壇的 意義」, 『朝鮮之光』, 1929.1, 117면.

87) 비슷한 시기 일본에서도 문예 대중화를 통한 민중 계몽의 차원에서 '강담'이 활용될 수 있음을 논의하고 있다(『戰旗』, 1928.1). 노동조합의 지도자조차 『강담구락부』에 열광하고, 이른바 고급 문학이 대중에게 아무런 중요성을 갖지 못하는 현실에서, 프롤레

것이었다. 결국 야담은, 외래 장르인 일본 '신강담(新講談)'과 근대문학의 주류 장르인 소설과의 관련 속에서 담론화되었던 것이다. 이처럼 당대의 야담은 일종의 역사의 대중화를 위한 계몽 수단으로써 주창된 측면과 더불어, 당대 민중예술·민중오락으로 선전되기도 했으며, 이러한 인식은 1930년대 역사의 문예화 논의와 함께 나타나기 시작한 역사소설의 맥락과 함께 위치한다.

일본의 '신강담' 양식은 실록→강담→속기강담→신강담으로 이어지면서 단순히 역사 기록을 구연하는 것이 아니라 작가의 창작이 개입하여 역사소설 양식의 단초를 마련하였다고 평가된다.[88] 이에 비해 1920년대 후반에서 1930년대에 이르는 조선의 '야담운동'은 일본의 신강담과 마찬가지로 역사 차용의 방식을 취하고 있지만, '잡지'와 같은 매체를 통해 운동이 전개되는 것이 아니라 주로 대중 강연의 형식으로 이루어지고 있다. 이후 구연 양식이었던 야담이 활자로 정착되고 『월간야담(月刊野談)』과 『야담(野談)』 등 야담 전문 잡지가 출판되는 것은 1930년대 중반에 이르러서이다.[89]

타리아 대중문학의 문제 역시 먼저 형식상의 대중성으로부터 시작되어야 한다는 것이다. 林房雄, 조진기 편역, 「프롤레타리아 대중문학의 문제」, 『일본 프롤레타리아 문학론』, 태학사, 1994, 403~412면. 그러나 이러한 주장이 일본 프로문학 진영의 공식적 입장으로 채택되지는 못 했다. 오히려 "(강담과 같은) 그러한 형식을 차용하여 그것으로 새로운 내용을 담으려고 하는 경우 반드시 내용은 형식이 갖고 있는 나쁜 작용으로 영향을 받게 되어 내용의 혁명적 의지가 왜곡되는 결과를 야기한다"고 주장하면서, "과거의 형식이 곧바로 우리의 형식으로 되는 것은 절대로 있을 수 없다"고 단언한다(『戰旗』, 1930.7). 일본 프롤레타리아 작가동맹 중앙위원회, 「예술 대중화에 대한 결의」, 『일본 프롤레타리아 문학론』, 태학사, 1994, 456면.

88) 眞鍋元之는 일본의 '신강담'이 작가에 의한 창작이었음에 주목하면서, 실록→강담→속기강담→신강담으로 이어지는 민중의 문예가 이후 이른바 역사소설로 나아가는 데 중요한 역할을 담당하였다고 평가하고 있다. 三好行雄·竹盛天雄 編, 앞의 책, 208면.

89) 일본 신강담 운동이 당시 조선 야담사에 의해 진행되었던 야담부흥운동에 영향을 미쳤음은 앞에서 지적하였다. 하지만 그 전개 양상은 서로 다르다. 일본의 신강담 운동이 강담 전문잡지에서 촉발되어 종합지로 옮겨 갔음에 반해, 조선의 야담운동은 『한빛』, 『別乾坤』 등 종합지에서 산발적으로 소개되던 야담 관련 글들이, 강연의 방식을 거치면서 야담 전문잡지로 정착된다.

이 시기는 한국 근대문학사에서 역사소설이 가장 활발히 창작되었던 때이기도 하다. 곧 1935년을 전후한 시기 역사를 대중화하는 문예 형식이라는 측면에서 야담과 역사소설은 공통된 지평 속에 놓이게 되는 것이다. 이들은 민중의 계몽이라는 사회적 요구와 문예의 대중화라는 문단의 구호를 소화시키면서 일제의 탄압과 검열을 피할 수 있는 적절한 문학 장르로 급속히 번성하기 시작한 것이다. 당대 야담이 내세웠던 '역사를 통해 민중을 계몽한다'는 명분과 함께 좀 더 많은 민중을 끌어들이기 위한 수단으로써 동원된 오락적이고 통속적인 요소는, 1920년대 당대 문단뿐만 아니라 이후의 문학사나 연구사에서 역사소설을 바라보는 이중적 관점 속에 지속된 것이다.

3. '민중적' 역사의 복원과 계몽의 욕망

1) 1920년대 문단 지형과 매체의 발간

3·1운동 이후 일제는 이른바 문화정치를 통한 일련의 유화정책을 실시하면서 민족운동의 분열과 개량화를 기도하였다. 따라서 '무단통치'에서 '문화정치'적 통치로 바뀐 이후 조선에는 민족 자본의 신문이 생기고 잡지의 창간이 폭발적으로 늘어나게 된다. 총독부 관제의 개편, 헌병경찰 제도의 폐지와 더불어 민간신문과 잡지의 간행이 허용되면서 『조선일보』(1920.3)와 『동아일보』(1920.4) 등의 일간지가 창간되고, 『창조(創造)』(1919.2), 『폐허(廢墟)』(1920.7), 『장미촌(薔薇村)』(1921.5), 『백조(白潮)』(1922.1), 『금성(金星)』(1923.11), 『영대(靈臺)』(1924.8) 등 동인지가 속속 발간되면서 이들이 일제하 주요한 작품 활동 방식으로 자리 잡게 된다.[90)]

하지만 1920년대 동인지 문단은 하나의 작은 문학 장(場)으로서 폐쇄적인 성향을 고수했다. 이러한 폐쇄성은 당대의 윤리, 사상계와의 충돌 과정에서 예술의 독자성을 고집함으로써 상징적인 독립성을 얻을 수 있었다. 하지만 그러한 폐쇄적인 성격 때문에 소수의 제한된 집단 형태의 수준을 벗어나지 못했으며, 동인지에 실린 작품 또한 대개는 동인들 간의 윤독물(輪讀物) 수준에 머물 수밖에 없었다. 또한 비슷한 시기 『조선일보』, 『동아일보』를 비롯하여 『개벽』과 『조선문단』 등이 창간되면서 '공공영역'의 상대적 결손이 해소됨에 따라 동인지의 사회적 기능과 위상이 상대적으로 축소될 수밖에 없었다.

한편 이 시기에 대중적인 종합잡지로 등장한 『개벽(開闢)』(1920.6)은 현상문예제도를 도입하여 신인을 발굴하였으며,[91] 『조선문단』(1924.10)과 같은 문학 종합지는 추천 제도를 통해 신인을 발굴하여 문학 활동기반을 확대시키는 데에 크게 기여하였다. 특히 『개벽』은 당시 "조선 유일의 사상 잡지"[92]로서 기능하며 '조선 민중의 잡지'를 표방한다.

---

90) 한국문학사에서 동인지가 가지는 의미는 첨언이 불필요하나 결국 일반 대중과의 소통이나 사회의 지배적 담론 형성에 있어서는 제한적일 수밖에 없었다. 본 연구가 사회적, 역사적, 제도적인 여러 조건 아래 놓인 담론의 실천과 수용, 내러티브의 창조에 주목하면서 이른바 대중지에 관심을 집중하는 이유가 여기에 있다. 1920년대 동인지 문단이 가지는 의의와 한계에 대해서는 김철, 「1920년대 동인지 문학의 전개와 그 역사적 성격」, 『잠 없는 시대의 꿈』, 문학과지성사, 1989; 김춘식, 『미적근대성과 동인지 문단』, 소명출판, 2003; 차혜영, 『한국 근대문학제도와 소설양식의 형성』, 역락, 2004 참조.

91) 대개의 경우 1920년대 문학사 서술의 중심은 동인지 문학에 집중되어 있다. 하지만 1920년대 우리 문학사에는 동인지 문학만 있었던 것이 아니다. 『개벽』, 『공제』, 『신생활』 등 종합지에도 수많은 문학 작품들이 산재해 있으며, 『어린이』, 『신여성』 등 특정 대상을 지향한 잡지들 또한 문학을 전파하는 매체로써 우리 문학사의 소중한 자산이라 할 수 있다. 최수일의 「1920년대 문학과 『개벽』의 위상」, 성균관대 박사논문, 2002; 이경돈, 「『別乾坤』과 근대취미독물」, 『대동문화연구』 46집, 성균관대 대동문화연구원, 2004.6; 김수진, 「1920~30년대 신여성 담론과 상징의 구성」, 서울대 박사논문, 2005; 이기철, 「한국 잡지 게재 문학의 문화사적 성격 연구」, 『어문학』 87집, 한국어문학회, 2005. 이상과 같은 최근의 논의가 이러한 문제의식의 산물이라 할 수 있다. 지금까지 상대적으로 소외되었던 이들 잡지와 작품들에 대한 다각적인 접근을 통해 우리 문학의 의미망을 넓힐 수 있을 것이다.

92) 김진구, 「開闢社의 첫 印象」, 『別乾坤』, 1930.7, 18면.

> 開闢雜誌가 이미 朝鮮民衆의 雜誌이오. 1個人 1團體의 所屬物이 안인 以上은 民衆의 向上이 곳 이 開闢의 向上이오. 이 雜誌의 努力이 곳 民衆의 努力인지라 民衆과 한가지로 興廢存亡을 決하야 民衆의 精神으로 精神를 삼으며 民衆의 心으로 心을 삼을 것 밧게 업슴을 斷言하는 것이 그 하나이며 開闢雜誌의 主義는 開闢이라 하는 '열임'이 이곳 그 主義가 되는 것이니 物質을 열며 精神을 열며 過去을 열며 現在를 열며 未來를 열며 乃至 萬有의 正路를 열어 나아감이 그 主義인지라. 그럼으로 開闢은 어대까지든지 現象을 否認하고 現象 以上의 新現象을 發見하야 新進의 正路를 開拓함이 그 둘이며 開闢의 事業에는 스스로 嚴正한 批判을 要하는 것이라 不偏不黨 公正嚴明한 考察로 邪을 破하고 正을 顯하야 社會를 整頓하며 新運動을 助長하야 正見과 正思, 正言, 正立의 道를 振興함이 그 셋이며 開闢은 具體的으로 社會運動 農村啓發運動 等의 正面에 立하야 스스로 新社會 建設의 全責任을 負擔함이 그 넷이라.[93]

『개벽』은 핵심 주체가 천도교의 조직과 이념에 뿌리를 두고 있었다. 그러나 『개벽』을 천도교를 배경으로 한 종교 잡지라고 볼 수는 없다. 잡지 발간의 주체들은 원칙적으로 종교적 색채를 배제했으며, '조선 민중의 잡지'임을 표방하면서 방법론상 민중 계도적인 '문화운동'의 형태를 취했다. 구체적으로 신사회(新社會) 건설을 위한 사회운동과 농촌계발운동의 책임을 스스로에게 부여하며 평등주의에 입각한 사회개조와 민족문화의 창달을 표방하였던 것이다. 이러한 방법론은 일제에 대한 투쟁을 효과적으로 수행하기 위한 하나의 방법론이 될 수 있었다.

이 때문에 『개벽』은 창간호에서부터 가혹한 탄압을 받을 수밖에 없었다.[94] 1920년 6월 25일에 발행된 창간호와 이틀 후인 27일에 발행된

---

93) 「권두언」, 『개벽』, 1923.7, 3면.

94) 한편 최수일은 『개벽』에 대한 탄압의 와중에도 일제와 개벽사간의 모종의 타협의 가능성을 제기하고 있다. 그 근거로 당시 대부분의 성인 대상 잡지는 출판법의 적용을 받고 있었으나 『개벽』의 경우 예외적으로 '신문지법'의 적용을 받았다는 사실을 들고 있다. 당시 언론 통제의 근거였던 '신문지법'과 '출판법'의 경우 다소 차이가 있었는데,

호외(號外) 역시 모두 일제 당국에 의해 압수되어, 부득이 사흘 후인 30일에 다시 임시호를 발행하였다. 『개벽』지는 발행기간 중 발매금지(압수) 33회 이상, 정간 1회, 벌금 1회의 수난을 겪다가, 결국 1926년 8월, 72호를 끝으로 강제 폐간되고 만다.[95] 『조선일보』, 『동아일보』, 『매일신보』 등이 『개벽』의 폐간조치에 대한 항의 기사를 연일 싣고, 천도교 청년당과 관서기자단(關西記者團)을 비롯한 각종 단체가 일제의 언론 탄압에 강경히 항의하였으나 끝내 소생하지 못하였다

『개벽』의 폐간은 단순히 잡지사의 노선 때문만은 아니었다. 1926년 순종 서거 이후 6·10만세운동과 함께 일련의 사회주의 운동 단체들의 등장으로 정치 활동에 대한 감시가 심화되고 출판물에 대한 통제 검열 활동이 더욱 강화된 데에서도 그 원인을 찾을 수 있다. 따라서 총독부의 사회주의 운동 탄압과 출판에 대한 검열 강화를 통해 조선어 잡지는 대중지로 전환하거나 대중지를 표방하게 된다.[96] 한편 1929년의 공황은 대중들의 서적 구매 능력을 더욱 약화시키고, 원자재 가격 상승으로 출판 사업을 더욱 어렵게 만들었다.

신문지법의 경우 신문·잡지 발행에 앞서 관할 관청에 2부를 납부하도록 규정하여 사전원고 검열은 받지 않았다. 그러나 출판법은 문서나 도서를 출판할 때 저작자나 그 상속자가 발행자와 함께 날인하여 지방장관을 경유하고 내무대신에게 허가를 신청하도록 되어 있었다. 개벽사로서는 잡지 성격상 출판법의 테두리 안에서는 뜻을 펴기 힘들었을 것이고, 일제는 기왕에 문화정치를 표방한 이상 생색을 내기 위해서라도 신문지법에 의한 잡지 출간을 허용해야 했을 것이라는 것이다. 최수일, 「1920년대 문학과 『開闢』의 위상」, 성균관대 박사논문, 2002, 13~19면 참조.

95) 김근수, 『한국잡지사 연구』, 한국학연구소, 1992, 91~113면 참조.

96) 1920년 창간된 『개벽』을 시발로 하여 독자대중의 확대를 목표로 하는 종합잡지들이 꾸준히 창간되었다. 하지만 총독부의 통제정책으로 말미암아 실질적으로 충실하게 발행된 잡지는 많지 않았다. 1920년대에 비교적 오랫동안 발간된 종합잡지는 『개벽』, 『조선지광』, 『신여성』 그리고 『어린이』 정도였다. 1926년 『개벽』 폐간 후에는 『조선지광』, 『현대평론』, 『별건곤』, 『삼천리』, 『조광』 정도가 비교적 그 명맥을 이어가며, 대부분의 잡지들은 창간과 동시에 폐간되는 '삼호잡지(三號雜誌)'들이었다. 이 시기 발간된 대중잡지나 여성잡지라고 해서 단지 오락성만을 겨냥한 것이라고는 볼 수 없다. 당시 잡지 출간인들은 잡지를 문명개화론의 시각에서 대중을 계몽하는 도구로 보았다. 김수진, 「1920~30년대 신여성 담론과 상징의 구성」, 서울대 박사논문, 2005, 124~128면 참조.

이러한 제 조건들로 인해 1920년대 말에서 1930년대로 넘어오게 되면 일본어 출판물 득세의 심화가 더욱 두드러졌다.[97] 정치와 역사관련 서적이 크게 늘어난 반면 아동 독물과 사상 부문의 서적이 차지하는 비중이 줄어들었다. 『개조(改造)』와 『중앙공론(中央公論)』 등 일본 잡지 매출은 크게 증가한 반면, 1920년대 들어 꾸준히 증가하던 아동 독물을 비롯한 동화·동요의 출판도 질 좋은 일본어 출판물 위력에 압도되어 그 성장이 감소했다. 결국 1930년대 중반까지는 국내 자본보다는 일본이 출판물에 대한 의존도가 심화되는 시기이기도 하다.

2) 『별건곤』의 창간과 양식적 실험

『개벽』을 발간하던 '개벽사(開闢社)'에서는 폐간된 『개벽』 대신, 수위를 조절하여 '취미잡지'를 표방한 『별건곤(別乾坤)』을 창간하였다.[98] 『별건곤(別乾坤)』은 1926년 11월에 창간하여 1934년 8월까지 통권 74호가

97) 한편 외적인 통제의 영향과 함께 이 시기 일본어 출판에 대한 수요가 증가하는 것은 근대 지식과 사상 및 신문화에 대한 조선 식자층의 욕구가 반영된 것이기도 하다. 김수진, 위의 글, 134~140면; 방효순, 「일제시대 민간 서적발행활동의 구조적 특성에 관한 연구」, 이화여대 박사논문, 2001, 26~39면 참조.

98) 이경돈은 『別乾坤』의 창간 의의를 '계몽의 서사가 기울었음'을 징후적으로 보여주고 있다는 점과 '취미의 영역에서 小說 外 敍事가 하위제도로서 안착되는 과정'을 보여주고 있다는 점을 들고 있다. 여기서 그가 말하는 '小說 外 敍事'란 문학과 소설에 의해 배제된 서사라는 의미로 사용된다. 각종의 經驗談과 偵探記(르포), 對話와 諷刺, 哀話와 實話, 史話와 野談, 手記와 寓話, 奇談과 怪談, 漫談과 閑談 등이 이에 해당한다. 하지만 안과 밖의 구분을 의미하는 '小說 外 敍事'란 용어는 오히려 그 둘의 관련성을 규명하는 데 혼란을 초래할 수 있으며 서사의 다양한 변주를 해명하는데 오해의 소지가 있다. 따라서 본고에서는 '단형서사(短形敍事)'란 용어를 사용하도록 한다. 김영민은 근대계몽기의 이른바 '敍事的 論說'과 '論說的 敍事'를 통칭하여 '단형서사'란 용어를 사용하고 있는데, 본고에서는 이들을 포함하여 記, 話, 談 등을 포함한 좀더 폭넓은 의미로 사용한다. 김영민, 「근대계몽기 단형서사문학 자료 연구」, 『현대소설 연구』 17집, 한국현대소설학회, 2002; 이경돈, 「『別乾坤』과 近代趣味讀物」, 『대동문화연구』 46집, 성균관대 대동문화연구원, 2004.6 참조.

출간된 잡지이다. 이 잡지는 원래 무산대중이 싼 값으로 사서 볼 수 있는 교양과 재미를 함께 가진 잡지로 기획되었다.

> 우리는 벌써 一年이나 전부터 趣味와 科學을 가추인 雜誌 한아를 經營하여 보자고 하엿섯다 (…중략…) 趣味라고 無責任한 讀物만을 느러놋는다든지 혹은 放蕩한 娛樂物만을 記事로 쓴다든지－등 卑劣한 情緖를 助長해서는 안이될 뿐만안이라 그러한 趣味는 할수 잇는대로 撲滅케하기 위해서 우리는 이 趣味雜誌를 시작하엿다.[99)]

『개벽』의 민중 노선이 방법론상 주로 민중 계도적인 '문화운동'의 형태를 취했다면, 『별건곤(別乾坤)』은 건전한 '취미(趣味)・실익잡지(實益雜誌)'를 표방한다. 여기서 '취미'란 '방탕한 오락물'이나 '비열한 정서'를 박멸하기 위한 도구이며, '실익'은 그를 통해 기대할 수 있는 독자의 교양과 민중 계몽의 성취이다. 『별건곤(別乾坤)』이란 제호(題號)에서도 알 수 있듯이, 『별건곤(別乾坤)』은 굴절된 모습이긴 하지만 『개벽』이 추구하던 민중운동의 또 다른 실천 방법일 수 있었다. 이는 야담이 건전한 오락으로써 민중을 교화한다는 취지와 부합되는 것이기도 하다.

따라서 초기 『별건곤(別乾坤)』이 지향한 취미는 저급한 오락거리가 아닌 역사와 문학, 무용과 음악, 박물관, 동물원, 활동사진, 극장 등 당대 첨단의 근대적 취미와 교양에 맞추어져 있었다. 이는 『별건곤(別乾坤)』이 지향한 '취미'의 최초 취지가 고급의 취미와 교양을 일반 민중들이 쉽게 향유할 수 있도록 한다는 의미라고 할 수 있다.[100)] 따라서 그 내용 또한 단순히 흥밋거리를 위한 것이었다기보다는 계몽을 위해 동원되었던 것이었다고 할 수 있다.

---

99) 「餘言」, 『別乾坤』, 1926.11, 153면.

100) 이경돈, 「『別乾坤』과 近代趣味讀物」, 『대동문화연구』 46집, 성균관대 대동문화연구원, 2004.6, 256면.

그 중에서도 『별건곤(別乾坤)』은 사론(史論)·사화(史話)와 같은 역사물에 많은 비중을 두고, 따로 야담 혹은 강담란을 두어 상당한 지면을 할애하고 있다. 특히 '조선야담사'의 창립과 더불어 이른바 야담부흥운동이 본격화된 때이던 1927년을 경과하면서 한 호당 4~5편을 상회하는 양적 증가를 보인다. 이는 민중 계몽의 수단으로 역사가 효과적으로 동원될 수 있음을 보여주는 것이다. 정사(正史)나 야사(野史), 혹은 야담 등 과거 역사에 대한 호출은 공동체의 구성원들에게 강력한 귀속성의 느낌과 사고를 부여하는 집단적 기억[101]을 갖게 했으며, 그것은 곧 『개벽』에서 『별건곤(別乾坤)』으로 이어지는 민중운동의 기본적인 토양이기도 했다.[102]

지속적으로 생산되고 소비되는 많은 역사담론들은 매체를 통해 아직 뚜렷한 하나의 문학적 양식으로 자리 잡지는 못했다. 예컨대 『별건곤(別乾坤)』에 등장하는 애화(哀話)와 실화(實話), 사화(史話)와 야담(野談), 수기(手記)와 우화(寓話), 기담(奇談)과 괴담(怪談), 만담(漫談)과 한담(閑談) 등 다양한 양식적 명칭은 임의로 부여된 것일 뿐 뚜렷한 양식 개념에 입각하여 부여된 명칭이라고 할 수 없다. 동일한 내용이더라도 편집자의 편의에 따라 어떤 경우에는 '야담(野談)'으로 표기되기도 하고 또 다른 호에서는 '사화(史話)'로 표기되기도 하며, 인물의 전기(傳記)를 서술하면서 '논설(論說)'로 표기되기도 하는 것이다. 각 호마다 실린 기사의 내용 혹은

101) M. Halbwachs, translated by L. Coser, *On Collective Memory*, University of Chicago Press, 1992, p.224.

102) 한편 한기형은 『개벽』 폐간 후 창간된 『別乾坤』은 '『개벽』의 진보적 사회운동으로부터 완벽하게 이탈하였으며, 『개벽』이 주도했던 사회주의 선전활동은 『조선지광』으로 넘어갔다'고 지적한다. 하지만 '진보적 사회운동'으로부터의 절연이 곧 계몽에 대한 포기로 해석되어서는 곤란하다. 『別乾坤』이 사회주의 이념으로부터 이탈한 것은 분명한 사실이지만, 다른 한편으로 '역사'를 통한 민중계몽의 시도들은 지속적으로 이어진다. 한기형, 「식민지 검열체제와 사회주의 관련 잡지의 정치 역학-『개벽』과 『조선지광』의 역사적 위상 분석과 관련하여」, "식민지시기 검열과 한국문화" 자료집, 동국대 한국문화연구단 연례 학술회의, 2005.11.26 참조.

형식에 따라 제목을 붙이기도 하고, 나름의 양식명을 표기하고도 있지만 그것이 뚜렷한 원칙에 의해 분류되었거나 호명되었다고는 볼 수 없다.

예컨대 1926년 11월 『별건곤(別乾坤)』 창간호는 창작(創作), 취미론(趣味論), 수필(隨筆)·상화(想華)·풍자(諷刺), 인물방문(人物訪問)과 회견(會見), 과학소설(科學小說)·전기(傳記), 상식(常識)과 잡조(雜俎) 등 크게 여섯 항목으로 나뉘어 있다. 이 중 문학 관련 항목은 창작(創作), 수필(隨筆)·상화(想華)·풍자(諷刺), 과학소설(科學小說)·전기(傳記) 등 세 항목이라 할 수 있다. 이 중 '창작(創作)'란에는 소설 두 편(이기영의 「박선생(朴先生)」, 박영희의 「철야(徹夜)」)과 시 한 편(이상화의 시 「지구흑점(地球黑點)의 노래」), 고시조 여섯 편 등, 시와 소설을 배치하였고, '수필(隨筆)·상화(想華)·풍자(諷刺)'란에는 팔봉의 「신추잡감(新秋雜感)」, 정진태의 「양행중잡관잡감(洋行中雜觀雜感)」의 수필과 웻딩테블生의 「자유결혼식장순례기(自由結婚式場巡禮記)」와 같은 풍자 형식의 글, 그리고 실존인물에 대한 회고 형식의 「김옥균 선생(金玉均 先生)의 배노리」 등이 실려 있다. 한편 '과학소설(科學小說)과 전기(傳記)'를 묶어 '창작'이나 수필류와는 따로 구분하여 싣고 있다. 당시 주로 야사(野史)를 바탕으로 한 저술을 주로 하였던 차상찬의 「만고정충(萬古精忠) 임경업장군(林慶業將軍)」이 '전기(傳記)'로 분류되어 있으며, 영국작가 웰스(Herbert George Wells, 1866~1946)의 『타임머신』(1895)을 '세계적(世界的) 명작(名作) 팔십만년(八十萬年) 후(後)의 사회(社會), 현대인(現代人)의 미래사회(未來社會)를 려행(旅行)하는 과학적(科學的) 대발견(大發見)'이란 설명과 함께 「팔십만년(八十萬年) 후(後)의 사회(社會)」라는 제목으로 번역하여 싣고 있다.

이상에서 확인할 수 있는 사실은 수필과 잡문들을 따로 분류하고, 국내 작가들의 시와 소설은 '창작'으로, 같은 창작이라도 외국작가의 작품과 '전기(傳記)'는 따로 구분하여 싣고 있다는 것이다. 하지만 이러한 구분과 양식에 대한 인식이 언제나 뚜렷한 원칙하에 이루어진 것은 아니다. 예컨대 웰스의 「팔십만년(八十萬年) 후(後)의 사회(社會)」도 '창작'이나

'번역소설'이 아닌 '과학소설'[103]이란 양식 표기가 되어 있는데, 다음호인 1926년 12월호에는 '소설·영화·시'의 분류 항목에 포함되어 실린다.[104] 연재되고 있는 같은 작품일 경우에도 호마다 분류목이 달라지는 것이다.

따라서 이러한 양식 표기는 특정 양식에 대한 인식에 기반한 것이라기보다는 독자의 흥미를 유발시키기 위한 편집자의 전략적 선택이라고 할 수 있다. 요컨대 이들이 밝힌 양식의 의미가 지금 우리가 사용하는 양식의 의미와 동일한 것이라고 볼 수 없으며, 또한 그들이 표기한 특정한 양식 속에 들어있는 글이 형식상 통일되어 있는 것도 아니다.

『별건곤(別乾坤)』의 발행인이기도 하였던 차상찬은 김진구와 함께 『별건곤(別乾坤)』의 단골 필자 중 하나였다. 차상찬은 거의 매호 본명과 자신의 호 '청오(靑吾)'를 필명으로 글을 싣고 있는데, 어떤 경우에는 한 호에 서로 다른 필명으로 2~3개의 글을 동시에 싣기도 하였다.[105] 예

103) 서양에서 과학소설은 19세기 중반 이후에 비로소 독자적 위치를 차지하는데, 무엇보다도 쥘 베른느(Jules Verne)와 웰스(H. G. Wells)의 소설 덕택이다. 하지만 이 장르의 실제적 형성은 1920년대에 비로소 이루어졌다. 과학소설의 개념과 장르 형성에 관해서는 대중문학연구회 편, 『과학소설이란 무엇인가』, 국학자료원, 2000 참조.

104) 두 번째 연재의 말미에는 아직 미완임을 밝히며 "점점 신기한 발견과 무서운 광경과 자미잇는 이야기는 다음으로부터 진경으로 드러간다. 이러한 취미 만흔 사건의 발단은 다음호라야 볼 수 잇다"(『別乾坤』, 1926.12, 136면)로 마무리된다. 하지만 이후 아무런 설명 없이 연재가 중단되고 만다. 중단의 원인은 다음의 세 가지로 유추해볼 수 있다. 첫째, 당시 과학이 미래에 대한 상상력 보다는 초월적 세계관을 인과적으로 해명하는데 보다 큰 관심을 가졌었다는 사실, 둘째 과학 교육의 부재로 인한 취미 수준으로 전락한 과학적 풍토, 셋째, 진화론의 결과 나타날 약육강식의 암울한 미래사회가 사회주의의 왜곡된 이미지를 심어 줄 수 있다는 사실이다. 이는 곧 당시 우리 사회 사회주의의 급속한 팽창과 상충되면서, 결코 소통될 수 없는 미래에 대한 전망으로 간주되었을 것이다. 송명진, 「1920년대 과학소설 수용 양상 연구」, 『대중서사연구』 10호, 대중서사학회, 2003 참조.

105) 이러한 현상은 이 시기 잡지들이 필자란을 해결하는 유용한 방식 중의 하나였다. 『別乾坤』 뿐 아니라 다른 잡지의 경우에도 이런 모습을 자주 발견할 수 있다. 뒤에서 살펴볼 『三千里』 발행인 김동환의 경우도 마찬가지이다.

컨대 1929년 6월 '남아이십미평국(男兒二十未平國) 후세유칭대장부(後世有稱大丈夫)'란 캐치프레이즈 아래 발간된 『별건곤청춘호(別乾坤青春號)』에서 '동서위인청춘시대(東西偉人青春時代)'란에 본명으로 「청년대장(青年大將)으로 만주(滿洲)를 드리친 남이장군(南怡將軍)」을, 청오생(青吾生)이란 필명으로 「신흥국(新興國)의 청년건국활동기(青年建國活動記)」를, 청오(青吾)란 필명으로 「천중가절(天中佳節) 단오(端午)이약이」, 「독김유신전유감(讀金庾信傳有感)」 등 총 4편의 글을 싣고 있다.

문제는 동일한 성격의 글이 양식 표기 없이 따로 분류되거나 혹은 다른 양식 표기로 발표된다는 것이다. 이러한 현상이 표면적으로는 한 호에 여러 글을 발표하는 필자의 신분을 감추기 위해서인 것처럼 보이지만, 더 근본적으로는 편집자가 양식에 대한 뚜렷한 의식이 없었음을 반증하는 것이라 할 수 있다.

예컨대 「청년대장(青年大將)으로 만주(滿洲)를 드리친 남이장군(南怡將軍)」이나 토이기(土耳其, 터키)의 초대 대통령 케말 파샤(Mustafa Kemal)를 다룬 「신흥국(新興國)의 청년건국활동기(青年建國活動記)」는 서로 다른 분류목으로 분류되어 있으며, 특별한 양식명이 표기되어 있지 않다. 하지만 두 글 모두 역사적인 배경을 토대로 실제 인물의 활약상을 그리고 있는 사화(史話)에 속한다고 할 수 있다. 또한 역사적인 사실 뿐 아니라 흥미를 유발시키기 위한 야담류의 서술 방식을 취하고 있다는 것도 두 글의 공통점이다.

> 장군은 幼時부터 귀신을 보는 재조가 또 잇섯는데 한 번은 엇던 여자가 음식을 니고 가는데 鬼女가 안저 가는 것을 보고 쪼차 간즉 그 여자가 엇던 宰相의 집으로 드러가더니 과연 그 집 처녀가 그가저온 乾柿를 먹고 急死하엿슴으로 장군은 그것이 귀신의 탈로 알고 구하니 그 宰相은 곳 權攬이엿다. 인하야 權氏는 그를 사우로 삼엇섯다.[106]

天成의 군인으로서 한 번 전선에 나오면 變幻出沒의 神奇無雙한 전술을 발휘하야 여하한 강적이라도 반듯이 승리를 하얏다 (…중략…) 엔벨은 此等不平黨에 대하야 폭력으로 그 신체에 重石을 매여 뽀스레스海에 침몰식히기까지 하야 제2의 아부다루하밋드라는 칭호를 드럿다. 전쟁이 이러나면 제일 위험지대－必死難免의 방면으로 派送하얏다. 그러나 용감 무적한 그는 언제이나 기민하게 싸워서 死를 면하얏다. 엇던 때에는 너무도 비분한 까닭에 적탄이 雨下하는 중에 身을 暴露하야 死를 決한 事도 잇섯스나 그는 이상하게도 죽지 안엇다.[107]

이러한 모습은 결국 당시 편집자들의 양식에 대한 혼란 때문이라기보다는 양식에 대한 인식 자체가 부재했기 때문으로 보인다. 즉, 편집자들의 관심은 양식 자체보다는 어떠한 표기가 보다 더 독자들의 관심을 유발할 수 있는가에 있었다고 할 수 있다. 따라서 비슷한 성격의 글이라도 그때그때 필요에 따라 서로 다른 양식명이 부여된 것이다. 또한 당시의 "원고난 · 경영난 · 검열난 등 이른바 삼란(三亂)"[108]에 시달릴 수밖에 없었던 잡지 발간의 여러 정황을 미루어볼 때 잡지 편집에 일관된 원칙을 지켜나가기란 쉽지 않았을 것이다. 실제로 연재되던 글이 아무런 설명 없이 중단되기도 하며, '미완(未完)' 혹은 '차호속(次號續)'이란 설명 뒤에도 다음 호에 실리지 않거나 몇 호 지난 후에 다시 연재되기도 한다.

이러한 상황 속에서 각각의 양식 난을 고정하고 글을 싣기란 사실 불가능했으며, 따라서 편집자의 자의적인 판단에 따라 그때그때 양식명이 표기되거나 혼용되고 있는 것이다. 양식명이 혼용되고 있다는 진술은, 하나의 글이 편집자에 의해 무엇으로 표기되든지 간에 각 양식 간의 분류가 불가능할 만큼 차용과 삼투, 그로 인한 다양한 변개가 이루어지고

106) 「青年大將으로 滿洲를 드리친 南怡將軍」, 『別乾坤』, 1929.6, 16면.
107) 「新興國의 青年建國活動記」, 『別乾坤』, 1929.6, 81면.
108) 「편집후기」, 『三千里』, 1929.6, 50면.

있음을 말하는 것이며,[109] 양식 간 전환과 교섭의 과정에서 하나의 양식적 개념으로 수렴되기 어렵다는 사실을 뜻한다. 하지만 일관되지 않은 양식 표기 자체가 이들 다양한 단형서사들의 문학사적 가치를 절하할 수는 없다.

예컨대 『별건곤(別乾坤)』의 발행인 겸 대표 필자였던 차상찬의 글만 살펴보더라도 유사한 성격의 글들이 사화(史話), 열전(列傳), 전기(傳記), 비화(秘話), 실록(實錄), 비사(秘史), 이면사(裏面史), 애화(哀話), 회고(回顧) 등 다양한 양식명으로 표기[110]되고 있음을 확인할 수 있다. 하지만 실제 내용은 역사적 사실의 기록 형태인 '실록'이 '사화 · 비사'와 겹치고, '비화 · 비사 · 이면사'의 경우도 뚜렷한 구분 없이 혼용된다. '애화'는 말 그대로 '야담' 성격의 글을 내용에 맞춰 표기한 것일 뿐이다. 이렇듯 다양한 양식명의 표기와 분류는 부여된 명칭의 한계를 벗어나 다양한 변개와 삼투의 모습을 보여준다. 변개와 삼투, 차용의 과정 중에서도 이들 사이에 하나의 공통점을 찾는다면 많은 경우 역사를 소재로 하고 있다는 것이다.

『별건곤(別乾坤)』에 등장하는 '사화(史話)'는 역사 기술 방법 중 하나인 '전(傳)'의 양식이 주를 이룬다. 초기에는 주로 근대적 인물을 다루었다가 점차 과거의 위인들이 주인공으로 등장하게 된다. 이때 근대적 인물

---

109) 필립 르죈은 하나의 문학 장르란 "상당수의 변별적 특성들이 다양하고 복합적인 양태로 결합된 총체"라고 정의한다. 따라서 그 특성을 파악하기 위해서는 "우선 주어진 어느 한 시대의 일반적 독서체계 속에서 공시적으로 이해해야 하며, 또한 그것들을 다양하게 계층화할 수 있는 수많은 요인들을 서로 분리시키면서 분석적으로 이해해야한다"고 말한다. Philippe Lejeune, 윤진 역, 『자서전의 규약』, 문학과지성사, 1998.

110) 그 중 대표적인 사례를 들면 다음과 같다. 「史話－李适元帥의 甲子反亂記」(1927.3), 「歷代陰險人物討罪錄－殺主魅 · 害賢鬼 反覆無雙의 奸魁 鄭道傳」(1927.8), 「歷代叛逆者列傳－綠林豪傑 林巨丁」(1928.7), 「神出鬼沒 東學亂中의 秘話」(1928.8), 「三尺長釖으로 五百年 大業 李太祖 建國 實錄」(1929.4), 「仁祖反正의 裏面史」(1930.5), 「羅末怪傑 泰封王 弓裔 秘史」(1930.6), 「端午哀話, 魚腹에 파뭇친 美人 · 忠臣」(1931.7), 「東洋史上 風雲 만튼 日淸戰爭의 回顧」(1931.7), 「薩水大戰記 朝鮮 最初의 大戰爭」(1932.12), 「노래에 나타난 情話, 琉璃王과 黃鳥歌」(1933.4) 등.

들을 다룰 때는 주로 회고나 자서전, 번역을 통해 소개되지만 과거의 위인들을 다룰 때는 주로 열전의 형식을 고수하고 있다. 이러한 사실은 이 시기까지도 역사의 강박이 적지 않았음을 보여주는 것이다. 아직 역사적 사실(史實)은 허구라는 자질과 관계를 맺기 어려웠던 것이다. 이는 또한 대중 독자들 역시도 역사를 소비하는 가장 익숙한 방식은 '전(傳)'의 양식이었음을 보여주는 것이기도 하다.

3) 역사담물의 기획과 대중적 소비

과거의 위인을 다룰 때는 여전히 '전(傳)'의 양식이 대세를 이루었지만, 차츰 전대(前代) 혹은 가까운 시대 실존했던 사후의 인물들을 대상으로 하는 경우에는 가상 인터뷰나 방문기, 토론회 등을 통해 사실과 허구가 공존할 수 있는 균열을 만들기 시작한다.[111] 이른바 「드면록(錄)」의 경우가 역사적 사실 자체를 재구성하려는 시도의 대표적인 사례라 할 수 있다. 「드면록(錄)」이란, 과거의 역사를 "만약에 그 당시 그렇게 하지 않았더라면, 혹은 했더라면" 식의 가정 속에 재구성한 글이다.[112]

---

111) 『別乾坤』 1927.3 : 「玄黃堂에서 金玉均 地下國訪問記, 現代 朝鮮青年에게 與하노라」; 張志淵 · 柳瑾 · 李鍾一, 地下國訪問記, 「우리가 본 現下 言論界」; 鄭生 謹記 地下國訪問記, 「正音을 創製하신 世宗大王께옵서」; 康眞海隅에서 茶山 丁若鏞 地下國訪問記, 「經濟困難에 울고 잇는 同胞에게」; 四溟堂 任休靜 地下國訪問記, 「墮落하여 가는 現代 僧侶들에게」; 莊陵忠臣壇에서 朴堧 地下國訪問記, 「現代 男女音樂家에게 與하노라」; 먹적골 許生 地下國訪問記, 「所謂 富 所謂 貧者 諸君에게」; 矗石樓下에서 論介 地下國訪問記, 「現代의 娼妓娼婦에게 與하노라」

『別乾坤』 1927.8 : 鶴步 歷代陰險人物討罪錄, 「事大主義와 依賴思想의 張本人 所謂 海東朱子 宋時烈」; 車青吾 歷代陰險人物討罪錄, 「殺主魅 · 害賢鬼 反覆無雙의 奸魁 鄭道傳」; 事實珍談, 「死刑 못해서 國祿을 주어」; 趙奎洙 歷代陰險人物討罪錄, 「朝鮮의 士禍를 츠음으로 이르킨 大凶孼 · 大奸物 柳子光」

『別乾坤』 1928.12 : 金振九 「孫逸仙과 袁世凱의 地下 面談記,(=黃泉探訪記에서)」

『別乾坤』 1932.6 : 熊超 崔英淑地下訪問記, 「冥府行列車를 追격하면서」 등.

112) 『別乾坤』의 편집자처럼 「드면록」이라 이름을 붙이지는 않았지만, 『三千里』와 『朝光』

「드면록(錄)」은 지난 과거를 당대의 관점에서 바라본다는 점에서, 당대 역사의식의 한 단면을 엿볼 수 있게 한다. 소재는 과거를 대상으로 하고 있지만 결국 그것이 쓰이는 시기의 문제성을 반영할 수밖에 없기 때문이다. 또한 이러한 형식은 지난 과거에 대해 비판적 성찰을 가능하게 한다는 점에서 중요한 의미를 갖는다. 『별건곤(別乾坤)』 1927년 7월호(제2권 5호)에는 「드면록(錄)!! 그때에 이리햇드면 지금(只今) 조선(朝鮮)은 엇지 되엿슬가」라는 표제 아래 모두 5편의 「드면록(錄)」이 실려 있다.[113)]

新內閣은 銳意로 政綱을 實施하야 내치에 비상한 성적을 擧하는 동시에 외교에도 허다한 功業을 세웟다. 西으로 明國과 攻守同盟을 체결하고 東으로 일본과 수호조약을 정하야 四境 晏如한 가운데 문화가 날로 향상 되엿다. 그리고 율곡은 海州 石潭에 退臥하야 遐齡으로 令終하고 國葬의 예를 賜 하얏다. 아차 그럿케 하얏더면 그럴뻔 하얏다.[114)]

세상사람이 다 알든 임경업장군 한 사람이라도 당시 仁祖가 평소부터 倍位하야 상당한 지위와 책임을 맷기엿드면 南漢의 치욕이 엄슬 것은 물론이고 胡騎가 감히 압록의 水를 近치도 못할 것이요 一步를 進하야는 淸兵의 大本營인 瀋陽城이 조선군에게 대소탕을 당하고 淸太宗의 머리가 임장군의 *頭驚魂이 되야 明國도 의연히 그 사직을 보전하게 되엿슬지도 모를 것이다. 이것은 다만 紙上에 空論이 안이라 임장군의 항상 계획하든 雄圖에 의하야 족히 추측할 것이다.[115)]

에서도 가상 설정을 통해 과거의 역사를 재구성하려는 여러 시도들이 발견된다. 『三千里』의 경우에는 이러한 설정을 활용한 단순히 흥미를 유발하기 위한 기사들도 많이 발견된다. 『三千里』: 「돈 十萬圓이 있다면」, 「내가 다시 태어난다면」, 1929.7; 「大聖이 오늘 朝鮮에 태어난다면」, 1932.12; 「世界的 思想家, 文豪 招請案」, 1935.12; 「내가 轍環天下 한다면 어느 인물을 보고 올까」, 1936.2; 「國史上人物로 現時局에 가저오고 싶은 사람」, 『朝光』, 1941.12 등.

113) 「드면록」, 『別乾坤』, 1927.7, 2~25면.

114) 洪承耇, 「壬辰倭亂 當年에 萬若 栗谷이 생존하엿느던」, 『別乾坤』, 1927.7, 8면.

이러게 하얏스면 일본의 維新事業을 지도하야 동양의 협조력을 어드랴는 영국의 외교관게가 조선에 먼저 매저젓거나 佛國에 壓頭되엇슬는지도 모르며 또 일본의 유신사업이 어떠한 변천이 잇섯슬 것도 알수 업고 일본의 유신이 그대로 되엇다 할지라도 동양의 中耳를 혼자 잡을 기초는 잽히지 못햇슬 것이다.[116]

東學軍이 만약 성공을 하얏드면 그 후의 조선이 엇더케 되얏슬가. 정치적 기지만반의 훈련이 부족한 그들로서 만약 성공을 하얏다 해도 직접 행정의 실권은 못 가저슬 것이다. 그들의 성공을 기회로 하야 당시 계화당 金玉均 徐載弼 등이 要路에 당해 가지고 동학군을 이용하야 民廢政廢를 혁신하고 一大 신국가를 조직하얏슬넌지 모른다. 일본의 유신과 가티 문호를 大開하고 외국문명을 수입하얏슬넌지 모른다.그리고 일청 전쟁도 안이러나슬 넌지도 모른다. (양국간 숙원이 잇스 동학군의 紹介 안이면 라도 하기는 하겟지만) 따라서 日露戰爭도 미리 방지가 되얏슬넌지 모른다. 생각하니 모든 것이 동학군 실패의 탓인감이 잇다.[117]

金玉均一派의 三日天下가 성공만 햇드면 일본의 明治維新처럼 歐米의 물질문명을 수입해다가 우리의 독특하고 우수한 국민성과 조화해서 미려하고 장쾌한 일종 순진문명국을 건설햇슬 것이오. 딸아서 西 중국 東 일본과 北 露人을 공교히 조종하야 동양의 평화라는 문제도 그때 즉 40년 전에 벌서 해결해 버렷슬 것이다. 可嘆![118]

「드면록(錄)」을 기획하면서 편집자가 필자들에게 요구한 것은 "다소 희곡적으로 취미적으로의 설명 업는" 형식[119]이었다. 어차피 이미 지나

115) 車相瓚, 「丙子胡亂때에 林慶業將軍을 信任하얏드면」, 위의 책, 11면.
116) 趙奎洙, 「大院君이 만약 外人排斥을 안햇드면」, 위의 책, 17면.
117) 朴達成, 「最初의 民衆運動을 니르킨 東學黨이 政治的訓練만 잇섯드면」, 위의 책, 22면.
118) 金振九, 「金玉均先生의 三日天下가 成功햇드면」, 위의 책, 22면.
119) 洪承耇, 앞의 글; 『別乾坤』, 1927.7, 4면.

간, 현재로서는 확정된 역사이므로, 구차한 설명이나 논설조의 이야기보다는 대중의 흥미를 유발할 수 있는 문학적 형상화에 초점을 맞추어 달라는 요청인 것이다. 나아가 가상의 역사를 현재의 관점에서 재구성함으로써 "先人의 非를 指하는 동시에 後人에게 주는 큰 교훈이요 銘鑑"을 얻고자 하였던 것이다.

「드면록(錄)」이란 결국 가상으로 설정된 공간에서 실존했던 역사적 인물과의 만남을 주선함으로써 실제와 허구가 서로 착종되고 변개되어 새로운 역사 이야기를 산출해내는 양식이라 할 수 있을 것이다.[120] 하지만 가상의 공간에서 지어낸 허구의 이야기라고 해서 「드면록(錄)」과 같은 역사담물의 생산이 단순히 흥밋거리로만 치부되어서는 안 될 것이다. 이러한 기획이 "마치 수백년된 塚中枯骨을 보고 무슨 약을 먹엇스면 죽지 안엇스리라는 것과 가튼 감이 잇"기도 하지만, 그것은 곧 "他山의 石"[121]을 삼기 위한 것이었다.

결국 이러한 역사담물의 기획은 낯익은 역사를 낯설게 하고, 과거에 있었던 중요한 사건을 현재의 역사와 다르게 가정하고 재구성함으로써 개인의 의식뿐 아니라 민족의식을 재구성할 수 있도록 하였다. 이러한 모습은 곧 취미독물이 계몽독물과 만나는 지점이기도 하다.[122] 역사에

---

120) 공임순은 터너에 기대어 역사소설 양식을 기록적·가장적·창안적 역사소설로 분류하면서(Joseph W. Turner, *The Kinds of Historical Novel*, Blatinore and London : The Johns Hopkins Press, 1971), 여기에 '환상적 역사소설' 양식을 추가하고 있다. 신채호의 『꿈하늘』, 최인훈의 『태풍』, 복거일의 『역사 속의 나그네』·『비명을 찾아서』, 이문열의 『황제를 위하여』, 이인화의 『영원한 제국』 등이 여기에 속한다. 그에 의하면 '환상적 역사소설'은 공적 역사에 대한 메타적 인식을 수반하게 되며, 대안적 리얼리티를 투사하는 이차 세계의 창조를 통해 일차 세계(현실)를 비판적으로 바라볼 수 있도록 하는 양식이다. '환상적 역사소설'의 중요한 구성방식 중의 하나는 「드면록」과 마찬가지로 시간, 공간, 기억을 통과하게 해주는 시간여행이나 꿈을 배치하는 것이다. '환상적 역사소설'의 이러한 양식적 특징은 일차 세계에 의해 가려지고 은폐된 현실 법칙을 보여주려는 작가의 의도가 작용한 것이라 할 수 있다. 본격적인 소설에 이르지는 못했지만 「드면록」의 기획은 이른바 '환상적 역사소설'의 형성과 같은 맥락에서 논의될 수 있을 것이다. 공임순, 「한국 근대 역사소설의 장르론적 연구」, 서강대 박사논문, 2000, 123~151면 참조.

121) 車相瓚, 앞의 글, 11면.

대한 대중들의 관심과 더불어 시도된 이러한 양식적 실험은 이후 역사소설 양식의 정립에 중요한 단서를 제공한다.

『별건곤(別乾坤)』에서 발견되는 양식에 관한 인식의 미비함이나 양식 표기 원칙의 부재는 비단 문학관련 글들에만 국한되는 것이 아니다. 예컨대 『별건곤(別乾坤)』 창간호의 '취미론' 안에는 「빈취미증만성(貧趣味症慢性)의 조선인(朝鮮人)」(벽타(碧朶))과 「대우주(大宇宙)와 취미(趣味)」(야뢰(夜雷)) 두 편의 글이 실려 있다.

> 무미건조한 생활을 실허하고 윤기잇는 취미 생활을 요구함은 이 보통 사람의 심리이다. 그러고 보면 생활한다는 것만이 생활이 아니고 위안과 취미가 附屬된 생활이라야 의의 잇는 생활이라 하겟다. 아마 이 세상 만흔 사람은 물질적, 目前的 취미 생활을 요구하는 것인 것은 감출 수 업는 사실이 아니냐. 그러면 우리들의 살림은 과연 엇더한가. 이와 가튼 인간성에 만족을 엇고 잇는가 (…중략…) 이 점에서 민중적 취미 인쇄물이 얼마나 우리의 생활을 윤택케 하고 원기나게 하고 광명잇게 하고 희망잇게 하는 가치를 가지고 잇는 것인가를 잘 알 것이다. 나는 이번 나온 이 취미 잡지가 貧趣味症慢性에 걸린 조선인에게 起死回春의 良劑되기를 바라고 붓을 놋는다.[123]

> 인간은 취미이다. 취미에서 모든 고상한 창조력이 나오는 것이다. 요컨대 대우주의 존재는 보는데 따라 一種 취미의 표현으로 볼 수 잇다. 大鵬이 공중에서 노는 것이나 이치가 현실로 나타나는 것이다. 無名이 有名으로 되야지는 것이다. 모두가 일종의 취미로 볼 수 잇다.[124]

---

122) 이경돈, 「『別乾坤』과 近代趣味讀物」, 『대동문화연구』 46집, 성균관대 대동문화연구원, 2004.6, 282면.

123) 碧朶, 「貧趣味症慢性의 朝鮮人」, 『別乾坤』, 1926.11, 57~61면.

124) 夜雷, 「大宇宙와 趣味」, 앞의 책, 63면.

이 두 편의 글은[125] 내용상 편집자의 의도가 강하게 반영된 '취미'의 중요성을 강조하는 '논설'에 속하는 글이다. 인간 본성으로서의 취미를 누릴 여건을 결여하고 있는 조선 민중의 현실을 비판하고, 그 대안으로서 새로운 취미의 대상으로 '민중적 읽을거리'를 주창하고 있다. '무미건조한 생활'을 벗어나 '위안과 취미가 부속된 생활'을 통해서야 우리의 생활에 희망이 있으며, 취미는 곧 모든 창조력의 근원이라는 것이다. 하지만 여기서 편집자는 '논설'이란 양식 표기 대신, 독자들이 쉽게 글의 내용을 짐작할 수 있도록 '취미론'으로 분류하고 있다. 사실 '취미론'은 양식명이라 할 수 없다. 또한 이 시기 잡지들에 실린 논설에 언제나 '논설'이란 양식표기가 발견되는 것도 아니다.

그렇다면 양식 표기를 따로 하지 않고, 논설의 제목과는 별도로 편집자가 논설의 내용을 유추할 수 있는 제목을 달아 전체 목차에서 따로 분류하는 것은 무슨 이유에서일까. 그것은 아마도 『별건곤(別乾坤)』이 '취미·실익잡지'를 표방하고 있고 그 창간호인 만큼 '취미'의 내용을 독자에게 강조하고자 하는 의도로 풀이할 수 있다. 여기서 주목할 것은 어떠한 양식명이 표기되어 있으며, 실제 그 내용과 얼마나 부합되는가라는 사실보다는, 그때그때 편집자의 판단에 의해 철저하게 독자를 의식하며 선택적으로 표기되었다는 점이다.

독자를 의식했다는 진술은 곧 대중성과 계몽성의 획득을 목적으로 했다는 사실을 의미한다. 이때 대중성을 확보하고, 그를 통해 계몽의 목적을 달성하기 위한 가장 좋은 소재가 역사이다. '역사'를 통해 독자들의 흥미를 자극하고, 역사를 소재로 한 여러 담론들을 통해 '과거에 대한 교육적 정보의 기능'을 수행하면서 계몽의 도구로 활용되는 것이다.

---

125) 두 글 모두 논설로 분류될 수 있지만, 엄밀하게 말하면 碧朶의 「貧趣味症慢性의 朝鮮人」은 논설에 더 가깝고, 夜雷의 「大宇宙와 趣味」는 서사가 보다 강화되어 있다. 夜雷의 글은 인물이 등장하여 대화로 이야기를 끌고 나가고 논평하는 방식으로 전개되고 있다.

『별건곤(別乾坤)』 1928년 5월(제2권 3호) '조선 자랑호'의 경우를 보면 기사의 절반 이상이 사화와 야담, 역사 관련 서술로 채워져 있다. 하지만 일제 식민지하에서 '조선 자랑호'의 기획은 사실 위험부담을 가질 수밖에 없었으며 결국 발행이 늦춰지다가 통권 제12・13호의 합본호로 빛을 보게 된다. 특집호의 기획 의도와 함께 저간의 사정을 권두언에서는 다음과 같이 밝히고 있다.

> 우리가 이때까지 측면으로 우리의 短點만을 적발해 온 대신 한번쯤은 우리의 美點을 들추어내고 우리의 長處를 집어내여 스스로 길러가질 바를 알고 스스로 조흔 바를 간직하게 하는 동시에 넘어 까부러지기만 하는 心情에 조흔 의미의 自尊, 自負의 心을 니르켜 보는 것도 전혀 無意義한 일이 안일까 하야 이에 朝鮮 자랑號를 짜으려 한 것입니다. 그러나 우리로서 이런 문제를 끌어낸다는 것은 우리의 處地로 보아 無謀의 짓임도 아조 모른 것은 아니엿습니다. 그래 과연 응당 자랑할 것도 자랑하지 못한 것은 물론이요 그만큼은 자랑해도 관게업스려니 한 것까지 檢閱의 際에 削除를 당하야 원래 계획보다는 왕청 틀리는 이것을 두달 석달 만에야 難産 大難産으로 이러케 讀者諸君의 압헤 나오게 된 것임을 깁히 諒解하시고 이 자랑빠진 자랑號를 애독하여 주시기를 그윽히 一言으로 仰告하나이다.[126]

일제의 검열에 의해 처음 계획했던 내용들을 모두 반영하지 못했으며, 따라서 '왕청 틀리는' 내용을 실을 수밖에 없었다는 것이다. 하지만 편집자는 조선의 '자존(自尊)'과 '자부(自負)'의 마음을 일으키는 것이 무모하지만 의미 있는 일이라 생각하였기에 '자랑호'의 발행을 감행했다는 것이다. 따라서 특정 기사들은 목차에만 나와 있고 실제 내용은 삭제되어 그 내용을 확인할 수 없는 경우도 있다. 이충무공 관련 기사와

126) 「권두언」, 『別乾坤』, 1928.5.

고구려의 을지문덕, 조선의 세종대왕, 그리고 한글 관련 내용이 비중 있게 다루어지고 있으며, 연암 박지원의 사상과 고산자 김정호 등 실학파에 관련된 내용들, 그 밖에 민요, 전설, 야담 등이 실려 있다.

壯快絶絶 朝鮮歷史上 三大戰捷

文一平, 百萬隋軍을 一擧 全滅한 乙支公의 薩水大捷

車相瓚, 一片孤城으로 三十萬唐兵을 擊退한 梁將軍의 安市大捷

申瑩澈, 盟山, 誓海, 萬古精忠의 結晶, 李忠武公의 閑山大捷 (削除)

朝鮮歷史上 가장 光輝잇는 페-지-

일평, 文德武功을 크게 빗내인 高句麗의 嬰陽王聖代

金道泰, 高句麗의 武威가 發揚된 곳

李秉岐, 世宗大王의 訓民正音 頒布

李允宰, 世宗聖代의 文化

崔南善, 朝鮮我가 잘 發揚된 페-지 (削除)

姜邁, 朴燕岩의 思想 (削除)

내가 자랑하고 십흔 朝鮮 것

申明均, 文字中의 覇王 한글

李允宰, 現代文明의 産母, 活字의 發明은 朝鮮이 首位

六堂學人, 七十年前에 單身調査, 獨力創製한 古山子의 大東輿地圖

李丙燾, 學界에 자랑할 東方의 大哲人 李退溪와 李栗谷

金起田, 天道敎와 朝鮮 (削除)

東西無比 小說以上 朝鮮人情 美談集

曉山, 丙子胡亂 때 니러난 鄕村의 조그만事實, 孝烈美談 牙山街上의一死體

夜雷, 남편 위하야 호랑이 잡고 殉死한 山中佳人

鄭秀日, 閨中處女로 郎子의 生命을 救護, 보싸홈의 奇緣

李晟煥, 盜賊의 火焰에 一時燒死 約婚男女의 最後

崔獨鵑, 新婦 밧귀인 小說가튼 事實談, 朝鮮은 人情의 나라

金小春, 萬古貞女 薛氏夫人, 녯 한머니의 거륵한 행적

春坡, 化被北胡의 朴寡婦

崔南善, 朝鮮始祖壇君硏究

一記者, 東亞大地를 號令하는 녯날의 朝鮮海軍

高義東, 世界的으로 자랑할 朝鮮의 十三大 畵家

乙支公石像과 基祠宇

八判洞人, 幽閒貞靜世界에 冠絶할 朝鮮의 女行婦德, 代表的 閨閣 偉人의 實話

壽春學人 國際的으로 알녀진 朝鮮 人物 논설

露雀, 民謠자랑－둘도 업는 寶物, 特色잇는 藝術, 朝鮮은 메나리 나라

車相瓚, 民謠자랑－無窮花禮讚

孫晋泰, 傳說자랑－世界에 比가 업는 개암이 傳說

차돌이, 上下半萬年의 우리 歷史－縱으로 본 朝鮮의 자랑

박돌이, 三千里橫으로 본 朝鮮의 자랑

이 중 주목할 것은 '東西無比 小說以上 朝鮮人情 美談集'이란 대목이다. 이 시기 『별건곤(別乾坤)』에는 소설 그 자체보다는, 소설과의 비교를 상정케 하는 '小說以上'이란 제목을 붙이거나, 혹은 '○○소설'처럼 앞에 내용을 짐작할만한 다른 수사가 붙은 여러 단형서사들127)이 발표

127) 野話小說 : 김운정, 「찬 눈물, 더운 눈물」(1927.4). 小說보다 기이한 事實 로－맨쓰 : 天外漢, 「苦戀悲戀 7년 片愛 奇錄」(1927.7). 小說 以上 事實秘話 : 金東進, 「海蔘威의 戀愛復讐劇」; 李有根, 「秘密의 凶家」; 李定鎬, 「張小姐의 逃走結婚」(1928.1). 小說 以上 珍奇한 三大事實秘話 : 金東進, 「春秋로 懷憶되는海蔘威의 戀愛復讐劇」; 李有根, 「秘密의 凶家」; 李定鎬, 「古代小說가튼 참事實－張小姐의 逃走結婚, 두 번이나 家門을 脫走하야 約婚한 남편을 좃차」(1928.2). 小說以上 論文以上 讀物中의 讀物, 連作講談 : 최남선

되는데, 대개는 전설이나 설화, 기담, 사실담, 회고담 등이 대종을 다루고 있다. 이는 이미 '소설'이 하나의 안정된 양식으로 자리 잡고 있음을 반증하는 것이기도 하다. 결국 역사를 매개로 한 여러 단형서사들이 소설에 대한 대타항으로 기능하며, 아직 근대적인 의미에서의 역사소설에까지 나아가지는 못하였지만 대중의 역사에 대한 수요를 충족시키는 중요한 기능을 담당했음을 확인할 수 있다.

역사의 대중적 소비는 그들에게 '역사적 계승 의식에 입각한 공동의 기억'[128]을 갖게 한다. 또한 그것은 식민지하의 민중들에게 자기 정체성의 확보와 유지를 위한 근원적인 동력이 된다. 역사에 관련된 수많은 이야기들이 생산되고 유통되고 소비되면서 하나의 지배적인 담론으로 자리 잡아 나간다는 것이다. 그것은 곧 30년대 역사소설 생산의 중요한 밑거름이 되며 그 성격을 규정하는 데 결정적인 기제로써 작용한다.

1920년대 중반 『별건곤(別乾坤)』의 창간은 일제의 언론 탄압과 이로 인한 『개벽』의 폐간에 따른 기획이었지만, 한편으로는 취미라는 민중의 이해와 요구에 맞추어진 기획이었다고 할 수 있다. 더구나 『개벽』의 후속 주자였다는 사실은 불가분 『개벽』의 계몽적 색채를 일부 유지할 수밖에 없었으며, 그 결과 단순한 '취미독물'이 아닌 '계몽독물'로서의 기능 또한 담당하게 되었다.[129] 하지만 '개벽사'에 의해 또 다시 종합잡지 『혜성(彗星)』이 발간되면서 그 역할이 분할되자 『별건곤(別乾坤)』은 별다

외, 『아츰』(1928.8~1929.12). 小說以上 映畵以上 珍奇戀愛展覽會 : 石初生, 「얼골도 모르는 戀愛」; 林白虎, 「딴 世上에 가서도 눈물로 태우는 戀愛」; 龍塘浦人, 「電話로 三年間 戀愛」; 迫眞, 「二年동안이나 편지연애만 하고 서로 맛나면 시치미를 떡」; 雙S生, 「넘으도 珍奇한 戀愛」(1929.1) 등.

128) 김진수, 「역사적 실존에 대한 상상—'역사의 내면화' 경향에 대하여」, 『문학 · 판』 14, 열림원, 2005, 89면.

129) 이경돈은 취미라는 새로운 범주가 계발되면서 계몽독물에서 취미독물로 전환되는 과정과 취미독물이 저급문화, 하위문화로 인식되는 데에는 약간의 시차가 있었다고 지적한다. 『別乾坤』 초기까지도 취미독물이 고급문화의 일부로 인식될 수 있었던 이유는 이들이 계몽담론의 자장 안에 있었기 때문이었다는 것이다. 이경돈, 「『別乾坤』과 근대 취미독물」, 『대동문화연구』 46집, 성균관대 대동문화연구원, 2004.6, 254~259면.

른 성격 변화가 없었음에도 불구하고 더욱 가벼운 형식으로의 전환을 요구받게 된다. 『개벽』의 폐간과 이후 '개벽사'에 의한 잡지 발간의 정황을 편집자는 다음과 같이 밝히고 있다.

> 폭풍광우와 싸호면서 도산검수를 수업시 넘어 오면서 그중에서도 우리는 개벽 운동의 충실을 도모하기에 한 때도 게으르지 못하엿나니 『어린이』, 『신녀성』, 『별건곤』, 『학생』의 계속 발행이 그것이요 출판물 간행이 그것이요 십삼도 지본사 운동이 그것이요 사우네도의 확충이 또한 그것이엿다. 그리하야 오늘 개벽사 출판물의 총독자는 수십만으로 혜이고 글발은 해외 각디에까지 퍼지게 되야 스스로 이 수만흔 동지 후원의 든든한 힘을 밋게 된 것을 깃버하기에 니르럿다. 그러나 (…중략…) 텬하 독자와 함께 섭섭한 생각을 가티하게 되는 것은 지난 병인 녀름에 『개벽』이 죽어 우리의 운동의 한 팔이 떠러진 그것이요 그리하야 이날 우리의 가슴에 용소슴치는 감회나마 싀원히 이약이 할 자유가 업는 그것이다. 『개벽』대신으로 운동 중에 잇는 혜성(慧星) 잡지가 새로히 활약할 날이 갓가운 압날에 잇스며 잡지 간행의 자매 사업으로 새로히 게획하는 것이 또 한 가지 잇는 바 이리하야 새로운 진용으로써 텬하 동지와 함께 더욱 용맹히 싸화나감으로써 십 년째부터의 새 긔록을 지을 것을 스스로 맹서할 뿐이다.[130]

『개벽』의 폐간 이후에도 『어린이』, 『신녀성』, 『별건곤』, 『학생』 등을 계속 발행하며 '개벽운동'을 게을리 하지 않았으며, 이제 『개벽』 대신 『혜성』을 발간하여 그 운동을 이어갈 것이라는 내용이다. 『혜성』은 1931년 3월 1일에 창간되어 1932년 4월 15일 통권 13호로 종간되었고, 5월부터는 『제1선』으로 게재되어 발행되었다. 『별건곤(別乾坤)』과 마찬가지로 편집 겸 발행인은 차상찬이 맡았다. 『혜성』을 창간하며 『별건곤(別乾坤)』의 가격을 5전으로 내리면서 『별건곤(別乾坤)』이 '5전 잡지'라는

130) 「권두언」, 『別乾坤』, 1929.8, 1면.

별칭을 얻게 된 것이다. 그러나 『혜성』은 『개벽』과 같은 호응을 얻지 못했으며, 이것이 곧 『제1선』으로 게재한 이유이기도 하다. 『제1선』은 1933년 9월 5일 통권 11호로써 종간되었다.131) 비록 5전 잡지로 불렸지만 『별건곤(別乾坤)』의 종간이 1934년 6월이니 그 명맥은 『혜성』과 『제1선』을 합친 기간보다 오래 지속된 셈이다. 『별건곤(別乾坤)』의 가장 많은 부분을 차지했던 내용이 사화와 야담이었음을 감안하면 이에 대한 대중의 수요를 짐작할 수 있다. 30년대 중반 『별건곤(別乾坤)』이 폐간되고 난 자리에 바로 『월간야담(月刊野談)』(1934.10)과 『야담(野談)』(1935.12)이 들어선다.

131) 김근수, 『한국잡지사 연구』, 한국학연구소, 1992, 148~151면 참조.

제4장
1930년대 역사담론의 수용과 역사소설

1. 역사담론 생산의 지형과 문학적 대응

1) 영웅의 호출과 공동체의 기억

한국의 근대 역사소설은 근대계몽기의 역사·전기소설 및 1920년대 초반의 역사 단편류 등을 전사(前史)로 하여 1920년대 후반에서 30년대에 이르면 더욱 두드러진 현상으로 부각된다. 현실상의 제약은 작가들로 하여금 역사소설에 대한 관심을 불러 일으켰으며, 많은 작가들이 역사소설 제작에 참여하여 다량의 작품을 생산해냄으로써 이른바 '역사소설시대'[1]를 구축하기에 이른다. 또한 다른 한편에서는 현실 도피라든가

1) 박영희의 「현대한국문학사」는 1958년 4월에서 1959년 4월까지 총 10회에 걸쳐 『사상계』에 연재된다. 하지만 미완인 채로 연재가 중단되어 그 전부를 확인할 수는 없다. 현

문학의 퇴영화, 저속화라는 비난을 포함한 역사소설 찬반 논의, 사실(史實)의 소설화 문제, 창작방법론 등 역사소설에 관한 다양한 논의[2]들이 1940년대까지 지속된다.

1930년대 역사소설의 창작은 우선 사회적 여건의 악화라는 현실에 따른 것이었다. 일제는 조선을 식민지로 영유한 직후부터 줄곧 조선인의 완전한 일본인화에 큰 비중을 두고 식민지 정책을 전개시켜 갔다. 1930년대 전반기의 '내선융화(內鮮融和)'론이 1937년 중일전쟁을 계기로 '내선일체(內鮮一體)'론으로 전환되어 가는 과정도 결국 이러한 맥락 속에서 파악할 수 있으며, 이는 곧 일제가 1920년대 표방하였던 이른바 '문화정치'를 스스로 부정해가는 과정이기도 하였다.[3] 이러한 식민지 정책은 곧 신문 · 통신 · 잡지 등 언론과 사상에 대한 탄압과 검열로 이어진다.

객관적 현실의 악화는 현재에 대한 직접적인 발언이나 문제 해결에 대한 모색을 불가능하게 하였고, 결국 작가들은 과거를 호출하는 방식으로 역사소설의 창작으로 나아가게 된다. 루카치는 『역사소설론』에서 본래적인 의미의 역사소설은 '현재의 필수불가결한 전사(前史)로서 문제시되는 시기의 진실성을 재현해야 한다'고 말한다.[4] 하지만 이 시기의 역사소설은 현실적인 억압 때문에 당대 현실의 재현이 실질적으로 불가능해짐으로써 역사의 현재화에 관심을 가지게 되는 것이다.

재 확인할 수 있는 원고의 마지막 장이 '역사소설시대'로 설정되어 있는데, 회월은 1930년대 당시 문단의 상황을 '역사소설시대'로 규정하면서 "歷史小說은 民族的 趣味와 아울러 民族意識의 새로운 部袖를 發見하려 하였던 것이다. 이러한 意味에서 이 歷史文學은 沈滯된 現代文學을 救出하려는 한 갈래의 길이기도 하였다"라고 평가하고 있다. 박영희, 「현대조선문학사」, 『박영희 연구』(김윤식 편), 열음사, 1989, 304~315면. 김윤식, 「懷月文學史에 대하여」, 『관악어문연구』 3, 태학사, 1978, 140~142면 참조.

2) 30년대 후반의 창작방법론에 관한 논의는 김영민, 『한국 근대문학 비평사』, 소명출판, 1999, 345~428면 참조.

3) 내선융화론이 내선일체론으로 나아가는 과정과 이 시기 언론 통제 정책에 관해서는 최유리, 『일제말기 식민지 지배정책 연구』, 국학자료원, 1997, 17~55면 참조.

4) G. Lucács, 이영욱 역, 『역사소설론』, 거름, 1987, 68면.

작가의 태도와 역사소설 생산과 관련하여 현진건은 "主題는 벌써 作定이 되었으나 現代에 取材하기도 거북한 點이 있다든지 또는 現代로는 그 主題를 살려낼 眞實性을 다칠 念慮가 있다든지 하는 境遇에 그 主題에 適當한 史實을 찾아내어 얽어 놓는 境遇"[5] 역사소설의 생산이 이루어지며 그 나름의 의의를 가질 수 있을 것이라고 설명한다. 하지만 객관적 현실의 제약 속에서 생산된 당대 역사소설은 역사에 대한 올바른 인식을 통한 사회 현실에 대한 이해라기보다 대개는 현실 도피적이 되거나 식민지배 체제를 합리화하는 방식 등으로 진개될 수밖에 없었다.

또한 '민족의 고유성'을 부각시키려는 여러 언론 매체의 문화적 접근이 고조되면서 그것을 수용할만한 광범한 독자층이 형성되었다는 점도[6] 역사소설 창작의 중요한 선행조건이었다. 1900년대의 역사 전기물이 역사적 인물을 영웅적으로 형상화하고 이를 애국계몽 운동의 현재적 필요성을 역설하는 수단으로 삼았다면, 이 시기의 역사 전기물들은 '전통'과 더불어 흥미의 요소도 강조함으로써 많은 독자층을 확보할 수 있었다.[7] 이러한 특징은 30년대 중반 이후 야담과 역사소설의 성행과 연결된다.

이 시기 민족정신의 고조는 관념적인 구호가 아니라 '신문화운동', '국학진흥운동' 등 구체적인 문화운동으로 전개되었는데 1930년대 전반기 민족주의 계열이 주도했던 '조선 고적 보존운동' 또한 그 중의 하나였다.[8] 30년대 초 민족주의 진영은 좌·우파를 막론하고 민족의 특수성

---

5) 현진건, 「역사소설문제」, 『문장』, 1939.12, 128~129면.

6) "과연 무식(갑자기 다른 용어가 생각나지 않아서 이 용어를 쓰지만)한 독자는 환호하였다. 궁중사건은 민간에는 諱之秘之하여 오던 이 王朝라, 秘하는 자에게는 호기심을 일으키는 것이 人情으로, 이 백성들은 宮廷錄이라면 머리를 싸매고 달려들 형편이었다"는 지적은 당시 대중들에게 궁중비사를 비롯한 역사물이 얼마나 많은 관심을 불러일으켰는지를 알 수 있게 해준다. 김동인, 『김동인전집』 6, 삼중당, 1976, 124면.

7) 천정환, 『근대의 책읽기－독자의 탄생과 한국 근대문학』, 푸른역사, 2003, 300~308면.

8) 1930년대 초 민족주의 진영의 고적보존운동에 관해서는 이지원, 「1930년대 민족주의계열의 고적보존운동」, 『동방학지』 77·78·79집(합본호), 연세대 국학연구원, 1993 참조.

을 강조하며 이념적 전환을 모색하고 있는 상황이었다. 특히 민족주의 우파는 민족주의 운동의 활로와 관련하여 신간회 해소 이후 민족주의 좌파가 민족적 단결을 주장하면서도 어떠한 구체적인 행동의 성공도 이루지 못하고 침묵으로 일관함을 비판하면서 민족주의 역량의 기초 작업으로서 '문화혁신', '사상혁신' 등을 강조하였다. 이를 위한 구체적인 방법이 조선 고유의 문화와 사상을 부흥시키는 것이었으며, 고적 보존 운동의 창안 또한 이러한 맥락 속에서 진행된다.

민족주의 진영뿐만 아니라 일제 역시 내선일체를 강화하기 위한 정책적 목적에 의해 조선의 고적관리 및 문화적 시설의 정비, 선전의 필요성이 강조되면서 조선의 문화 유물에 대해 많은 관심을 보인다. 일제에 의한 조선의 고적 관리 및 문화 유물에 대한 관심과 민족주의 계열의 민족문화에의 접근 방식은 많은 것을 공유하는 것이었다. 일부 지식인들은 '국수(國粹)' 혹은 '국혼(國魂)'을 통해 문화적 저항을 꿈꾸었다. 그러나 '국수'의 개념조차 일본의 국가주의의 핵심을 이루는 개념이었으니, 그것이 곧 식민주의를 넘는 무기가 될 수는 없었다. 부르주아적 민족의식과 민족 단위의 독자적인 문화 유지를 목적으로 하는 한에 있어서는 일제의 묵인 아래 식민지하에서의 합법 운동이 가능할 수 있었다. 하지만 그것은 제국의 편제 속에서 지방성을 담보하는 것 이상이 될 수 없었다.[9] 이에 따라 일제는 1933년 '조선보물고적명승천연기념물보존령(朝鮮寶物古蹟名勝天然記念物保存令)'의 제정과 '고적보존령(古蹟保存會)', '보승회(保勝會)' 등 관민 협동의 조직과 총독부 직속의 '조선고적연구회(朝鮮古蹟研究會)' 등을 조직하기에 이른다.

하지만 일제의 이러한 고적보존 정책에 대해 민족주의 진영은 일면

9) 조선어학회의 어문 운동 또한 이러한 맥락 속에 놓여 있다. 조선어를 제국의 언어 편제 속에서 하나의 지방어, 또는 실용어가 아닌 고전어로 분절함으로써 그 고유한 영역을 구축하고자 하는 것이다. 김철, 「갱생(更生)의 도(道) 혹은 미로(迷路)—최현배의 『朝鮮民族更生의 道』를 중심으로」, 『민족문학사연구』 28호, 민족문학사연구소, 2005, 306~346면 참조.

긍정하면서도 다른 한편으로는, ① 사적(史蹟)을 가치 있게 다루기보다는 협애한 정치적 편견으로 차별하거나 심지어는 훼손하고 있으며, ② 조선의 문화적 고적이 지닌 '기질적(器質的)'인 측면에 주력하고 '정신적'인 면은 배제하고 있고, ③ 고건축(古建築)이나 고기물(古器物) 등의 수집·보존에만 주력하고 고적보존을 통해 민족생활·민족의식의 전승은 도외시하는 등 식민정책의 의도가 강하게 작용하고 있음을 비판하였다.

주로 동아일보 계열이 중심이 되어 전개한 이 운동은 '민족문화의 산물인 고적'을 보존함으로써 '민족정신'을 신앙하기 위해 전개한 문화운동이었다. 이 운동이 일제하 순수 민간 차원에서 진행됨으로써 가지는 한계는 인정하더라도,[10] 일단 일제의 문화정책에 대한 문화운동적 대응이었다는 점에서 이 시기 민족주의 진영이 취할 수 있는 '최소한의 저항', '민족적 지성(至誠)의 결집'이라는 명분을 가질 수 있었다. 민족은 상실된 국가를 대신하는 것으로, 국권 회복의 필연성과 당위성을 설명하는 근거였던 것이다.

역사적 기억 중 특정한 기억이 현재에 지속적으로 불러들여지고 의미부여 되는 가운데, 공동체 구성원은 자신의 과거와 현재와 미래에 대한 보편적 역사적 맥락을 가지게 된다. 근대 국민국가에서 실시한 국민교육을 통해 국가 구성원들은 단일한 역사적 기억을 체계적으로 학습받게 된다. 신문과 같은 대중 인쇄매체도 역사적 기억을 지속적으로 기념하고 상기시키며 과거와 현재를 연계하는 또 다른 매개체로써 국민을 민족 공동체의 구성원으로 호명해왔다. 역사적 기억으로서의 과거는 단순히 전에 일어났던 일이 아니라 '우리가 인식하는 과거'이고 일정한

10) 『동아일보』의 자본은 식민지하에서 토지와 지주 경영을 통해 자본을 축적한 민족자본이 갖기 쉬운 민족적이면서 동시에 예속적일 수밖에 없는 한계를 가지고 있었다. 『동아일보』가 가지고 있는 이런 본질적인 한계로 인해 1924년까지는 민족운동의 이념적 주도체 역할을 하였으나, 다른 계층의 민족 운동 방법론이 구체화하자 민족주의 우파의 개량화와 더불어 민족주의 우파만의 대변지로 전락하고 말았다. 김민환, 「일제시대 민족지의 사회사상」, 『언론과 사회』, 성곡언론문화재단, 1994년 여름호 참조.

담론의 틀로 불러들여지는 것이다.

'조선고적 보존운동'과 같은 일제하에서 나타나는 이러한 민족 담론은 절멸의 위협에 맞서는 것이었다. 하지만 다른 한편으로는 그러한 담론 생산 자체가 민족 내부의 모순을 덮는 수단이 되었다. 민족을 탈역사적인 정신이나 모호한 표상으로 환원하는 것은 그 방법 가운데 하나였다.[11] 1930년대 초에 고적보존운동의 효시를 이루고 가장 활발히 전개된 것은 '이순신 유적 보존운동'이었다. 1931년 5월 충남 아산군 옥봉면 사정리에 있는 이순신 묘소 위토(位土)가 동일은행에 2천원에 저당잡혀 곧 경매에 붙여지게 되었다. 당시 언론이 이 기사를 크게 다룬 후 위토의 반환을 주장하는 여론이 들끓게 된다.

> 우리들의 歷史의 記錄面에서 그 人格으로보나 그 史蹟으로나 忠武公 李舜臣의 위를 갈 사람이 얼마 없으리라. 그의 位土와 墓所가 競賣를 當하게 된다니 이런 變이 또 잇으랴 이런 民族的 恥辱이 더 잇으랴 (…중략…) '朝鮮을 찾자'는 부르지짐이 벌써부터 잦은 이때에도 乙支文德의 墓所가 平土化해서 그 자취를 찾기 어렵되 우리손이 한줌 흙도 옴기지 못하더니 이제 또 李舜臣의 祠堂에 표지가 붓게 맨들엇다 (…중략…) 이를 널리 세상에 알리어 그 責任感에 呼訴함이 이때의 義務로 생각하매 이 붓을 아니들지 못하는 것이다.[12]

이순신 위토 경매 문제는 한 집안의 채무로 야기된 개인적인 재산권상의 민사 문제였지만, 『동아일보』는 「민족적(民族的) 수치(羞恥)－채무(債務)에 시달린 충무공(忠武公) 묘소(墓所)」란 사설을 필두로 연일 이에 관한 내용을 대대적으로 보도하여 민족적 자존심의 손상, 민족적 정성의 결핍으로 강조하며 민족정신의 강화를 계몽하기 시작하였다.[13] 이러한 보

11) 신형기, 『민족이야기를 넘어서』, 삼인, 2003, 27면.

12) 「民族的羞恥 債務에 시달린 忠武公 李舜臣墓所」, 『동아일보』, 1931.5.14.

13) 이러한 운동이 비단 『동아일보』에서만 진행된 것은 아니었다. 다른 신문과 잡지 등

도와 계몽의 결과로 『동아일보』에 성금이 답지하기 시작하며, 1932년 5월말까지 성금은 46개 단체와 21,543명의 개인이 낸 16,021원 30전에 달했다.[14)]

이처럼 이순신 유적 보존 운동은 많은 사회적 반향을 불러일으키며 성금 모금 또한 성공적으로 진행되기에 이른다. 이 때 이광수는 1931년 5월 19일 충무공 유적지로 특파되어 충무공의 행적을 역사적으로 더듬어 보는 기행문[15)]을 1931년 5월 21일부터 6월 10일까지 14회에 걸쳐 『동아일보』에 연재하기 시작한다. 「충무공 유직순례」란 세목으로 인새된 기행문의 첫 회는 춘원이 충무공 묘소를 참배하러 온양에 도착했음을 알리며 시작한다.

> 五月十九日 晴. 午前十時 京城驛 出發. 午後 一時四十分 溫陽 着. 그러나 이 길은 溫泉놀이 온 길은 아닙니다. 社命으로 우리 忠武公 李舜臣의 史蹟을 찾는 길 그야말로 忠武公 遺蹟巡禮의 길입니다 (…중략…) 우리 임 자최 찾아 떠나옵는 길입니다. 임 자최 찾는대로 이야기를 적어내어 조선의 아들 딸에게 드리오려 합니다.[16)]

신문사의 명령으로 유적 순례를 떠난 춘원은 여기서 충무공을 '님'으

에서도 '이순신 위토 경매문제'는 중요한 사회적 이슈로 다루어지고 있다. 예컨대 종합 대중지였던 『三千里』에서는 박윤석[心耕學人]을 이순신 묘소에 파견하여 『동아일보』와 같은 논조의 기행문을 싣고 있다. "忠武公의 千秋萬代에 오즉 한분이엇고 정말 우리 民族의 燦爛한 歷史를 지은 先驅者이다. 아니 全人類의 白衣民衆으로 하여금 特殊한 存在와 文明的 價値를 認知식히엿습도 오즉 이분의 偉大한 事業이 잇섯기 때문이 아닌가 (…중략…) 뜻잇는 人士誠金의 熱熱한 收合으로라도 速히 公의 遺跡을 이 民衆들에게 拜觀식히고 이 江山의 지나간 歷史를 더욱 燦然케 하소서." 박윤석, 「이충무공묘 참배기」, 『三千里』, 1931.6, 71~74면.

14) 이지원, 앞의 글, 759~761면 참조.

15) 이경훈은 『충무공 유적순례』 외에 『금강산 유기』, 『단군릉』, 『해삼위로서』 등의 기행문들을 언급하면서, 이광수의 '여행'은 민족주의와 부국강병의 근대기획을 표현하고 있다고 지적한다. 이경훈, 「미두 · 온천 · 영어」, 『오빠의 탄생』, 문학과지성사, 2003, 178면.

16) 「忠武公 遺蹟巡禮」, 『동아일보』, 1931.5.21.

로 지칭하고 있다. 충무공에 대한 춘원의 애정을 짐작케 하는 대목이다. 같은 날 1면 「이충무공(李忠武公)과 우리」란 제호의 사설에서는 충무공 묘소 경매에 얽힌 저간의 사정과 함께 '전민족적' 차원에서 유적 보존에 힘써야 함을 역설하고 있다.

> 원체 충무공 리순신은 결코 전공으로만 감사하고 흠모할 인물이 아니라 그의 정말 값은 '나라에 향한 지극한 충성'과 '사람으로의, 더욱이 조선 사람으로의 참되고 정성되고 저를 잊는 인격'과에 잇는 것이다. 력사상에 나타나는 인물중에 우리 충무공처럼 오직 덕만이 티만한 흠도 없는 인물은 드물 것이니 조선의 억만대 자자손손이 가장 모범할 본때될 인물을 삼기에 가장 합당한 어린이(어른의 誤記)라 함은 공의 력사를 아는 사람으로는 일치한 의견일 것이다. 이렇게 이순신의 참 값을 깨달아서 흠모하고 배우는 곳에 우리 조선인의 참된 감사가 잇을 것이다. 다른 민족들 같으면 이 어른만한 이의 무덤, 유적, 유물 같은 것은 국보로 하야 보관하엿을 것이오, 또 이런 어른의 전긔 같은 것도 혹은 산문으로 혹은 시로 일반 민중에게 읽히도록 준비가 되어 잇을 것이다. 결코 그의 무덤을 전당을 잡힌다거나 잡는다거나 하는 의리 없는 일은 아니 하엿을 것이오. 하물며 이런 어른에게 관한 물건이 동족의 손으로 경매를 당한다는 해괴한 이야기가 들려지지 아니할 것이다.[17]

춘원은 여기서 충무공의 인물됨을, "나라를 향한 지극한 충성"과 "사람으로의, 더욱이 조선 사람으로의 참되고 정성되고 저를 잊는 인격"으로 요약하고 있다. 그러한 미덕은 충무공을 우리 역사상의 인물 중에 "티만한 흠도 없는 인물"로, "조선의 억만대 자자손손이 가장 모범할 본 때 될 인물"로 추앙하게 만든다.[18] 그러면서 춘원은 "이런 어른의

---

17) 「李忠武公과 우리」, 『동아일보』, 1931.5.21.

18) 이순신은 각종 언론 매체와 공적 역사 안에서 가장 빈번히 소환된 영웅 중에 하나이다. 최근에는 대학에 '이순신 연구소'가 만들어지고, 정기적으로 『이순신 연구논총』(순

전기 같은 것도 혹은 산문으로 혹은 시로 일반 민중에게 읽히도록 준비가 되어"있어야 함에도 불구하고 그러지 못했음을 개탄하고 있다.

결국 그가 기행문과 사설을 거쳐 장편역사소설 『이순신』으로 나아가는 문제의식은 여기에서 출발하는 것이다. 춘원은 『이순신』을 1931년 6월 26일부터 이듬해 4월 3일까지 『동아일보』에 연재하기에 이른다.[19] 이 기간은 이른바 '이순신 유적보존운동'의 기간과 그대로 겹친다. 그러는 한편으로 이순신에 대한 대중들의 관심을 유도하기 위해 6월 27일 이른바 "충무공 중심 야담대회"가 개최된다.

> 만고정충리충무공(萬古精忠李忠武公)은 공의 우국우민(憂國憂民)하든 피의 일대긔(一代記)를 중심으로 당시 조선의 정황(政況)을 여실이 그려내여 현대청년의 가슴을 용소슴치울 것이며 제삼석 제갈량과 리순신(諸葛亮과 李舜臣)은 동양이대경략가(東洋二大經略家)의 특수한 면목을 나타내어 가장공정하게 또 신랄(辛辣)하게 비교하는 취미의 것이라고 한다.[20]

천향대 이순신연구소 간행)이 간행되기도 하였다. 연구소 창립의 목적은 '이순신의 효 사상과 나라 사랑정신'을 기리는 것이며 궁극적으로 "이순신의 생애와 사상에 대한 사실적 연구를 기초로 객관적이고 과학적인 학술적 연구를 도모하며 그의 문무겸비, 즉 문학성과 용맹성을 재조명하여 청소년 및 대학생을 위한 21세기형 인성교육의 모델로 활용하는 방안을 모색"하기 위한 것으로 소개되어 있다. 요컨대 이순신의 '충효사상'을 본받아 모범으로 삼자는 것이다. 이러한 내용을 골자로 하는 '이순신'의 활용은, 천황을 중심으로 충효를 강조하였던 일제시대로부터, 연구소가 밝히고 있듯 "박정희 대통령 이후 각광받기 시작"하여 현재에 이르기까지 시대의 요구에 따라 다양한 변주를 통해 재생되고 있다.

19) 당시 『三千里』의 편집장이었던 김동환에게 보낸 편지에서 이광수는 소설 연재 당시의 소회를 다음과 같이 적고 있다. "요새 弟는 『李舜臣』을 쓰기에 寸暇가 업습니다. 약 2개월 來로 밤낫 李舜臣과 壬辰亂만 보고 생각햇더니 눈에 어른거리는 것이 모다 300연전 일입니다. 꿈에 가끔 壬辰亂을 꾸고 (…중략…) 참으로 苦笑할 일입니다. 나는 朝鮮사람중에 두 사람을 숭배합니다. 하나는 녯 사람으로 李舜臣이오 하나는 이제 사람으로 安島山입니다. 나는 7, 8년전에 『先導者』라는 소설을 쓰다가 말앗거니와 그 주인공이 安島山인 것은 말할 것 업습니다. 이제 『李舜臣』을 쓰니 결국 나는 내 애인을 그리는 것입니다." 李光洙, 「李舜臣과 安島山」, 『三千里』, 1931.7, 32면.

20) 「忠武公 中心 野談大會」, 『동아일보』, 1931.6.25.

기행문과 신문의 사설, 모금 캠페인, 역사소설 창작에 이어 야담대회에 이르기까지 전방위적인 '영웅 만들기'가 진행되는 것이다. 문화적 네트워크 내에서 특정한 동질화를 향한 의도적인 동원이 행해지고 있는 것이다. 이순신은 이제 단지 과거의 영웅이 아니다. 오히려 그는 사후에 후세인들의 '기억'에 의해, 혹은 그들 '공동의 기억'을 위해 호출되어 더욱 파란만장한 삶을 살아가고 있는 것이다.[21)]

이처럼 당대의 역사담론들은 신문·잡지 등 언론 매체와 사회 지도층이 생산해내는 여러 담론들이 사회전체에 영향을 미치고, 여기에 일반 대중이 충실히 응답함으로써 당대의 지배적인 담론으로 안착되는 과정을 보인다. 여기서 대중의 관심은 단지 신문 독자의 수준에 머무는 것이 아니라, 출판시장에서는 새로운 소비자의 위치로, 문단에서는 새로운 독자층의 형성[22)]으로 이어진다.

이러한 지적은 단순히 당시 사회적인 이슈나 어떤 하나의 운동이 소설의 창작과 직접적으로 대응한다는 논리를 강조하려는 것이 아니다. 중요한 것은 매체에 의해 사회의 지배적 담론이 형성되고, 그에 따라 독자들의 관심이 집중되었을 때 그 결과물로서 역사소설의 생산이 이루어진다는 것이다. 물론 이러한 과정이 늘 순차적으로 일어나는 것은 아니다. 오히려 역사소설의 생산과 대중적 소비가 그 사회의 지배 담론에 봉사하거나 영향을 미치는 경우도 분명 존재한다.

식민지 조선의 내면으로 눈을 돌리고 토착적인 차원에 의존하여 과거의 민족 영웅을 부활시키려는 노력은 일제의 식민지배하에서 제한적으

---

21) 크리스티앙 아말비, 『영웅은 어떻게 만들어지는가』, 아카넷, 2004, 290면.

22) 1930년대 중반의 출판시장에서 사화(史話)와 역사소설은 가장 많은 독자를 확보하였다. 그 중에서도 특히 『마의태자』, 『이순신』 등 춘원의 작품이 단연 그 수위를 달렸다. "文學書籍類로 史話, 歷史小說類가 가장 만이 팔이는데, 그 중에서도 春園 李光洙씨의 작품으로는 『麻衣太子』, 『李舜臣』 등의 史話物이 단연 首位를 점령하고 잇서 모다 4천部를 넘기고 잇스며." 「書籍市場調査記, 漢圖·以文·博文·永昌 等 書市에 나타난」, 『三千里』, 1935.10, 136면.

로 이루어질 수밖에 없었다. 이러한 사정을 감안하면, 출판법의 시행과 엄격한 검열 하에서 생산되었던 구활자본 고전 소설이나 이후의 야담운동, 그리고 고적 보존 운동의 경우도 결국은 매우 중층적인 의미를 가질 수밖에 없다. 일단 이들 모두 민족 성원의 특수성을 그들의 역사 속에서 확인함으로써 현실적으로는 민족 성원들 사이의 결속력을 높여주는 동시에 민족의 개별적 존재성을 확인시켜 줄 수 있는 것이었다.

하지만 일제 식민지 아래에서 도출된 '민족의 개별성'이란 결국 제국으로부터 민족을 분절시킴으로써 특수성과 지방성(locality)을 담보하는 것 이상이 될 수 없었다. 민족적 영웅의 호출은 '민족의 고유성'이나 '민족정신'을 일깨움으로써 '국수정신(國粹精神)'을 강조하기 위한 것이었다. 이광수가 『충무공 유적순례』에서 논하는 "사람으로의, 더욱이 조선 사람으로의 참되고 정성되고 저를 잊는 인격", "력사상에 나타나는 인물중에 우리 충무공처럼 오직 덕만이 티만한 흠도 없는 인물은 드물 것"[23] 운운은 결국 『민족개조론』(1922) 논의의 연장선 속에서 '인격 수양론'을 그대로 답습한 것이라 할 수 있다.

근대계몽기 현채의 『이순신전』(1907)이나 박은식의 인물고 「이순신」(1908), 그리고 신채호가 국한문 혼용체로 『대한매일신보』에 발표한 『이순신전』(1908) 등이 통감부 시절 일제에 대한 저항을 목적으로 한 영웅의 호출이었다면,[24] 결국 이 시기 고적 보존 운동을 통한 영웅의 호출은 '조선의 독립'이라는 정치적 목적과는 거리를 둔 '전통문화의 보존'이라는 문화운동으로의 기능에 국한된 것이었다.

---

23) 「忠武公 遺蹟巡禮」, 『동아일보』, 1931.5.21.

24) 1908년 『대한매일신보』에 연재된 신채호의 국한문체 소설 『이순신전』(5.2~8.18)과 패서생의 순한글 소설 『리슌신젼』(6.11~10.24)이 불과 한 달여의 시차를 두고 게재되었다는 사실은 당시 역사·전기소설의 지향이 무엇이었는지를 분명히 보여주는 사례이다. 서로 다른 문체의 사용은 당시 지식인과 일반 대중 모두를 독자로 끌어들여 일제에 대한 저항과 정치적 독립이라는 목적을 성취하기 위한 것이었다. 김영민, 「역사·전기소설의 형성과 전개」, 『제31회 동양학 학술회의 강연초』, 단국대 동양학연구소, 2001.10, 134~136면 참조.

'조선'의 고적 보존 운동이 총독부의 지원과 관민 합동으로 이루어졌다는 사실에 이르면, 당시 영웅을 호출하고 호명하는 작업이 일제에 대한 민족적 저항의 차원에서 논의되기보다는 오히려 일제의 식민지배를 공고화하는데 어떻게 이용되었는가를 묻지 않을 수 없다. 식민지 당국에 의한 '후원을 통한 견제'의 기조는 정치·군사적 지배의 효율성을 높이고 식민지인 자신에 의한 지배의 내면화와 재생산을 기도한 것이기도 했다.[25] 결국 과거의 '역사'는 민족적 결집을 위한 매개체였지만, 다른 한편에서 그것은 제국의 식민지배를 정당화하고 합리화하는 주요한 도구였던 것이다.[26] 1930년대 만주사변과 중일전쟁, 1941년 태평양전쟁의 한복판에 놓여 있었던 역사소설의 생산과 소비는, 단순히 저항과 투항, '본격'과 '대중'의 이분법을 넘어 제국과 식민지의 유동적인 경계와 역사담론의 지형 속에 놓인 것이었다.

2) 『월간야담』과 『야담』의 역사 수용 방식

근대 역사소설이 본격적으로 개진된 1930년대에는 역사 소재 고소설 활자본이 더 이상 나타나지 않는다. 대신 고전 속의 서사물들이 적극적으로 발굴, 번역되어 발표되기에 이른다. 이러한 과정은 야담 장르가 역사·기담에 관심이 많은 대중 독자들과 문맹인 민중을 위해 의식적으로 계발되어 인기를 끌었던 사실과도 관계가 있다. 이 시기 야담의 수

25) 김진균·정근식 편, 『근대주체와 식민지 규율권력』, 문화과학사, 2003, 24면.

26) 이러한 경향은 일제 말에 이르면 작품을 통해 더욱 노골적으로 구체화된다. 예컨대, 1942년 춘원은 당시 총독부 기관지였던 『매일신보』에 『원효대사』를 연재하며 "멸사봉공하야 중생을 위한 생활에 나가던 당대의 사기를 총후 독자에게 보내고저" 작품을 쓴다고 밝히고 있다. 이는 곧 당시 일제 전시 동원의 슬로건이었던 총후봉공(銃後奉公)과의 관련 속에서 근본적으로 이 작품이 국책에 부응하여 기획된 소설이었음을 말해 주는 것이다. 최주한, 『제국 권력에의 야망과 반감 사이에서』, 소명출판, 2005, 153~154면.

용방식은 20년대의 그것과는 많은 차이를 보인다. 1920년대 야담이 구연으로서의 강담운동과 관련되어 있었다면, 1930년대의 야담은 전문 잡지의 출간과 함께 구연이 아닌 활자 매체 형식 속에 자리한다. 나아가 20년대의 야담이 일본의 신강담이라는 새로운 문화 형식의 일정한 영향 아래 놓여 있었다면, 30년대에는 조선적인 것, 우리의 전통이라는 가치 속에 놓여 있었다. 이러한 차이는 1930년대 광범위하게 펼쳐진 전통론 혹은 고전부흥론의 영향 때문이라 할 수 있다.

이른바 '고전부흥론'이 대두된 것은 1935년 1월 『조선일보』가 학예면 특집으로 「조선(朝鮮) 고전문학(古典文學)의 검토(檢討)」(1.1~1.13)와 「조선문학상(朝鮮文學上)의 복고사상(復古思想) 검토(檢討)」(1.22~1.31)를 내면서부터이다. 1920년대와 30년대에도 고전문학에 대한 학계와 문단의 관심이 없지 않았지만, 저널리즘 편에서 고전 연구와 계승의 당위성을 문제 삼고 그 역할을 자임하고 나선 것은 이례적인 일이었다. 아래의 인용은 「조선 고전문학의 검토」 특집의 모두(冒頭)에 익명의 기자가 고전문학 검토의 의의와 필요성을 언급하고 있는 글이다.

> 燦然한 옛 文化를 저버린 此代의 우리는 너무도 外來의 文化를 輸入하기에 急急하얏다. 그래서 우리의 生命水엿든 우리의 文字, 우리의 文學까지도 내여버린 이제에 새삼스럽게 古典文學을 檢討한다 함은 一笑에 부칠 輕率한 분이 잇는지도 모르나 제 故鄕을 이즐수 업는 것과 가치 우리는 우리의 文學을 이즐 수 업고 우리의 呼吸이 잇는 以上에는 우리는 우리의 文學을 차저 우리의 名牌를 빗내보고자 함이다. 그런 의미에서 우리는 우리의 文學 遺産을 다른 데서도 가저올수도 잇겟지만 먼저 우리의 古典에서 차저와 끈허젓든 우리 文學의 命脈을 이어보고자는 말이다. 그래서 遙遠한 옛 文化에서 차저온 諸氏의 새로운 記錄과 우리의 古典文學의 若干의 解說 等으로 讀者諸氏로서 感銘하시는 바가 잇슬가를 보고자 하는바이다(×기자).[27]

요컨대 "外來의 文化를 輸入하기에 急急"했던 기존의 풍토를 반성하고, "우리의 生命水였든 우리의 文字, 우리의 文學"을 재검토하겠다는 것이다. 물론 "우리의 文學 遺産을 다른 데서도" 가져올 수 있겠으나, 무엇보다 먼저 "우리의 古典에서 차저와 끈허젓든 우리 文學의 命脈을 이어보고자" 한다는 것이다. 한편 「조선문학상(朝鮮文學上)의 복고사상(復古思想) 검토(檢討)」에서는 고전 탐구의 의의가 결국은 "歷史的 意識의 覺醒"[28]에 있음을 강조하고 있다.

이후에도 『조선일보』는 '고전' 관련 특집들을 기획 보도함으로써 고전 부흥론의 진전을 도모하였다. 이처럼 '고전부흥론'을 하나의 비평적 쟁점으로 제기한 것은 어느 특정한 개인이라기보다는 저널리즘이었고, 고전 부흥의 문제들이 다기화 되는 과정에서도 저널리즘은 줄곧 주도권을 쥐고 있었던 것이다.[29]

1930년대 중반 이후 조선적인 것의 표방으로 대표되는 '고전부흥론'은 『월간야담(月刊野談)』(1934.10~1939.10)과 『야담(野談)』(1935.12~1945.2)이라는 두 잡지를 견인해 가는 중요한 축이었다.[30] 『야담(野談)』의 발행인이었던 김동인[31]은 "지나간 조상의 자랑스런 역사를 알아서 우리의 자존

27) ×기자, 「朝鮮 古典文學의 檢討 1」, 『조선일보』, 1935.1.1. 같은 면 학예면 특집에는 權悳奎, 「訓民正音의 起源과 世宗大王의 頒布」; 李秉岐, 「時調의 起源과 그 形態」; 金台俊, 「新羅鄕歌의 解說—民衆藝術로서 歌謠를 말함」 그리고 金允經, 「月印千江之曲 解題—한글로 노래한 最古의 文獻」과 함께 『월인천강지곡』 원본 사진이 함께 실려 있다. '조선고전문학의 검토' 특집은 1월 13일까지 총 13회에 걸쳐 연재된다.

28) 「朝鮮文學의 復古思想 檢討」, 『조선일보』, 1935.1.22.

29) 30년대 고전부흥론과 저널과의 관계에 대해서는 황종연, 「한국문학의 근대와 반근대—1930년대 후반기 문학의 전통주의 연구」, 동국대 박사논문, 1991, 17~29면 참조.

30) 그동안 진행되어오던 근대화의 물결이 사회전체의 차원에서 실질적인 결과로 나타나던 1930년대 중반, 근대적 제도로서의 잡지가 대상으로 삼은 것이 조선의 전근대적인 야담이었다는 사실은 일상의 문화에 있어서 근대적 제도가 전문화와 대중화의 방식으로 안착되었음을 징후적으로 보여주는 것이라 할 수 있다. 차혜영, 앞의 책, 72~73면 참조. 근대적 문학제도로서 매체의 생성과 시대적 변화에 관련된 논의는 정현기, 「문학제도와 문학시장」, 『한국 현대문학의 제도적 권력과 사회』, 문이당, 2002, 69~102면 참조.

31) 이른바 순문예를 추구하던 김동인의 야담잡지 창간은 그 자체로 화젯거리가 되기에

심을 배양하며 그들의 과실을 캐어서 우리의 앞길의 향도자로 삼는 것은 우리들의 권리이며 또한 의무"[32] 라고 강조하며 야담의 가치를 우리 옛것을 부흥하는 전통복원의 가능성에서 찾고 있다. 김동인의 『야담(野談)』 창간 또한 당시 언론 매체가 추동했던 '고전 부흥론'과 같은 맥락 속에 놓여 있는 것이었다. 하지만 신문 매체가 당시의 저명 역사학자들과 비평가들을 동원하여 시조・향가・구소설, 그리고 훈민정음 등을 대상으로 삼았던데 반해, 김동인은 좀 더 대중적인 취향에 맞추어 야담을 선택하고 있는 것이다.

김동인의 『야담(野談)』지 창간은 『월간야담(月刊野談)』의 창간과 대중적 성공에 힘입은 것이었다. 『월간야담(月刊野談)』은 1934년 10월에 창간되어 1939년 10월 통권 55호까지 발행된 야담 전문 잡지였다. 『월간야담(月刊野談)』 창간호의 첫 작품은 김동인의 『십리잠수(十里潛水)의 원두표(元斗杓)』였다. 『월간야담(月刊野談)』의 주요 필자였던 김동인은 불과 1년 뒤 자신이 스스로 『야담(野談)』이란 잡지를 발행하기에 이른다. 대중에게 야담은 인기 있는 읽을거리였으며, 당시 생활고에 시달렸던 동인은 직접 잡지 발행에 나선 것이다.

> 1934년 尹白南(敎重)이 네게 무슨 원고 한 뭉치 보내면서, 그것을 읽어보고 그 이야기에 따라서 원고지 백매 가량의 소설을 하나 써 달라는 것이었다. 尹白南이 출재자를 얻어서 『月刊野談』이란 잡지를 시작하는데, 원고를 매호 제공해 달라는 것이다 (…중략…) 백남이 내게 보내준 원고(『元斗杓』였다)를 참고하여, 元斗杓 이야기를 한 편 써서 白南에게 보였다. 이것이 인연이 되어서

충분하였다. 각 신문사에서는 김동인의 잡지 창간을 일제히 "취미잡지 창간"(『조선중앙일보』, 1935.11.15), "대중잡지창간"(『동아일보』, 1935.11.15)이란 제목으로 보도하고 있다. "건전한 취미를 목표로 한 문예, 력사, 야담의 종합잡지"로 소개되어 있는데, 이러한 슬로건은 『別乾坤』의 그것과 다르지 않다. 『野談』 창간시 필진으로는 이광수, 윤백남, 최독견, 김안서, 방인근, 전영택 등이 소개되었다.

32) 김동인, 「溫故」, 『野談』, 1935.11.

史譚 방면으로 손을 벌리게 되었다. 고담적 문학 작품 이외에는 붓들기를 피해 오던 나는, 이리하여 글로 밥을 마련하기 위하여 온갖 방면으로 진출하였다 (…중략…) 白南은 그 천성은 역시 벗지 못하여 『月刊野談』 창간 두세 달을 지내서는 그만 또 만주로 달아나고 말았다. 그러나 『月刊野談』 간행에서 재미를 본 그 잡지사에서는, 이번은 내게 달려들어, 그 당시 『月刊野談』은 거진 내 글만으로 꾸며 나가며 간행을 계속 하였다. 그것을 한동안 보다가, 나도 한 잡지를 시작해 보기로 하였다. 제호는 『野談』이라 하여.[33]

"고답적 문학 작품 이외에는 붓들기를 피해 오던" 동인이, "글로 밥을 마련하기 위하여" 시작한 일이라 자괴감이 없지 않았음을 고백하고 있다. 하지만 그렇게 시작한 잡지 사업은 『월간야담(月刊野談)』에 대한 독자들의 호응이 『야담(野談)』으로 이어지면서 한호 당 구천 부까지 판매되기에 이르렀다.

원래 구술 장르였던 야담은 거듭되는 구전 과정에서 흥미 중심의 줄거리가 유지되면서 사실성의 정확을 요하는 세부 사항은 변모되어 버리거나 때로는 설화・민담적 성격의 요소가 가미되기도 한다. 야담의 이러한 특성은 '조선야담사'에서 주최한 야담대회에서도 그대로 반복되었다. 그 대상과 대회의 성격에 따라 내용이 변주되는 것이다. 하지만 야담 전문잡지가 등장하면서, 구연되던 야담은 활자매체로 고정되어 이전의 독자층과 함께 새로운 독자층을 형성해 나간다.

야담운동의 중심에 있었던 김진구는 당대의 야담이 "과거 조선에 있었던 허무맹랑한 이야기가 아니라 '민중적 역사', '이면사', '야사'에서 소재를 취한 '현대적 오락물'임"을 내세웠었다. 따라서 야담 작가는 지금까지 주목받지 못했거나, 다룰 수 없었던 사건이나 인물을 발굴하여, 그만큼 자유롭게 대상에 접근할 수 있었다.

---

33) 김동인, 「『野談』・『月刊野談』」, 『김동인전집』 6, 삼중당, 1976, 67~68면.

예컨대 전대 야담을 개작해야 하는 경우, 이전의 주인공을 중심으로 이야기를 전개하면서도 사건을 보다 기이하게 설정한다거나 구체적인 상황 설정을 통해 서술의 개연성을 확보하고 있는 것이다. 이러한 시도는 곧 전대 야담을 개작하며 역사적 사실에 근거하면서도 이를 문학적으로 형상화해야 한다는 의식을 반영하고 있는 것이다.[34] 『월간야담(月刊野談)』과 『야담(野談)』이 표방하고 있는 '야담의 역사화'와 허구성의 강조, 장편화 경향은 이들이 점차 역사소설로 나아가게 되는 하나의 징후로 파악할 수 있다. 역사를 소재로 한 야담의 생산과 대중적 소비는, 작가들로서는 역사소설의 모티프와 창작 수준을 가늠할 수 있는 바로미터로 기능하였고, 독자들에게는 조선의 '역사'와 문예작품에 대한 욕구를 충족시켜주는 기능을 담당하였던 것이다.

김동인이나 박종화 등의 역사소설이 갖는 대중적 측면이 비판되기는 했지만, 대중성과 연관된 전통론은 사실 그 동안의 연구사에서 주목받지 못했다. 전술한 바와 같이 역사소설과 야담을 포함하는 역사물 혹은 시대물과 당대 고전 부흥론은 상호 밀접한 연관 속에서 진행되었다. 이때, 대중화의 방식으로 과거나 고전을 소비하고 배치하는 형식이 『월간야담(月刊野談)』과 『야담(野談)』이라는 정기간행물과 신문 연재소설로서의 역사소설이었다고 할 수 있다.

1920년대부터 문단의 주요 흐름이었던 카프를 중심으로 한 프로문학과 문단의 한 축을 담당하던 민족주의 문학은, 1935년 카프의 해체 이후 민족주의 진영마저 그 대립성에서 오는 긴장감을 잃어 20년대와 같은 뚜렷한 흐름을 형성하지 못한다. 이러한 상황 속에서 이른바 '역사소설시대'라 불릴 만큼 역사소설의 생산이 활발하게 이루어진다.

이광수는 1921년 상해에서 귀국 한 이후 첫 작품으로 『가실』을 창작한다. 이어 『마의태자(麻衣太子)』(1926), 『단종애사(端宗哀史)』(1928), 『이순신(李

34) 정부교, 「근대야담의 전통계승과 의미—『月刊野談』을 중심으로」, 『야담문학연구의 현단계』 3(정명기 편), 보고사, 2001, 436~455면 참조.

舜臣)』(1931), 『이차돈(異次頓)의 사(死)』(1935), 『공민왕(恭愍王)』(1937), 『원효대사(元曉大師)』(1942) 등 장편 역사소설을 발표한다. 박종화는 『매일신보』에 『금삼(錦衫)의 피』(1936), 『다정불심(多情佛心)』(1940) 등을 연재하였으며, 윤백남은 『대도전(大盜傳)』(1930), 『항우(項羽)』(1933), 『흑두건(黑頭巾)』(1934)을, 현진건은 『무영탑(無影塔)』(1938), 『흑치상지(黑齒常之)』(1939), 이태준은 『황진이(黃眞伊)』(1936) 등을 발표한다. 홍명희는 1928년부터 1940년까지 10년 넘게 『조선일보』와 『조광(朝光)』 등에 『임꺽정』을 연재한다. 역사소설의 생산이 집중적으로 이루어졌던 1920년대 말에서 1930년대까지의 기간은 '조선야담사'가 창립되고 이른바 야담부흥운동이 활발히 전개되던 시기와도 일치한다.

이들은 거의 대부분 연재소설의 형식으로 발표되었는데, 역사소설은 신문과 잡지의 독자 유지를 위한 중요한 수단이었다고 할 수 있다. 조선야담사의 야담 보급이 언론사의 후원 하에 진행될 수 있었다면, 20년대와 30년대 야담에 대한 대중적 수요는 그대로 역사소설에 대한 수요로 이어졌다. 『야담(野談)』이나 『월간야담(月刊野談)』에는 단행본으로 출간된 역사소설에 대한 광고도 자주 발견할 수 있다. 또한 홍효민은 역사소설 『인조대왕(仁祖大王)』(1936)을, 윤백남은 선조로부터 계해반정까지를 전기로 적고 있는 『흑두건』을 『월간야담(月刊野談)』에 연재하는 등 역사를 쉽게 소개하기 위한 글이나 역사소설을 야담 전문 잡지에 연재하기도 한다. 특히 김동인은 1935년 자신이 직접 『야담(野談)』 잡지를 창간하면서도, 다른 한편으로 다른 매체를 통해 『젊은 그들』(『동아일보』, 1930), 『운현궁(雲峴宮)의 봄』(『조선일보』, 1933), 『대수양(大首陽)』(『조광(朝光)』, 1941) 등의 역사소설을 창작하기에 이른다. 역사소설의 신문연재가 만들어낸 독자층을 야담 잡지가 공유하는 형국이었던 것이다.

2. 대중지에 나타난 역사담론의 특질-『삼천리』, 『조광』을 중심으로

1) 『삼천리』, 『조광』에 나타난 역사물의 생산과 유통

근대사회에서 문학이라는 상품을 유통시키는 잡지, 출판, 문단사회 등의 제도와 매체는 문학을 근대사회에서 존립시키는 토대라고 할 수 있다. 특히 잡지와 같은 불특성 다수를 내상으로 해서 일정한 가격을 받고 정보와 지식을 제공하는 정기간행물은 문학을 근대적으로 존립시켜주는 중요한 제도적 장치 중의 하나이다. 근대계몽기를 거쳐 1910년대 중・후반까지 문학의 유통과 담론 형성을 지배한 것이 단행본 형식으로 출판된 고소설과 신소설들이었던 반면, 1920년대 이후 문학의 장(literary field)[35)]은 잡지와 신문이라는 대중매체를 매개로 하여 전개되었다고 할 수 있다.

일제하 잡지의 경우 1919년부터 문학동인지 『창조(創造)』와 종합지 『개벽(開闢)』, 그리고 각종 신문들이 간행되면서 급속히 전면화 되었다. 특히 초기 잡지의 경우에는 각종 학교나 학회, 교회 등에서 내는 '학회지'나 '기관지' 등이 대종을 이루었다. 이후 이념과 취향을 공유하는 소수 지식인 중심의 '동인지'와 사상, 이념, 사회적 이슈를 논하는 '종합지'로, 나아가 대중의 일상과 첨단의 유행, 새로운 문물과 풍속, 세태에

---

35) 문학장(literary field)이란 단순히 특정한 시간대나 공간을 의미하는 것은 아니다. 부르디외는 예술과 문학, 순수한 사고에 대한 담론들 거의 대부분이 중심을 삼아 돌고 있는 핵심적인 형상들의 비현실성을 벗겨내는 분석도구로써 '장'의 개념을 내세운다. 장의 개념은 초월적인 것을 실증적인 것으로, 독특한 것을 관계적인 것으로, 기적적인 것을 전략적인 것으로, 보편적인 것을 상대적인 것으로 전환한다. 문학적 정당성을 획득하기 위한 문학 행위자들 간의 경쟁과 대립, 긴장의 시스템은 법적인 코드에 의해서 움직여지는 다른 사회적 장들에서보다 더 밀도 높은 권력을 위한 치열한 투쟁의 공간이다. 이 글은 기본적으로 이러한 개념에 바탕을 두고 논의를 전개한다. Pierre Bourdieu, 하태권 역, 『예술의 규칙-문학장의 기원과 구조』, 동문선, 2002 참조.

대한 취재 기사로 이루어진 『별건곤(別乾坤)』, 『삼천리(三千里)』, 『조광(朝光)』 등의 '대중지'로 변모해 왔다. 이러한 모습은 시대 변화에 따른 문단의 재편과 출판사와 잡지사의 이른바 검열난·재정난·원고난 등 제반 사정과 함께 일제 식민 권력의 지배 정책의 변화와도 밀접한 관련을 맺고 있었다.

김동인은 1932년 『매일신보』에 당시 잡지계에 대한 만평을 싣고 있다. 그는 1930년대 초반 당시를 이른바 '잡지 홍수 시대'라 촌평하면서 그 이유를 다음과 같이 적고 있다.

> 한 때 雜誌 기근 時代가 지나간 뒤에 朝鮮사람 새에는 놀랍게도 雜誌熱이 생겼다 (…중략…) 그러는 동안에 朝鮮 사람의 사이에는 讀書熱이 놀랍게 많아졌다. 各 新聞의 文盲 退治 運動이 각곳에서 일어나 讀書熱은 무섭게 자랐다. 겨우 數種밖에 되지 않던 雜誌들이 놀라운 部數로 팔리게 되었다. 千部를 팔기가 힘들다는 朝鮮의 雜誌들이 萬部를 쑥쑥 넘겨가게 되었다. 여기서 雜誌洪水 時代는 現出케 된 것이다.[36]

각 언론사의 문맹 퇴치 운동에 따른 가독(可讀) 인구의 증가, 가독층의 지식에 대한 욕구, 그로 인한 독서열이 '잡지 홍수 시대'를 낳은 배경이란 설명이다. 그러면서 그는 『삼천리(三千里)』, 『동광(東光)』, 『신동아(新東亞)』, 『제일선(第一線)』, 『신여성(新女性)』, 『비판(批判)』 등 당시 주요 잡지들을 일별하고 있다. "어느 기민한 광고업자가 잡지들에게 '축 폐간' 광고를 모집하려 다녀도 그 성적이 괜찮으니만치 폐간 잡지가 속출"하는 가운데에서도, "그래도 뻣뻣이 서 가는 잡지"들이 있으니 그들을 골라서 "그럴만한 까닭"[37]이 무엇인지 살펴보겠다는 것이다. 『삼천리(三千里)』(1929.6~1942.1)가 그 맨 앞에 서 있다. 여기서 김동인은 『삼천리(三千里)』의 성격과

---

36) 김동인, 「여름날 漫評－雜誌에 대한」, 『김동인전집』 6, 삼중당, 1976, 368~369면.
37) 위의 책, 369면

발행인 김동환의 출판 전략에 대해서 다음과 같이 지적하고 있다.

> 三千里의 內容은 비빔밥이다. 맑시즘, 네니니즘, 민족주의, 연애 지상주의, 온갖 것이 雜然히 벌여 있어서 이야말로 '雜誌'다. 그러나 일반 讀書 大衆은 그런 것을 구별할 줄 모른다. ××이며 ○○이며 削除가 많으면 高級 잡지요, 좋은 잡지라 한다. 三千里에는 '××'와 '○○'이 상당히 많다. 연애 物語가 많이 있으면 재미있는 잡지라 한다. 三千里에는 연애 物語가 상당히 있다. 海外運動이 어떻고 女性이 어떻고 하면 좋은 잡지라 한다. 三千里에는 이런 말도 상당히 있다. 이리하여 일반 독서 대중은 三千里로써 高級이요, 재미있고 좋은 代表的 雜誌로 여긴다. 여기 巴人의 영리함이 있는 것이다. 이것을 詐術이라 하여 성낼 것이 아니라 讀者 이럴진대 編輯者 또한 이렇지 않을 수 없는 것이다. 巴人이 時勢를 잘 볼 줄 아는 三千里 萬萬歲 할 것이다.[38]

『조광(朝光)』은 『삼천리(三千里)』보다 6년 늦게 조선일보사에 의해 1935년 11월 창간되어 1944년 8월까지 통권 110호가 발간된 종합잡지이다. 이 시기는 언론에 대한 일제의 탄압이 극심한 시기였다. 예컨대 1933년 사상 관계 잡지의 발행 건수가 523건에 달하던 것이 1939년에는 겨우 18건에 불과한 실정이었다. 1936년에는 베를린 올림픽 손기정 선수의 일장기 말소 사건으로 『신동아』·『신가정』·『중앙』 등 3개 잡지가 폐간되고 『동아일보』와 『조선중앙일보』가 무기정간을 당하는 등 언론은 위축될 수밖에 없었다.[39] 또한 일제의 한국어 말살 정책과 전시체제하 물자 부족을 이유로, 일본과 조선 전역에 걸친 신문사 정비 정

---

38) 위의 책, 369~370면.

39) 『동아일보』는 1937년 6월 1일, 279일이라는 최장기의 정간 끝에 복간되었으나, 『조선중앙일보』는 휴간 동안에 재정상태가 재기 불능 상태로 악화되어 끝내 복간하지 못하고 1937년 11월 5일 허가의 효력이 상실되어 폐간되고 만다. 『신동아』와 『신가정』도 일제 치하에서는 다시 발행되지 못했다. 신용하, 『한국 근대의 민족운동과 사회운동』, 문학과지성사, 2001, 254~257면 참조.

책의 연장선에서 『조선일보』와 『동아일보』 모두 1940년 8월 10일 동시에 폐간되고 말았다. 이러한 와중에도 『조광(朝光)』은 해방 직전까지, 『조선일보』 폐간 후에도 4년여 간 지속적으로 발행된다.

정치적 독립과 계급투쟁의 담론이 억압된 상황에서 『삼천리(三千里)』, 『조광(朝光)』과 같은 종합 대중지들은 정치 · 경제 · 사회 · 문화 등 식민지 근대화의 온갖 사회 의제들을 포함하고 있었다. 나아가 일본을 통해 들어온 각종 지식과 사상 및 문화적 흐름을 소개하고 알려줌으로써 서구와 일본의 당대 문화를 간접적으로 체험하게 하는 역할을 담당하였다.

또한 당시 잡지들은 대부분 논문, 창작, 번역 이외에 '잡조(雜俎)'란을 마련하고 있다. 여기에서는 일반 대중들의 가벼운 일상이나, 당시의 유행, 취미, 사회적 풍자, 동인의 사적(私的) 활동 등 '가벼운 읽을거리'들을 제공하고 있다. 이들은 앞부분의 진지한 담론으로 이루어진 근대적 체계에서 벗어난 '잉여의 영역'이었다. 결국 '잡조'란은 대중적 일상이 제도적 담론 속으로 진입, 등록되는 공간이었으며,[40] 이것이 확대되고 전면화된 것이 곧 종합 대중지라 할 수 있다.

『월간야담(月刊野談)』이나 『야담(野談)』과 같은 야담 전문잡지뿐 아니라 『조광(朝光)』 · 『삼천리(三千里)』 등 대중지에도 지속적으로 야담(野談), 야사(野史), 사화(史話), 사담(史談)과 같은 야담류 역사 이야기가 지속적으로 실리고 있다. 이외에도 세계 각국의 독립운동사, 국내외 사적(史蹟)에 대한 기행문, 세계 각국의 역사 위인에 대한 소개, 주요 역사적 사건에 대한 비평 등이 소개된다.[41] 대중지에 실린 이러한 항목들은 결국 당대

---

40) 차혜영, 「1930년대 『月刊野談』과 『野談』의 자리」, 『상허학보』 8집, 깊은샘, 2002.2, 88면.

41) 『朝光』이나 『三千里』는 이전의 잡지들과 담론 생산 방식에 차이를 보인다. 이들 잡지는 기존의 근대적 지식 제도의 담론에 대한 지향보다는 지식에서 '상식'으로, 학문으로서의 역사담론에서 이야기로서의 역사담론으로 전환하는 기능을 담당하고 있는 것으로 보인다. 권명아, 「여성 · 수난사 이야기의 역사적 층위」, 『상허학보』 10집, 깊은샘, 2003.2, 151~152면.

대중 독자들이 단순히 소일거리로서 역사 이야기를 향유하였다는 차원을 넘어 역사물에 대한 다양한 욕구를 가지고 있었음을 방증하는 것이기도 하다.

이러한 독자들의 취향은 곧 1930년대 역사소설의 생산에도 영향을 미치게 되었다. 당시의 주요한 사회적 관심사나 쟁점들과 관련한 역사담론들이 소개되면 이와 관련하여 역사소설들이 창작되면서 그러한 담론들이 재생산되고 있음을 확인할 수 있다. 하지만 근대계몽기에서 합방 후 1930년대에 이르는 기간까지 다양한 역사담물들이 생산되고 축적되지만, 각 시기 역사담물의 성격은 전혀 다른 층위에 놓여 있는 것이었다.

예컨대 근대계몽기 역사・전기류 문학에서 발견되었던 '윌리엄 텔'이나 '잔 다르크'와 같은 외국 영웅의 이야기는 30년대 종합 대중지에 재등장하여 역사를 환기하는 중요한 소재로 활용되었다. 『삼천리(三千里)』 1931년 4월호에 실린 이른바 '지상영화(誌上映畵)' 기획이었던 초사(草士)의 「윌니암 텔」, 두공(頭空)의 「짠딱―크」와, 1936년 2월호에 실린 삼청학인(三淸學人)의 「짠 다―크의 기념비(記念碑) 앞에 서서」 등이 그것이다.

주지하다시피 1907년 발표된 박은식의 『서사건국지(瑞士建國誌)』는 스위스의 전설적 영웅 윌리엄 텔의 일대기를 다룬 것이다. 당시 '정치소설'이란 표제를 달고 나온 『서사건국지(瑞士建國誌)』는 원래 독일 쉴러 원작의 희곡을 중국의 정철관(鄭哲貫)이 소설로 각색했고, 그것을 다시 박은식이 역술(譯述)한 것이다. 희곡이었던 원작의 형태가 '소설'로 바뀌었다가 다시 '지상 영화'의 형태로 변화되어 나타난 것이다. '잔 다르크' 역시 장지연의 『애국부인전』에서 이미 형상화되었던 인물이다.

護送하는 배가운데의 일이다. 湖水는 크게 거침으로 代官은 텔의 몸에 둘닌 捕縛의 노끈을 느추고 돗때질하기를 命令하엿스나 텔은 拒絶하고 곳 물속에 뛰어들어 목숨을 救하엿다. 텔은 代官을 길가에서 죽이잇다. 그러자 山과 山에

烽火가 올느고 각처에서 종이 울니드니 감욱은 바서지고 사람들은 녯날과 가튼 瑞西의 正義와 自由와 平和를 어덧다. 텔은 여러사람들에게 웨 싸여 놉프게 부르짓는다. "强者는 제혼자 잇슬 때가 제일 强하다고 밋어 왓스나 强한 者가 團結하는 때는 더욱 强하게 되는 것을 아럿다."[42]

1429년 4월에 奇妙한 一軍이 돌연히 나타나서 10重20重으로 싼 英軍을 擊破하엿다. 그 指揮者는 짠딱크엇다. 짠딱-크는 鐵甲을 입고 聖母를 그린 軍旗를 들고서 3千의 手兵을 거느리고 陳頭에 섯다. "兵丁옷을 입은 處女다!" "豫言에 나타낫든 天使다"하고 모든 國人들은 크게 感激하여 士氣大振하야 英軍을 擊退한 것이다. 이제는 佛蘭西軍이 大勝利를 하엿다. 이리하야 짠딱-크는 古來로 國王卽位의 靈地로 정하여 잇는 '란스府'에 이르러 王을 引導하야 大禮를 擧行한 뒤 直時 '巴里'로 進軍하려 하엿스나 王이 怯懦하여 그만 그 機會를 일엇든 까닭에 戰爭의 大勢는 逆轉되어 짠딱-크는 英軍손에 잡히어 1431년 5월 끗끗내 '루안市場'에서 火刑을 당하고 말엇다.[43]

근대계몽기 외국 전기물의 번역과 번안은 외세에 대한 저항과 현실 극복을 성취하고자 하는 작가의 사회의식을 반영한 것이었다. 쉴러의 원작이 의도한 것이 폭정에 대한 항거라기보다 '반자연에 대한 자연의 복수'에 역점을 두고 있었다면,[44] 박은식의 『서사건국지』는 침략세력에 대한 저항 의식을 강화하고자 하는 목적에서 쓰인 것이었다. 또한 『애국부인전』에서 국난을 당한 프랑스를 구한 잔 다르크의 영웅적 행동은 그대로 당시 조선의 국난을 극복하는데 시급히 필요한 것이기도 하였다. 하지만 30년대 종합 대중지를 통해 '희곡'도 '소설'도 아닌 '지상 영

42) 草士, 「紙上映畵-월니암 텔」, 『三千里』, 1931.4, 60면.
43) 頭空, 「紙上映畵-짠딱-크」, 위의 책, 65면.
44) 이선영, 「한국 개화기 역사·전기소설의 성격」, 『역사·전기소설』 1(한국학문헌연구소 편), 이세아문화사, 1979, 10면.

화'란 모호한 표제 아래 다시 소환된 윌리엄 텔과 잔다르크는 당시 조선의 현실에 대한 아무런 매개 없이 단지 외국 위인의 소개 차원에 머물고 있을 뿐이다. 나아가 중일전쟁이 임박했던 1936년에 쓰인 「짠 다―크의 기념비(記念碑) 앞에 서서」에 이르면 일제하의 식민지 조선이라는 객관적 현실은 무시된 채, '애국심'과 '의용군대'가 강조되고 '강국이 된 불란서'에 대한 동경이 중심에 놓이게 된다.

> '짠다―크'가 나스기 전까지의 佛蘭西란 나라는 극도의 봉건제도이여서 한 지역지역에 군웅할거해 잇는 제후들이 각각 자긔가 잇는 그 지역의 모든 정치를 一切로 하엿슴으로 그 당시 불국민은 자긔의 제후에게는 충성을 다할 필요를 느끼게 되여도 일국의 왕에게는 아무런 충성도 몰낫섯다. 이러한 제후들이 여긔저긔에 잇섯든 그 당시의 불국민은 '佛蘭西나라'라는 애국심이란 조금도 차저볼 수가 업섯든 것이다. 그래서 영불전쟁에 잇서서도 국민일치의 애국심이 업는 그 나라에서 무슨 승리를 어들 것인가 (…중략…) '짠다―크'가 나타나서 애국심을 전 佛蘭西국민에게 고취식히는 동시에 자긔 스사로가 의용군대를 조직하야 전선에 나스게 되니 激하기를 잘하고 의분이 끌는 불국의 전 민족은 일제히 들고 이러나서 영국을 물니치게 되엿든 것이다.[45]

중일전쟁을 통한 대동아 공영권의 건설은 '황민화정책'과 '내선일체'의 기획 속에 놓인 것이었다. 나라 잃은 식민지인들에게 애국심이란 결국 일본 제국에 대한 충성을 의미하는 것이 될 수밖에 없었다.[46] 이제 '황민'으로서 식민지 조선인의 적은 일본이 아닌 또 다른 제국주의인

45) 三淸學人, 「짠 다―크의 記念碑를 보고 생각나든 일」, 『三千里』, 1936.2, 68면.

46) 이광수는 중일전쟁을 계기로 조선이 교육령의 개정, 지원병 제도, 내선일체 등 많은 방면에서 비약을 보여주었으며, "무엇보다도 조선 민중이 마음으로부터 일본 국민이 되고자 결심하여 현재 그 결과가 나타나고 있는 것"이 비약 중의 대비약(大飛躍)이라고 역설한다. 이경훈, 「이광수의 친일문학 연구―그의 정치적 이념과 연관하여」, 연세대 박사논문, 1994, 136면.

미국과 영국 등 서양이 그 자리에 놓이게 되었다. 내선일체를 통한 민족의 통합으로 서양이라는 공동의 적에 대항하게 된 셈이다. 이러한 시각은 일본의 제국주의적 속성에 눈 감은 채 오직 서양을 향해서만 제국주의 비판의 자세를 취하는 것이 될 수밖에 없는 것이었다.[47]

또 하나 주목할 것은 이들 잡지에 매우 빈번하게 각국의 건국신화와 그에 얽힌 야사들, 패망기 등이 소개되고 있다는 점이다. 건국신화는 한마디로 인간 세계에 국가라는 제도가 어떤 과정을 거쳐 성립하였는지를 말하는 형식이다. 건국신화는 국가의 성립이라는 역사적 사건과 밀접한 관련성을 가지고 있으며 이를 신화적으로 신성화시킨 결과물이라고 할 수 있다. 건국신화가 피지배자에 대한 지배자의 권위를 정치적으로 정당화시키는 이데올로기로 작용한 측면이 이 점에서 나타난다. 건국영웅들은 대체로 역사적인 실체가 있는 적들을 상대하며 나라를 세우는 것으로 종결된다. 그 성취물은 사람들이 살기에 편한 이상적인 국가이다. 건국신화의 이러한 서사 원리는 일제의 대륙침략과 왕도낙토 건설의 논리를 합리화할 수 있는 기제로써 활용될 수 있었다.[48]

건국신화와 패망기는 짝을 이룬다.[49] 새로운 것을 만들기 위해서는 낡은 것을 없애야 하는 법이다. 이 때문에 창조와 파괴, 파괴와 창조는 언제나 맞물리게 마련이다. 『삼천리(三千里)』는 1929년부터 1941년까지,

---

47) 이러한 내선일체의 논리는 『이차돈의 사』, 『원효대사』와 같은 춘원의 역사소설에서 그대로 투영되어 나타나기도 한다. 이경훈, 위의 글, 141~142면 참조.

48) 이강엽, 『신화』, 연세대 출판부, 2004, 154면.

49) 『三千里』와 『朝光』에 실린 건국관련 서사와 패망기들은 다음과 같다. 『三千里』 : 「義慈王의 最後」(1929.7), 「復活하는 愛蘭」(1929.12), 「西班牙王祖의 沒落」(1931.5), 「朝鮮民族의 全盛時代」(1935.1), 「建國의 偉傑인 伊太利 가-불」(1935.2), 「米國을 이루어 놓은 熱血兒 와싱톤」(1935.2), 「舊文明의 崩毁, 新文明의 建設」(1935.7), 「民族興亡의 자취를 찾아-埃及의 스핑쓰를 바라보고」, 「예루살넴聖殿에서 二千年을 생각노라」, 「興安嶺上에 서서 蒙古民族興亡을 봄」(1936.2). 『朝光』 : 「에디오피아皇帝 하일레 셀라시에-그의 人物 生活 主義는 어떠한가」(1935.12), 「新獨立國比律賓大觀」(1935.12), 「烏金色美人의 降山-에國野談」(1935.12), 「曠野를 彷徨하는 女王 帝政露西亞王朝 沒落奇談」(1936.3), 「興隆해가는 아메리카인듸안」(1936.8), 「波蘭의 獨立史-波蘭問題 特輯」(1939.11), 「落花巖-戲曲 : 百濟滅亡史」(1940.2) 등.

『조광(朝光)』은 1935년부터 1944년까지 발행되었다. 두 잡지 모두 간행 기간 대부분이 만주사변에서 태평양전쟁에 이르기까지의 전시체제 속에서 발행되고 있는 것이다.

> 나는 나의 반생에서 엇던 민족의 국가가 망하는 것도 적지 않게 보앗고 엇던 민족은 새로 국가를 형성도 하며 얼마동안 망하엿든 조국의 독립을 회복하는 것도 또한 적지않게 보앗다. 그 예를 오래고 먼 남에게서 구할 것이 아니라 우리가 살고 있는 소선반도에서도 넉넉히 차서볼 수 있는 것이다. 滿淸帝國의 朝貢國으로 稱臣蕃屬의 半독립의 朝鮮이 일청전쟁의 결과로 대한제국이 되는 것도 보앗으며 (…중략…) 그리고 최근 東亞로 논하여도 9,18의 日中사변으로 만주국이라는 것도 성립되며 미국사람의 比律賓群島의 마래족이 10년 기한부의 독립자격을 취득하여 가지고 신연방공화국의 건설을 진행중이라는 것도 보고 있는 시간이다.50)

기행문 형식으로 되어 있는 원세훈의 글은 몽고의 과거와 현재를 논하면서 몽고가 망할 수밖에 없는 이유에 대해 천착하고 있는 글이다. 그는 한 국가의 흥망은 예외적인 사건이 아니라 언제나 목도할 수 있는 것이라고 전제한다. 조선이 청일전쟁의 결과 대한제국이 된 것이나, 중일전쟁의 결과 만주국이 수립된 것 역시도 이와 같은 맥락에서 이해될 수 있다는 것이다. 그러면서 그는 한 국가의 흥망은 곧 그 국가 구성원인 민족성과 직결되는 것이라고 주장하면서, 몽고의 쇠퇴와 멸망은 당연한 귀결일 수밖에 없다고 결론짓는다.

50) 元世勳, 「民族興亡의 자최를 차저－興安嶺上에 서서 蒙古民族興亡을 봄」, 『三千里』, 1936.2, 58~59면.

2) 식민담론의 생산과 역사물의 대중적 소비

식민 권력의 질병 관리를 위한 의료에 대한 관심은 일차적으로 합방에 대한 대중적 반발의 무마와 식민지배의 정당성을 대내외에 홍보하기 위한 것이었으며, 나아가 1930년대 이후에는 총동원 체제 하에서 한국인들을 노동력과 전투력으로 동원하기 위한 것이기도 하였다.[51] 곧 질병의 관리는 식민체제의 정상적인 유지와 확산, 재생산을 위한 방편이었던 것이다.

> 蒙古 사람은 남녀를 막론하고 성년이상에는 거진 매독과 임질을 가진 것인데 그들을 그 병을 치료하기를 그다지 원치 아니하더라고 한다. 그 무슨 까닭에 병의 치료를 不肯하든가 하면 그들은 무슨 병이나 부체님께 기도하여 낫기를 원하며 의약으로써 치료하는 것은 붓체님의 뜻에 억으러지는 것인즉 죄라고 생각하더라고 한다. 李氏의 말에 의한다면 蒙古민족은 현상대로 방임한다면 화×병에 멸족의 患을 난면할만치 실정이 되여젓다고 하며 그밖에도 산업, 교육, 교통, 생활양식 등 온갓 것이 한아도 쇠퇴되지 아니하는 것이 없더라고 하는데 그 실례를 들자면 한도가 없을만치 만타.[52]

> 文明國에 싸여서 잇는 未開民族의 數는 減少의 길을 것는다는 것이 從來 學者의 常識이 되여 잇섯는데 保護와 指導의 方法如何에 따라서는 未開民族의 人口 增加도 不可能하지안타는 것이 '카나다'의 '아메리카인듸안'의 人口統計로서 證明되엿다. 즉 一九二四年에 十萬四千九百名이 엿든 '카나다' 國內의

51) 세계적 차원에서 근대 의료 전파의 주도적 역할을 수행했던 선교의료가 일제하의 식민지 조선에서는 주도적 위치를 확보할 수 없었다. 오히려 일제측의 관변 의료체계가 질적, 양적 측면에서 주도적 위치를 차지하고 있었다. 조형근, 「식민지체제와 의료적 규율화」, 『근대주체와 식민지 규율권력』(김진균 · 정근식 편), 문화과학사, 2003, 177면.

52) 元世勳, 「民族興亡의 자최를 차저-興安嶺上에 서서 蒙古民族興亡을 봄」, 『三千里』, 1936.2, 63면.

> '아메리카인듸안'은 一九三四年末 現在에는 十一萬二千五百이 되여 十年間에 七八千人의 人口가 增加되엿다 이것은 '카나다' 政府가 '인디안' 事務省을 設置하여 '아메리카 인듸안'의 保健 職業指導에 大活躍을 한 努力의 結果이라고 생각된다.[53)]

『조광(朝光)』에 실린 「흥융(興隆)해가는 아메리카 인듸안」은 '미개민족'인 아메리카 인디언이 문명국인 캐나다의 '보호'와 '지도' 아래 '멸소(滅少)의 길'을 걷지 않고 흥융할 수 있었음을 이야기하고 있다. 일세의 대륙과 남방에 대한 침략은 곧 이전의 국가를 멸하고 대동아 공영의 기치 아래 새로운 국가를 건설하는 것이었다. 당시 건국 관련 서사와 패망기들은 이러한 시대적 분위기와 무관하지 않은 것이었다.[54)]

주목할 것은 두 글 모두 문명과 비문명의 구도 아래에서 비문명의 징표로 의료와 보건을 강조하고 있다는 점이다. 인구의 증식에 직접적인 영향을 미칠 수밖에 없는 매독, 임질과 같은 질병에 대한 관리나, 미개한 식민지인들의 인구 증가를 위한 보건에 대한 관심은 곧 식민지 체제를 유지하기 위한 필수적인 조건이 된다.

위의 두 글은 표면적으로는 다른 민족의 과거 역사와 현재를 문제 삼고 있지만, 불가분 그것은 식민지배 체제의 유지를 위한 담론 생산에 기여한 것이었다. 일제는 질병과 보건에 대한 강조와 그에 대한 관리의 필요성을 환기함으로써 개인의 일상적인 영역에 이르기까지 관리, 통제의 대상으로 포섭할 수 있었던 것이다.

---

53) 「興隆해가는 아메리카 인듸안」, 『朝光』, 1936.8, 313면.

54) 한편 『三千里』, 『朝光』 뿐 아니라 『別乾坤』에도 이와 유사한 내용의 특집이 기획되었다. 申明均, 「東方 三大國 建設記-高句麗 亡國遺民으로 渤海國를 創設한 大祚榮」; 壽春學人, 「弓裔의 部下로 三韓을 統合한 高麗太祖 建國秘史」; 車相瓚, 「三尺長釖으로 五百年 大業 李太祖 建國 實錄」; 靑吾生, 「創道 · 建國 · 創語 三大偉人, 一寸舌 · 一柄筆로 新國家 創建! 偉人 '마사릭'大統領, 체크슬로바키아의 建國實話」; 鏡花生, 「創道 · 建國 · 創語 三大偉人, 世界文明의 恩師 國際語 創始者 자멘호프博士, 博士의 13週忌를 臨히야」, 『別乾坤』, 1929.4.

한편 안재홍의 1935년 7월 『삼천리(三千里)』에 실린 아래의 글은 당시 조선과 일본을 직접 비교의 대상으로 놓고, 조선인이 식민지 토인으로서 가지는 자괴감과 제국에 대한 부러움을 토로하고 있는 글이다.

> 낙후된 사회 蕭條한 조선의 천지로부터 이땅의 나그내가 되매 새삼스리 놀나운 생각이 샘솟고 잇습니다 (…중략…) 현재의 大東京은 약 600만에 각가운 인구를 가지고 잇어 런던, 뉴욕으로 그 고하를 견주어 보려한다 하거니와 그 동안에는 일본의 국가적 발전의 一大飛躍過程을 일운 세계대전란을 치렀고 大正12年度의 關東大震災를 치러서 선악의 두 의미로 兩大劫運을 지낫으니 이만큼의 변환과 발전을 보는 것은 당연에 지난 당연입니다. 대전란기에 혁명적 대비약을 일운 경제적 발전에다가 미증유한 震災의 대파괴의 뒤를 받어 그 부흥의 도시계획은 자못 또 혁명적의 대시설로 밧귀어서 실은 오늘날의 整然한 문화적 대도시로 된 것이니 인세의 운명이 奇하다면 奇한 것이려니와 조선의 一書生浪人으로서 뒤늦게 이 신흥한 대도시를 와서보고 旅窓에서 홀로 懊惱煩悶의 新魔障의 속에 허덕대고 잇는 나의 전모가 스스로 보기에 우습습니다 (…중략…) 웬만한 호—텔의 지배인으로부터 회계와 서기와 뽀이들까지가 그 동작의 계통이 모다 이 流儀요 이 취미이어서 그들의 특색인 統制, 均整, 精潔을 표현하고 잇고 그 중에 움즉이고 잇는 것은 책임 및 책임감의 발로이라. 이것을 새삼스러히 논의하면 냉×냉소하는 이 잇겟지만 다 아는 양하면서 참으로 알지 몯하고 그 耳目에서는 묵고 낡엇는데 그 실천에서는 小兒病은 새로히 『곤닭의 알』 되려는 현대 朝鮮人의 처지와 및 그 도덕적 경향에 돌아보면 새삼스럽지 아니한 낙후자의—실패민족의 회한이 일어납니다. 그리고 이 조석으로 왕래하는 東京에만 와서 도리켜 朝鮮의 전모를 반성하더라도 그의 반목, 軋轢이 自己耗損과 自己戕害의 컴컴한 구렁으로만 내려지고 잇는 것이 몰내 애닯고 쓰라린 바입니다.[55]

---

55) 安在鴻, 「舊文明의 崩壞・新文明의 建設—二十年만의 東京을 보고 와서」, 『三千里』, 1935.7, 35~37면.

당시 지식인의 눈으로 목도한 낙후된 조선과 일본에 대한 비교, 그리고 그에 대한 소회는 정치·경제·문화적으로 서양과 견줄만한 대국으로서 일본과, 상대적으로 조선이 식민지일 수밖에 없는 현실에 대한 당위를 증언하는 것이었다. 그것은 곧 '구문명의 붕괴와 신문명의 건설'로 요약될 수 있는 것으로, 이러한 논리는 결국 일제의 침략 논리를 정당화하는 기제로써 작용하기도 하였다.

1931년 만주 침략 시에 내세웠던 오족협화의 논리는 1938년 중일전쟁이 일어난 후에 일본·만주국·중국이 주노하여 '동아 신실서'를 선설해야 한다는 주장으로 발전한다. 결국 일제는 1940년 7월 국책 요강으로 '대동아 신질서 건설'을 내세우고, 8월 1일 마쓰오카 요스케[松岡洋右] 일본 외상은 이른바 '대동아공영권'을 주창하기에 이른다. 이 시기 『삼천리(三千里)』는 당시 조선 총독 미나미지로[南次郎]의 논설을 게재함으로써 당시 일제의 대륙 침략의 논리를 선전하는 데 동원되기도 한다.

> 事變은 旣히 滿1年有半, 本日로써 正히 第3年에 入하야 사태는 依然愈愈長期持久의 第2階段에 진전하여 국민의 각오는 益益緊張을 要하는 시기에 있다. 年頭에 際하야 半島官民과 共히 時局對處의 결의를 새로히 하려고 思하노라 (…중략…) 東亞의 각 民族은 其皮膚의 色의 證함과 如히 相互血液의 원류를 密通히 하고 문화의 교류를 遂하면서 다만 정치의 部面에 있어 各各國을 立하여 覇를 爭하여 내외의 治亂이 범상치 안으며 盛衰興亡을 반복하여 幾千年을 경과하여온 터이다. 殊히 암흑의 中世를 經하여 근대국가의 시대에 移行되자 日支2大國民은 和戰交交相見하기 반세기, 支那의 積弱은 屢屢서방열강의 乘하야 侵略割取하는 바되여 帝國은 단지 東亞의 安危를 支하여 近年에 至하였으나 偶偶滿洲事變은 日滿一體의 新關係를 生하였으며 今에 또 本事變이 되야 皇軍의 偉大한 戰果는 日滿支에 亘한 民族단결, 東亞聯盟의 新組織을 現出하는 大機運을 齎來하였다. 이것이 필경 東亞開闢 以來의 획기적 事象이며 (…중략…) 東洋平和保全의 國是가 三朝相承의 遺烈에 의하여 여기에 本事變을 機로 하고

그 귀결을 顯現하려함으로 眞히 장엄한 史的 偉觀이라고 謂치 않을 수 없다 (…중략…) 如斯히 현대의 東亞民族은 今過去의 如何한 시대에도 見함을 得키 어렵든 역사의 대변화를 목격하는 터인데 爰에 심히 牢記할 것은 我日本國民으로 此의 傍觀者가 아니고서 스사로 創造者인 입장에 在하여 국민의 貴한 鮮血로서 新歷史를 綴하는 一事이다 (…중략…) 帝國의 국제지위는 우월하다. 日滿支 單位의 新東亞 협동체에 지도자인 책임은 大하다. 此 지위의 躍進 此 責任의 加重에 대하여 萬若 國民의 資格實力으로서 劣함이 있스면 혹은 思치 안은 禍機를 孕하여 今日의 光榮이 도로혀 明日의 失意을 生할는지 難測이다. 要는 先히 국민의 自己刷新에 있다. 一切의 사회적 舊套의 改革에 있다. 內省하여 大乘的 신념을 磨하며 강력한 태세를 정하여 眞히 後進國民을 化醇하는 자격을 체득하여 비로소 東世에 大道義를 布하여 세계에 志를 伸하는 국민됨을 得하는 것이다. 予가 恒常 事變解決의 鍵이 繫하여 內에 在하다고 하는 것은 亦신間의 理路을 성찰함에 있다. 事變以來 顯著한 姿로서 顯現한 內鮮一體의 風湖는 반도동포의 純情과 聰明한 我國家의 崇高한 理想과 使命과를 了解하는데서 出하야 30년 施政의 결실로써 洵히 感佩에 不堪한다. 此에 나타난 大和大同의 정신과 원리야말로 古來兄弟鬩牆을 事로 한 東亞民族이 제새로 提携단결의 과정에 入함에 當하여의 道義的 시범으로써 亦大한 史的 役割을 果하는 것이라 謂치 않을 수 없다. 半島官民 須히 心意을 鍛鍊하여 志向을 高邁히 하며 皇國國運의 大飛躍에 追隨하여 뒤떠러지지 않을 用意를 怠지 말 것이다. 기대하는 바도 蓋히 이것이다.[56]

1939년 『삼천리(三千里)』 신년호에 실린 조선 총독의 논설은 당시 조선이 처한 정세와 일제의 대륙 침략과 전시 동원의 논리가 무엇인지 압축적으로 보여주고 있다. 총독은 근대 이전 '동아'의 각 민족은 '상호 혈액과 문화의 교류'를 활발히 하면서도 '다만 정치에 있어서만' 교류

56) 「碧血로 歷史를 綴하노라」, 『三千里』, 1939.1, 34~35면.

를 이루지 못하였음을 지적하고 있다. 말할 것도 없이 여기서 동아의 정치적 교류를 가능케 한 것은 일본이었다. 근대 이후 '서방 열강의 침략'에 이르러 '제국이 단지 동아의 안위를 위하여' 일어남으로써 '일만일체(日滿一體)의 신관계(新關係)'를 낳을 수 있었다는 것이다. 나아가 만주사변을 통해 이루어진 '민족 단결, 동아 연맹의 신조직을 현출하는 대기운'이야말로 '동아개벽(東亞開闢) 이래의 획기적 사상(事象)'임을 강조하고 있다. 이제 필요한 것은 '국민의 자기쇄신'과 모든 '사회적 구투의 개혁'에 있으며, '대화대동(大和大同)의 정신과 원리야말로 동아민족이 제휴 단결의 과정'에 도달하는 길이라는 것이다.

총독의 이러한 논조는 당시 잡지의 성격을 규정짓는 것이었다. 나아가 태평양전쟁의 발발과 사실상 총력전 체제로의 진입이라는 객관적 정황은 당시 잡지계에도 그대로 반영된다. 일제는 1941년 4월에는 문예지 『문장(文章)』과 『인문평론(人文評論)』을 강제 폐간시켰으며, 『조광(朝光)』, 『신시대(新時代)』, 『조선춘추(朝鮮春秋)』에 대해서는 일본어로 간행하도록 강요하였다. 특히 1942년 조선총독부에 의해 실시된 '국어전해운동'으로 인해 잡지 출판에서 일본어 사용이 강요되기에 이른다. 우선 일제는 『국민문학(國民文學)』(통권 38호, 1941.11~1945.2)을 본보기로 일본어화하였다.57)

그러나 당시 전문 지식인들만이 아니고 일반 지식인과 민중들을 독자로 하는 잡지들은 『국민문학(國民文學)』처럼 할 수는 없었다. 『조광(朝光)』, 『삼천리(三千里)』와 같은 종합잡지들은 부분적으로 일본어로 된 글

---

57) 『國民文學』은 문예 월간지로, "皇道精神 昂揚에 적극 협조하라"는 일제의 강제적 종용에 의하여 최재서 주재 하에 발행된 잡지이다. 처음에는 연 4회 일문판, 8회는 한글판으로 간행될 계획이었으나, 제2권 5호부터 종간 때까지 계속 일문판으로 발행되었다. 김근수, 『한국잡지사 연구』, 한국학연구소, 1992, 192면. 이는 잡지의 독자들이 일본어를 능숙하게 해독할 수 있는 사람들이기 때문에 일본어로 간행되어도 달리 문제가 될 것이 없었기 때문이다. 따라서 해방될 때까지 『國民文學』은 일본어로만 발간되었던 것이다.

을 싣기는 하였지만 잡지 전체로 보면 한글로 된 글이 대부분이었다. 그렇게 할 수밖에 없었던 것은 이 잡지의 독자들 중에는 일본어를 해독할 수 없는 사람들이 많이 포함되어 있기 때문이다. 일제가 정책적으로 '국어전해운동'을 실시하면서도 일본어를 강제하지 않은 것은 식민지배와 전시 동원의 논리를 좀 더 많은 조선인들에게 좀 더 손쉽게 전달하기 위한 것이었다.[58] 당장 필요한 것은 일본어 보급이 아닌, 총력전 체제 하에서 어떻게든 조선인들을 활용하는 것이었다. 따라서 조선어 말살정책의 와중에도 당시 잡지들이 한글로 된 글을 많이 실었던 것은 잡지를 만드는 사람들의 반식민주의적 인식에 의한 것이라기보다는 조선총독부의 대중동원의 책략에서 비롯되었다고 보아야 한다.

종합 대중지를 표방한 『삼천리(三千里)』와 『조광(朝光)』은 독자 대중의 취미, 오락, 교양에 대한 욕구를 충족시키면서, 한편으로 일상의 차원에서 다양한 정보들을 제공하는 역할을 수행하였다. 하지만 독자들에게 대중적 읽을거리를 제공한다는 명분 또한 일제의 식민 치하라는 외적 현실로부터 자유로울 수 없었으며, 이들 잡지에 실린 이른바 역사담론 역시 점차 일제의 식민지배를 정당화하고 총력전 체제에 부합하는 내용들이 많이 등장할 수밖에 없었다.

1937년 일제가 중일전쟁을 일으키던 무렵부터 두 잡지는 점차 친일적인 성향을 띄게 된다. 『삼천리(三千里)』는 1942년 신년호를 마지막으로 종간하였는 바, 종간호는 '미영격멸(米英擊滅)' 특집호로 꾸며져 있다. 이후 『삼천리(三千里)』는 1942년 5월부터 제호(題號)를 『대동아(大東亞)』로 바꾸게 된다. 『삼천리(三千里)』의 지령(誌齡)을 계승한 『대동아(大東亞)』는

58) 예컨대 '조선 금융조합 연합회'가 펴낸 『半島の光』은 잡지 제호가 주는 인상과는 다르게 전쟁 종료 시까지 일체 한글로 편집되었다. 이 잡지의 주된 독자는 농민들이었기 때문이다. 이들을 전쟁에 동원하여 활용하기 위해서라도 이들 잡지는 부분적으로는 일본어로 된 글이 실리지만 전체적으로는 조선어가 주를 이루게 되었던 것이다. 김재용, 「식민주의와 언어－중일전쟁 이후 일제의 언어 정책과 한국 문학인의 대응」, "일제하의 동북아문학" 발표문, 제1회 식민주의와 문학국제 심포지엄, 연세대, 2005.10.14~15 참조.

전체 기사의 반 이상을 일문 기사로 채우며 친일적인 논조로 일제의 전쟁 수행에 협력하는 등의 내용으로 1943년 3월호까지 지속되었다.[59] 한편 『조광(朝光)』은 해방 직전인 1944년 8월까지 그 명맥을 유지하였다. 하지만 일제 말에 이르면 종합 대중지로서의 성격은 찾아보기 힘들다. 특히 제2차 세계대전이 일어난 1939년부터는 친일의 색채가 노골화되면서 조선 청년의 징병, 징용을 권장하는 글과 함께 전쟁 관련 글들이 전면에 배치된다. 1943년 『조광(朝光)』 12월호에는 당시 연희전문·보성전문·혜화전문·성대·부산 고등수산학교 출신 학병들의 「출진학도의 변(出陣學徒の辯)」을 전문(全文) 일문으로 게재하고, 이어 당대의 명사들이 「학병출진훈(學兵出陣訓)」을 싣고 있다. 그 맨 앞에 「보람 있게 죽자」는 제목의 최남선의 글이 실려 있다.

> 이 胸芽를 拔去함으로써 보람있는 죽엄으로의 ○一路를 省悟한듯한 青年이 一二뿐 아니였다. "聖戰이다"하는 一念과 함께 大丈夫의 意氣를 나타낼 때가 시방이다하는 決心을 그네의 眉宇에 볼때에 눈에서 더운 물이 솟지 않을 수 없다. 이제 새삼스럽게 '聖戰莫疑'의 一句를 提擧하면서 아울러 옛날 圓光法師의 '臨陣無退'의 四字까지를 陳頭의 青年學徒에게 贈物하고 싶다.[60]

최남선은 조선의 청년들이 '성전'에 대한 어떠한 의심도 없이 전장에 나가 죽음을 맞는 것이야말로 '대장부의 의기'임을 말하고 있다. 이때 청년학병들에게 필요한 것은 '임진무퇴(臨陣無退)'의 정신이다. 신라 화랑도의 실천 법규 중 하나였던 임전무퇴(臨戰無退)의 가르침이 이제 육

---

59) 『三千里』의 발행인이었던 김동환은 해방 후 1948년 5월 타블로이드판 20면 분량의 신문 형태로 『三千里』를 속간했다. 편집 겸 발행인은 최낙종으로 되어 있으나 실질적으로는 김동환이 발행한 것이었다. 속간 『三千里』는 1950년 6월 한국전쟁 직전까지 총 20호가 발행되었다. 정진석, 「파인 김동환과 『三千里』」, 『언론인 파인 김동환 연구』(김영식 편), 신성출판사, 2000, 16면.

60) 최남선, 「보람 있게 죽자」, 『朝光』, 1943.12, 56면.

당에 의해 전쟁 동원의 논리로 전도된 것이다. 1928년 최남선은 조선학 잡지를 표방한 『한빛』을 창간하면서, '조선 사람으로 반드시 알아야 할 조선 력사'를 강조하였지만, 그토록 그가 강조하였던 '조선의 역사'는 이제 일제 전시 동원을 합리화하는 도구로 전락하고 만 것이다.

『조광(朝光)』 창간 초기 약 400쪽에 이르던 잡지의 분량은 1942년이 지나면서 전체 분량이 절반 이하로 줄어든다. 내용 또한 일제의 전쟁 동원 논리를 선전하는 기사들로 채워진다. 다음은 『조광(朝光)』 발간의 마지막 해인 1944년 신년호의 권두언이다.

> 大東亞戰爭은 實로 聖業完遂의 最緊 또 最後의 戰爭인 것입니다. 우리는 過去 二年間을, 大東亞戰爭 下의 二年間을 完全히 感激 속에서 살아왔습니다. 이제 帝國無敵陸海空軍은 멀리 南洋方面에서 擊滅 또 擊破의 大戰果를 올리고 있지 아니합니까. 明若觀火, 勝利는 오로지 우리의 것으로 約束되어 있습니다. 이것은 世界無比의 皇軍과 一億銃後國民의 一死報國의 忠烈에 불타는 崇高한 精神에 依한 바이지만 도리켜 생각하면 이 모든 것은 오로지 御稜威의 所致 아니심이 없습니다 (…중략…) 이처럼 皇恩에 젖은 國民은 大東亞戰爭 下 戰史上 類例 없는 크나큰 戰果를 걷우어 안고 瑞氣에 넘치는 昭和 十九年의 新年을 맞이함에 當하여 天皇陛下, 皇后陛下의 聖壽無疆을 衷心으로써 비옵는 同時에 皇太后陛下, 皇太子殿下, 義宮殿下, 孝宮 順宮 淸宮 三內親王殿下께옵서도 御健康하옵시기 삼가비는 바입니다(昭和十九年 元旦).[61]

'황군'이 거둬들인 '대동아전쟁'의 '전과'에 감격하며 '총후국민의 일사보국의 충열'을 강조하고 있는 위의 글은 이 시기 『조광(朝光)』이 대중지라기보다 일제가 일으킨 전쟁의 당위를 홍보하는 시국지의 성격을 지닌 것이었음을 보여준다. 기사 내용 또한, 「전쟁 3년의 갈림길에 서서

---

61) 「聖壽無疆」, 『朝光』, 1944.1, 16~17면.

[戰爭第三年の關頭に 立つて]」, 「승패(勝敗)를 결(決)하는 해」, 「대동아전쟁 제삼년필승의도(大東亞戰爭第三年必勝の道)」, 「적미국(敵米國)의 전략검토(戰略檢討)」, 「새해를 맞는 동부전선(東部戰線)」, 「최초(最初)의 공중전(空中戰)」, 「방공(防空)과 형벌법규(刑罰法規)」 등 전쟁 관련기사들로 채워져 있음을 확인할 수 있다. 나아가 천황폐하 일가의 '성수무강(聖壽無疆)을 충심(衷心)으로써 비옵는' 대목에 이르면, 당시 외적인 조건 속에 위치한 『조광(朝光)』의 성격과 한계가 분명하게 드러난다.62)

이처럼 식민시하에서 발행되던 잡지의 성격은 일제 식민 권력의 지배정책의 변화와 밀접한 관련을 맺을 수밖에 없었다. 이들 잡지에 실린 역사관련 독물(讀物) 역시 이러한 외적 조건으로부터 자유로울 수 없었다. 다양한 역사물의 생산과 대중적 소비는, 역사에 대한 대중적 관심을 환기하고 역사소설의 잠재적 독자층을 형성할 수 있었다. 하지만 『삼천리(三千里)』, 『조광(朝光)』 등에서 '역사'를 배치하면서63) 염두에 두었던 독자는, 근대계몽기 역사·전기소설의 독자나 조선야담사가 주도하였던 야담운동의 청중과는 다른 문맥 속에 놓여 있었다. 역사·전기소설

---

62) 『三千里』, 『朝光』 등이 시대적 변화에 따라 잡지와 기사의 성격이 변화되어갔음에 반해 1930년대 말 전시 체제 하에서 창간, 발행되었던 『東洋之光』(1939.7~1945.5), 『人文評論』(1939.10~1941.4), 『內鮮一體』(1940.1~1944.10), 『國民文學』(1941.11~1945.2), 『新時代』(1941.4~1944.2) 등의 잡지는 처음부터 친일의 논리로부터 자유로울 수 없었다. 이 시기에 발행된 잡지는 처음부터 일정한 한계를 가지고 출발할 수밖에 없었던 것이다. 『신시대』의 경우 처음부터 "시국 하 반도 민중에게 필요한 일체의 국민 지식과 훈련과 사상의 보급 전달을 꾀하려고 생긴 획기적인 종합잡지"임을 내세움으로써 잡지의 성격을 분명하게 드러내주고 있다.

63) 비슷한 시기 발행되었던 『三千里』와 『朝光』의 역사물 수용 방식은 상이하다. 『朝光』은 거의 매호 빠지지 않고 야담·사화·기담·전설 등의 역사물들과 역사 관련기사들을 싣고 있다. 반면 『三千里』는 1935년 6월에 김동인, 유광렬, 윤백남 등이 참여한 '야담특집'이 한 차례 기획되었을 뿐, 실제로는 야담이나 사화보다 과거 인물에 대한 회고나 소개, 역사 관련 논실규의 글들이 내세를 이룬다. 그렇다고 이러한 모습이 이들 두 잡지의 독자들이 분화되어 있었다거나, 편집자가 잡지에 실릴 '역사물'에 대한 편집 원칙을 가졌기 때문이라고는 볼 수 없다. 아마도 신문사 발행의 『朝光』은 좀 더 많은 필진들을 확보할 수 있었고, 김동환 개인이 출자한 『三千里』는 그러지 못했기 때문으로 보인다. 사실 김동환은 한 호에 본명과 필명을 오가며 동시에 여러 편의 글을 싣기도 하였다.

과 야담운동이 민족적 가치를 앞세운 계몽의 수단과 민중 교화의 도구로써 '역사'를 전면에 내세운 반면, 이들 잡지가 선택한 '역사'는 무엇보다 독자를 유인하고 구독자를 확보하기 위한 것이었다. 상업적 목적에 의해 출판되는 잡지의 성격상 '역사'의 내용은 얼마든지 시대적 변화와 독자의 취향에 따라 기민하게 변화될 수 있었던 것이다.

3. JODK[64]의 역사 동원 방식

1) 방송매체의 등장과 담론의 생산

1920~30년대는 새로운 읽을거리와 지식을 향유하는 새로운 독서 대중이 형성된 시기라고 할 수 있다. 하지만 전체적으로 보면 1920~30년대 담론 장은 그 대중적 규모를 확대했지만 그것은 어디까지나 제한적일 수밖에 없었다. 근대계몽기 교육열과 지식열이 근대적인 공공 담론장을 확대하고 참여자의 범위도 눈에 띄게 넓혀 놓았지만, 식자(識者) 대중의 수가 결정적으로 늘지는 못했다.

1910년대와 20년대에 들어서도 책과 신문을 자유롭게 읽을 수 있는

64) 호출부호 JODK는 일본이 ITU(국제전기통신연합)로부터 JO를 받은 후 도쿄가 AK, 오사카가 BK, 나고야가 CK로 개국한 다음 경성방송국이 네 번째로 개국한다는 의미였다. 일본 체신청에서는 JO××는 국내용으로 두고 조선을 JB××, 관동청을 JQ××, 대만을 JF××로 하려 하였으나, 경성의 담당자가 내선일체의 식민정책을 위해 호출부호를 다르게 쓰는 것은 옳지 않다는 주장을 제기하였고, 그에 따라 JO의 네 번째 호출부호인 DK가 부여된 것이다. 당시의 경성중앙방송국장 시노하라[篠原昌三]는 "내선일체의 국책을 내걸고 한치의 오차도 없이 일본에서 네 번째의 방송국으로서 JODK의 콜 사인이 조선반도의 하늘에 울려 퍼졌다"고 제일성을 고했다. 津川泉, 『JODK, 消えた コールサイン』, 白水社, 1993, 40~41면.

사람은 많지 않았다. 그럼에도 불구하고 일제의 식민지 지배 정책의 구도 아래에서 의무 교육 실시는 거부되었으며, 인문적 독서 교육도 배제되었다.[65] 1930년에도 일본어와 한글 모두 읽을 수 있는 사람은 전체 인구의 6.78%(여성은 1.9%)에 불과했다.[66] 이는 당시 신문과 잡지를 구독하는 층이 조선에는 대중이 아니라 엘리트층이었음을 의미한다. 인구의 과반수이상이 문맹자였다는 사실은, '문맹 타개'가 독서 대중을 확보한다는 차원을 넘어 민족계몽의 측면에서도 절실한 과제였음을 보여준다.

1920년대 후반부터 『동아일보』와 『조선일보』는 소식적인 문자보급운동으로 문맹타파와 한글보급에 앞장선다. 일본은 일본어를 '국어(國語)'라 하여 한국어 말살정책을 진행하였고, 이에 대항하여 언론사는 문자보급운동과 함께 농촌계몽 운동을 벌여 나간다. 『동아일보』는 1928년 4월 1일을 기해 '글장님 없애기 운동'을 벌일 것을 공포하고 50원의 현상금을 걸고 '문맹퇴치가(文盲退治歌)'를 모집하기도 하며, 『조선일보』는 1929년 7월 14일부터 '귀향 남녀학생 문자보급운동'을 시작하여 이를 연례행사로 실시하였다. 언론사뿐 아니라 전국 각 지역의 '교육 장려회', '야학회', '강습학원' 등은 한글보급을 통한 문맹퇴치 운동을 벌여 나가는 한편 '문맹퇴치 강연회'도 수시로 개최된다.

> 宣川에서는 文盲退治를 목적으로 啓蒙運動 3個年計劃을 수립하다. 그 내용은 郡內 51,605人(총인구의 62%)의 文盲者 중 12세이상 40세이하의 文盲者 28,548名을 매년 11月부터 익년 12月까지의 農閑期에 268個部落에 會場을 두어 12,000圓의 豫算으로 文盲退治事業을 시행할 계획이다.[67]

> 全北 裡里邑에서는 文盲退治三個年計劃을 다음과 같이 수립하다.

65) 천정환, 『근대의 책 읽기』, 푸른역사, 2003, 93~99면.
66) 김수진, 「1920~30년대 신여성담론과 상징의 구성」, 서울대 박사논문, 2005, 130면.
67) 「啓蒙運動 二個年 計劃 完成코 第二期에」, 『동아일보』, 1936.6.7.

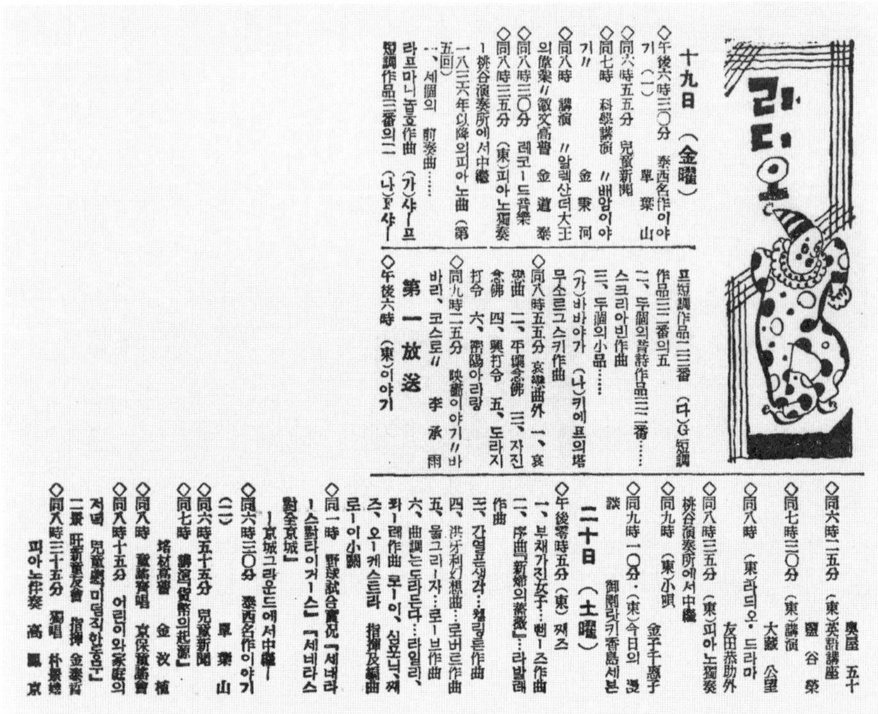

라디오

十九日（金曜）

◇午後六時三〇分 泰西名作이야기（一） 阜 葉 山

◇同六時五五分 兒童新聞

◇同七時 科學講演 〃배암이야기〃 金 秉 河

◇同八時 講演 〃알렉산더大王의偉業〃 徽文高普 金 道 泰

◇同八時三〇分 레코ー드音樂

◇同八時三五分 （東）피아노獨奏ー桃谷演奏所에서中繼

一八三六年以降의피아노曲（第五回）

一、세個의 前奏曲……

라프마니놉호作曲 （가）샤ー프短調作品三番의二 （나）F샤ー프短調作品二三番 （다）G短調作品二三番의五

二、두個의音詩作品三二番……스크리아빈作曲

三、두個의小品…… （가）바바야가 （나）키에프의塔 무소르그스키作曲

◇同八時五五分 哀調歌曲外 一、哀怨曲 二、平壤念佛 三、자진念佛 四、興打令 五、도라지打令 六、密陽아라랑

◇同九時二五分 映畫이야기〃바바리、코스로〃 李 承 雨

第一放送

◇午後六時 （東）이야기 奧屋 五十

◇同六時二五分 （東）英語講座 鹽 谷 榮

◇同七時三〇分 （東）講演 大藏 公望

◇同八時 （東）라듸오・드라마 友田恭助外

◇同八時三五分 （東）피아노獨奏 桃谷演奏所에서中繼

◇同九時 （東）小唄 金子千惠子

◇同九時一〇分・（東）今日의 漫談 御園랑키香島세븐

二十日（土曜）

◇午後零時五分（東） 째즈

一、부채가진女子…벤ー즈作曲

二、序曲「新婦의薔薇」…라발레作曲

三、간열픈생각…웰링톤作曲

四、洪牙利幻想曲…로버르作曲

五、물그라ー자…로ー브作曲

六、曲調는도라든다…라일리、콰ー렌作曲 로ー이、실포닉、째즈、오ー케스트라 指揮及編曲 로ー이小調

◇同一時 野球試合實況「세브라ー스對라이거ー스」「세브라스對全京城」ー京城그라운드에서中繼ー

◇同六時三〇分 泰西名作이야기（二） 阜 葉 山

◇同六時五十五分 兒童新聞

◇同七時 講演「貨幣의起源」 培材高普 金 汝 植

◇同八時 童謠齊唱 京保童謠會

◇同八時十五分 어린이와家庭의 저녁 兒童劇「미덥지한동무」 二景 旺新童友會 指揮 金泰晳

◇同八時三十五分 獨唱 朴景嬉 피아노伴奏 高 鳳 京

1927년 단일채널을 통한 조선어와 일본어 혼합 단일 방송의 형태는 1933년 4월 개별 채널을 통한 이중방송으로 전환되었다. 서양 명작을 소개하는 코너, 〈알렉산더 대왕의 위업〉과 같은 강연 프로그램, 영화이야기, 아동극, 야구시합 실황, 그리고 서양의 클래식 연주와 도라지 타령 등의 음악 프로그램도 눈에 띈다(『조선일보』, 1936.6.19).

－農閑期를 利用하여 年2回 講習會開催

－第1回 8月上旬 至9月上旬 1個月間

－第2回 12月上旬 至3月下旬 4個月間

－受講者 男女 15歲以上 40歲以下의 文盲者

가. 各部落 振興靑年團, 小學校, 警察署, 邑等이 主體가 되어 講師 및 場所를 알선함.

나. 各部落에는 文盲臺帳을 비치하고 每年度末에는 試驗하여 合格한 者는 文盲臺帳에서 除名함.68)

이처럼 당시 문맹퇴치 운동은 단순히 캠페인 차원에서 진행된 것이 아니었다. 문맹퇴치 운동을 진행할 단체와 조직이 구성되고, 구체적으로 그 대상과 기간을 설정하며, 교육 후 연말에는 시험을 통해 문맹자를 선별하는 등 매우 조직적으로 관리 운영되었음을 알 수 있다.[69] 하지만 한글보급을 통한 문맹퇴치 운동은 30년대 말에 이르면 한글과 일본어를 같이 강습하거나, 아예 일본어 보급운동으로 변질되고 만다.[70]

30년대까지 지속적으로 문맹퇴치운동이 일어났다는 사실은 신문, 잡지, 분단의 입장에서는 독자가 제한적일 수밖에 없음을 뜻한다. 1910년대 구활자본 고소설을 향유하던 계층들 중에는 여전히 가독(可讀) 독자와 함께 문자를 해독하지 못해 그것을 듣는 독자가 함께 존재했다. 1920년대 구연 양식인 야담이 '민중계몽'과 '민중오락'의 도구로 동원된 것도 당시 조선 인구의 문식률(文識率)과의 관련 속에서 이해할 수 있다.

신문 잡지 등 여러 매체를 통해 생산되는 여러 담론의 최종적 소비자는 그것을 읽는 독자이다. 하지만 일반 대중들이 이들 잡지에 접근할 수 있었던 것이 제한적이었음을 감안하면 이러한 활자 매체 이외에 초기 라디오 프로그램의 편성과 관련된 담론 생산의 차원도 검토되어야 한다.[71] 당시 야담 혹은 역사 관련 라디오 프로그램들이 얼마나 많은

---

68) 「裡里管內 文盲退治 三個年 計劃 樹立」, 『동아일보』, 1938.11.27.

69) 『조선일보』가 주관했던 문맹퇴치 운동 3개년 계획의 첫 해였던 1936년의 통계를 보면 夜學校數 186개소, 夜學生數 7,025명, 夜學講師數 488명, 奬勵委員數 376명으로 집계되어 있다. 「文盲退治 3個年 計劃의 第1次年度 決算」, 『조선일보』, 1937.5.15.

70) 『東亞日報』, 1938.1.30. "文盲退治・生活向上을 목표로 연례 개최하여 오던 慶北 淸道의 농촌야학강습이 道廳으로부터 인가를 받고 2월 1일부터 45個所가 개강할 계획인 바, 강습과목은 韓國語・日本語・算術・家計記帳法 등이다." 『東亞日報』, 1939.2.17. "慶北 星州郡에서 文盲退治運動으로 郡內 各地에 簡易學校 44개를 설치하고 農村敎本, 日本語를 교육하다."

71) 확인한 바에 의하면 현재 JODK의 방송 관계 자료는 6・25전쟁 당시 폭격으로 인한 방송국 건물의 화재로 대부분 소실되어 남아 있지 않다. 따라서 1차 텍스트라고 할 수 있는 당시 방송의 녹취 또한 불가능하기 때문에 그 내용을 실제 확인하기는 어려운 형편이다. 현재 가능한 방법은 당시 일간지나 잡지 등에 실린 방송 관계 기사와 방송 편성표 등을 참조하고, 동일 제목으로 잡지나 신문 등에 발표된 야담의 내용을 참조할

청취자들을 확보하였으며 어떤 반응을 이끌어냈는지에 대한 검토는 활자매체가 소화하지 못했던 또 다른 계층의 담론 수용 방식을 살피는 일이 된다.

2) 식민정책과 경성방송의 프로그램 편성

1927년 JODK 경성방송국이 개국한 이래 초기 라디오는 사적 영역과 공적 영역을 매개한다는 측면에서 주요한 근대적 매체였다. 이는 라디오가 전통적인 가정의 사적 공간 영역을 가족과 지역성의 한계를 넘어서는 공적 정보와 오락의 영역과 매개하였다는 점에서 그러하다. 나아가 이들 자신을 국가 혹은 초국가적 수준의 더 넓은 문화적 공동체의 구성원으로서 상상할 수 있게 한다.[72] 경성방송국의 개국은 일제 식민지 정책의 합리화를 위한 도구로써 적극 활용되었다. 일제 총독부의 지원 아래 일본인이 주도하여 설립한 경성방송국은 조선에 거주하는 일본인들의 정보와 문화 욕구에 부응하고, 일본의 식민체제에 한국인을 순응하게 하기 위한 교화의 수단이었다.[73]

JODK 경성방송국이 개국되던 1927년의 방송 형태는 단일 채널을 통

수밖에 없다. 한편 최근 서울에서 개최된 한·일 국제학술 심포지엄에서 사회사와 문화정책사의 관점에서 20세기 초 동아시아 라디오 방송에 대한 연구 필요성에 대한 보고가 있었다. 일본에서는 문자 미디어에서 청각 미디어로의 전환에 따른 '聽覺의 近代'를 해명하기 위한 여러 연구들이 진행 중인데 반해, 우리의 경우는 산재해 있는 관련 자료의 정리조차 되어 있지 않은 형편이다. 清水賢一郎, 「東アジア·メディア研究史の課題と展望」, "20세기 동아시아 연구를 위한 새로운 시점" 발표문, 한·일 국제학술 심포지엄, 연세대, 2004.9.30.

72) 예컨대 1930년대 영국의 초기 공영 라디오방송은 상상적 공동체(imagined community)로서의 국가 담론의 확산 기재로서의 기능을 적극적으로 수행하였다. 마동훈, 「초기 라디오와 근대성의 체험」, 『매체·역사·근대성』(임상원 외편), 나남출판, 2004 참조.

73) 김영희, 「일제시대 라디오의 출현과 청취자」, 『한국언론학보』, 46권 2호, 한국언론학회, 2002, 152면.

한 혼합 단일 방송의 형태였다.74) 이러한 기형적인 형태는 조선인과 일본인 모두에게 불만의 대상이었다. 따라서 개국 당시의 1,440대에 불과했던 라디오 등록 대수는 1932년 말에 이르러도 20,565대밖에 되지 않았다. 그러다가 1933년 4월 개별 채널을 통해 한국어와 일본어 이중방송을 시작하고 나서부터는 수신기 보급 대수도 급격히 늘어났다. 1936년 말에는 73,000여 대로, 1937년 말에는 100,000대를 돌파한 111,000여 대를 기록하기에 이르렀다.

사실 이중방송의 실시는 일제 식민 정책의 한계와 모순을 드러내는 것이었다. 당시 일본어를 이해하는 한국인이 전인구의 20퍼센트에도 미치지 못했으므로 한국어 사용 금지 정책을 펴면서도 식민지민의 교화와 설득을 위해 한국어에 의한 이중방송을 실시할 수밖에 없었던 것이다. 당시 총독이었던 우가키[宇垣]의 다음과 같은 발언은 제2 방송 실시의 목적이 무엇이었는지 분명하게 보여주고 있다. 아래는 제2 방송 실시 축하식장에서 한 우가키 총독의 축사 중 일부이다.

> 민심을 작흥하고 질실강건의 미풍을 양성함에는 평소의 교화선도, 특히 건전한 사상의 함양과 시세에 적응하는 상식 교육의 보급을 꾀함이 극히 필요한 일이라고 생각하는데 (…중략…) 이 기관을 이용하야 민중의 교화를 도모한다는 것은 매우 유효한 일인데 특히 청취자중에는 조선말이라야만 들을 수 잇는 조선인 대중을 위하야 두가지 말루 방송을 하게 된 것은 실루 유효한 시설이라고 생각한다.75)

---

74) JODK의 운영과정과 방송사(放送史)에 관해서는, 박기성, 「일제 식민지 방송편성론」, 『방송편성론』, 나남출판, 1990; 방송문화진흥위 편, 『한국방송총람』, 나남출판, 1991; 권태철, 「일제하 한국방송의 전개과정과 성격에 관한 연구」, 서울대 석사논문, 1996; 최현철·한진만, 『한국 라디오 프로그램에 대한 역사적 연구』, 한울아카데미, 2004 등 참조. 초기의 '경성방송국'은 1932년 사단법인 '조선방송협회'로 개칭하였다가, 점차 지방방송국을 설치해감에 따라 1935년 8월부터는 체신국 소재지의 방송국을 '경성중앙방송국'으로 개명하였다.

75) 「有效한 敎養機關 當日 宇垣總督의 祝辭」, 『동아일보』, 1933.4.27.

1920년대에서 1930년대 식민지 조선뿐 아니라 일본 내지에서도 라디오 방송은 중앙집권적인 국가의 통제 아래 편입되어 있었다. 그러나 1920년대 말까지는 국가가 라디오를 통해 적극적으로 국민을 직접 조작하려는 시도는 하지 않았다. 그러던 것이 1930년대 만주사변 발발 이후 상황이 급변하면서 '라디오의 시국화'가 진행되었고, 라디오는 파시즘 체제를 위해 더욱 능동적으로 대중의식을 동원하는 매체가 되었다.[76] 라디오는 국가가 대중을 더욱 강력하게 통제할 수 있는 주요한 매체로 간주 되었고,[77] 이러한 방침은 식민지 조선에도 그대로 적용되었다.

혼합 단일방송 시절이었던 경성방송의 초기 방송 내용은 "氣象, 時刻, 取引所의 取引相場, 物價, 時事, 講演, 音樂, 其他의 娛樂, 其他 一般에 報道할 事項" 등으로 편성되어 있었다.[78] 하지만 이중방송이 시작되면서 조선어 방송의 프로그램 편성은 변경될 수밖에 없었다. 당시 경성방송은 일본 방송협회와 전국 중계 프로그램의 대부분을 그대로 중계하면서, 한편으로 이중방송에 의한 조선의 로컬 프로그램들을 편성하였다. 당시 한국어 방송인 제2 방송의 주요 프로그램은 '강좌'를 중심으로 편성되었는데, 이는 일제가 이중방송을 통해 얻고자 하는 것이 무엇이었는지 알 수 있게 해준다.

> 조선방송협회의 10키로 이중방송이 오는 26일부터 실시하게 되면 제일방송은 일본말이 되고 제이방송은 조선말이 되게 분리되어 있다. 이 이중방송이 실시됨에 따라 제이방송인 조선말의 방송 '프로그람'은 아직까지 발표하지 아니하였으나 대략의 윤곽만을 들어보면 문맹퇴치(보통학교) 강좌, 농업(農業)강좌,

---

76) 吉見俊哉, 송태욱 역, 『소리의 자본주의―전화·라디오·축음기의 사회사』, 이매진, 2005, 284~285면.

77) 마샬 맥루언은 히틀러가 정치적인 인물이 될 수 있었던 직접적인 원인으로 라디오와 확성장치에 주목하고 있다. Marshall McLuhan, 이한우·김성기 역, 『미디어의 이해』, 민음사, 2002, 412~426면 참조.

78) 『朝鮮總督府官報』, 1926.12.9.

가정강좌, 어린이 강좌, 취미강좌 등이 그 골자가 되리라 한다.[79]

하지만 강좌 프로그램만으로 조선의 청취자들을 유인할 수는 없었다. 따라서 오락, 취미 관련 프로그램들이 편성되기에 이른다. 이중방송 시절 조선어방송의 편성은 매달 1일과 15일, 한 달에 두 번씩 회장 이하 편성위원회를 소집하여 프로그램을 선정하였다.[80] 방송 프로그램은 크게 보도, 교양, 위안으로 나뉘어 편성되었다. 그 구체적인 내용은 다음과 같다.

저이들은 라듸오 프로크람을 편성하는데 세 가지로 그 부문을 난홉니다. 첫재가 보도, 둘재가 교양, 셋재가 위안입니다. 보도란 아시는 바와 같이 방송국에서 하는 일 중에 가장 중요한 사명을 띄인 것으로 그날 그날의 뉴―쓰 기상통보. 경제 시황. 각종 실황 방송이 곧 그것입니다 (…중략…) 다음은 교양입니다. 아시는 바와 같이 강연이 대개 하루에 3번식 드러감니다. 위생 강연, 취인 강연, 가정 강연, 수양 강화, 과학 해설 등이 다― 그것입니다. 그 외에 외국말 배호는 시간과 요새는 국어 시간이 드러있어 아즉도 국어를 모르시는 분께 배

79) 「朝鮮語放送엔 講座가 骨子」, 『동아일보』, 1933.4.20. 한편 경성방송의 모국(母局)이었던 일본 방송협회는 독일, 이태리, 영국 등의 라디오 방송정책을 분석하면서 결론적으로 "라디오로 교화, 또는 국민지도에 극력 이용을 하고" 있음을 강조하고 있다. 이러한 기조는 제2 방송의 운영정책에도 그대로 도입된다. 「라디오 黃金時代―思想宣傳에 主力 各國의 放送政策」, 『동아일보』, 1934.1.23.

80) 프로그램이 확정된 후 방송국으로서 가장 중요한 일은 프로그램 내용을 각 신문사에 전달하는 일이었다. 당시 청취자들에게 방송 내용을 소개하고 홍보할 수 있는 유일한 길은 신문을 활용하는 것이었다. "이 편성 회의에서 작정된 프로크람은 즉시로 인쇄해서 제일착으로 각 신문사로 보냄니다. 왜 그느냐하면 아모리 좋은 방송을 하드라도 드르시는 이들이 모르고 게시면 소용없는 방송이 되고 맘니다. 그러므로 방송국에서는 프로가 작정되면 외신 손가는 일이 신문사에 기별해서 신문에 발표하는 것입니다. (…중략…) 이러한 견지에서 요사히는 특히 각 신문사의 찬동을 받아 라디오 프로크람 중에 중요한 부분만은 다시 경개 설명과 출연자의 사진까지 게재케된 것은 가장 기쁜 일이라고 생각하는 바이올시다." 李瑞求, 「放送夜話, 어떻게 하야 여러분의 귀에까지 가는가」, 『二千里』, 1938.10, 192면.

호실 기회를 드리고 있읍니다 (…중략…) 셋재는 위안. 이 위안은 방송국에서 취급하는 종목중에 가장 광범위의 내용과 많은 출연자를 요구하는 관계상 제일 손이 많이 도라가고 제일, 꾀, 까다로운 일일 줄 압니다 (…중략…) 라듸오 소설, 야담, 라듸오 드라마, 가요곡, 민요, 신작 이약이 등은 번번히 새 재료를 구해서 거기에 적당한 예술가를 선정해서 몇 번 연습을 거친 후에 비로소 마이크 앞에 나스게 되는 것입니다.[81]

라디오 프로그램의 편성은 표면상 청취자들의 교양과 오락거리를 제공하기 위한 것처럼 보이지만, 사실 그 내용은 일제의 식민지배 정책을 수행하는데 보조적인 역할을 담당하고 있었다. 예컨대 앞에서 살펴본 바와 같이 1930년대 초반 신문매체를 통한 '고적보존운동'이 일어나고, 총독부가 '조선 보물 고적 명승 천연기념물 보존령'을 제정하는 한편, 총독부 직속의 '조선고적연구회' 등을 조직하여 이를 뒷받침했을 때, 라디오 방송은 이에 부합하는 '조선 고적의 세계적 가치'와 같은 강연을 기획하여 내보내고 있다.[82]

일제는 1931년 9월 18일 만주사변 발발 후 1932년 만주국을 선포하기에 이른다. 이른바 '오족협화(五族協和), 왕도낙토건설'을 슬로건으로 일본·만주족·한족·조선족·몽골족 등 다섯 민족이 '화합하는' 만주국을 수립했다고 선전했지만, 사실상 만주국은 일본 관동군이 장악한 괴뢰정권이었다. 국제연맹은 중국 측의 제소에 따라 리턴 조사단을 파견하고 조사보고서를 채택, 일본군의 철수를 권고했으나 일본은 이를 거부하고, 1933년 3월 국제연맹을 탈퇴하였다.[83] 이러한 일련의 과정 속에서 경성방송은 프로그램 편성에 만주 관련 '역사 강연'과 '만주어 강습'

81) 위의 글, 191~192면. 이서구의 이 글은 실제 라디오 방송 내용을 녹취하여 『三千里』에 실은 것이다. 토월회 창립(1923) 멤버이기도 한 이서구는, 『조선일보』, 『동아일보』의 기자생활을 하다가 그만 두고, 1925년 경성방송국 연예주임을 맡아보기도 하였다.
82) 최남선, 「朝鮮古蹟의 世界的 價値, 오후 7시 30분」, 『조선일보』, 1933.11.2.
83) 윤희탁, 『일제하 만주국 연구』, 일조각, 1996 참조.

등을 배치하여 일제의 침략 논리를 강화하고 정당화시키는 데 일조한다.

> 허리띠 같은 압록강 하나를 두고 地境을 가진 만주는 조선사람에게 큰 활동 무대로 제공하고 있다. 近日에는 조선사람들이 넓은 滿洲로 職業을 찾아가는 사람, 장사를 하러 가는 사람 또는 사업을 하러 가는 사람들이 날로 자취를 이어 滿洲로 향하게 되엇다. 그러나 滿洲에 가서 무슨일을 하든지 만주사람들과 접촉치 아니하면 아니 될 것인데 친밀한 교제와 자세한 물정을 알려면 그곳의 言語를 통치 못하면 필경 실패할 것이다. 경성방송국에서는 오는 10일 오후 6시 25분부터 滿洲語 講座를 시작하여 매주 화, 목, 토 3회씩 약 3개월동안을 계속 할 터이며 강사는 滿洲語에 다년 연구가 깊은 張志映씨라 하니 教授에 대해서도 물론 적임자이요.[84)]

> 滿洲는 옛날 朝鮮사람들이 살던 곳이오. 滿洲에서 발상하여 북진과 남진을 계속한 고구려는 필경 都를 평양에 정하고 隋, 唐의 數次入寇를 격퇴한 일이 있으며 高句麗가 망한 후 그 땅에는 渤海가 조선족이 중심으로 일어났고 高麗時代에는 契丹과 女眞이 일어나서 遼國, 金國 등의 이름으로 일시 융성하여 朝鮮과의 인연이 그치지 않앗으며 몽고가 발흥함에 따라 여진족은 일시 쇠미하엿으나 일시 屯夏라는 이름으로 高麗와 인연이 잇었고 고려말에는 女眞 부락에 가서 관장 노릇하던 후예로 李成桂가 조선조를 세운 후에도 太宗, 世宗, 世祖조에도 다 女眞과 말썽이 많이 생기어 누차 토벌한 일까지 잇었다. 이와 같이 그 관계는 深深하고 오랜 것으로 나는 이제 간단하나마 그의 史的關係를 이야기해 보고자 한다.[85)]

---

84) 「DK에서 講座 新設, 滿洲語 開講—광장한 歡迎」, 『조선일보』, 1933.10.8.

85) 「라디오—滿洲와 朝鮮이 史的關係」, 『조선일보』, 1933.12.8. 현재 일간지에서 TV 프로그램 편성표와 함께 주요 프로그램을 소개하고 있는 것과 마찬가지로, 당시 신문에는 당일 라디오 편성표와 함께 프로그램의 내용 중 일부를 발췌하거나 요약하여 방송에 대한 정보를 독자에게 제공하기도 하였다. 녹음된 자료를 확인할 수 없는 상황에서 당시 프로그램 내용을 유추할 수 있는 자료이다.

제2 방송을 시작하고 영어, 독어, 불어 등의 외국어 강좌는 이미 개설되어 있었으나 만주어 강좌는 개설되지 않았다. 하지만 일제의 만주 침탈과 때를 같이하여 만주어 강좌를 신설하며 만주어의 필요성에 대해 역설하고 있는 것이다. 대표적인 언론인이었던 유광렬의 논조도 표면상 우리의 역사를 내세우고 있지만 결국 만주는 예전부터 우리의 영토였음을 강조함으로써 일제의 만주 침략을 희석시키기 위한 것이었다. 이러한 사실은 당시 일제의 침략과 식민지배 정책이 방송을 통해서 적극적으로 홍보되고 집행되었음을 보여주는 것이다.

3) 문학관련 프로그램의 편성과 문인의 역할

이중방송 초기 방송 시각은 월요일부터 토요일까지는 오전 11시 5분에서 오후 4시, 오후 6시에서 오후 9시 55분까지로 설정되어 있었다. 일요일 및 '축제일(祝祭日)'의 경우에는 정오부터 오후 2시 30분, 오후 6시부터 오후 10시까지로 설정되어 평일보다 방송 시간을 짧게 책정하였다. 이들 중 야담 및 역사 관련 소재 기사들은 강연(강좌), 기타의 오락, 시사 관련 사항에서 발견된다. '통상일(通常日)'(월~토)을 기준으로 전체 방송시간 3시간 25분 중 강좌시간이 3차례에 걸쳐 105분, 연예오락 시간이 2차례 125분으로 편성되어 있다.[86] 전체 방송시간의 반 이상이 강좌와 오락 프로그램으로 채워져 있는 셈이다.

강연 혹은 강좌 프로그램은 한글과 역사 관련 강연을 비롯하여 경제강연, 과학 강연, 법률 강좌, 요리 강좌, 문예 강좌, 여성 강좌에 이르기까지 사회 전 분야에 걸쳐 편성되었다. 특히 한·일 양 국어를 일정비율로 배분한 혼합 방송 시절부터 이중방송 시절까지 강담·고담 등의 야담 관

---

86) 「第二放送의 時間按配, 市況은 共通」, 『조선일보』, 1933.4.26 참조.

련 프로그램들은 주요 오락 프로그램이었다. 하지만 단일방송 시절의 고담(古談) 프로그램은 일본인 청취자를 위한 일본어 방송이었다.

그 후 우리말 방송이 나가면서 고담 혹은 야담 관련 프로그램은 청취자들의 가장 많은 호응을 얻었다. 개국 초기, 새로운 매체인 라디오의 대중적 인식을 위해 전국을 돌며 실시한 공개방송에서도 가곡, 연설과 함께 강담은 중요한 레퍼토리였다.87) 공개방송 뿐 아니라 실제 라디오에서도 야담 관련 프로그램들은 청취자들을 유인하는데 매우 유용한 프로그램이었다. 다음은 1938년에 방송된 야담 관련 주요 프로그램들이다.88)

제목	월.일	제목	월.일
야담 : 申鼎言	5.29	活佛, 庚秋岡	9.11
一刀兩斷, 金濯雲	6.03	金鴈, 張志浩	9.14
藥水도가지가지, 車靑吾	6.23	玉에도 티가 있다, 朴一笑	9.15
孝反爲苦, 庚秋岡	7.06	義拘塚, 申鼎言	9.20
百中날밤, 申鼎言	7.10	뻔뻔한 女子, 申鼎言	10.07
可憐節妓, 張玉軒	7.17	벼슬한 松木, 金濯雲	10.25
男裝女勇士, 車靑吾	7.24	四蛇昇天, 金濯雲	11.04
新房虎감, 申自老	7.30	진흙속에 玉, 庚秋岡	11.30
三父子同榜, 申淸居	9.30	奇智, 金濯雲	12.24
大人妙笑, 庚秋岡	9.10	友兄愛弟, 申淸居	12.31

1933년 이중방송 개국 후에도 '연속 야담', '연속 강담'을 편성하는 등 야담은 청취자들에게 인기 있는 프로그램이었다. 당시 초대 조선어

87) 최현철 · 한진만, 앞의 책, 38~45면.

88) 1938년 당시 『조선일보』와 『동아일보』에 실린 방송 편성 중에서 확인 가능한 '야담' 관련 목록이다. 하지만 당시 라디오 편성 안내 기사에 프로그램 내용에 대해 구체적으로 적시하지 않고 단지 '위안', '오락' 등으로 분류되어 있는 항목들이 다수를 차지하고 있음을 감안하면, 이외에도 더 많은 야담 관련 프로그램이 편성되었을 것으로 짐작해 볼 수 있다. 한편 당시 야담 외에도 상당수의 라디오 소설(방송소설)이 꾸준히 방송되었다. 아직 이에 대한 연구는 사료 발굴 수준에서 더 나아가지 못한 실정이다. 앞으로의 과제로 남겨 놓는다. 함태영, 「방송과 친일의 만남－방송소설 명작선 해제」, 『민족문학사연구』 21호, 민족문학사연구소, 2002; 서재길, 「『방송지우』와 일제말기 방송소설」, 『민족문학사연구』 22호, 민족문학사연구소, 2003; 송민경, 「일제하 방송소설 연구」, 연세대 석사논문, 2003 참조. '방송소설' 편성과 관련하여서는 본고 「부록 5」 참조.

오시오부인습률대회로

시내까고 넓은뜰에

부인습률대회

밤도좁거니와상품도타면서

가을날하로를흥미진진하게

습률대회에 이채를띄울

尹白南씨野談

注意事項

본대회임원

신문사 주최 '부인 습률 대회'의 홍보에 야담이 동원되고 있다. 야담은 신문사뿐 아니라 여러 단체의 각종 이벤트성 행사에 대중을 끌어들이는 유용한 콘텐츠였다. 기사 아래에 대회 참석 요령과 대회 임원까지 자세히 안내되어 있다(『동아일보』, 1935.9.28).

방송과장은 『동아일보』에 「조선야담순방엽신(朝鮮野談巡訪葉信)」을 연재하기도 했던 윤백남이었다. 『별건곤(別乾坤)』의 발행인이었던 차상찬은 야담 프로그램의 단골 연사로서 자주 등장한다. 방송과장의 보직을 맡고 있던 윤백남은 직접 야담 프로그램을 맡아 진행하기도 하는데, 그는 '조선야담사'가 주최하는 야담대회에서 가장 인기 있는 연사이기도 했다. 『월간야담(月刊野談)』 창립 직전에 초청 강연의 형식으로 참가한 윤백남에 대한 소개 글은 당시 그의 대중적 인기를 가늠케 한다.

> 이번 습률대회에 더욱이 여러분의 흥미를 끌 것은 항상 들어도 또 듯고싶고 듯지 못한 분은 한번만 들엇으면 원이 없겟네 하는 것이 윤백남씨의 너머도 유명한 야담입니다. 특별히 그날을 빛내게 하랴고 윤백남씨의 야담이 순서에 들게 된 것만으로도 넉넉히 이날의 흥미는 백퍼센트일 것이니 청중을 노코 울렷다 웃겻다하는 재조를 자유자재로 부려 여러분을 개미허리도 맨들고 눈물도 흘리게 할 것입니다. 너머 흥잇게 놀고난 끝에는 도로혀 적막이 오는 법이니 그날 너머 절정까지 오르도록 여러분을 홍을 올려드리는 것이 뒤가 무서울만한 감이 업지아니하오니 하여튼 와보십시오.[89]

위의 인용은 『동아일보』 1935년 9월 28일 4면에 "오시오 의정부로. 시내끼고 넓은 들에 부인습률대회"[90]란 광고 옆에 붙어 있는 글이다. '부인습률대회(婦人拾栗大會)'는 매년 『동아일보』가 가을에 주최하는 꽤 큰 규모의 행사였다. 올해에는 특별히 윤백남을 초청하였는 바, "한번만

89) 「습률대회에 이채를 띠울 尹白南씨 野談」, 『동아일보』, 1935.9.28.

90) "밤도 줍거니와 상품도 타면서 가을날 하로를 흥미진진하게"라는 머리글이 달려있는 위 광고는 4면 전체 기사의 3분의 1을 차지할 만큼 비중 있게 다루어져 있다. 작년 대회의 사진과 교통편과 순비불, 휘상을 나는 요딩 등 참가자들에 대한 '주의사항'과 함께 변영로, 이무영, 최승만 등 30명에 달하는 대회 임원들까지 자세히 소개하고 있다. 또한 광고 옆에는 그림과 함께 '밤 베끼는 비결'까지 친절히 안내되어 있다. 신문사가 주최하는 규모 있는 대회에 독자들의 참석을 독려하기 위해 '야담'이 적극적으로 동원되고 있는 것이다.

'일로전역의 전승(戰勝)을 기념하여' 만든 만병통치약 '전승환(戰勝丸)' 광고. 위병, 장병, 소화불량, 폐결핵, 복통, 치통, 담 등 '약효에 대해서는 다시 말할 것도 없는 가정상비약'으로 소개하고 있다(『조광』, 1940.4).

들었으면 원이 없겠네"하는 "윤백남 씨의 야담이 순서에 들게 된 것만으로도 넉넉히 이날의 흥미는 백퍼센트일 것"이란 식의 다소 과장된 듯한 문구로 독자들을 유혹하고 있다. 야담대회에서의 활동과 대중적 인기는 "지금도 라디오펜을 잘 울니고 잘 웃기는 이는 야담(野談)의 윤백남(尹白南) 씨"란 진술처럼 라디오 방송에서도 이어진다.

일제가 초대 방송과장으로 행정 관료가 아닌 윤백남을 지명한 것은 의미심장하다. 윤백남이 초대 과장에 취임했음을 알리는 기사에는 "연극운동 영화제작, 야담 등으로 붓과 입을 함께 실로 만히 활약하야 세상에 널리 알리어진 분"[91]으로 소개되어 있다. 그의 지명도나 대중적 인기는 일제가 그를 선택하는데 영향을 미쳤으며, 이는 곧 방송 편성에도 반영된다. 야담과 역사 이야기 뿐 아니라 시조・가사・민요・가야금 병창 등도 오락 프로그램 편성에 빠지지 않고 등장하며, 여기에는 문인으로서의 그의 인맥이 동원되기도 한다.[92]

윤백남의 야담 프로그램은 '위안', 지금으로서는 오락 편성에 속한다. 문일평(文一平)의 '경성변천(京城變遷)의 사화(史話)'와 같은 명사들의 역사 관련 강연과 고담, 야담 프로그램들은 이전 청취자들의 역사물에 대한 수요를 충족시켜 주었다. 하지만 1937년 중일전쟁 발발 후 일제의 간섭이 심해지면서 연예・오락 프로그램에도 일어 사용과 황국 신민화 프로그램이 강요되기 시작하였다. 일제는 고담이나 야담・방송 드라마・

91) 「適材適所의 放送部의 陣容――般의 期待가 만타」, 『조선일보』, 1933.4.26.

92) 김동인・이광수・염상섭・주요한・최남선 등은 단일 혼합방송시절에는 일본어로 방송에 참여하기도 하였다(『조선일보』, 1930.1.14). 이후 이중방송 시절에는 이들 외에도 김억・박팔양・정인섭・함대훈・안석주・심훈 등이 출연하여 주로 문예 강좌와 조선 사상, 조선 산수와 역사를 소재로 라디오 강연을 하였다. 문인들의 방송출연은 서툴고 낯선 것이었지만, 그래도 그 중 염상섭과 심훈 등이 청취자들로부터 호평을 받았던 것으로 보인다. "(염상섭씨는) 방송실에서 유유사석하세, 호호탕탕하세 너유도도하게, 자유자재로 강연을 하는데 연단에서 하드시 조곰도 지체되는 일이 업더라한다. (…중략…) 소설가 심훈(沈薰)씨는 전에 방송국 직원으로도 잇섯느니만치 조곰도 서슴치안코, 차근차근하게 말을 넘겨 요전번 '예술소설과 통속소설' 강연가튼 것도 호평이엇다." 「放送夜話」, 『三千里』, 1934.11, 121~122면.

동화 · 우리 가요 대신 소위 국민정신 진작 운동에 맞춰 '특별 강좌'를 수시로 방송하도록 규제하는 한편, 이른바 '총후미담(銃後美談)'을 주간 정보 시간에 방송케 하였다.

이렇듯 이 시기 라디오 소설과 방송극 또한 식민정책을 찬양하는 목적극으로 둔갑하기 일쑤였다. 당시 경성방송 '라디오 소설' 현상공모에는 구체적으로 '시국을 배경'으로 하여 '내선일치 총후의 적성을 주제로 한 것'[93]을 적시하고 있다. 이외에 한시 · 동요 · 아동극 등 방송 문예 작품 모집 광고에서도 '황국신민으로서의 기쁨을 읊은 것', '내선일체에 도움이 될 것', '동아건설에 도움이 될 것'[94] 등을 조건으로 내걸음으로써 일제가 방송을 통해 얻고자 하는 것이 무엇이었나를 분명히 보여주고 있다. 식민지 민중을 황국신민으로 만들어냄으로써 항상적(恒常的) 동원이 가능한 체제를 구축하고자 했던 것이다.[95]

4) 식민지 언어정책과 일조동조론(日朝同祖論)

일제는 1938년에 들어서면서 '조선 교육령'을 개정하면서 조선어를 정규 교과목에서 삭제하였다.[96] 나아가 우리말 방송에서는 일본어 강좌를 신설케 하는 한편, 각 도에 일본어 강습소를 1천여 개나 설치, 모든 조선인들에게 일어 강습을 강요하기에 이른다. 심지어 1939년에는 조선

93) 「라디오 小說 懸賞募集」, 『조선일보』, 1937.9.1.

94) 「紀元 2600년 紀念 放送文藝 募集」, 『조선일보』, 1939.12.1.

95) 총력전 체제하에서는 방송 뿐 아니라, 치안 안정 및 전쟁 자원의 관리라는 차원에서 복장에서부터 식사, 주택, 가계 예산, 시간 존중, 공중도덕 등 일상의 모든 차원에서 군사 논리의 지배를 받게 되었다. 자질구레한 일상사들마저 군사적 관점에서 재평가되고 재편되었다는 사실은 그만큼 일제의 전쟁 수행 능력이 한계에 도달했다는 것을 뜻하는 것이기도 했다. 홍성태, 「식민지 체제와 일상의 군사화」, 앞의 책(김진균 · 정근식 편), 372~374면.

96) 이 시기 이른바 '황민화 교육'과 언론과 출판물 탄압에 관해서는 박경식, 『일본 제국주의의 조선지배』, 청아출판사, 1986 참조.

어 방송인 제2 방송조차도 일본말을 섞어 쓰도록 지시하였다. 당시 총독부의 의도는 제2 방송을 아예 폐지하려는 것이었으나[97] "반도 대중의 대부분은 아직도 충분히 일본어를 해득하기에 이르지 못했기 때문에" 불가피하게 제2 방송을 유지할 수밖에 없었던 것이다.

조선어 방송의 지속은 당시 한국인 청취자를 배려해서라기보다는, 방송매체를 통해 식민지인들을 보다 더 효과적으로 포섭하고 동원시키기 위한 수단으로 간주했기 때문이었다. 이후 태평양전쟁기에 와서는 '보도제일주의'라는 방침과 함께 경성방송은 총독부의 완전한 선전도구로 전락하고 만다. 1941년에는 총력방송심의회가 구성되고 이에 따른 '전시특별방송지침'에 따라 프로그램 편성의 기본 방침까지도 실질적인 국가관리로 귀속된다.[98]

1942년에 이르면 '국어전해운동'[99]의 구체적 실시 요강으로 '국어보급운동요강'이 발표되면서 제2 방송 또한 일본어 사용이 강제되기에 이른다. 하지만 1943년 전황이 나빠지자 일본은 더 많은 조선 사람들을 전쟁과 후방에 동원하기 위해 방송에서의 조선어 사용을 인정하고 이를 활용하는 방법을 모색하게 된다. 정작 동원되어야할 사람들이 일본어를 모르고 있는 상황에서 일본어만을 고집할 수만은 없었던 것이다.

결국 언어 사용의 문제에서부터 프로그램 편성에 이르기까지 경성방송의 모든 기획은 일제의 식민지배를 위해 어떻게 동원될 수 있는가를 극명하게 보여준다. 일제의 경성방송국 설치는, '1920년대 후반 들어 구

97) 1938년부터 지속적으로 '조선방송협회'와 '일본방송협회'의 합체를 통한 제2 방송의 폐지가 논의되었다. 표면적으로는 재정 상태 불안이 가장 큰 이유였지만, 궁극적으로는 '비상시 대내선전을 더욱 충실히 하는 동시에 대외선전의 중요한 사명'을 수행하기 위한 것이었다 「放送一元論 對頭－朝鮮放送協會를 日本放送協會에 合體」, 『조선일보』, 1938.9.22.

98) 권태철, 앞의 글, 85~89면.

99) '국어전해운동'과 일제 언어정책의 성격에 관련해서는 김재용, 「식민주의와 언어－중일전쟁 이후 일제의 언어 정책과 한국문학인의 대응」, "일제하의 동북아문학" 발표문, 제1회 식민주의와 문학 국제심포지엄, 연세대, 2005.10, 14~15면 참조.

미 제국주의 국가들이 라디오를 식민지에 거주하는 자국민을 위한 모국어 방송으로서, 또한 식민지인에게는 교화를 위한 문화정책의 수단으로써 이용하였던 것'[100]과 같은 맥락 안에 놓여 있는 것이다. 이를테면 총독부의 이른바 '문화정치'의 일환으로 이루어진 새로운 식민통치의 수단이었던 것이다.

전시 하에서 방송은 대외선전과 홍보기구의 역할을 담당하였으며 대내적으로는 국민들의 전투의식 앙양, 황국신민화, 내선일체, 총력전 체제의 강화를 효과적으로 수행하기 위한 것이었다. 이런 의미에서 경성방송은 일본말을 모르는 당시 조선인 대중을 상대로 한 조선어로 된 일제 선전방송이라 할 수 있을 것이다. 다음은 표면상 '역사 강연'으로 편성되어 있지만, 실제로는 일제의 지배를 정당화하기 위한 '내선일체'의 논리를 전파하고 있는 방송 사례이다.

> 內鮮人이 同祖同根인 바에 대하야는 이미 여러 학자들이 이를 증명한 바입니다. 前 九州大 助教授 野副重次씨는 그 내선 민족일원론에서 '일본 퉁구스와 조선 퉁구스는 전연 동일하다. 다만 불행히도 조선해협이 지리적으로 둘을 갈랐을 뿐이다. 그것이 일한합방으로 다시 통일된 것이다 (…중략…) 그러므로 일한합방은 정복이나 병합이 아니고 환원이다'라고 말했습니다. 나는 특히 古來로 가장 밀접한 관계가 잇었던 百濟와의 교섭 사적을 말씀하아서 大方의 참고에 이바지하고자 하는 바입니다. 즉 일본의 飛鳥祖時代의 문화와 백제문화의 교류라든가 백제에 왔던 일본 유학생을 통해서의 학문적 관계 또 정치 관계 등을 말씀하려고 합니다.[101]

일본 식민지 정책의 한 가지 특징은 피지배자를 지배자인 일본과 동

---

100) 최창봉 · 강현두, 『우리 방송 100년』, 현암사, 1991, 48면.
101) 「講演 內鮮動員의 史蹟을 回顧하면서－사회교육과장 金大羽, 9일 오후 7시 30분」, 『조선일보』, 1938.9.9.

일한 것으로 보는 것이다. 그것은 '일조동조론(日朝同祖論)'처럼 실체적인 피의 동일성을 향하는 경우도 있으며, '핫코이초우[八紘一宇]'와 같은 정신적인 동일성을 향하는 경우도 있다.[102] 위의 글은 일본 학자의 말을 인용하여 조선과 일본은 원래 같은 민족인데 동해가 지리적으로 갈랐을 뿐이며 따라서 한일합방은 정복이 아니라 '환원'임을 주지시키고 있다.[103] 이에 기대어 필자 또한 백제를 예로 들어 그러한 사실을 역사적으로 증명해 보이겠다는 것이다. 이처럼 경성방송국이란 단일 전파매체의 강좌・강의・야담 등을 통해 생산되던 역사담론들은 식민지배의 도구로 적극 동원되었다.

1933년 이중방송 개국으로부터 해방까지 조선어 방송이 송출되던 시기는 곧 만주사변과 중일전쟁, 태평양전쟁으로 이어지는 전쟁 시기와 겹친다. 이러한 객관적인 시대 상황은 방송 프로그램의 성격과 수준을 결정지을 수밖에 없었다. 특히 중일전쟁이 발발한 1937년 이후 우리말 방송에 대한 감시와 통제는 더욱 강화되었다. 1941년 태평양전쟁이 시작되고 나서는 이른바 '비상태세 요강'에 따라 일본군 당국과 조선 총독부 정보국의 검열 속에서 전쟁 목적 수행을 위한 도구로, 전황 보도와 공지사항 내지 대외 선전 방송에 주력하도록 강요당하였다.[104] 일제하 많은 방송인들과 문인들이 우리말 방송을 지키기 위한 나름의 노력을 했음에도 불구하고, 총독부의 간섭과 지배 아래 놓여 있었던 경성방송국에서 생산되던 역사담론들은 결국 일제의 침략과 식민지배 논리에 봉사하는 것이 될 수밖에 없었다.

---

102) 柄谷行人, 이경훈 역, 『유머로서의 유물론』, 문화과학사, 2002, 297면.

103) 이러한 동일화의 욕망은 '내선일체'를 넘어 '대동아'로 확대된다. 무엇보다도 이는 약육강식과 생존경쟁이라는 서구적 담론과 경쟁하며 침략을 정당화하는 비합리적인 계기로써 인종이 동원됨을 의미한다. 이경훈, 「노란 피부, 노란 가면」, 『상허학보』 14집, 깊은샘, 2005.2, 58면.

104) 한국방송공사 편, 『한국방송 60년사』, 한국방송사업단, 1987, 63~75면 참조

제5장
굴절과 계승

1. 역사소설 논의의 전개와 문단의 대응

역사소설이 소설의 한 유형으로 대두된 이래, 개념과 영역에 대한 시비가 끊임없이 되풀이되었다. 역사와 문학의 결합, 역사를 소설화하려는 실천적 문제뿐 아니라 역사적 현실을 바라보는 진정성의 문제, 작가의 역사의식, 역사성과 문학성의 양면성 등은 늘 논란의 대상이 되어왔다.[1] '역사소설가는 사가(史家)가 되지 않으면 안 되고, 사가는 작가가

1) 예컨대, 통상 우리의 대표적인 역사소설로 평가받는 박경리의 『토지』조차도 논자에 따라 '역사소설이다', '역사소설이 아니다', '혹은 역사소설로서 실패했다'는 등 다양한 시각이 존재한다. 그러한 논란은 역사소설이 단지 역사적 인물이나 사건을 제재로 취함으로써 완성되는 것이 아니라는 사실에 기초한다. 동시대의 이야기가 시간이 경과함에 따라 모두 역사소설이 될 수 없는 것과 마찬가지로, 과거를 대상으로 한 이야기가 모두 역사소설이 될 수는 없다. 특정 작품에 대한 논란 이전에 특정 양식에 대한

되지 않으면 안 된다'[2]는 진술은, 사실로 간주되는 역사 쓰기와 허구적 이야기인 소설의 만남이 그리 간단하게 정의될 수 없음을 보여주는 것이다.

한국의 근대 역사소설은 근대계몽기의 역사·전기소설 및 1910년대와 20년대 활발하게 유통되었던 역사물들과 야담운동의 영향 속에서 1920년대 후반과 30년대에 이르면 보다 확고한 형태로 정립되었다고 할 수 있다. 이렇게 판단할 수 있는 근거로 우선 지적할 수 있는 것이 이 시기에 들어서 비로소 장편 역사소설이 대두되었다는 사실이다.

근대계몽기에 산출된 역사·전기소설은 소설적 형상화보다는 역사 서술의 흔적을 더욱 강하게 띠고 있었다. 작가의 계몽 의지가 두드러져 작가 개입을 통한 설교와 논설 투의 모습이 발견되는 등 근대적인 의미의 역사소설이라고 하기에는 아직 미흡한 양식이었다. 20년대 초반 발표되었던 역사를 소재로 한 단편의 양식[3] 역시 역사적 총체성을 드러내기에는 미흡한 양식이었다고 할 때, 장편 역사소설의 등장[4]이야말로

정치·사회적인 요구와 그것이 당대 사회 여러 담론들과 맺는 관계, 거기서 이른바 '역사소설'이란 양식이 호출되고 생산되는 방식, 그것이 어떻게 유통되고 소비되는가에 대한 검토 등을 고려할 수 있을 때 비로소 하나의 양식이 생산되고 정착되어 가는 과정을 살필 수 있을 것이다. 하나의 문학 양식이란 순정한 유리구슬이 아니라, 그것이 생산되기까지 켜켜이 쌓아온 다양한 경험들의 복합체이다.

2) 菊地昌典, 『歴史小説とは何か』, 筑摩書房, 1980, 53면.

3) 논자에 따라 1920년대 초반 발표된 박종화의 『목매이는 여자』(1922)와 이광수의 『嘉實』(1923) 등을 최초의 역사소설로 보기도 한다. 조연현(『한국현대문학사』, 성문각, 1969), 김우종(『한국현대소설사』, 선명문화사, 1974) 등은 박종화의 『목매이는 여자』를 최초의 역사소설로 평가하며, 최유찬(「1930년대 역사소설론 연구」, 연세대 석사논문, 1983)은 춘원의 이후 역사소설 창작과 관련하여 『가실』 면에 무게를 두고 있다. 하지만 두 작품 모두 총체성을 드러내기에는 미흡한 양식이었음을 감안하면, 최초의 역사소설로서의 의미보다는 역사소설 형성의 전사(前史)로서의 의미를 갖는다고 해야 할 것이다.

4) 1920년대 후반에서 40년대 초반까지 발표된 역사소설 작품들을 대별하면 다음과 같다. 이광수 : 『麻衣太子』, 『동아일보』, 1926.5.10~1927.1.9; 『端宗哀史』, 『동아일보』, 1928.11.30~1929.12.11; 『李舜臣』, 『동아일보』, 1931.6.26~1932.4.3; 『異次頓의 死』, 『조선일보』, 1935.9.30~1936.4.12; 『恭愍王』, 『조선일보』, 1937.5.28~6.10; 『元曉大師』, 『매일신보』, 1942.3.1~10.31. 김동인 : 『젊은 그들』, 『동아일보』, 1930.9.2~1931.11.10; 『雲峴宮의 봄』, 『조선일보』, 1933.4.26~1934.2.5; 『大首陽』, 『조광』, 1941.2~12). 박종화 : 『錦衫의 피』, 『매

역사소설 성립의 전제조건이 된다.

구체적으로 이 시기 장편 소설이 관심의 대상으로 떠오른 이유는, 이전의 창작 방법에 대한 반성과 신문 매체의 저널리즘적 속성에 대한 비판과 응전이라는 문학적 환경에 기인한다. 춘원의 『무정』 이후 20년 가까운 소설사의 흐름을 통해 작가들은 생활의 단편적인 일면만을 취급할 수밖에 없는 단편소설의 한계를 깨닫게 되었고, 그에 반해 사회 현실의 전체적인 모습을 형상화하려는 의욕은 더욱 왕성해졌다.[5)]

당시 장편소설의 대부분은 신문 지면을 통해 발표되었다. 신문 연재소설은 독자를 유인할 수 있는 유효한 수단이자 도구였다.[6)] 저널리즘의 성장에 따른 신문의 대중화는 좀 더 많은 독자가 필요했다. 이는 곧 신문 연재소설의 대중화를 요구했고, 연재소설의 대중화는 곧 연재소설의 통속화를 재촉하였다. 김동인은 당시 장편 연재 작가에 대한 신문사 측의 입장과 요구사항을 다음과 같이 적시하고 있다.

일신보』, 1936.3.20~12.29; 『多情佛心』, 『매일신보』, 1940.11.16~1941.7.23. 윤백남 : 『大盜傳』, 『동아일보』, 1930.1.16~3.24 · 1931.1.1~7.13; 『項羽』, 『조선중앙일보』, 1933.4.1~8.11; 『黑頭巾』, 『동아일보』, 1934.6.10~1934.7.11. 현진건 : 『無影塔』, 『동아일보』, 1938.7.20~1939.2.7; 『黑齒常之』, 『동아일보』, 1939.10.25~1940.1.26. 홍명희 : 『林巨正』, 『조선일보』, 1928.11.21~1929.5.20 · 1932.12.21~1934.9.4 · 1937.12.12~1939.3.11 / 『조광』, 1940.10. 이태준 : 『黃眞伊』, 『조선중앙일보』, 1936.6.2~6.30. 홍효민 : 『仁祖大王』, 『월간야담』, 1936.2~12. 박화성, 『白花』, 『동아일보』, 1932,6.8~11.22 등.

5) 한편 최유찬은 장편소설이 문단의 관심으로 대두된 이유 중의 하나가 30년대 억압적인 현실 속에서 '작가들이 그 현실의 실상을 현실 그 자체로서 표현함과 동시에 현재가 역사에서 어떠한 위치를 점하게 될 것인가에 대한 검토, 즉 역사주의적 태도를 갖게 된' 때문이라고 지적한다. 최유찬, 앞의 책, 48~49면.

6) 1930년대 초반 신문사가 주최하는 장편소설 모집 광고에는 대략 원고지 1,200매에서 1,700매 정도의 분량을 제시하고 있다. 그 내용은 구체적으로 "大衆을 '아피ㅡㄹ'할 力作", 혹은 "事件은 興味잇게 展開시켜 都會人農漁山村人을 勿論하고 다 熟讀"할 수 있는 작품을 언급하고 있다. 신문의 장편 연재소설이 대중성을 담보로 구독자의 확보를 목적으로 하고 있음을 뚜렷이 보여주는 대목이다. 김영민, 「한국의 근대 신문과 근대 소설」, 『한국 근·현대소설과 매체』(한국현대소설학회 제26회 학술연구발표대회 발표자료집), 서울대 출판부, 2005.12.2, 12~13면 참조.

> 新聞人 側의 눈으로는 내용의 무엇 무엇보다도 제일 먼저 고려되는 것이 '이 소설이 신문지상에 적합하냐, 매일 백 몇 십 행씩 연재를 하여 신문을 장식하면 독자가 그 때문에 끊으려는 신문을 끊지 못하고 그냥 구독하겠느냐, 이 소설은 그만한 흥미와 매력을 가졌느냐, 첫 回부터 이 소설은 독자의 흥미를 넉넉히 끌겠느냐, 중도에서 읽기 시작해도 넉넉히 흥미를 끌겠느냐, 남의 집에 이웃을 가서 우연히 그 한 回를 보고도 그 소설의 매력에 취하여 이튿날부터 그 신문의 구독자가 되겠느냐, 每回에 넉넉히 크라이막스가 들어서 한 回뿐으로도 넉넉히 재미있게 보겠느냐, 지리한 점은 없느냐, 그 한 回라도 독자의 하품을 자아낼 만한 곳이 없느냐' 하는 것이다.[7]

이렇듯 신문사의 입장에서 신문 연재소설은 철저하게 하나의 상품으로서의 가치 이상이 아니었으며, 그 가치의 정도는 신문 구독자의 수와 비례한 것이었다. 나아가 김동인은 신문소설의 조건으로 '눈물・웃음・괴기(怪奇)・활극(活劇)・공포(恐怖)・수수께끼・삼각(三角) 혹은 사각(四角)의 갈등' 등을 들며, 문장 또한 독자들을 고려하여 '대중적이요 충동적'일 수밖에 없음을 지적하고 있다. 결국 이러한 조건 하에서 생산된 숱한 역사물과 번안물, 통속소설 등이 일간신문의 지면을 차지함으로써 장편소설이란 역사물, 통속소설과 동일시되었다.

장편소설이 놓인 이러한 객관적인 정황 아래서 장편소설은 곧 통속소설이란 등식을 탈피하고자 하는 문단의 여러 시도들이 이루어진다. 1936년 11월 '삼천리사'는 당시 신문과 잡지에 장편소설을 연재 중이던 작가들과 함께 '장편 작가회의'를 개최하여, 신문 연재소설과 장편소설의 관계, 역사소설과 역사의 관계 등에 대해 논의한다.[8] 대담 중 한설야

---

7) 김동인, 「新聞小說은 어떻게 써야하나 — 新聞小說이라는 것은 보통小說과는 다르다」, 『김동인전집』 6, 삼중당, 1976, 223면.

8) 당시 대담에 참석한 소설가는 李光洙(「愛慾의 彼岸」, 『조선일보』), 廉尙燮(「不連續線」, 『매일신보』), 朴英熙(「伴侶」, 『三千里』), 韓龍雲(「後悔」, 『중앙일보』), 李泰俊(「黃眞伊」, 『중앙일보』), 朴鍾和(「錦衫의 피」, 『매일신보』), 張赫宙(「黎明期」, 『동아일보』), 金末峰(「密林」,

의 다음과 같은 발언은 신문 연재소설을 쓰는 작가의 고충과 함께 프로문학 출신 작가의 역사소설에 대한 입장을 대변하고 있다.

> 신문소설을 쓰게 되면 대체로 불필요한 관심을 많이 가지게 됩니다. 이른바 신문소설쟁이가 되어버리고, 그것으로 자족해한다면 양심도 관심도 별로 문제될 거 없이 그저 다수자의 俗趣味를 목표로 하고 쓰는데 끊지겠지만, 다소라도 시대의 양심을 살리랴하고 예술성을 고려하게 되면 그렇게 할 수 없게 됩니다. 그렇다고 전연 자기의 소신이나 고집으로만 일관해나가면 독자 다수 획득을 主眼으로 하는 신문사의 비위에 맞지 않을 것이니 다시 써먹기가 문제지요 (…중략…) 신문소설에 있어서는 평이성이라는 일면을 결코 등한시 할 수 없읍니다. 그러기 때문에 예술적 양심을 가진 사람이 朝鮮의 신문같이 예술에 대한 몰이해가 심한 신문에 소설을 쓰는 데에는 남모르는 고충이 많은 것이며, 또는 雅俗의 중용을 취하기가 非常히 곤란합니다 (…중략…) 그런데 今日의 이른바 역사소설이란 더욱더 말할 수 없는 엉터리 소설들입니다. 野談이나 講談이라고 하면 오히려 정직한 맛이나 있겠지요.[9]

한설야는 신문이라는 매체의 특성상 독자를 고려할 수밖에 없음을 지적한다. 그러면서도, 당시의 연재 역사소설에 대해서는 '엉터리 소설'일 뿐이며, 소설이라기보다는 '야담'이나 '강담'의 수준이라고 평가하고 있다. 대담에 참여했던 한용운 역시 풍자문학이나 '사화(史話)·사담(史譚)'의 형식에 기댄 역사소설을 "훌륭한 예술적 표현으로는 생각되지 않는다"고 말하며 한설야와 같은 입장을 취하고 있다. 그러면서 "신문소설(다른 소설보다도)에 있어서는 합리적으로는 '예술성'과 '통속성', '순수성'과 '대중성'을 겸하여야 하겠지마는 그렇지 못할 경우에는, '예술성'

『동아일보』), 韓雪野(「黃昏」, 『조선일보』) 등이었다. 「長篇作家會議」, 『三千里』, 1936.11, 54~69면 참조.

9) 위의 글, 60~61면 참조.

보다는 '통속성'에 '순수적'인 것보다는 '대중적'인 편이, 도리혀 좋지 않을가"라고 하여 신문이라는 매체가 가진 상업적인 속성을 인정할 수 밖에 없음을 고백하고 있다.

이에 반해 당시 『매일신보』에 『금삼의 피』를 연재하고 있던 박종화는 신문 연재 역사소설에 대해 긍정적인 입장을 취하고 있다.

> 예술소설과 통속소설이란 어떤 금 하나를 그어놓고 이것은 예술소설이오 이것은 통속소설이다 劃然하게 말할 수 없는 것입니다. 예술가마다 다 가지고 있는 자기도취를 다분히 가지고 있는 소설을 예술소설이라 하겠고 좀 자기를 희생해서라도 남 곧 대중과 이야기하고 싶어 하는 것이 통속소설이란 이름을 듯고 있는 것이겠지요. 그리게 남들이 알건 몰으건 저 혼자 좋아서 상아탑 속에서 콧노래를 부르는 사람이 이 점으로 보면 진정한 의미의 예술이겠지요. 그러나 우리는 혼자 사는 세상이 아니니가 문학 또는 예술가에게 대한 사회적 功利를 생각할 때, 이렇게 예술가 한 사람만 도취해서는 않될 것을 깨닷고 있읍니다. 좀 自家의 도취를 희생해서라도 그것이 이 사회에 유익한 것이 된다면 대중과 더부러 난호어 깨닷고 배호고 싶습니다. 그것은 물론 예술성을 망각한다는 말은 않이겠지요. 독자의 수준을 끌어올리기 위하야 자기의 수준을 약간 떠러트려서라도 같이 알어듯도록 이야기한다는 말입니다.[10]

위에 인용한 월탄의 발언은 "소설을 써나려가실 때 '藝術性'과 '通俗性' 又는 '純粹文學'과 '大衆文學'의 조화에 대하야 어떠한 苦心을 하여가십니까?"란 질문에 대한 답변이다. 요컨대 그는 자신의 작품이 "결코 예술성을 망각"한 것이 아니며, "사회적 공리를 생각할 때" 자기도취에 빠진 '예술소설'보다는 대중과 더불어 하는 '통속소설'이 더욱 바람직하다고 주장한다. "독자의 수준을 끌어올리기 위하야 자기의 수준을 약

10) 위의 글, 58~59면.

간 떠러뜨려서라도" 대중이 이해할 수 있도록 해야 한다는 것이다.[11]

이처럼 여러 매체를 통해 장편 연재소설과 역사소설을 발표하던 주요 작가들의 다양한 의견 개진은, 작가들 간의 다양한 입장 차이에도 불구하고 이들 양식이 문단의 핵심적인 문제였음을 보여준다. 이외에도 김남천은 당시 서구의 장편소설들을 소개하면서 우리의 장편소설을 저널리즘과의 관계 속에서 고찰하며,[12] 이원조는 신문 연재소설이란 "個別的으로 한 개의 完全한 斷篇이면서 全體的으로는 長篇小說의 一系列"을 이루는 것. 즉, "發表的으로는 斷篇이면서 創作的으로는 長篇"이 될 수 있도록 쓰는 것이 "신문소설의 가장 得策"이라고 주장한다.[13] 장편소설의 생산과 더불어 작가와 비평가의 이들 양식에 대한 관심은 근대적인 의미의 역사소설 양식 정립의 단초를 마련하면서, 한편으로는 시대의 질곡 속에서 문단의 집단적인 진로 모색이라는 의미를 갖는다.

이 시기를 역사소설 양식의 정립과 관련하여 논의할 수 있는 또 하나의 근거는 장편소설 논의의 연장선에서 역사소설이란 문학 양식에 대한 비평적 관심이 고조되고, 역사소설 양식을 이론적으로 정립하려는 구체적인 시도들이 이루어진다는 점이다.[14] 1920년대 중반부터 1930년

11) 사실 '장편작가회의'는 작가들이 한 자리에 모여 회의를 진행한 것이 아니라, '삼천리사'가 각각의 질문에 대한 답을 작가들로부터 취합하여 대담의 형식으로 구성한 것이다. 따라서 작가 개인의 입장이 소개되어 있을 뿐, 서로 다른 입장일지라도 반박을 통한 토론 등은 이루어지지 못했다.

12) 김남천, 「朝鮮的 長篇小說의 一考察－現代 '쩌－나리즘'과 文藝와의 交涉」, 『동아일보』, 1937.10.19~23.

13) 이원조, 「新聞小說 分化論」, 『朝光』, 1938.2.

14) 그 대표적인 논의들은 다음과 같다. 양건식, 「강담과 문예가」, 『중외일보』, 1927.11.15; 이광수, 「단종애사에 대하여」, 『三千里』, 1929.7; 홍명희, 「임거정전에 대하여」, 『三千里』, 1929.7; 김동인, 「춘원연구」, 『三千里』(1934.12~1935.10)·『삼천리문학』(1938.1~1938.4)·『三千里』(1938.10~1939.6); 현진건·김동인 외, 「역사소설의 성행문제」, 『三千里』, 1934.7; 염상섭, 「역사소설시대」, 『매일신보』, 1934.12.20~22·24~28; 牛耳洞人, 「역사와 문학의 관계를 말함」, 『조선문학』, 1935.2; 이광수 외, 「장편작가회의」, 『三千里』, 1936.11; 한식, 「역사문학의 재인식의 필요」, 『동아일보』, 1937.10.6~7; 김남천, 「조선적 장편소설의 일고찰－현대 '쩌－나리즘'과 문예와의 교섭」, 『동아일보』, 1937.10.19~10.23; 김남천, 「현대 조선소설의 이념」, 『조선일보』, 1938.9.10~18; 김남천,

대 카프의 해체 이전까지 우리 문단은 민족주의 문학과 프로 문학 진영으로 양분되어 있었다. 이들 두 진영의 노선 차이는 역사소설에 대한 입장에서도 확연하게 드러난다.

'역사소설'에 대한 이들의 논쟁은 주로 이광수를 비롯한 민족주의 진영의 역사소설에 대한 프로 문학 측 비평가들의 비판으로 이루어진다. 비판의 요지는 민족주의 진영이 표방하고 있는 '과거의 정신'은 "뿌르조아 文學의 弱化 하야가는 危機를 이약이"[15] 하는 것일 뿐이며, '관념적, 회고적, 노피적'인 경향에 빠진 민족주의 진영의 역사소설은 "歷史를 私的, 心理的인 雜事의 水準"[16]으로 퇴락시켰다는 것이다.

한편 양건식은 '조선야담사'의 창립과 야담운동에 즈음하여 「강담(講談)과 문예가(文藝家)」란 글을 통해 '역사의 문예화'란 측면에서 야담과 역사소설과의 관계를 언급하고 있다. 전대(前代) 양식인 야담의 변모와 그것의 대중적 확산, 그리고 문단의 수용에 이르는 일정한 지표를 제시하고 있는 셈이다.

> 講談이란 그 目的이 大衆에 잇는 것이오 이 運動이 朝鮮에 잇서서는 벌서 닐어날 것이 이 때까지 못 닐어난 것이니 (…중략…) 講談 그것이 將來할 社會에 必然的 興起할 要素를 가진 것이니 이에는 文藝家의 손을 거치지 아니하면 안 된다. 그 理由는 (…중략…) 以前의 古談쟁이와 가티 넘우 常識이 업서 어쩌한 한 事實을 條理잇게 講演하야 이를 들리게 못 하고 한갓 矛盾된 謬張만 일을 삼아 事實을 넘우도 무시하는 까닭이다 (…중략…) 이것을 文藝家의 손으로 잘 다듬어 논다면 演者로부터 먼저 감사하게 녀길 것이오 (…중략…) 日本의

「관찰문학 소설론」, 『인문평론』, 1940.4; 이원조, 「신문소설 분화론」, 『朝光』, 1938.2, 이원조, 「임거정에 관한 소고찰」, 『朝光』, 1938.8; 서인식, 「역사에 있어서의 행동과 관상―역사와 영웅을 말함」, 『동아일보』, 1939.4.23~5.4; 서인식, 「역사와 문학」, 『문장』, 1939.9; 서인식, 「께오리 루가츠 역사문학론 해설」, 『인문평론』, 1939.11; 현진건, 「역사소설문제」, 『문장』, 1939.12; 박종화, 「역사소설과 고증」, 『문장』, 1940.10 등.

15) 임화, 「1933年의 朝鮮文學의 諸傾向과 展望」, 『조선일보』, 1934.1.5.

16) 김기진, 「朝鮮文學의 現段階」, 『신동아』, 1935.1.

新講談이 닐어나고 그 뒤 미처 大衆小說이 復興한 것을 보면 이를 徵하기엔 足하다.[17]

양건식의 이 글은 김진구가 '야담운동'을 한다는 소식을 듣고, 그에 대한 소회를 밝힌 것이다. 이 글에서 그는 전문 문예가에 의한 강담의 창작이 필요함을 역설하고 있다. 그는 강담의 창작을 통해 문예의 대중화 및 역사 보급을 이룰 수 있으리라 기대했던 것이다. 여기서 '강담'은 단순히 '재래의 고담(古談)이어서는 곤란하며, 문예가의 손을 거쳐 다듬어져 궁극적으로는 대중소설에까지' 이를 수 있어야 한다는 것이다.

실제 1927년 '조선야담사'의 설립과 함께 30년대까지 지속적으로 이루어진 야담운동은 문예의 대중화 및 역사 보급운동의 첨병 역할을 하였다. 당시 '민중의 오락물'로 불리던 야담은 흥미와 교훈을 함께 줄 수 있는, 혹은 얻을 수 있는 유용한 양식으로 간주되었다. 또한 야담은 대중들로 하여금 '역사'를 친숙한 것으로 만듦으로써 대중들을 잠재적인 역사소설의 독자로 성장시켰다. 하지만 야담의 성장이 역사소설 생산의 토대를 마련하고 독자층을 확보하는 데 기여했다고는 할 수 있지만, 곧장 역사소설 양식의 정립으로 이어진다고 말할 수는 없다. 오히려 문단 내에서는 '야담'에 대한 거리를 확보함으로써 '역사소설'의 정체성에 대한 논의를 진행시켜 나간다.

염상섭은 1934년 발표한 「역사소설시대(歷史小說時代)」에서 "歷史小說이 요구되는 원인은 역사 지식이 대중에 보급되지 못한 것은 말할 것도 업고 전문가 以外에는 二三十代의 청년남녀에게도 거의 대부분이 역사지식에 缺乏을 늣기는 까닭"[18]이라고 강조하면서 문예의 민중화라는 측면에서 논의를 전개해 나간다. 그는 무엇보다 역사소설이 역사 지식을 보급시킬 수 있다는 점에서 역사소설을 민중 계몽의 적절한 수단

17) 양건식, 「講談과 文藝家」, 『중외일보』, 1927.11.15.
18) 염상섭, 「歷史小說時代」, 『매일신보』, 1934.12.21.

으로 간주하고 있다. 이어서 그는 강담·시대물·역사소설이란 용어를 사용하며 당시 조선에 있어서 필요한 문학형식은 '시대물'이 아니라 '역사소설'이라고 강조한다.

> 종래의 단편적 史談이나 전기류나 소위 怪談奇聞이라는 것이 오늘의 야담의 형식을 밟아서 어느 정도까지 유행 보급된 뒤에 여기에 일층 다양다채한 공상의 옷을 입힘으로써 소설의 체재를 가초게 될 것이 이것이 곳 소위 '時代物'이라는 것이 될지며 여기에 또다시 史實에 충실하고 예술적 표현에 노력함으로써 完全히 歷史와 小說과를 동일선상에 近理融合에하면 고급의 역사소설이 될 것이다.[19]

요컨대 시대물은 보다 공상적이고 역사소설은 보다 사실(史實)에 충실한 것인데, 당시 조선에 필요한 문학 양식은 시대물이 아니라 역사소설이라는 것이다. 왜냐하면 역사소설은 사실에 충실하므로 시대물이 수행할 수 없는 역사 지식을 보급할 수 있는 기능을 담당할 수 있기 때문이다. 염상섭에게 민중을 교화시키기 위해 필요한 것은 소설이 아니라 역사였다. 따라서 그에게 역사소설은 민중 교화를 위한 역사 차용의 형식이 된다.

염상섭의 시대물과 관련한 역사소설 논의나 프로문학과 민족주의 진영의 역사소설에 대한 논의의 공통점은 모두 '소설'보다는 '역사'에 방점이 찍혀 있다는 것이었다. 민중 교화를 위한 역사 차용의 논리나 뚜렷한 목적성을 가진 역사소설 논의에 역사소설 양식에 대한 고민이 들어 설 여유는 없었다. 그러다 1930년대 중반에 이르면 이광수의 작품에 대한 실천 비평의 성격을 띤 김동인의 『춘원연구』와 박종화·이병기 등의 평론을 통해서 '역사소설'도 우선 소설이 되어야 한다는 목소리가

19) 염상섭, 「歷史小說時代」, 『매일신보』, 1934.12.22.

등장하기 시작한다.[20] 한편 역사소설에 부정적인 입장을 취해왔던 프로문학 진영에서 당시 침체된 리얼리즘 문학의 돌파구로 '역사문학'을 제안하기도 한다.[21]

> 如何한 나라의 문학에 잇어서도 그 나라의 民族文學이 그의 가장 훌융하고 完全한 形態를 가젓을 때에는 반다시 훌융한 歷史文學을 가젓다는 것이다. 또 世界文學史上에서 가장 有名한 作家들은 모두 多少間이나 各各 그들의 歷史文學을 製作하엿으며 그들의 그와 같은 歷史文學은 가장 歷史的 混亂期나 그러치 안흐면 그와 같은 時期 前後에 나타나왓다는 事實이다. 우리 文學者들은 이와 같은 文學史上의 現實을 똑바로 볼 必要가 잇으며 그에서 無限한 啓示받을 수가 잇는 것이다.[22]

전 4회에 걸쳐 발표된 한식(韓植)의 글은 역사문학을 통해 리얼리즘 문학의 위기를 극복하자는 취지를 담고 있다. 그는 여기서 역사문학이 현실도피의 산물이 아님을 강조한다. 역사에 대한 올바른 관점과 비판의식을 가지고 있다면 오히려 역사문학은 '리얼리즘의 발전적 실천을 통한 테마의 확대'[23]라는 긍정적 결과를 가져올 수 있다는 것이다. 한식의 주장은 기왕의 프로문학 노선에서의 이탈이었지만, 시대의 추세를 반영하는 의미를 지니는 것으로 평단의 긍정적인 평가를 받기도 하였다.[24]

---

20) 김동인의 『춘원연구』(『三千里』, 1934.12~1935.10; 『삼천리문학』, 1938.1~1938.4; 『三千里』, 1938.10~1939.6)와 이병기의 「歷史文學과 正史」, 『동아일보』, 1939.3.30; 박종화, 「歷史小說과 考證」, 『문장』, 1940.10 등. 이들은 모두 역사소설 창작 시 역사적 사실은 받아들이되 그것은 얼마든지 작가의 주관적 판단에 의해서 재해석되거나 윤색될 수 있으며, 그것이 곧 '역사'가 아닌 '역사소설'로서 가치가 있는 것이라고 주장한다.

21) 韓植, 「歷史文學 再認識의 必要－現代作家에게 보내는 覺書」, 『동아일보』, 1937.10.3・5~7.

22) 위의 글, 1937.10.3.

23) 韓植, 앞의 글, 1937.10.7.

24) 이원조, 「丁丑一年間 文藝界 總觀－土流探索의 한 路程表로서」, 『朝光』, 1937.12, 42면.

1920년대 후반에서 30년대에 이르는 동안의 주요 작가와 비평가들 사이에 진행된 '역사소설'에 대한 다양한 논의는, 이전까지 변방에 있었던 역사소설 양식을 문단의 중심으로 이동시켰으며, 피상적으로 진행되었던 '역사'와 '문학'의 관계에 대한 진지한 성찰을 가능하게 했다. 장편 역사소설의 대두와 함께 이러한 역사소설 논의의 다양한 전개 양상은 이 시기를 역사소설 정립의 중요한 시점으로 자리매김하게 한다.

2. 근대적 역사소설 양식의 정립

지금까지 1930년대 역사소설의 생산과 관련된 지배적인 견해는 일제하 객관적인 현실의 악화와 이에 따른 작가의식의 퇴조와 관련된 것이었다. 물론 이러한 문학 외적인 요인이 작가들에게 끼친 영향과 그렇게 생산된 작품의 관계는 불가피하다. 작품을 둘러싼 문단의 상황과 사회현실, 정치·사회적인 조건들은 분명 작품 생산의 모태가 되며 작품의 성격까지도 결정지을 수 있는 것이다. 시대적 조건에 따른 객관적 현실의 악화는 근대 역사소설 생산의 일차적인 배경이 된다. 하지만 다른 한편으로 그것은 당대 역사소설의 한계이기도 하며, 근대 역사소설 형성의 질곡이기도 했다.

근대 한국문학사에서 서양식 근대 역사소설을 발견하기란 쉽지 않다. 좀 더 구체적으로 말해, 루카치식의 '역사소설' 개념을 완성된 서사문학의 모형으로 삼는다면 이에 부합하는 한국의 근대 역사소설은 단 한편도 존재하지 않는다고 말해도 과언이 아니다. 루카치는 『역사소설론』에서 역사소설의 형성이 역사의식의 형성과 밀접하게 연결된 것으로 파악하는데, 이때의 역사의식은 과거의 역사를 현재의 '필수불가결한 전사(前史)'[25]로서 인식하는 것이다. 이는 현실에 대한 올바른 인식 없이는 역사에 대한 올바른 인식이 생겨날 수 없고, 또 역사에 대한 올바른 인식을 전제하지 않고는 현실과 사회에 대한 이해는 불가능하다는 것을 의미한다.

하지만 검열과 통제가 더욱 강화되던 시기인 1930년대 일제 식민치하에서 생산된 우리의 역사소설은, 작가의 현실 인식과 역사의식을 드러내기에는 한계를 가질 수밖에 없었으며 그것을 보여줄 통로조차 제한되어 있었다. 물론 열악한 시대적 조건이 작가의 현실 인식과 역사의식 부재에 대한 면죄부가 될 수는 없다. 하지만 작가와 그가 생산해낸 작품에 대한 사회・역사적인 배경을 고려하지 않은 일방의 잣대는 오히려 작품이 가지고 있는 한계조차도 제대로 볼 수 없게 만든다. 예컨대 루카치는 『역사소설론』에서 역사소설의 주인공은 역사상의 중요한 인물보다는 '중도적 인물'이 더 적합하다고 주장하고 있다. 이때 루카치가 말하는 중도적 인물이란 삶의 총체적 양상이나 민중적 삶을 포괄적으로 제시해 줄 수 있는 '전형적 인물'을 뜻한다. 루카치가 고전적 역사소설의 전범으로 간주하고 있는 스코트(Walter Scott, 1771~1832)의 역사소설 주인공들은 하나같이 역사상의 유명한 인물이 아니라 민중으로부터 나온 중도적 인물이다. 루카치는 스코트가 이들 주인공을 통해 역사상 한 시기의 사회적 세력이나 계층을 연결시켜 줌으로써 종국적으로는 민중적 삶의 전체적 모습과 역사적 총체성을 폭넓게 형상화하는데 성공하고 있다고 평가한다.[26]

우리의 근대 역사소설 중에서 루카치가 말하는 '중도적 인물'을 등장시켜 '민중적 삶의 전체적 모습과 역사적 총체성을 폭넓게 형상화하는데 성공'한 작품은 무엇이 있을까? 우리 근대 역사소설의 대부분은 왕조사나 궁중비사, 이면사, 과거 영웅이나 위인들의 군담이나 일대기가

---

25) G. Lucács, 앞의 책, 68면.

26) 위의 책, 36~40면.

중심서사로 자리 잡고 있음을 상기하면, 루카치의 시선에서 우리의 근대 역사소설은 모두 실패하고 있거나, 근대 역사소설 자체가 존재하지 않는다.[27)]

기존의 문학사에서 우리의 근대 역사소설에 대한 평가 절하는 기본적으로 이러한 시선과 맞닿아 있다. 그것은 곧 서양의 근대소설(novel)을 완성태로 보고 그것을 향해 나아가는 것을 소설사의 발전 내지 완성으로 서술하려는 시각에서 비롯된 것이다. 결국 이러한 방법론적 접근은 우리의 근대 역사소설을 어떠한 역사성이나 특수성도 가지지 못한 채 단지 미달이나 왜곡의 차원에 머물게 한다. 서양의 침대에 우리의 근대 역사소설을 늘이거나 줄여 재단하려는 태도는 결국 우리의 문학사를 불구의 것으로 바라볼 수밖에 없게 만든다.

한국의 근대 역사소설 양식의 역사성과 특수성을 논하는 것이 일방적으로 우리 문학의 독자성을 주장하거나 서구 추수주의에 대한 반동의 명분으로 치부되어서는 곤란하다. 물론 근대 역사소설에 대한 가치평가가 한국문학사의 연속성에 대한 강박이나 심정적 동의에서 촉발되어서도 안 될 것이다. 중요한 것은 근대계몽기에서 1930년대에 이르는 한국적 특수성 내에서 생산되는 여러 담론과 양식적 실험을 통한 결과

---

27) 루카치의 『역사소설론』에서 중요한 개념 중 하나가 '필수불가결한 시대착오(notwendige Anachronismus)'에 대한 것이다. 루카치에 의하면 어떤 방식으로든 동시대인의 관심을 유발시키기 위해서 선택된 과거의 대상은 현재의 관습과 언어로 '번역'되지 않으면 안 된다. 따라서 현재의 생활 감정이나 언어 의식에 전혀 맞지 않는 생소한 풍속이나 언어를 동원한 역사소설이나, 혹은 과거의 이런 측면을 완전히 무시한 채 현대 생활 감각이나 언어 습관으로 옮겨 놓은 역사소설은 '필수불가결한 시대착오'로부터 어긋나는 것이 된다. 이러한 측면에서 본다면, 일단 과거의 풍속, 제도, 고어(古語) 등을 재현하는 데 탁월한 성과를 보인 작품으로 평가 받는 벽초의 『林巨正』조차도 역사소설로서의 성취보다는 한계를 지적할 수밖에 없다. 그러나 『林巨正』은 1920년대에서 30년대 왕조사 중심의 역사소설이 주류를 형성할 때, 민중사적 관점에서 당대의 역사를 재구성하며, 작품 속에 등장하는 과거의 언어와 풍속 역시도 단순한 모방이 아니라 민중의 구체적 실상을 재현하기 위한 효과적인 장치로 기능하고 있다. 문제는 루카치의 『역사소설론』이 아니라 그것의 일방적인 적용에 있다. 서구 역사소설의 전통 속에서 도출된 개념이 즉각적으로 우리의 역사소설 평가의 잣대가 될 수는 없다. G. Lucács, 위의 책, 67~69면 참조.

에 대한 탐색인 것이다.

하지만 이러한 접근이 30년대에 이르러 '왜 역사소설인가'라는 질문에 모든 답을 대신할 수 있는 것은 아니다. 답변은 객관적 현실에 대한 작가의 대응이라는 측면과 더불어, 그때까지 축적되어온 퇴적물들과의 관계 속에서 이루어져야 한다. 요컨대 1930년대 작가와 비평가들의 역사소설에 대한 관심과 논쟁, 그리고 역사소설의 집중적인 양산은, 근대계몽기에서 30년대까지[28] 지속적으로 생산되고 축적된 역사물의 성과와 한계가 하나의 문학 양식으로 수렴되어가는 과정을 보여주는 것이라 할 수 있다.

'양식'이란 단순히 문학의 외적 형식이 아니라 시대정신이 문학 텍스트로 구현되는 방식이다. 근대계몽기 역사·전기소설의 생산은 철저하게 정치적·사회적 담론의 생산물이었다. 당대의 시대적 조건 속에서 국권 회복을 위한 애국심, 애국주의를 배양하기 위한 방법적 선택이 곧 역사·전기소설이었던 것이다. 하지만 그 문학적 형식은 전류(傳類) 문학이나 조선 후기 군담소설이나 영웅소설과 같은 전대(前代) 문학 양식을 이어받고 있었다.

이처럼 역사·전기소설은 전대의 문학 양식들을 이어받고 있으면서도, 한편으로 그것과 구별되는 근대소설로서의 속성을 지니고 있었다. 전류 문학과 군담소설은 '영웅'이 전체 서사의 중심에 놓여 있었다면, '역사·전기소설'은 '영웅'이 등장하더라도 영웅 그 자체가 아니라 민족을 이야기하기 위한 매개물로서 존재한다. 이 시기 역사·전기소설에 등장하는 영웅은 '민족' 이야기를 하기 위한 하나의 방편이었으며, 무엇보다 민족적 가치를 앞세운 계몽의 수단이기도 했다. 이때 전통적인 양

28) 근대계몽기에서 1930년대라는 시기의 설정이 그 이전 시기와의 단절을 의미하는 것은 아니다. 앞에서 이미 살펴보았듯이, 이 시기 문학 양식들은 전대(前代) 문학 전통과의 영향 아래서 이루어진다. 고소설의 전통과 근대소설 양식의 관계에 관한 보다 튼실한 학문적 성취를 위해서는, 대학 내 국어국문학과의 고전문학과 현대문학의 경계를 넘어선 각 전공자들 간의 긴밀한 소통이 전제되어야 할 것이다.

식의 수용은 전대 문학의 양식에 익숙한 독자들을 유인할 수 있는 안전하고 익숙한 소재였다.

전대 양식에 비해 '역사·전기소설'은 분명 근대적인 의미의 역사소설의 양식에 다가선 것이었음은 분명하다. 근대계몽기 역사·전기소설에서 나타나는 역사적 배경과 사건, 인물의 서사화는 역사소설에서도 기본적인 조건이 된다. 하지만 그 자체로 역사소설의 양식에 부합하는 것이었다고 할 수는 없다. 강렬한 역사의식과 시대적 사명감이 곧 문학 양식의 완성을 의미하는 것이 될 수는 없는 것이다. 결국 역사·전기소설은 민족 계몽을 위한 역사 차용의 형식이었던 셈이다.

합방 이후 역사·전기소설은 자취를 감춘다. 이는 역사·전기소설의 창작이 정치적 담론의 실천이었음을 증명하는 것이다. 국난 극복이라는 역사·전기소설 작가들의 정치적 목적은 결국 실패하였다. 이제 또 다른 방식으로 역사와 영웅들이 호출되고 호명되기에 이른다. 하지만 그것은 근대계몽기 역사·전기소설의 생산과는 전혀 다른 맥락에 놓여 있는 것이었다. 이러한 사실은 과거의 '역사'가 지속적으로 담론 생산의 유용한 도구로 활용되면서도, 외부의 조건에 따라 조율되고 굴절되고 있음을 보여주는 것이다.

1910년대와 20년대 구활자본 고소설의 생산과 유통은 역사의 대중적인 소비를 가능하게 했다. 구활자본 고소설의 양식은 문자 그대로 전대의 문학 양식을 그대로 답습하면서 전통적인 독자 대중을 끌어들인다. 하지만 '식민지 자본주의'라는 조건 아래에서 생산된 구활자본 고소설은 문학의 외적 형식에서는 전대의 양식을 계승하고 있을지라도, 그 창작 동기나 작품을 통해 성취하고자 하는 목적은 전혀 다른 것이 될 수밖에 없었다.

전대의 필사본이나 목판본의 형식이 활자본으로 대량 생산 유통되었지만 엄밀한 의미에서 그 내용과 형식이 동일하다고 말할 수는 없다. 수용자인 독자를 고려한 다양한 작품의 변개가 이루어지는 것이다. 국한문 혼용 혹은 한자 병기의 표기로부터 한글 전용으로의 전환, 시대적 변화에 맞춘 소재의 변이, 새로운 내용의 첨가 혹은 축약 등 다양한 차원에서 작품의 변개가 진행된다.

역사의 대중적 소비는 전대 소설의 유통뿐만 아니라, 야담을 통해서도 활발하게 이루어진다. 이 시기 야담의 생산은 '조선야담사'의 이른바 야담운동을 통해 집중적으로 전개된다. 구활자본 고소설의 생산과 유통은 상업적인 목적에 따른 개별 출판업자와 서적상들에 의해 진행되었다. 이에 반해 야담의 보급과 대중적 소비는 문단과 여러 사회·종교단체와의 협력 속에서 진행된다. '역사'의 유통과 생산 방식이 보다 전면적이고 조직적으로 이루어진 것이다.

『한빛』과 같은 역사를 소재로 한 잡지의 창간과 『별건곤(別乾坤)』, 『조광(朝光)』과 같은 종합 대중지를 통해서도 다양한 역사물의 생산과 소비가 진행되는데, 이를 통해 생산되는 많은 역사담물들은 여러 양식적 실험들을 시도한다. 사화(史話), 사담(史談), 열전(列傳), 전기(傳記), 비화(秘話), 애화(哀話), 실록(實錄), 비사(秘史), 야사(野史), 이면사(裏面史) 등 다양한 양식명에 기대어 과거의 역사는 다시 현재로 불려 나온다. 또한 사후(死後)의 인물들에 대한 지하방문기, 「드면록(錄)」 등을 통해 과거의 역사를 재구성하려는 실험들이 이루어지기도 하며, 연재의 방식으로 장형화되어 가는 모습을 발견할 수 있다.

하지만 이러한 다양한 양식들이 각각의 양식적 특질에 대한 뚜렷한 인식 속에서 호명된 것은 아니었다. 무엇으로 표기되든지 간에 각 양식 간의 분류가 불가능할 만큼 차용과 삼투, 그로 인한 다양한 변개가 이루어지고 있는 것이다. 이는 양식 간 전환과 교섭의 과정이 곧 하나의 양식적 개념으로 수렴되기 어렵다는 사실을 뜻한다. 당시 다양한 역사물의 생산자들이 필요로 했던 것은 고정된 문학적 양식이 아니라, 역사를 활용한 대중과의 소통이었다.

1930년대 역사소설의 활발한 생산과 유통은 이 모든 것의 결과물이다.

역사를 소재로 한 다양한 역사물의 유통은 역사소설의 잠재적 독자층을 양산하였다. 오랫동안 준비된 독자층과 그들 독자들의 취향과 기호에 맞는 역사소설의 생산은 수요와 공급의 원칙이 맞아 떨어지는 것이었다. 30년대 신문 매체의 발달과 상업자본의 성장에 따른 역사소설의 생산과 소비는 표면적으로 우리 역사소설의 중흥기를 맞는 것이었지만, 그러한 제 조건은 곧 근대 역사소설의 한계를 규정하는 것이기도 했다.

30년대 역사소설은 전대의 문학적 전통과 다양한 실험들을 통해 장편 역사소설 양식으로 외앙을 갖추어 갔다. 하지만 그것은 근대계몽기 역사·전기소설이 이루고자 했던 목표와는 멀리 떨어진 것이었다. '역사·전기소설'의 작가들이 현실인식과 역사의식의 과잉으로 역사의 서사화에 실패하였다면, 30년대 역사소설은 문학의 외적 형식으로는 장편 역사소설의 모습을 띠고 있었지만, 그 내용에서는 당대의 현실과 역사를 제대로 바라보지 못했던 것이다. 역사소설의 지향이 단순히 소재주의로, 혹은 시제 개념으로 규정될 수 없는 것이라면 이 시기의 역사소설에서 역사의식과 현실인식을 읽어내기란 쉽지 않다.

이처럼 다양한 역사담론들과 그것들의 생산, 그리고 역사소설 양식의 정립에 이르는 과정은 수직적인 계승 관계였다기보다는 충돌과 변이, 경쟁과 갈등 속에 놓인 것이었다. 일제하 여러 담론의 생성과 소멸은 외부 현실에 의해 강하게 견인될 수밖에 없었다. 그러한 조건 하에서 생산된 우리의 근대 역사소설은 저항과 투항, 굴절과 계승의 길항 관계 속에 놓여 있는 것이었다.

제6장
한국 근대 역사소설의 정립

본 연구의 목적은 역사소설 양식의 출현과 변모 과정을 통시적으로 살펴보는 것이었다. 통시적 연구의 방법이 곧 직선적인 발전사관을 의미하지는 않는다. 오히려 서로 다른 사회·역사적인 조건 속에서 각각의 문학 양식들이 어떻게 구성되고 변형되는가하는 문제에 주목하였다. 양식은 고정불변의 것이 아니다. 양식은 문학의 고유한 작동원리인 동시에 시대와 정신에 의해 끊임없이 영향 받는 가변적 실체이다.

통시적인 연구의 장점은 오직 그것이 고립된 하나의 양식이 아니라 부분과 전체를 모두 고려의 대상으로 삼을 수 있다는 사실에 있다. 이러한 방법을 통해 새로운 특성들이 어떻게 서로 구별되고 뒤섞이며, 차용되고 출현하는가, 그리고 다른 방식으로 위계화된 새로운 총체들 속에 어떻게 재분배 되는가 등의 문제에 다가설 수 있을 것이다. 우리의 문학사는 평면 위의 연속성으로나, 일괄적인 청산을 통한 단절이나 이식만으로 설명될 수 없다.

본 연구는 일제 식민지하 역사담론의 생산과 재편의 과정을 살피는 일이 곧 역사소설 생산의 역학과 실천의 과정을 해명하는데 기본 전제가 된다는 문제의식으로부터 출발하였다. 역사와 역사 기술의 관계를 단순히 선후(先後)의 관계이거나, 주종의 관계로 접근해서는 역사와 현재의 그 어떠한 모습도 드러낼 수 없다.

현실과 역사가 생성되는 과정과 그것이 이른바 역사소설로서 재생산되는 과정은, 현실이해나 역사인식을 구성하는 표상작용 및 역사 서술의 제도성과 실천에 내한 접근과 해명이 전세되어야 한다. 역사, 문학, 매체, 독자 간의 상호 길항관계와 그들이 생산해내는 여러 담론에 대한 고찰은, 근대 역사소설 양식에 이르는 과정을 해명하기 위한 것이었다.

역사·전기소설은 근대계몽기의 정치적·사회적 담론의 생산물이었다. 역사·전기소설의 작가들이 자신들의 정치적 지향과 세계관을 구조화하는데 가장 이상적인 담론 형태로 선택한 양식이 역사·전기소설이었다. 당대의 시대적 조건 속에서 국권 회복을 위한 애국심, 애국주의를 배양하기 위한 방법적 선택이 곧 역사·전기소설이었던 것이다. 따라서 역사·전기소설이나 이후 신소설에는 담론 생산자로서의 작가가 처한 정치적 위치와 그 위치로부터 비롯된 세계에 대한 인식의 틀이 그대로 각인되었다.

역사·전기소설은 이렇듯 철저하게 시대의 산물이었지만, 그 문학적 형식은 전류(傳類) 문학이나 군담계 소설과 같은 전대 문학 양식을 이어받고 있다. 조선 후기 야담에서 발원한 '서사적 논설'의 글쓰기 방식은 근대계몽기 단형서사 양식으로 이어진다. 그 중 신문이나 잡지에 실렸던 '인물기사' 혹은 '인물고'는 '역사·전기소설' 양식 발생의 구체적인 토대로써 작용한다. 근대계몽기 역사·전기소설이 국내외의 영웅적인 인물이나 위인을 소재로 창작된 것을 상기하면, 그 전사(前史)로써 국내외의 영웅들이나 위인을 다루었던 '인물기사'를 상정해 볼 수 있다. 이렇듯 '인물기사'는 민족적 영웅이든 종교 지도자이든 간에 당대의 시대적 요구에 부합하는 인물을 호출해내는 유용한 양식이었다. 조선 후기 야담의 문학적 성과는 왕조의 마무리와 함께 단절되고 사라진 것이 아니라, 근대계몽기라는 새로운 시대적 제 조건 속에서 새로운 내용과 형식으로 전이되고 계승된 것이다.

'역사 · 전기소설'은 전대의 문학 양식들을 이어받고 있으면서도, 한편으로 그것과 구별되는 근대소설로서의 속성을 지니고 있었다. 전류 문학과 군담소설은 '영웅'이 전체 서사의 중심에 놓여 있었다면, '역사 · 전기소설'은 '영웅'이 등장하더라도 영웅 그 자체가 아니라 민족을 이야기하기 위한 매개물로써 존재한다. 이 시기 역사 · 전기소설에 등장하는 영웅은 '민족' 이야기를 하기 위한 하나의 방편이었으며, 전대 문학의 양식에 익숙한 독자들을 유인할 수 있는 안전하고 익숙한 소재였을 뿐만 아니라, 무엇보다 민족적 가치를 앞세운 계몽의 수단이기도 했다.

전대 양식에 비해 '역사 · 전기소설'은 분명 근대적인 의미의 역사소설의 양식에 다가선 것이었음은 분명하다. 하지만 그 자체로 역사소설의 양식에 부합하는 것이었다고 할 수는 없다. 강렬한 역사의식과 시대적 사명감이 곧 문학적 양식의 완성을 의미하는 것이 될 수는 없다.

1910년대와 1920년대에 이르면 상당수의 활자본 고소설들이 활발하게 생산 유통되기 시작한다. 이들 중 전대의 역사소설이나 민족 영웅을 주인공으로 한 작품들이 상당수를 차지하고 있다. 지금까지 확인된 약 250여 종의 구활자본 고소설 중 역사관련 서사가 100여 종에 이른다. 결국 이러한 역사에 대한 관심의 증대와 독자층의 확대를 통해 역사 소재 활자본 고소설들은 근대 역사소설이 발흥할 수 있는 기반을 마련해주었다.

인물의 위인적 면모나 왕조사나 궁중비사 중심의 사건은 근대 역사소설에 그대로 전이되어 나타난다. 하지만 역사적 인물을 주인공으로 하여 궁중비사나 권력투쟁사를 다루는 방식이 역사적 총체성과는 거리가 있다고 할 때, 고소설의 유산은 근대역사소설이 통속적 시대물로 떨어지는 한 근거가 되기도 한다.

하지만 통속성 이전에 이 시기에 역사를 소재로 한 많은 이야기책들이 생산되었다는 사실만으로도 역사에 대한 새로운 인식을 반영하는 것이라 할 수 있다. 따라서 이 시기 역사 소재 활자본 고소설의 등장이 근대계몽기의 역사·전기소설의 영향을 받았고, 그런 작품을 원하는 독자의 영향을 받았음은 사실이지만 그 접근 방식은 전혀 다른 것이 될 수밖에 없었다. 이는 곧 1910년대와 20년대 역사 소재 활자본 고소설의 형성이 근대계몽기 역사·전기소설이 지니고 있었던 현실인식에 대한 지속적인 고민의 결과라기보다는 양식적 계승에 집중되어 있음을 보여주는 것이다.

고전소설이 이 시기에 수용되는 현상에 있어서, 그 자체 소재와 기법의 측면에서 봉건적 전근대적 요소를 기본적 한계로 지니고 있는 것이고, 대중에게 수용되는 과정에서도 일차적으로는 흥미를 위주로 한 통속성에 연유한 것임은 분명하다. 하지만 구활자본 고소설들은 식민지 상황 속에서 노동자와 농민 등 무산계급까지를 광범위한 수용층으로 삼으면서, 과거의 역사를 현재의 관점에서 재구성하여, 독자들의 역사에 대한 관심을 불러일으키기도 하고, 충족시켜 주기도 하였다. 구활자본 고소설은 일제의 검열에 의한 내용의 한계와 대중 수용이라는 이중적 한계 안에서 존재했던 것이다.

1920년대 후반 구활자본 고소설은 급속한 퇴조의 원인으로는 역시 검열의 강화와 같은 사회적 조건의 악화를 들 수 있을 것이다. 또한 작가의 부족과 그들의 열악한 창작 환경 또한 쇠퇴의 원인이라 할 수 있다. 열악한 창작 환경과 출판 조건은 곧 작품의 통속성과 상품성의 강화로 이어진다. 구활자본 고소설의 생산이 전적으로 시장 논리에 의해 이루어지는 상황에서 작가들은 출판시장에서 살아남기 위해 독자들의 수요에 맞추어 작품을 축약하거나 개작하지만 이는 곧 텍스트를 더욱 더 열악한 상태로 만드는 것이 되고 말았으며, 결국 더 이상 독자들을 끌어들이지 못하게 된다.

한편 구활자본 고소설의 쇠퇴와 맞물려 있는 1927년을 전후한 시기, 다른 한편에서는 '조선야담사'가 설립되고, 조직적인 야담부흥운동이 전개되면서, 본격적으로 야담이 생산 유통되기 시작한다. 1910년대의 역사 연구 및 대중화 운동과의 동일한 궤적 속에서 1920년대의 역사물 보급운동 및 야담운동이 진행되는 것이다. 1910년 초반부터 20년대 중반까지 대중의 역사소비 방식의 중요한 매체로 기능했던 구활자본 고소설의 역할이 야담에게로 이행된 셈이다. 1920년대 후반 역사물 보급운동은 위기의식의 소산이라는 점에서 근대계몽기의 역사·전기류의 생산과 1910년대 역사연구 및 대중화 운동과 동일한 맥락에서 이해할 수 있다.

1920년대 후반 일어났던 조선의 야담운동은 조선의 전래 야담보다는 일본의 신강담운동을 의식하면서 진행된 것으로 볼 수 있다. 조선의 전래 야담이 대중의 기호에 맞추어 당시의 세태를 보여주려고 했었다면, 당시의 야담운동은 대중을 계몽할 목적으로 역사적 사실에 바탕을 두고 재현되었다. 요컨대 당시의 야담운동은 '역사를 통한 민중 교화운동'의 수단으로써 진행되면서 한편으로 당대 민중예술, 민중오락으로 선전되기도 하였다. 이러한 인식은 1920년대 역사의 문예화 논의와 함께 나타나기 시작한 역사소설의 맥락과 함께 위치한다. 즉 역사를 대중화하는 문예 형식이라는 측면에서 야담과 역사소설은 공통된 지평 속에 놓이는 것이다.

근대 역사소설의 형성 과정에서 1927년을 전후한 시기는 주목을 요한다. 이 시기는 구활자본 고소설이 눈에 띄게 쇠퇴의 길로 접어든 시기이면서, 한편으로 '조선야담사'가 창립된 시기이기도 하다. 또한 『개벽』의 폐간과 함께 『별건곤(別乾坤)』과 『한빛』이 창간된 것도 이때이다. 1926년 창간된 월간지 『별건곤(別乾坤)』에 이르면 거의 매호마다 야담 및 사화에 상당한 지면을 할애하고 있다. 또한 1928년 창간된 잡지 『한빛』은 야사와 정사를 통틀어 우리의 역사를 전문적으로 취급하고 있다. 야담대회를 통한 구연으로서의 야담은 1934년 윤백남에 의해 발행된 야담 전문잡지 『월간야담(月刊野談)』이나 1935년 김동인에 의해 발행된 『야담(野談)』을 통해 활자매체로 정착한다.

『별건곤(別乾坤)』에는 사화(史話), 야담(野談), 열전(列傳), 전기(傳記), 비화(秘話), 실록(實錄), 비사(秘史), 애화(哀話) 등 매우 다양한 양식의 글들이 실려 있는데, 이들이 뚜렷한 양식개념에 입각하여 호명된 것은 아니었다. 양식명이 혼용되고 있다는 진술은, 하나의 글이 편집자에 의해 무엇으로 표기되든지 간에 각 양식 간의 분류가 불가능할 만큼 차용과 삼투, 그로 인한 다양한 변개가 이루어지고 있음을 말하는 것이며, 양식 간 전환과 교섭의 과정에서 하나의 양식적 개념으로 수렴되기 어렵다는 사실을 뜻한다. 결국 역사를 매개로 한 여러 양식의 글들은 아직 근대적인 의미에서의 역사소설에까지 나아가지는 못했지만 대중의 역사에 대한 수요를 충족시키는 중요한 기능을 담당했음을 확인할 수 있다.

역사의 대중적 소비는 그들에게 '역사적 계승의식에 입각한 공동의 기억'을 갖게 한다. 또한 그것은 식민지하의 민중들에게 자기 정체성의 확보와 유지를 위한 근원적인 동력이 된다. 역사에 관련된 수많은 이야기들이 생산되고 유통되고 소비되면서 하나의 지배적인 담론으로 자리 잡아 나간다는 것이다. 그것은 곧 30년대 역사소설 생산의 중요한 밑거름이 되며 그 성격을 규정하는데 결정적인 기제로써 작용한다.

한국의 근대 역사소설은 근대계몽기의 역사·전기소설 및 1920년대 초반의 역사 단편류 등을 전사(前史)로 하여 1930년대에 이르면 더욱 두드러진 현상으로 부각된다. 현실상의 제약은 작가들로 하여금 역사소설에 대한 관심을 불러 일으켰으며, 많은 작가들이 역사소설 제작에 참여하여 다량의 작품을 생산해냄으로써 이른바 '역사소설시대'를 구축하기에 이른다. 객관적 현실의 악화는 현재에 대한 직접적인 발언이나 문제해결에 대한 모색을 불가능하게 하였고, 결국 작가들은 과거를 호출하는 방식으로 역사소설의 창작으로 나아가게 된다.

또한 '민족의 고유성'을 부각시키려는 여러 언론 매체의 문화적 접근이 고조되면서 그것을 수용할만한 광범한 독자층이 형성되었다는 점도 역사소설 창작의 중요한 선행조건이었다. 1900년대의 역사 전기물이 역사적 인물을 영웅적으로 형상화하고 이를 애국계몽 운동의 현재적 필요성을 역설하는 수단으로 삼았다면, 이 시기의 역사 전기물들은 '전통'과 더불어 흥미의 요소도 강조함으로써 많은 독자층을 확보할 수 있었다. 이러한 특징은 30년대 중반 이후 야담과 역사소설의 성행과 연결된다.

1930년대의 지배적인 담론의 형성은 신문・잡지 등 언론 매체와 사회 지도층이 생산해내는 여러 담론들이 사회전체에 영향을 미치고, 여기에 일반 대중이 충실히 응답함으로써 안착되는 과정을 보인다. 여기서 대중의 관심은 단지 신문이나 잡지의 독자 수준에 머무는 것이 아니라, 출판시장에서는 새로운 소비자의 위치로, 문단에서는 새로운 독자층의 형성으로 이어진다. 매체에 의해 사회의 지배적 담론이 형성되고, 그에 따라 독자들의 관심이 집중되었을 때 그 결과물로써 역사소설의 생산이 이루어진다는 것이다.

물론 이러한 과정이 늘 순차적으로 일어나는 것은 아니다. 오히려 역사소설의 생산과 대중적 소비가 그 사회의 지배 담론에 봉사하거나 영향을 미치는 경우도 분명 존재한다. 문학을 둘러싼 '토대'로서의 문학적 환경과 매체와 독자의 상호관계가 면밀히 검토되었을 때 비로소 생산자 중심의 시각에서 벗어나 문학을 추동하는 근대적 장(場)이나 체계의 원리를 파악할 수 있는 것이다.

근대역사소설이 본격적으로 개진된 1930년대에는 역사 소재 고소설 활자본이 더 이상 나타나지 않는다. 대신 고전 속의 서사물들이 적극적으로 발굴, 번역되어 발표되기에 이른다. 이러한 과정은 야담장르가 역사・기담에 관심이 많은 대중 독자들과 문맹인 민중을 위해 의식적으로 계발되어 인기를 끌었던 사실과도 관계가 있다. 나아가 20년대의 야담이 일본의 신강담이라는 새로운 문화 형식의 일정한 영향 아래 놓여 있었다면 1930년대에는 조선적인 것, 우리의 전통이라는 가치 속에 놓여 있었다.

이러한 차이는 30년대 광범위하게 펼쳐진 전통론 혹은 고전부흥론의 영향 때문이라 할 수 있다. 대중화의 방식으로 과거나 고전을 소비하고 배치하는 형식이 『월간야담(月刊野談)』과 『야담(野談)』이라는 정기 간행물과 신문연재소설로서의 역사소설이었다고 할 수 있다. '조선야담사'의 야담보급이 인론사의 후원 하에 진행될 수 있었다면, 20년대와 30년대 야담에 대한 대중적 수요는 그대로 역사소설에 대한 수요로 이어졌다. 역사소설의 신문연재가 만들어낸 독자층을 야담잡지가 공유하는 형국이었던 것이다.

이 시기 '야담' 전문 잡지뿐 아니라 『조광(朝光)』, 『삼천리(三千里)』와 같은 종합 대중지에 나타난 야담과 사화, 역사 관련 기사들이 어떻게 집단기억들을 생산하고 재배치하며 담론 형성에 영향을 미쳤는지 살펴보았다. 이들 종합지들은 문학의 대중적 유통이란 측면에서 오히려 전문지를 능가하는 역할과 위상을 가지고 있었을 뿐만 아니라, 담론 형성의 중심에 놓여 있었다. 정치적 독립과 계급투쟁의 담론이 억압된 상황에서 이들 잡지는 정치, 경제, 사회, 문화 등 식민지 근대화의 온갖 사회 의제들을 포함하고 있다. 나아가 일본을 통해 들어온 각종 지식과 사상 및 문화적 흐름을 소개하고 알려줌으로써 서구와 일본의 당대 문화를 간접적으로 체험하게 했다.

또한 이들 잡지에는 지속적으로 야담(野談), 야사(野史), 사화(史話), 사담(史談)과 같은 역사물이 실리고 있다. 이외에도 세계 각국의 독립운동사, 국내외 사적(史蹟)에 대한 기행문, 세계 각국의 역사 위인에 대한 소개, 주요 역사적 사건에 대한 비평 등이 소개된다. 대중지에 실린 이러한 항목들은 결국 당대 대중 독자들이 단순히 소일거리로서 역사이야기를 향유하였다는 차원을 넘어 역사물에 대한 다양한 욕구를 가지고 있었음을 방증하는 것이기도 하다. 이러한 독자들의 취향은 곧 역사소설의 생산에까지 영향을 미치게 되는 것이다. 예컨대 당시의 주요한 사회적 관심사나 쟁점들과 관련한 역사담론들이 소개되면 이와 관련하여 역사소설들이 창작되면서 그러한 담론들이 재생산되고 있음을 확인할 수 있었다.

신문 잡지 등 여러 매체를 통해 생산되는 여러 담론의 최종적 소비자는 그것을 읽는 독자이다. 하지만 일반 대중들이 이들 잡지에 접근할 수 있었던 것이 제한적이었음을 감안하면 이러한 활자 매체 이외에 초기 라디오 프로그램의 편성과 관련된 담론 생산의 차원도 검토되어야 할 것이다. 이에 본고에서는 일제하 경성방송국의 프로그램 편성과 역사물의 생산에 주목하였다. 당시 야담 혹은 역사 관련 라디오 프로그램들이 얼마나 많은 청취자들을 확보하였으며 어떤 반응을 이끌어냈는지에 대한 검토는 활자매체가 소화하지 못했던 또 다른 계층의 담론 수용 방식을 살피는 일이 된다.

하지만 결과적으로 JODK 경성방송국은 총독부의 관리 운영 하에 놓여 있을 수밖에 없었고, 따라서 거기서 생산되는 여러 담론 또한 식민지배 권력을 합리화하거나 '국민' 동원의 장치로 이용될 수밖에 없었다. 청취자들로 하여금 자신을 국가 혹은 초국가적 수준의 더 넓은 문화적 공동체의 구성원으로서 상상할 수 있게 함으로써 일제 식민지 정책의 합리화를 위한 도구로써 적극 활용되었다. 일제 총독부의 지원 아래 일본인이 주도하여 설립한 경성방송국은 조선에 거주하는 일본인들의 정보와 문화 욕구에 부응하고, 일본의 식민체제에 한국인을 순응하게 하기 위한 교화의 수단이었던 것이다.

다양한 역사담론들과 그것들의 생산, 그리고 역사소설 양식의 정립에 이르는 과정은 수직적인 계승관계였다기보다는 충돌과 변이, 경쟁과 갈등 속에서 재배치되며 또한 상호 보완적인 제휴의 관계를 맺기도 한다. 따라서 본 연구는 1930년대에 생산된 역사소설을 종착역으로 선형적인 구도를 마련하기보다는, 각각의 시기에 지배적인 사회, 역사적 담론의 형성과 양식 사이의 영향 관계에 주목하였다. 일제하 여러 담론의 생성과 소멸은 외적 요소에 의해 강하게 견인될 수밖에 없으며, 그것은 곧 이 시기의 담론이 외부 현실과 맺었던 치열한 긴장 관계를 방증하는 것이기도 하다.

이상의 연구를 통하여 역사 발전의 특수성과 관련지어 역사의식 형성의 특수성과 초기 역사소설 대두와의 상호관계, 폭넓은 의미의 우리나라 역사소설의 전통과 근대 역사소설의 관련성, 춘원 이후 20세기 역사소설의 문학사적 발전에 따른 서술 문제 등에 대한 실마리를 제공할 수 있을 것이라 기대한다. 또한 이러한 논의는 지금껏 단편소설 위주의 문학사 기술에 대해 반성을 제기할 뿐만 아니라 앞으로 우리의 소설 연구가 지향해야 할 방향을 제시한다는 점에서도 의미를 부여할 수 있을 것이다.

본 연구는 근대계몽기의 역사·전기소설에 대한 검토 과정에서 그 대상을 창작소설에 한정하여 진행하였다. 그 이유는 무엇보다 연구자가 원작과 번역·번안소설을 비교 대조하고 분석할 만한 능력을 갖추지 못했기 때문이기도 하지만 다른 한편으로는 지금껏 역사·전기소설에 대한 정확한 개념 규정 없이 번역·번안물들을 모두 이 범위 안에 포함시킴으로써 소설사적 계통을 세우는 데에 오히려 혼란을 가중시킬 수도 있다고 판단하였기 때문이다. 하지만 이 시기 간행된 번역 작품들 중에 상당수는 그것이 원작의 단순한 직역이라기보다는 번역자의 의도에 따라 원작을 굴절시킨 경우가 적지 않다. 추후 이들 작품에 대한 연구 또한 병행되어야 할 것이다.

역사란 집단기억을 정하는 공식적인 방식이다. 근대의 '역사' 연구는 국민이나 민족과 같은 보편적 주제의 이름으로, 특정 집단의 기억을 공공의 기억, 보편의 기억으로 구성하였다. 언술주체는 언제나 엘리트와 지배 권력에 한정되었다. 현재 우리가 공유하고 있는 '역사'란 실상은 역사를 지배한 지식인 엘리트의 경험과 기억일 뿐이다. 이와 같은 엘리트주의 역사학이 만들어 온 “위조된, 비역사적인 일원론(the spurious and un-historical monism)”[1]을 거부하려는 여러 시도들은 우리 근대 역사담론의 생산을 해명하는 데에도 시사하는 바가 크다.

전체사적인 역사 서술의 문제점을 지적하는 미시사적 연구 방법 또한 일제하의 담론 형성과정을 살피는데 유용하다. 대체로 미시사는 사회를 문화적 텍스트로 취급한다. 여기서 문화란 개인 또는 공동체의 행동이나 전략 모두를 가리킨다.[2] 역사 기술에 대한 이러한 다양한 방법론적 모색은 근대 역사담론 생산의 다양한 층위들을 설명하는데 동원될 수 있을 것이다.

본 연구는 역사소설 양식의 출현과 변모과정을 통시적 접근을 통해 서로 다른 사회·역사적인 조건 속에서 각각의 문학 양식들이 어떻게 구성되고 변형되는가의 문제에 주목하였다. 통시적인 연구의 여러 장점에도 불구하고 전체적인 사적 전개와 맥락의 형성에 집중하다보니 불가피하게 독립된 어느 한 시기의 문학적 특성과 개별 작품에 대한 접근은 많은 부분 생략되거나 성근 것이 될 수밖에 없었다. 물론 공시적인 연구의 단순 병렬이 문학사가 될 수는 없는 노릇이지만, 각 시기별 문학 현상에 대한 보다 정치한 연구 성과들이 뒤따라야 할 것이다.

한국 근대 역사소설의 형성과 전개에 대한 연구는 단순히 전대(前代)의 역사소설에 대한 연구로서의 의미뿐만이 아니라, 한국문학사에서 역사소설이 갖는 의미를 밝히는 중요한 작업이 될 수 있을 것이다. 우리는 한국문학사에서 역사소설의 유행이 어느 한 시기 탄압의 혹독함 속에서 비판의 자유가 제한당하거나, 또는 변혁의 민중적 의지가 일시적

---

1) 김택현, 「서발턴 연구－근대성과 식민성을 넘어서」, 『포스트모더니즘과 역사학』, 푸른역사, 2002, 403~404면.

2) 백승종 외역, 『미시사와 거시사』(Jurgen Schlumbohm 편), 궁리, 2001, 15~51면 참조. 미시사적 연구방법론의 소설적 적용에 관해서는 최유찬, 「토지의 미시문화사적 연구방법론」, 『배달말』 35집, 배달말학회, 2004.12, 155~181면 참조.

으로 차단당한 듯이 보이고 그 진로나 전망이 보이지 않는 시기 등에 주기적으로 일어나고 있음을 발견할 수 있다. 본격적인 현대 역사소설의 형성기라 할 수 있는 20~30년대도 그러하였고 70년대를 지나 역사소설의 새로운 중흥기라 할 수 있는 80~90년대도 그러했다.[3] 두 시대는 그 특성이나 성격에서 많은 차이가 있음에도 불구하고 변혁에 대한 기대의 좌절이라는 공통점을 갖는다. 이러한 제 관계들에 주목하여 역사소설에 관한 사적(史的) 고찰에 대한 연구 또한 앞으로 성취해야 할 부분이다.

3) 90년대 초반 이은성의 『소설 동의보감』을 필두로 '소설 ○○○○'류의 소설이 봇물처럼 쏟아져 나오면서 이른바 역사소설 붐을 이룬다. 이와 같은 독서경향은 당시 사회주의 이념의 와해와 사상의 탈중심화 현상이 나타난 데다 우리 것에 대한 관심이 높아지는 사회분위기와 무관하지 않았을 것이다. 당시 동일한 현상에 대해 크게 두 가지 상반된 견해가 존재하였다. 하나는 '90년대를 살아가는 평균적인 한국인들의 욕구를 수용하면서 한 권의 책에서 오락성과 교양성을 동시에 추구하려는 독자들의 취향을 가장 성공적으로 충족시켜주고 있다'는 견해이며, 다른 하나는 '자본주의 시장 논리 아래의 새로운 인기 생산품 (…중략…) 낯익은 영웅설화의 교훈을 담보로 한 아류 역사소설, 야담류일 뿐'이란 평가였다(「역사인물소설 시대인가」, 『조선일보』, 1993.4.3 참조). 이러한 모습은 1910년대와 20년대 구활자본 고소설의 유행과 관련한 프로문학 진영의 평가나, 야담의 성행과 관련한 작가들의 대응 방식과 그대로 겹친다. 또한 '소설'과 같은 양식명을 작품 앞에 표 나게 내세우고 있는 점 역시도 식민지 여러 잡지에 실린 역사물과의 관련 속에서 논의될 수 있을 것이다. 이러한 논의가 좀 더 생산적으로 진행되기 위해서는 시대를 막론하고 존재하는 '역사소설'을 바라보는 하나의 시각, 그것을 평가하는 잣대, 혹은 마땅히 지향하고 도달해야하는 완성태가 전제된 이론적 틀, 나아가 대중소설과 본격소설의 관계 등이 고려되어야 할 것이다. 이에 관한 논의는 추후의 과제로 남겨놓는다.

참고문헌

1. 자료

국학자료원 편, 『한국 근대사자료 총서』, 국학자료원, 1999.
김영민・구장율・이유미, 『근대계몽기 단형 서사문학 자료전집』, 소명출판, 2003.
단국대 동양학연구소 편, 『개화기 재한 일본인 잡지 자료집』, 국학자료원, 2003.
동국대 한국학연구소 편, 『활자본고전소설전집』, 아세아문화사, 1976.
민족문학사연구소 편역, 『근대계몽기의 학술・문예사상』, 소명출판, 2000.
방송문화진흥회 편, 『한국방송총람』, 나남출판, 1991.
서울대학교 동아문화연구소 편, 『국어국문학사전』, 신구문화사, 1981.
송하춘 편, 『신소설 전집』, 계명문화사, 1987.
이광린・신용하, 『사료로 본 한국문화사』(근대편), 일지사, 1984.
인천대 민족문화연구소 편, 『구활자본 고소설전집』, 은하출판사, 1983.
日本放送協會, 『放送五十年史 資料篇』, 日本放送出版協會, 1977.
한국방송공사 편, 『한국방송사』, 한국방송공사, 1977.
____________, 『한국방송 60년사』, 한국방송공사, 1987.
한국연구원 편, 『소장 잡지 목록』 1895~1950, 한국연구원, 1983.
한국잡지협회 편, 『한국잡지 100년』, 한국잡지협회, 1995.
한국학문헌연구소 편, 『新小說・飜案(譯)小說』, 아세아문화사, 1978.
________________, 『歷史・傳記小說』, 아세아문화사, 1979.
황민호, 『식민지시대 자료총서』 15, 계명문화사, 1992.

『개벽』, 『별건곤』, 『한빛』, 『삼천리』, 『월간야담』, 『조광』, 『야담』, 『독립신문』, 『대한매일신보』, 『그리스도신문』, 『협성회회보』, 『서우학회월보』, 『서북학회월보』, 『대한민보』, 『제국신문』, 『조선일보』, 『동아일보』, 『중외일보』, 『경무휘보』, 『조선총독부관보』 등

2. 국내논저

강만길 외편, 『한국사』 15・26, 한길사, 1994.

강만길, 『일제시대 빈민생활사』, 창작사, 1987.

강명관, 「근대 계몽기 출판 운동과 그 역사적 의의」, 『민족문학사연구』 14호, 민족문학사연구소, 1999.

강수택, 『일상생활의 패러다임』, 민음사, 1998.

강영주, 「애국계몽기의 전기문학」, 『전환기의 동아시아 문학』(임형택・최원식 편), 창작과비평사, 1985.

_____, 『한국 역사소설의 재인식』, 창작과비평사, 1991.

강영환 외, 『조선 후기의 사회』(한국사 34), 국사편찬위원회, 1995.

강재언, 『한국 근대사 연구』, 한울, 1982.

강진옥, 「야담소재 신소설의 개작 양상에 나타난 여성 수난과 그 의미」, 『이화어문논집』 15, 이화어문학회, 1997.

강헌국, 「한국 근대소설의 서사유형 연구」, 고려대 박사논문, 1996.

고길섭, 『문화비평과 미시정치』, 문화과학사, 1998.

고미숙, 「근대계몽기, 그 생성과 변이의 공간에 대한 몇 가지 단상」, 『민족문학사연구』 14, 민족문학사연구소, 1999.

고영학, 『개화기 소설의 구조 연구』, 청운, 2001.

고정욱, 「한국 근대 역사소설 연구」, 성균관대 박사논문, 1993.

공임순, 「한국 근대 역사소설의 장르론적 연구」, 서강대 박사논문, 2001.

_____, 『식민지의 적자들』, 푸른역사, 2005.

_____, 『우리 역사소설은 이론과 논쟁이 필요하다』, 책세상, 2000.

곽차섭 편, 『미시사란 무엇인가』, 푸른역사, 2001.

구장율, 「제국신문의 서사적 논설 연구」, 『현대문학의 연구』 22집, 한국문학연구학회, 2004

권명아, 「여성・수난사 이야기의 역사적 층위」, 『상허학보』 10집, 깊은샘, 2003.2.

_____, 『역사적 파시즘—제국의 판타지와 젠더정치』, 책세상, 2005.

권보드래, 『한국 근대소설의 기원』, 소명출판, 2000.

권순긍, 『활자본 고소설의 편폭과 지향』, 보고사, 2000.
권영민, 『서사양식과 담론의 근대성』, 서울대 출판부, 1999.
권태억 외, 『63인의 역사학자가 쓴 한국사 인물열전』 3, 돌베개, 2003.
권태철, 「일제하 한국방송의 전개과정과 성격에 관한 연구」, 서울대 석사논문, 1996.
권태환, 『일제 식민통치와 사회구조의 변화』, 정신문화연구원, 1990.
권혁래, 「조선 후기 역사소설연구」, 연세대 박사논문, 1999.
권희영, 「1930년대 한국지식인의 정서와 근대적 공간」, 『청계사학』 13, 한국정신문화연구원 청계사학회, 1997.
김경일, 『한국 근현대사에서 근대성의 경험과 근대주의·근대사상』, 민음사, 1997.
김교봉·설성경, 『근대 전환기 소설 연구』, 국학자료원, 1991.
김근수, 『한국잡지개관 및 별호 목차집』, 한국학연구소, 1973.
______, 『한국 도서 해제 논고』, 청록출판사, 1979.
______, 『한국 잡지사 연구』, 한국학연구소, 1992.
김기동 역, 『한국 전기소설선』, 을유문화사, 1974.
김기봉, 『역사란 무엇인가를 넘어서』, 푸른역사, 2000.
김기봉 외, 『포스트모더니즘과 역사학』, 푸른역사, 2002.
김동식, 「한국의 근대적 문학 개념 형성과정 연구」, 서울대 박사논문, 1999.
김명혜, 「공동체와 여성」, 『현대사회과학연구』 제9권, 전남대 사회과학연구소, 1999.
김민화, 『동아시아의 근대신문 지체요인』, 나남출판, 1999.
김민환, 「일제시대 민족지의 사회사상」, 『언론과사회』, 성곡언론문화재단, 1994년 여름.
김병욱, 「한국현대소설에 투영된 역사의식」, 『창작과비평』 27, 창작과비평사, 1973년 봄.
김복순, 「1910년대 단편소설 연구」, 연세대 박사논문, 1990.
______, 「『장학사전』-『완월루』의 변화 양상 고찰」, 『1910년대 한국문학과 근대성』, 소명출판, 1999.
김상태 외, 『한·중·일 근대문학사의 반성과 모색』, 푸른사상, 2003.
김세민, 『한국 근대사와 만국공법』, 경인문화사, 2002.
김수진, 「1920~30년대 신여성담론과 상징의 구성」, 서울대 박사논문, 2005.

김영민, 『한국 근대소설사』, 솔, 1997.
______, 『한국 근대문학 비평사』, 소명출판, 1999.
______, 『한국 현대문학 비평사』, 소명출판, 2000.
______, 「한국 근대소설 발생과정 연구-조선 후기 야담과 개화기 문학 양식의 연관성을 중심으로」, 『국어국문학』 127집, 국어국문학회, 2000.
______, 「소설사의 근대적 전환 과정에 관한 시론적 연구」, 『국어국문학』 128집, 국어국문학회, 2001.
______, 「근대 계몽기 단형서사문학 자료 연구」, 『현대소설 연구』 17집, 한국현대소설학회, 2002.
______, 「근대계몽기 신문의 문체와 한글 소설의 정착과정」, 『현대문학의 연구』 22집, 한국문학연구학회, 2004.
______, 「1910년대 신문의 역할과 근대소설의 정착과정」, 『현대문학의 연구』 25집, 한국문학연구학회, 2005.
______, 『한국 근대소설의 형성과정』, 소명출판, 2005.
김영범, 「망탈리테사-심층사의 한 지평, 사회사연구와 사회 이론」, 『한국사회사연구회 논문집』 31집, 문학과지성사, 1991.
김영식, 『언론인 파인 김동환 연구』, 신성출판사, 2000.
김영희, 「일제시대 라디오의 출현과 청취자」, 『한국언론학보』 46권 2호, 한국언론학회, 2002.
김예림, 『1930년대 후반 근대인식의 틀과 미의식』, 소명출판, 2004.
김용학, 『사회구조와 행위-거시적 현상의 미시적 기초를 찾아서』, 사회비평사, 1996.
김우종, 『한국현대소설사』, 선명문화사, 1974.
김윤규, 『개화기 단형서사문학의 이해』, 국학자료원, 2000.
김윤식, 『한국 근대 문예비평사 연구』, 일지사, 1976.
______, 「회월 문학사에 대하여」, 『관악어문연구』 3집, 태학사, 1978.
______, 「역사소설이란 무엇인가」, 『소설문학』, 소설문학사, 1985.5.
______, 「우리 역사소설의 4가지 유형」, 『소설문학』, 소설문학사, 1985.6.
______, 『한국 근대 소설사 연구』, 을유문화사, 1986.
______, 『박영희 연구』, 열음사, 1989.

______, 『한국 근대문학 사상 비판』, 일지사, 1995.
______, 『한국 근대문학 사상 연구』, 일지사, 1999.
______, 『한국 근대문학 연구 방법 입문』, 서울대 출판부, 1999.
김윤식・정호웅, 『한국소설사』, 예하, 1993.
김윤재, 「한국 근대초기 문학론과 소설화 양상 연구」, 한국외대 박사논문, 2000.
김의환, 『한국 근대사연구논집』, 성진문화사, 1972.
김장동, 『조선조 역사소설 연구』, 이우출판사, 1986.
김재영, 「근대계몽기 소설 개념의 변화」, 『현대문학의 연구』 22집, 한국문학연구학회, 2004.
김재용・이상경・오성호・하정일, 『한국 근대민족문학사』, 한길사, 1993.
김재용, 「식민주의와 언어—중일전쟁 이후 일제의 언어 정책과 한국 문학인의 대응」, 제1회 식민주의와 문학국제 심포지엄, "일제하의 동북아문학" 발표문, 연세대, 2005.10.
김재홍, 「일제식민지 치하에서의 방송문화이식」, 『사회과학연구』 2호, 경북대 사회과학연구소, 1986.
김 종, 「한국 현대문학사의 전환기적 특성 연구—1925년을 중심으로」, 경희대 박사논문, 1992.
김진균・정근식 편, 『근대주체와 식민지 규율권력』, 문화과학사, 1997.
김진봉 외, 『조선 초기의 사회와 신분구조』(한국사 25), 국사편찬위원회, 1994.
김진송, 『서울에 딴스홀을 許하라—현대성의 형성』, 현실문화연구, 1999.
김진수, 「역사적 실존에 대한 상상—역사의 내면화 경향에 대하여」, 『문학판』 14, 열림원, 2005년 봄.
김찬기, 『한국 근대소설의 형성과 전』, 소명출판, 2004.
김창현, 『한일 소설 형성사—자본이 이상을 몰아내다』, 책세상, 2002.
김 철, 『국문학을 넘어서』, 국학자료원, 2000.
______, 『국민이라는 노예』, 삼인, 2004.
______, 「갱생(更生)의 도(道) 혹은 미로(迷路)—최현배의 『朝鮮民族更生의 道』를 중심으로」, 『민족문학사연구』 28호, 민족문학사연구소, 2005.8.
김철・신형기 외, 『문학 속의 파시즘』, 삼인, 2001.

김춘식, 『미적 근대성과 동인지 문단』, 소명출판, 2003.
김치홍, 「한국 근대역사소설의 사적 연구」, 명지대 박사논문, 1986.
김태준, 『증보 조선소설사』, 학예사, 1939.
김한식, 『현대소설과 일상성』, 월인, 2002.
김현주, 『한국 근대 산문의 계보학』, 소명출판, 2004.
______, 「신채호의 '역사'이념과 서사적 재현 양식의 연관성에 대한 연구」, 『상허학보』 14집, 깊은샘, 2005.2.
김현실, 「근대 단편소설의 전통계승에 관한 일고찰」, 『이화어문논집』 11, 이화여대 한국어문학연구소, 1990.
김형중, 『애국계몽기의 신문 연재소설』, 한국문화사, 2001.
김혜숙, 「전·서사(기사)·야담의 대비적 고찰」, 『한국 판소리 고전문학연구』, 아세아문화사, 1983.
나병철, 『근대성과 근대문학』, 문예출판사, 1995.
______, 『근대서사와 탈식민주의』, 문예출판사, 2001.
______, 『탈식민주의와 근대문학』, 문예출판사, 2004.
대중문학연구회 편, 『과학소설이란 무엇인가』, 국학자료원, 2000.
대중서사학회 편, 『역사소설이란 무엇인가』, 예림기획, 2003.
동국대 한국문학연구소 편, 『한국문학연구신서』 2, 아세아문화사, 2000.
류준필, 「형성기 국문학 연구의 전개양상과 특성」, 서울대 박사논문, 1998.
______, 「근대 계몽기 신문 및 소설의 구어 재현방식과 그 성격」, 『대동문화연구』 44집, 성균관대 대동문화연구원, 2003.
마동훈, 「초기 라디오와 근대성의 체험」, 『매체·역사·근대성』(임상원 외편), 나남출판, 2004.
문성숙, 『개화기 소설론 연구』, 새문사, 1994.
문소정, 「일제하 한국농민가족에 관한 연구」, 서울대 박사논문, 1991.
문철주, 「한국 근대역사소설 연구」, 동아대 박사논문, 1993.
문학과사상연구회 편, 『20세기 한국문학의 반성과 쟁점』, 소명출판, 1999.
문학사와비평연구회 편, 『한국 현대문학과 근대성의 탐구』, 새미, 2000.
민병수·조동일·이재선, 『개화기의 우국문학』, 신구문화사, 1974.

민족문학사연구소 편, 『민족문학과 근대성』, 문학과지성사, 1995.
__________________, 『한국 근대문학의 형성과 문학 장의 재발견』, 소명출판, 2004.
민현기, 『한국 근대소설과 민족 현실』, 문학과지성사, 1989.
박경식, 『일본 제국주의의 조선지배』, 청아출판사, 1986.
박기성, 「일제 식민지 방송편성론」, 『방송편성론』, 나남출판, 1990.
박용구, 『역사소설 입문』, 을유문화사, 1971.
박용옥, 『한국 여성 근대화의 역사적 맥락』, 지식산업사, 2001.
박종성, 『백정과 기생－조선천민사의 두 얼굴』, 서울대 출판부, 2003.
박중렬, 「한국 근대 전환기 소설의 근대성과 계몽담론 연구」, 전남대 박사논문, 2000.
박지향, 『제국주의』, 서울대 출판부, 2000.
박진영, 「근대 초기 문학을 바라보는 시각과 과제」, 『상허학보』 9집, 깊은샘, 2002.8.
______, 「일재 조중환과 번안소설의 시대」, 『민족문학사 연구』 26호, 민족문학사연구소, 2004.11.
박찬승, 『한국 근대 정치사상사 연구』, 역사비평사, 1992.
박태순, 「역사를 위한 변명과 해명－최남선의 반민족사학」, 『역사비평』 10호, 역사비평사, 1990년 가을.
박헌호, 『식민지 근대성과 소설의 양식』, 소명출판, 2004.
박현채 편역, 『자본주의 발달사 연구 서설』, 한길사, 1981.
박희병, 「한국문학에 있어 전(傳)과 소설의 관계 양상」, 『한국한문학연구』 12집, 태학사, 1989.
반성완, 「루카치의 역사소설 이론과 우리의 역사소설」, 『외국문학』, 열음사, 1984년 겨울.
방기중, 『한국 근현대 사상사 연구』, 역사비평사, 1992.
방송문화진흥위원회 편, 『한국방송총람』, 나남출판, 1991.
방효순, 「일제시대 민간서적 발행활동의 구조적 특성에 관한 연구」, 이화여대 박사논문, 2001.
배성찬 편역, 『식민지시대 사회 운동론 연구』, 돌베개, 1987.
백낙청, 「역사소설과 역사의식」, 『창작과비평』, 창작과비평사, 1967년 봄.
保坂祐二, 「최남선의 불함문화권과 일선동조론」, 『한일관계사연구』 12호, 한일

관계사연구회, 2000.
三枝壽勝 외, 『한국 근대문학과 일본』, 소명출판, 2003.
상허학회 편, 『희귀잡지로 본 문학사』, 깊은샘, 2002.
서경석, 『한국 근대문학사 연구』, 태학사, 1999.
서재길, 「『방송지우』와 일제말기 방송소설」, 『민족문학사연구』 22호, 민족문학사연구소, 2003.
_____, 「한국 근대 방송문예 연구」, 서울대 박사논문, 2007.
서종문, 「조선조 후기의 소설의 수용」, 『한국 서사문학사의 연구』 V(사재동 편), 중앙문화사, 1995.
설성경 · 김현양, 「19세기말-20세기초 『제국신문』의 '론셜'연구」, 『연민학지』 8호, 국어학회, 2000.
소재영, 『고대소설론』, 이우출판사, 1983.
소재영 · 민병삼 · 김호근 편, 『한국의 딱지본』, 범우사, 1996.
손정목, 『한국 개항기 도시 사회경제사 연구』, 일지사, 1982.
_____, 『일제강점기 도시사회상 연구』, 일지사, 1996.
송명진, 「1920년대 과학소설 수용양상 연구」, 『대중서사연구』 10호, 대중서사학회, 2003.
송민경, 「일제하 방송소설 연구」, 연세대 석사논문, 2003.
송민호, 『한국 개화기 소설의 사적 연구』, 일지사, 1975.
송백헌, 『한국 근대 역사소설 연구』, 삼지원, 1995.
_____, 『우리문학과 그 현장』, 국학자료원, 2001.
송하춘, 「역사적 사실의 소설화 문제」, 『국어문학』 19호, 국어문학회, 1978.
_____, 「1930년대 후기 소설 논의와 실제에 관한 연구」, 『인문논집』 36, 고려대 출판부, 1991.12.
송현호, 「한국 근대소설의 형성에 관한 연구」, 『인문논총』 5집, 아주대 인문과학연구소, 1994.
_____, 「애국계몽기의 문학개혁운동과 문학론」, 『인문논총』 8집, 아주대 인문과학연구소, 1997.
신용하, 『신채호의 사회사상 연구』, 한길사, 1984.
_____, 『한국 근대사와 사회변동』, 문학과지성사, 1980.

______, 『한국 근대의 민족운동과 사회운동』, 문학과지성사, 2001.
신재성, 「1920~30년대 한국 역사소설 연구」, 서울대 석사논문, 1986.
신춘자, 『개화기 소설 연구』, 인문당, 1990.
신해진, 「야담연구의 현황과 그 과제」, 『고소설연구』 3, 월인, 1996.
신형기, 『민족이야기를 넘어서』, 삼인, 2003.
______, 『이야기된 역사』, 삼인, 2005.
심보선, 「1905~10년 소설의 담론적 구성과 그 성격에 대한 사회학적 연구」, 서울대 석사논문, 1997.
안병직 편, 『신채호』, 한길사, 1982.
안자산, 『조선문학사』, 한일서관, 1922.
양문규, 「1910년대 한국소설 연구－사회사적 관련양상을 중심으로」, 연세대 박사논문, 1990.
______, 「최남선 계몽주의의 역사적 한계」, 『역사비평』 통권 10호, 역사비평사, 1990년 가을.
______, 『한국 근대소설과 현실인식의 역사』, 소명출판, 2002.
______, 「개화기 문학 담당층의 사회 역사적 성격」, 『한국문학사의 전개과정과 문학담당층』(국제어문학회 편), 국학자료원, 2002.
______, 「근대전환기 한국소설의 전통과 서구수용」, 『한국문학논총』 34집, 한국문학회, 2003.
양진오, 「개화기 소설 형성 연구」, 서강대 박사논문, 1996.
연세대 국학연구원 편, 「일제하 지식인의 파시즘체제 인식과 대응」, 『연세대 국학연구원학술회의 발표집』, 연세대 국학연구원, 2004.
牛林杰, 『한국 개화기 문학과 양계초』, 박이정, 2002.
______, 「양계초 역사·전기소설의 한국적 수용」, 『중·한 인문과학 연구회 발표집』 6호, 한중인문학회, 2001.
우쾌제, 「구한말 잡지 소설 연구」, 『국어국문학』 79·80집(합본호), 국어국문학회, 1979.
______, 「구활자본 고소설의 출판 및 연구현황 검토」, 『고전소설연구의 방향』, 새문사, 1985.

유병용, 『한국 근대사와 민족주의』, 집문당, 1997.
유선영, 「대중적 읽을거리의 근대적 구성과정」, 『언론과 사회』, 나남출판, 1993년 겨울.
______, 「식민지 대중가요의 잡종화」, 『언론과 사회』, 나남출판, 2002년 가을.
유재엽, 『한국 근대역사소설 연구』, 국학자료원, 2002.
유종호 외, 『현대한국문학 100년』, 민음사, 1999.
윤명구, 『개화기 소설의 이해』, 인하대 출판부, 1985.
______, 『김동인 소설 연구』, 인하대 출판부, 1990.
윤병석, 『일제 식민지시대의 사회문화운동』(한국 근대사론 3), 지식산업사, 1977.
윤충의, 「한국 근대소설론 연구」, 고려대 박사논문, 1992.
윤휘탁, 『일제하 만주국 연구』, 일조각, 1996.
이가원, 『조선문학사』, 태학사, 1997.
이강엽, 「군담소설 연구방법론」, 연세대 박사논문, 1993.
______, 『토의문학의 전통과 우리소설』, 태학사, 1997.
______, 『신화』, 연세대 출판부, 2004.
이경돈, 「기록서사와 근대소설」, 『상허학보』 9집, 깊은샘, 2002.8.
______, 「1920년대 단형서사의 존재양상과 근대소설의 형성과정 연구」, 성균관대 박사논문, 2003.
______, 「『別乾坤』과 근대취미독물」, 『대동문화연구』 46집, 성균관대 대동문화연구원, 2004.6.
이경선, 「박은식의 역사전기소설」, 『한국학논집』 8집, 한국학연구원, 1985.
이경우, 『한국 야담의 문학성 연구』, 국학자료원, 1997.
이경훈, 「『근대의 초극』론－친일문학의 한 시각」, 『다시 읽는 역사문학』(한국문학연구학회 편), 평민사, 1995.
______, 『이광수의 친일문학 연구』, 태학사, 1998.
______, 『오빠의 탄생－한국 근대문학의 풍속사』, 문학과지성사, 2003.
______, 「노란 피부, 노란 가면」, 『상허학보』 14집, 깊은샘, 2005.2.
이경훈 편역, 『진정 마음이 만나서야말로－이광수 친일소설 발굴집』, 평민사, 1995.
이경훈·김원모 편역, 『동포에 告함－춘원 이광수 친일문학』, 철학과현실사, 1997.

이기철, 「한국 잡지 게재 문학의 문화사적 성격 연구」, 『어문학』 87집, 한국어문학회, 2005.

이내수, 『이야기 방송사』, 씨앗을뿌리는사람들, 2001.

이능우, 「고대소설 구활자본 조사목록」, 『숙대논문집』, 숙명여대 출판부, 1968.

이동근, 「전 · 소설 · 야담의 기술방법에 대한 연구」, 『조선 후기 '傳' 문학연구』, 태학사, 1991.

이동후, 「국가주의 집합기억의 재생산—일본 역사교과서 파동을 중심으로」, 『언론과 사회』, 성곡언론문화재단, 2003년 봄,

이병근 외, 『한국 근대사회와 문화』 Ⅰ, 서울대 출판부, 2003.

이병천, 『한학계의 한국 근대사논쟁—사회성격과 시대구분 문제』, 창작과비평사, 1989.

이보경, 『문(文)과 노벨(novel)의 결혼』, 문학과지성사, 2002.

이상금 · 장희권, 「역사와 문학의 매개체로서 전기소설의 가능성」, 『비교문학』 27호, 비교문학회, 2001.

이선영, 「한국 개화기 역사 · 전기소설의 성격」, 『역사 · 전기소설』 1(한국학문헌연구소 편), 아세아문화사, 1979,

이성진, 「일제하 라디오 방송의 성격에 관한 연구」, 한양대 석사논문, 1998.

이성화, 「포스트모더니즘과 미시정치학—푸코의 계보학」, 『한국정치학회회보』 28권 1호, 일조각, 1994.

이송희, 「한말 서우학회의 애국계몽운동과 사상」, 『한국학보』 26, 일지사, 1982.

이승원 · 오선민 · 정여울, 『국민국가의 정치적 상상력』, 소명출판, 2003.

이영환 편, 『통합과 배제의 사회정책과 담론』, 함께 읽는 책, 2003.

이영훈, 「한국 국사교과서에 기술된 일제의 수탈성과 그 신화성」, 한 · 일, 연대 21 발족기념 심포지엄, "한 · 일, 새로운 미래 구상을 위하여—교과서 문제를 중심으로" 발표문, 서울 프레스센터, 2004.11.19.

이용남, 『한국 개화기소설 연구』, 태학사, 2000.

이우성 · 임형택, 『이조한문단편집』, 일조각, 1973.

이유미, 「근대계몽기 '단편소설'의 위상—『대한민보』 소설란을 중심으로」, 『현대문학의 연구』 22집, 한국문학연구학회, 2004.

이윤석 · 정명기, 『구활자본 야담의 변이양상 연구』, 보고사, 2001.
이재봉, 「한국 근대소설의 형성과정 연구」, 부산대 박사논문, 2000.
이재선, 『한국 개화기 소설 연구』, 일조각, 1972.
______, 『한말의 신문소설』, 한국일보사, 1975.
이주영, 『구활자본 고전소설 연구』, 월인, 1998.
이지원, 「1930년대 민족주의계열의 고적보존운동」, 『동방학지』, 77 · 78 · 79집(합본호), 연세대 국학연구원, 1993.
이창헌, 『이야기문학 연구』, 보고사, 2005.
이혜구, 「방송여담－녹음기 없던 1930년대」, 『사상계』, 사상계사, 1966.1.
이혜령, 「한글운동과 근대미디어」, 『대동문화연구』 46집, 성균관대 대동문화연구원, 2004.9.
이혜은, 「일제 침략기 서울의 민족별 거주지 분포」, 『향토서울』 제52호, 서울특별시사편찬위원회, 1992.
임대식, 「일제하 경성부 유지(有志)집단의 존재 형태」, 『서울학연구』 제8호, 서울시립대 서울학연구소, 1997.
임돈희 · Roger L. Janelli, 「한국 민속학자의 재조명－최남선의 초기민속연구를 중심으로」, 『비교민속학』 5집, 민속원, 1989.
임성래, 「영웅소설의 유형 연구」, 연세대 박사논문, 1986.
______, 『조선 후기의 대중소설』, 태학사, 1995.
임지현, 「국사－제국에 포섭된 민족」, 『문학 · 판』, 열림원, 2005년 봄.
임　화, 『신문학사』(임규찬 · 한진일 편), 한길사, 1993.
임헌영, 『한국 근대소설의 탐구』, 범우사, 1974.
임형택, 「한문단편 형성과정에서의 강담사」, 『창작과비평』, 창작과비평사, 1978년 가을.
______, 「20세기 초 신 · 구학의 교체와 실학－근대계몽기에 대한 학술사적 인식」, 『민족문학사연구』 9호, 민족문학사연구소, 1996.
______, 「야담의 근대적 변모－일제하에서 야담 전통의 계승양상」, 『한국한문학연구』 19집, 태학사, 1996.
장세진, 『한국 대하역사소설 연구』, 훈민, 1998.
장옥임, 「1930년대 후반의 국악방송 연구」, 서울대 석사논문, 1995.

장효현, 「근대전환기 고전소설 수용의 역사성」, 『근대전환기의 언어와 문학』(홍일식 외편), 고려대 민족문화연구소, 1991.

전광용, 「한국소설발달사」, 『한국문화사대계』 5, 고려대 민족문화연구소, 1967.

______, 『신소설 연구』, 새문사, 1986.

______, 『신문학과 시대의식』, 새문사, 1988.

전우용, 「19세기말~20세기초 한인회사 연구」, 서울대 박사논문, 1997.

전택부, 『한국교회 발전사』, 대한기독교출판사, 1987.

정경운, 「한국 근대 역사소설의 서사특성 연구」, 전남대 박사논문, 1996.

정근식, 「일제하 검열의 실행과 검열관」, 동아시아 학술원 연례학술회의, "식민지 검열체제의 역사적 성격" 발표집, 성균관대 출판부, 2004.12.17.

정명기, 「야담의 변이양상과 의미연구」, 연세대 박사논문, 1988.

______, 「전과 야담의 엇물림」, 『한국언어문학』 33, 한국언어문학회, 1994.

______, 「야담연구를 위한 한 제언」, 『열상고전연구』 10집, 열상고전연구회, 1997.

정명기 편, 『야담문학연구의 현단계』 1·2·3, 보고사, 2001.

정부교, 「근대 야담의 전통 계승 양상과 의미—『月刊野談』을 중심으로」, 『국어국문학』 35집, 국어국문학회, 1998.

정선태, 『개화기 신문 논설의 서사 수용 양상』, 소명출판, 1999.

정승모, 『시장의 사회사』, 웅진출판, 1992.

정인문, 『일본 근대문학사의 재인식』, 영한, 2001.

정진석, 『한국 언론사』, 나남출판, 1990.

______, 「파인 김동환과 『三千里』」, 『언론인 파인 김동환 연구』(김영식 편), 신성출판사, 2000,

정현기, 『한국문학의 사회사적 의미』, 문예출판사, 1986.

______, 『한국문학의 해석과 평가』, 문학과지성사, 1994.

______, 「사(史)와 록(錄) 담론(談論)의 소설적 담론화」, 『매지논총』 13집, 연세대 매지학술연구소, 1996.

______, 「한국 근대소설의 자기정체성 확인에 관한 연구」, 『애산학보』 21집, 애산학회, 1998.

______, 『한국 현대문학의 제도적 권력과 사회』, 문이당, 2002.
______, 『포위관념과 멀미-소설사 쓴다』, 연세대 출판부, 2005.
조경만, 「농촌-도시 공동체적 유대와 갈등」, 『현대사회과학연구』 제9권, 전남대 사회과학연구소, 1999.
조동걸, 『한국 근대사의 서가』, 나남출판, 1997.
조동일, 『한국문학통사』, 지식산업사, 1994.
조연현, 『한국현대문학사』, 성문각, 1969.
조정래, 『한국 근대사와 농민 소설』, 국학자료원, 1998.
조진기 편역, 『일본 프롤레타리아 문학론』, 태학사, 1994.
조한욱, 『문화로 보면 역사가 달라진다』, 책세상, 2000.
차승기, 「1930년대 후반 전통론 연구-시간·공간의식을 중심으로」, 연세대 박사논문, 2002.
차혜영, 『한국 근대문학제도와 소설양식의 형성』, 역락, 2004.
______, 「1930년대 『월간야담』과 『야담』의 자리」, 『상허학보』 8집, 깊은샘, 2002.2.
천정환, 『근대의 책읽기-독자의 탄생과 한국 근대문학』, 푸른역사, 2003.
천화숙, 『한국 여성기독교사회운동사』, 혜안, 2000.
최덕교, 『한국잡지 100년』 1·2·3, 현암사, 2004.
최 영, 『근대 한국의 지식인과 그 사상』, 문학과지성사, 1997.
최 협, 「전통적 공동체의 문화적 재생」, 『현대사회과학연구』 제9권, 전남대 사회과학연구소, 1999.
최석영, 『한국 근대의 박람회, 박물관』, 서경문화사, 2001.
최수일, 「1920년대 문학과 『개벽』의 위상」, 성균관대 박사논문, 2002.
최원식, 「제국주의와 토착자본」, 『한국 근대소설사론』, 창작사, 1986.
______, 『한국계몽주의문학사론』, 소명출판, 2002.
최유리, 『일제 말기 식민지 지배정책 연구』, 국학자료원, 1997.
최유찬, 「1930년대 역사소설론 연구」, 연세대 석사논문, 1983.
______, 『한국문학의 관계론적 이해』, 실천문학사, 1998.
최주한, 『제국 권력에의 야망과 반감 사이에서』, 소명출판, 2005.

최창봉 · 강현두, 『우리 방송 100년』, 현암사, 2000.
최현철 · 한진만, 『한국 라디오 프로그램에 대한 역사적 연구』, 한울아카데미, 2004.
하정일, 「탈식민의 역학」, 2005학년도 민족문학사학회 기초학문육성지원팀 학술회의 자료집, 성균관대 출판부, 2005.4.23.
한국고문서학회 편, 『조선시대 생활사』, 역사비평사, 1996.
한국문학연구회 편, 『다시 읽는 역사문학』(현대문학의 연구 5), 평민사, 1995.
한국정신문화연구원 편, 『한국 근대사에 있어서의 동학과 동학농민운동』, 한국정신문화연구원, 1994.
한기형, 「불행한 출발, 그 역경의 시작－애국계몽기 소설과 단재 소설의 성격」, 『신소설』, 동아출판사, 1995.
______, 「한문단편의 서사전통과 신소설」, 『민족문학사연구』 4호, 민족문학사연구소, 1993.
______, 『한국 근대소설사의 시각』, 소명출판, 1999.
______, 「식민지 검열체제와 사회주의 관련 잡지의 정치 역학－『개벽』과 『조선지광』의 역사적 위상 분석과 관련하여」, "식민지시기 검열과 한국문화" 자료집, 동국대 한국문화연구단 연례 학술회의, 2005.
한만수, 「근대적 문학 검열제도에 대하여」, 한국어문학연구학회, 2002.8.
______, 「식민지시대 출판자본을 통한 문학 검열에 대하여」, 『국어국문학』 131집, 국어국문학회, 2002.9.
______, 「영웅인물에서 장애우 인물로－식민지 시기 검열과 한국문학의 우회」, "식민지시기 검열과 한국문화" 자료집, 동국대 한국문화연구단 연례학술회의, 2005.
한상일, 『아시아 연대와 일본제국주의』, 오름, 2002.
한수영, 『친일문학의 재인식』, 소명출판, 2005.
한원영, 『한국 개화기 신문 연재소설 연구』, 일지사, 1990.
한진만, 「일제시대의 라디오 프로그램 편성」, 『매체 · 역사 · 근대성』, 나남출판, 2004.
함태영, 「방송과 친일의 만남－방송소설 명작선 해제」, 『민족문학사연구』 21호, 민족문학사연구소, 2002.
홍성암, 「역사소설의 사적고찰」, 『어문연구』 4, 한양어문연구, 1986.

______, 「한국 근대역사소설 연구」, 한양대 박사논문, 1988.
홍승직, 『지식인의 가치관 연구』, 삼영사, 1984.
홍이섭, 『한국 근대사』 1801~1945, 연세대 출판부, 1975.
홍일식, 『한국 개화기 문학사상 연구』, 열화당, 1980.
홍정운, 「한국 근대역사소설 연구」, 동국대 박사논문, 1987.
황종연, 「한국문학의 근대와 반근대－1930년대 후반기 문학의 전통주의 연구」, 동국대 박사논문, 1992.
황호덕, 「한국 근대 형성기의 문장 배치와 국문 담론」, 성균관대 박사논문, 2002.

3. 국외논저

Alan Paskow, *The Paradoxes of Art －A Phenomenological Investigation*, Cambridge Univ. Press, 2004.
Andre Schmid, *Korea between Empires 1895~1919*, Columbia Univ. Press, 2002.
Avrom Fleishman, *The English Historical Novel*, Baltimore and London : The John Hopkins Press, 1971.
B. Anderson, 윤형숙 역, 『상상의 공동체－민족주의의 기원과 전파에 대한 성찰』, 나남출판, 2002.
Barlow, T. eds, *Formation of colonial modernity in East Asia*, Duke Univ. Press, 1997.
Bocock, R. · Thompson, K. eds, *Social and cultural forms of modernity*, Polity Press, 1992.
C. Amalvi, 성백용 역, 『영웅은 어떻게 만들어지는가』, 아카넷, 2004,
C. Castoriadis, 양운덕 역, 『사회의 상상적 제도』, 문예출판사, 1994.
C. McCullough, 「과거문헌에 대한 이해는 객관적일 수 있는가」, 『인문과학의 이념과 방법론』(인문과학연구소 편), 성균관대 출판부, 1995.
Dominic La Capra, *History & Criticism*, Ithaca and London : Cornell University Press, 1985.
G. Lucács, 이영욱 역, 『역사소설론』, 거름, 1987.
Maurice Courant, 이희재 역, 『한국 서지』, 일조각, 1997.
Emmanuel Le Roy Ladurie, *The Territory of the Historian*, Chicago : Univ of Chicago Press, 1979.

Erik Wolf, *Europe and the People Without History*, Berkely : Univ of California Press, 1982.

F. Braudel, 주경철 역, 『물질문명과 자본주의－자본주의의 구조』, 까치, 1995.

F. Fanon, 박종렬 역, 『대지의 저주받은 자들』, 광민사, 1979.

______, 이석호 역, 『검은 피부 하얀 가면』, 인간사랑, 1998.

F. Fukuyama, 이상훈 역, 『역사의 종말』, 한마음사, 1992.

George G. Iggers, *New Directions in European Historiography*, Middletown, Conn, 1984.

H. K. Bhabha, 나병철 역, 『문화의 위치, 탈식민주의 문화이론』, 소명출판, 2002.

H. Lefebvre, 박정자 역, 『현대세계의 일상성』, 주류일념, 1990.

Hayden White, *Metahistory－The Historical Imaginations in Nineteenth Century Europe*, Baltimore : The Johns Hopkins University Press, 1973.

__________, *The Tropics of Discourse, Essays in Cultural Criticism*, Baltimore : The Johns Hopkins University Press, 1978.

__________, *The Content of the Form－Narrative Discourse and Historical Representations*, Baltimore : The Johns Hopkins University Press, 1987.

J. Schlumbohm, 백승종 역, 『미시사와 거시사』, 궁리, 2002.

Jacob Burckhardt, *Reflections on History*, Indianapolis : Liberty Fund, 1979.

Jacques Le Goff, *Intellectuals in the Middle Ages*, Cambridge, Mass : Blackwell Pub, 1993.

John A. Garraty, *The nature of biography*, New York : Alfred. A. Knopf, 1953.

Joseph W. Turner, *The Kinds of Historical Novel*, Blatinore and London : The Johns Hopkins Press, 1971.

Leopold von Ranke, "*Preface to the First Edition of Histories of the Latin and Germanic Nations*," *in idem, Theory and Practice of History*, ed. George G. Iggers and Konrad von Moltke, Indianapolis, 1973.

Lynn Hunt, 조한욱 역, 『문화로 본 새로운 역사』, 소나무, 1996.

M. Berman, 윤호병・이만식 역, 『현대성의 경험』, 현대미학사, 1994.

M, Foucault, 이정우 역, 『담론의 질서』, 서강대 출판부, 1998.

M. Halbwachs, translated by L. Coser, *On Collective Memory*, University of Chicago Press, 1992.

M. McLuhan, 이한우・김성기 역, 『미디어의 이해』, 민음사, 2002.

M. Robinson, 김민환 역, 『일제하 문화적 민족주의』, 나남출판, 1990.
M. Savage & A. Warde, 김왕배·박세훈 역, 『자본주의 도시와 근대성』, 한울, 1996.
Marc Bloch, *The Historian's Craft*, New York : Vintage, 1953.
________, *French Rural History*, Berkeley : University of California Press, 1966.
P. Bourdieu, 하태완 역, 『예술의 규칙－문학장의 기원과 구조』, 동문선, 2002.
P. Burke, *Popular Culture in Early Modern Europe*, London : Ashgate, 1978.
P. Duara, 문명기·손승회 역, 『민족으로부터 역사를 구출하기』, 삼인, 2004.
P. Lejeune, 윤진 역, 『자서전의 규약』, 문학과지성사, 1998.
Rovert. V. Daniels, 김쾌상 역, 『어떻게 그리고 왜 역사를 연구해야하는가』, 평단문화사, 1984.
S. Lash, 윤호병 외역, 『현대성과 정체성』, 현대미학사, 1997.
William Keylor, *Academy and Community－The Foundation of the French Historical Profession*, Cambridge, Mass, 1975.
Williams, R., *The country and the city*, Oxford University Press, 1973.
Yi-Fu Tuan, *Space and Place*, London : University of Minnesota Press, 1977.

NHK 編, 『放送の五十年－昭和とともに』, 日本放送出版協會, 1977.
________, 『日本放送史』, 日本放送出版協會, 1965.
廣松涉, 김항 역, 『近代 超克論－일본 근대 사상사에 대한 시각』, 민음사, 2003.
菊地昌典, 『歴史小説とは何か』, 筑摩書房, 1979.
宮本吉夫, 『放送と 國防國家』, 日本放送出版協會, 1942.
近代アジア教育史研究會 編, 『近代日本のアジア教育認識－明治後期教育雜誌所收 中國, 韓國, 臺灣關係記事－資料篇』, 龍溪書舍, 1999.
今村仁司, 이수정 역, 『근대성의 구조』, 민음사, 1999.
旗田巍先生古稀記念會 編, 『朝鮮歷史論集』, 龍溪書舍, 1979
吉見俊哉, 송태욱 역, 『소리의 자본주의－전화·라디오·축음기의 사회사』, 이매진, 2005.
吉野作造, 『明治文化全集 18』 雜誌編, 日本評論社, 1928.
吉田達志, 『文學空間の中の日本近代』, 高文堂出版社, 2000.

大岡昇平,『歷史小說の 問題』, 株式會社 文藝春秋, 1974.
鈴木登美・大內和子, 한일문학연구회 역,『이야기된 자기』, 생각의나무, 2004.
魯曉鵬, 조미원 외역,『역사에서 허구로－중국의 서사학』, 길, 2001.
東京大 東洋文化硏究所,『植民地雜誌所藏言論文目錄』, 東京大 東洋學文獻センター, 1984.
飯塚キヨ,『植民都市の空間形成』, 大明堂, 1985.
柄谷行人, 박유하 역,『일본 근대문학의 기원』, 민음사, 1997.
________, 이경훈 역,『유머로서의 유물론』, 문화과학사, 2002.
富山一郎, 임성모 역,『전장의 기억』, 이산, 2002.
寺尾 誠 編,『都市と文明』, ミネルヴァ書房, 1996.
山邊健太郞,『日帝强占下の韓國近代史』, 三光出版社, 1998.
三好行雄・竹盛天雄 編,『近代文學』4, 有斐閣雙社, 1977.
西川長夫, 윤대석 역,『국민이라는 괴물』, 소명출판, 2002.
成田龍一,「歷史はいかに語られるか－1930年代 國民の物語 批判」, 日本放送出版協會, 2001.
成田龍一,『近代都市空間の文化經驗』, 岩波書店, 2003.
이규수 역,『내셔널히스토리를 넘어서』(小森陽一 編), 삼인, 2002.
林房雄,「프롤레타리아 대중문학의 문제」,『일본 프롤레타리아 문학론』(조진기 편역), 태학사, 1994,
小森陽一・富山太佳夫・沼野充義・兵藤裕己・松浦壽輝 編,『岩波講座 文學 9. フイクシヨンか歷史か』, 岩波書店, 2002.
榊山 潤・尾崎秀樹 編,『歷史文學への招待』, 南北社, 1961.
前田愛, 유은경・이원희 역,『일본 근대독자의 성립』, 이룸, 2003.
趙寬子,「日中戰爭期の朝鮮學と古典復興－植民地の'知'を問う」,『思想』, 2003.3.
池田浩士, 정한기・김광수 역,「대중소설의 세계와 반세계」,『대중문학이란 무엇인가』, 평민사, 1995.
津川泉,『JODK, 消えた コールサイン』, 白水社, 1993.
淸水 賢一郞, 東アジアメディア硏究史の課題と展望, "20세기 동아시아 연구를 위한 새로운 시점", 한・일 국제학술 심포지엄 발표문, 연세대, 2004.9.30.

筑和正格 編,『モダン都市と文學』, 洋泉社, 1994.
丸山眞男・加藤周一, 임성모 역,『번역과 일본의 근대』, 이산, 2002.

부록

1. 『別乾坤』 史話 · 野談 · 역사 관련 목록(1926.11~1934.6)

2. 『한빛』 史話 · 野談 · 역사 관련 목록(1928.1~1928.8)

3. 『三千里』 史話 · 野談 · 역사 관련 목록(1929.7~1942.1)

4. 『朝光』 史話 · 野談 · 역사 관련 목록(1935.11~1944.8)

5. JODK 강좌 · 위안 · 문예 · 역사 관련 기사 목록

◈ **일러두기**

1. 『別乾坤』, 『한빛』, 『三千里』, 『朝光』의 목록은 실제 야담 · 사화 · 역사 등의 표기가 되어 있는 외에, 사담 · 애화 · 비사 · 전기 · 전설 · 야화 등 다른 표기가 사용되고 있는 경우에도 '역사담물'로 판단되는 경우에는 모두 수록하였다.
2. JODK 기사 목록은 1927년에서 1940년까지 『조선일보』와 『동아일보』를 중심으로 경성방송국 관련 기사 중 해당 항목들을 뽑아 정리한 것이다.

1. 『別乾坤』 史話 · 野談 · 역사 관련 목록(1926.11~1934.6)

No.	필자	제목	연.월	권/호	비고
1	車相瓚	傳記 萬古精忠 林慶業將軍	26.11	1/1	창간호
2	金振九	金玉均先生의 배노리	〃	〃	
3	金振九	孫文, 黃興의 처음 握手, 中國의 一代 風雲兒	26.12	1/2	
4	香爐山人	高麗의 巨靈 美妻와 大金을 一時에 어든 獵師의 이약이	〃	〃	
5	李圭完	朝鮮開化黨事件 甲申大變亂의 回想記, 그 일도 벌서 44년이 되얏다	27.1	2/1	신년호
6	一聞生	孫文自敍傳, 孫文이 死線을 뛰여 넘든 이야기, 英國亡命當時 淸國公使館에서	〃	〃	
7	靑吾生	二百萬의 役夫 · 八百萬圓의 民財 回甲을 맛는 景福宮, 民怨의 大闕과 大院君 이약이	〃	〃	
8	茄子峰人	仁祖大王을 업고 다러나든 負商의 鼻祖 白兎山	〃	〃	
9	羅龍煥	甲辰改革實話, 大洞江을 警務廳 삼고, 民廳에서 呼令하던 이약이	27.2	2/2	
10	車相瓚	三萬大兵으로 京城을 占領한 李适元帥의 甲子反亂記 反旗를 擧한지 不過 十九日內에, 仁祖王을 쫒차내고 全國에 號令	27.3	2/3	
11	金振九	金玉均 先生의 죽든 날, 三月 二十八日의 上海 埠頭	〃	〃	
12	一記者	新春夜話, 中國의 新人物 蔣介石과 陣友仁 이약이	〃	〃	
13	·	玄黃堂에서 金玉均, 現代 朝鮮靑年에게 與하노라	〃	〃	地下國訪問記
14	·	張志淵, 柳瑾, 李鍾一 地下國訪問記, 우리가 본 現下言論界	27.3	2/3	地下國訪問記
15	·	鄭生 謹記 地下國訪問記, 正音을 創製하신 世宗大王께옵서	〃	〃	〃
16	·	康眞海隅에서 茶山 丁若鏞. 地下國訪問記, 經濟困難에 울고 잇는 同胞에게	〃	〃	〃
17	·	四溟堂 任休靜 地下國訪問記, 墮落하여 가는 現代 僧侶들에게	〃	〃	〃
18	·	莊陵忠臣壇에서 朴堧 地下國訪問記, 現代 男女音樂家에게 與하노라	〃	〃	〃
19	·	먹적골 許生 地下國訪問記, 所謂 富 所謂 貧者 諸君에게	〃	〃	〃
20	·	矗石樓下에서 論介 地下國訪問記, 現代의 娼妓娼婦에게 與하노라	〃	〃	〃
21	車相瓚	朝鮮最初의 民間政黨 獨立協會의 秘史, 政府를 彈劾하고 褓負商과 血戰하든 壯絶! 地下國訪問記	27.4	2/4	
22	朴達成	千古의 快南 伍子胥	〃	〃	史談
23	茄子峰人	暗行御史 朴文秀	〃	〃	
24	김운뎡	찬눈물, 더운눈물	〃	〃	野話小說

No.	필자	제목	연.월	권/호	비고
25	朴達成	最初의 民衆運動을 니르킨 東學黨이 政治的訓練만 잇섯드면	27.7	2/5	드면錄. 그때에 이리 햇드면 只今 朝鮮은 엇지되엿슬가
26	洪承耉	壬辰倭亂 當年에 萬若 栗谷이 생존하엿더면	〃	〃	〃
27	車相瓚	丙子胡亂때에 林慶業將軍을 信任하얏드면	〃	〃	〃
28	趙奎洙	大院君이 만약 外人排斥을 안햇드면	〃	〃	〃
29	金振九	金玉均先生의 三日天下가 成功햇드면	〃	〃	〃
30	鶴步	歷代陰險人物討罪錄, 事大主義와 依賴思想의 張本人 所謂 海東朱子 宋時烈	27.8	2/6	痛快號
31	車靑吾	殺主魅·害賢鬼 反覆無雙의 奸魁 鄭道傳	〃	〃	歷代陰險人物討罪錄
32	趙奎洙	朝鮮의 士禍를 츠음으로 이르킨 大凶孼·大奸物 柳子光	〃	〃	〃
33	·	死刑 못해서 國祿을 주어	〃	〃	事實珍談
34	金振九	夢見 李商在, "先生은 偉人인가요?"	〃	〃	
35	김동환	八道傳說 巡禮 1, 꼿가튼 娘子와 高僧의 哀戀悲史, 둘은 長淵湖畔의 化石이 되야 千秋萬歲를 함께 울고 웃고 잇다	〃	〃	傳說
36	李敦化	戰史上의 最大痛快!, 薩水大合戰의 奇話	〃	〃	
37	文一平	南往北伐의 大經綸이 水泡化, 叛逆罪로 寃死한 崔瑩將軍	27.11	2/7	三將軍伸寃錄
38	趙奎洙	經國의 大志를 품고 글字 한 字로 寃死한 快丈夫 南怡將軍, 男兒二十未平國－後世誰稱大丈夫	〃	〃	〃
39	申瑩澈	시슨 칼을 써보지 못하고 獄中慘死한 金德齡 將軍, 金將軍을 代身하야 崔聃齡에게 주는 편지	〃	〃	〃
40	·	자미잇는 傳說	〃	〃	
41	김동환	八道傳說巡禮 2, 海女와 勇士의 夫婦巖, 임진란 右水營大海戰때에 죽은 「강강수월래」의 化身인 두 芳魂	〃	〃	傳說
42	趙奎洙	漢陽末葉의 奇傑 大院王의 五大快擧	27.12	2/8	
43	車相瓚	독기政丞 元斗杓, 逐鬼·破獄殺人·宮門破碎·放火	〃	〃	
44	朴達成	孫義菴의 三大快事(逸話中에서)	〃	〃	
45	白泓均	眞理의 把持者 印度聖雄 깐듸先生, 東西偉人受難記	〃	〃	
46	金振九	歷代人物快死錄 1	〃	〃	
47	見草	傳說哀話 남겨둔 翕美人	〃	〃	
48	金東煥	香娘과 메나리꼿 노래 八道傳說巡禮 3, 繼母와 남편을 원망하다가 香娘淵못 물에 빠지어 죽어	27.12	2/8	
49	洪承耉	李朝史上의 九戊辰譜	28.1	3/1	
50	孟峴學人	巢父와 許由	〃	〃	史外史奇人奇事錄
51	翠雲亭人	東方理學者 徐花潭	〃	〃	〃
52	竹西禪人	近代豫言家 南師古	〃	〃	〃
53	樓下洞人	俠士的文豪 林白湖	〃	〃	〃

No.	필자	제목	연.월	권/호	비고
54	鵝城野人	稀世大術家 李土亭	〃	〃	〃
55	楓岳浪人	不遇 詩人 金삿갓	〃	〃	〃
56	金振九	歷代 人物 決死錄	〃	〃	
57	文一平	百萬隋軍을 一擧 全滅한 乙支公의 薩水大捷	28.5	3/2	자랑호 朝鮮史上 三大戰捷 니약이
58	車相瓚	一片孤城으로 三十萬唐兵을 擊退한 梁將軍의 安市大捷	〃	〃	〃
59	申瑩澈	盟山, 誓海, 萬古精忠의 結晶, 李忠武公의 閑山大捷	〃	〃	〃
60	일평	文德武功을 크게 빗내인 高句麗의 璆陽王聖代	〃	〃	朝鮮歷史上 가장 光輝잇는 페-지-
61	金道泰	高句麗의 武威가 發揚된 곳	〃	〃	〃
62	李秉岐	世宗大王의 訓民正音 頒布	〃	〃	〃
63	李允宰	世宗聖代의 文化	〃	〃	〃
64	崔南善	朝鮮我가 잘 發揚된 페-지	〃	〃	〃
65	姜邁	朴燕岩의 思想	28.5	3/2	〃
66	崔南善	壇君及其研究	〃	〃	
67	權悳奎	잇고도 할 줄 모르는 자랑	〃	〃	내가 자랑하고 십흔 朝鮮것
68	朴八陽	우리들의 文字	〃	〃	〃
69	朴瓚熙	德性과 才質	〃	〃	〃
70	安在鴻	健康과 聰明	〃	〃	〃
71	張膺震	人物과 山水	〃	〃	〃
72	朴熙道	民族的 道德性	〃	〃	〃
73	鄭廣朝	나는 天道教를	〃	〃	〃
74	韓基岳	世界平和의 先驅者	〃	〃	〃
75	朴東完	特히 愛情이 豊富	〃	〃	〃
76	崔誠愚	家族制度는 世界에 模範	〃	〃	〃
77	徐世忠	朝鮮人의 二大特性	〃	〃	〃
78	廉想涉	세 가지 자랑	〃	〃	〃
79	鞠琦烈	特別한 天然의 恩賜	〃	〃	〃
80	·	善德女王의 三知	〃	〃	〃
81	申明均	文字中의 覇王 한글	〃	〃	〃
82	李允宰	現代文明의 産母, 活字의 發明은 朝鮮이 首位	〃	〃	〃
83	六堂學人	七十年前에 單身調査, 獨力創製한 古山子의 大東輿地圖	〃	〃	〃
84	獨逸伯林大學細菌學	諸君의 淸廉, 介潔	28.5	3/2	外國人이 본 朝鮮의 자랑거리

No.	필자	제목	연.월	권/호	비고
85	佛國領事 代理 쩨루만	山川, 氣候, 衣服	〃	〃	〃
86	체크스로 파키야人	첫재 安靜하고 家族主義가 조슴니다	〃	〃	〃
87	前北京大 學敎授辜	東方의 古文化는 오즉 朝鮮에 잇다	〃	〃	〃
88	田邊尙雄	朝鮮雅樂은 世界的	〃	〃	〃
89	獨逸라입 치히大學	東洋巡遊에 한 푸로그람으로	〃	〃	〃
90	李能和	佛敎와 朝鮮文化	〃	〃	
91	李丙燾	學界에 자랑할 東方의 大哲人 李退溪와 李栗谷	〃	〃	
92	一記者	東亞天地를 號令하는 녯날의 朝鮮海軍	〃	〃	
93	金起田	天道敎와 朝鮮	〃	〃	
94	洪淳赫	朝鮮의 美術자랑(特히 우리 國寶에 對하여)	〃	〃	
95	崔瑨淳	現代工藝보다 卓越한 高麗時代의 陶磁器	〃	〃	
96	高義東	世界的으로 자랑할 朝鮮의 十三大 畵家	〃	〃	
97	·	乙支公石像과 基祠宇	〃	〃	
98	魚德	過去 朝鮮美術의 斷片	〃	〃	
99	壽春學人	國際的으로 알녀진 朝鮮 人物	〃	〃	
100	·	唐太宗의 눈과 隋煬帝의 가슴	〃	〃	
101	露雀	民謠자랑-둘도 업는 寶物, 特色잇는 藝術, 朝鮮은 메나리 나라	〃	〃	
102	車相瓚	民謠자랑-無窮花禮讚	〃	〃	
103	孫晋泰	傳說자랑-世界에 比가 업는 개암이 傳說	〃	〃	
104	차돌이	上下半萬年의 우리 歷史-縱으로 본 朝鮮의 자랑	〃	〃	
105	박돌이	白頭山에서 漢拏山까지 橫으로 본 朝鮮의 美	〃	〃	
106	壽春學人	二十四歲靑年으로 自稱 大金皇帝 李澄玉	28.7	3/4	歷代叛逆者列傳
107	靑吾	歷代叛逆者列傳, 三年間 京畿黃海兩道를 震駭하든 綠林豪傑 林巨丁	〃	〃	〃
108	金秉濬	歷代叛逆者列傳, 民衆으로 이러난 甲午大變亂, 東學軍都元帥 全琫準	〃	〃	〃
109	·	小說以上·論文以上·讀物中의 讀物!!, 連作講談 아츰, 8月號부터 掲載 第一回 崔南善作	〃	〃	社告
110	金東煥	八道傳說巡禮(其四), 泗沘水까의 公主와 武士, 꺽구러지는 百濟 末路를 사랑으로 건지려다가 속절업시 죽은 두 靑春	〃	〃	
111	壽春學人	漢陽朝最初 反逆兒 關北豪傑 李施愛亂	28.8	3/5	朝鮮三大內亂記
112	文一平	地方的 差別待遇에 反抗한 平西大元帥 洪景來亂	〃	〃	〃
113	車相瓚	六月大變! 壬午軍亂의 回想記	〃	〃	〃
114	崔南善	아츰 1. 大陸의 꿈	〃	〃	連作講談
115	靑吾	民衆運動으로 이러난 甲午東學亂 秘錄	〃	〃	

No.	필자	제목	연.월	권/호	비고
116	車相瓚	朝鮮의 黨爭	28.12	3/6	
117	金振九	孫逸仙과 袁世凱의 地下 面談記	〃	〃	黃泉探訪記
118	宋鎭禹	아츰 2. 怪常한 山家	〃	〃	連作講談
119	車相瓚	朝鮮史上 風波만흔 七十一己巳錄	29.1	4/1	
120	壽春學人	張禧嬪哀史－肅宗朝宮中秘話	〃	〃	
121	權悳奎	己巳生과 己巳死, 歷代人物列傳	〃	〃	
122	李敦化	아츰 3	〃	〃	連作講談
123	梁建植	淸宮秘史 香妃哀話	〃	〃	秘史
124	壽春學人	痛快無比한 李如松의 平壤大戰, 宣祖癸巳二月十七日	29.2	4/2	
125	車相瓚	李太王俄館播遷事件 丙申二月大政變記, 建陽元年二月十一日	〃	〃	
126	韓龍雲	天下名妓黃眞伊	〃	〃	
127	桂山人	一張書로 天下의 不平客을 니르킨 平西 大元師 洪景來檄文	〃	〃	
128	朴熙道	아츰 4. 女眞國의 征明動員令	〃	〃	連作講談
129	文一平	三月三大捷, 一號令으로 契丹十萬軍을 擊退한 姜邯贊 龜州大勝捷	29.3	4/3	
130	申湜	30만의 紅頭賊을 一擧掃蕩 高麗三元帥의 大勝捷	〃	〃	
131	李允宰	痛快! 大痛快! 權慄都元帥 幸州大捷－宣祖 癸巳 三月十三日	〃	〃	
132	申明均	東方 三大國 建設記－高句麗 亡國遺民으로 渤海國를 創設한 大祚榮	〃	〃	
133	壽春學人	弓裔의 部下로 三韓을 統合한 高麗太祖 建國秘史	〃	〃	
134	車相瓚	三尺長釼으로 五百年 大業 李太祖 建國實錄	〃	〃	
135	靑吾生	創道·建國·創語 三大偉人, 一寸舌·一柄筆로 新國家 創建! 偉人『마사릭』大統領, 체크슬로바키아의 建國實話	〃	〃	
136	鏡花生	創道·建國·創語 三大偉人, 世界文明의 恩師 國際語創始者 자멘호프博士, 博士의 13週忌를 臨하야	〃	〃	
137	金紀田	아츰 5.『노라치』의 病死와 太宗의 橫暴	〃	〃	連作講談
138	李允宰	偉業은 靑春에 잇다, 東西偉人의 靑春時代, 十七歲에 三國統一의 大事業計劃, 金庾信의 靑春時節	29.6	4/4	청춘호
139	車相瓚	二十六歲陸軍大將으로 滿洲를 드리친, 南怡將軍의 靑春時代	〃	〃	
140	翠雲生	十七歲에 千里賊陣을 突破獨行, 鄭忠信의 靑春時代	〃	〃	
141	申明均	二十五歲靑年으로 敵軍을 震駭, 翼虎將軍 金德齡의 靑春時代	〃	〃	
142	朴達成	二十四歲에 强秦를 따려부신, 天下壯士 項羽의 靑春時代	29.6	4/4	
143	李一	新興國 체크 大統領, 마사릭의 靑春時代	〃	〃	
144	靑吾	新興國의 新人物, 靑年土耳其와 케말파사	〃	〃	
145	金振九	渾身膽勇의 二十靑年으로 甲申變亂의 急先鋒, 當年熱血兒李圭完氏의 初冒險	〃	〃	
146	安在鴻	아츰 6.「悲痛한 脫走」	〃	〃	連作講談

No.	필자	제목	연.월	권/호	비고
147	金振九	天下의 大鈍才로, 一世의 大文章된 金栢谷,	29.8	4/5	痛快無雙奇人篇
148	虫青生	갓으로 밥짓고 박아지로 航海, 天下大奇人 李土亭先生	〃	〃	〃
149	松雀生	濟川亭에서 日軍을 弄絡하던 一戱劇, 난장이명물 男李謹	29.8	〃	〃
150	金秉濟	四象醫學의 元祖, 近代奇人 李濟馬先生	〃	〃	〃
151	翠雲生	奇人中奇人, 不遇畵家 崔七七	〃	〃	〃
152	青吾生	女流大奇人, 開城名妓黃眞伊	〃	〃	〃
153	李允宰	이 世上人物갓지 안흔 現存한 大奇人, 六峯禹龍澤先生	〃	〃	〃
154	李東園	世界的 大奇人物, 사뮤얼죤슨博士	〃	〃	〃
155	高永煥	痛快한 奇哲人, 桶藏菩薩	〃	〃	〃
156	尹白南	壬辰亂時의 痛快奇談, 騎牛老翁 1	〃	〃	神出鬼沒 奇談篇
157	壽春山人	復讐奇談·報恩奇談 片戀處女의 魂	〃	〃	〃
158	外遊生	世界奇談, 醫學的 怪談	〃	〃	〃
159	今花郎	中國奇談·艶聞, 情寃鬼·花麗春	〃	〃	〃
160	辛基淑	碧骨池上에 白衣老人, 金堤 趙氏家에 傳해 오는 奇談	〃	〃	〃
161	翠雲生	國都以前의 京城, 上下 1300년간의 略史	29.9	4/6	京城특집호
162	車相瓚	京城의 五百年史	〃	〃	
163	·	漢都八詠과 漢都十詠	〃	〃	
164	考古生	京城이 가진 名所와 古蹟	〃	〃	
165	·	京城洞町名의 由來 及 今昔의 比較, 서울의 洞里 일흠푸리— 洞名 하나에도 史的 由來가 잇다	〃	〃	
166	楚山生	釖頭의 香魂 虞美人哀話, 世界三美人情話	29.12	4/7	
167	鄭大鉉	아츰 7.「痛快한 꿈」	〃	〃	連作講談
168	·	英國法政史話, 斷頭臺에 살아진 歷代 王國	30.1	5/1	
169	·	朝鮮 歷史日誌 一月錄	30.1	〃	
170	·	朝鮮 歷史日誌 二月錄	30.2	5/2	
171	金起田	朝鮮最近史 十三講 1	〃	〃	
172	朴達成	勇斷一實의 孫義菴	30.3	5/3	偉人難關努力
173	白菱	나폴레온과 佛蘭西의 基業	〃	〃	〃
174	月湖人	脫厠報仇范睢譚	〃	〃	〃
175	青吾生	알바니아「어매드·소그」王	〃	〃	〃
176	昭妲	百年戰爭과 짠따크	〃	〃	〃
177	·	朝鮮歷史日誌 三月錄	〃	〃	
178	金起田	春季特輯附錄, 朝鮮最近十三史講座	〃	〃	
179	壽春山人	歷代偉人의 結婚奇譚	30.5	5/4	奇譚
180	車相瓚	仁祖反正의 裏面史	〃	〃	裏面史
181	車相瓚	羅末怪傑 泰封王 弓裔 秘史	30.6	5/5	秘史
182	편집자	開闢社略史	30.7	5/6	
183	壽春學人	朝鮮新聞雜誌 沿革及發行史	〃	〃	
184	金起田	印度運動의 史的 考察	30.7	5/6	

No.	필자	제목	연.월	권/호	비고
185	·	朝鮮歷史日誌, 七月錄	〃	〃	
186	李學仲	比島獨立運動과 米國	30.10	5/9	
187	滬上居人	1927年 廣東大事變 中國革命亂參戰 回想記, 中國內亂餘聞	〃	〃	
188	李允宰	乙支文德墓 參拜記	30.11	5/10	
189	蔡萬植	印度의 뮤니-틔(土兵反亂), 깐듸運動의初期	30.12	5/11	世界弱小民族의 三大反亂
190	車相瓚	北清大事變 淸國義和團大暴亂	〃	〃	〃
191	崔瑨淳	千古의 悲壯史 南阿의 大反戰記	30.12	〃	〃
192	車相瓚	自稱大燕王, 洪景來辛未反亂記, 辛未 12월 18일로 至壬申4월 18일	31.1	6/1	
193	李敦化	甲午東學亂의 第一聲, 聞慶 李弼의 亂	〃	〃	
194	鏡花生	18世紀 露國宮廷秘史, 復讐의 女帝 카자린	31.2	6/2	
195	尹白南	民國談草, ○術二三	31.3	6/3	漫談
196	金振九	妙齡處女 殺害한 美少年	〃	〃	野談
197	三山人	特別讀物 大怪奇實話÷ 處女鬼! 處女鬼!	31.5	6/5	怪奇實話
198	車青吾	端午哀話, 魚腹에 파뭇친 美人·忠臣	31.7	6/6	哀話
199	蒼石生	壬辰史話, 李忠武公의 三大勝捷記	〃	〃	史話
200	金振九	千古悲壯 錦山 七百義士塚 1	〃	〃	野談
201	金振九	千古悲壯 錦山 七百義士塚 2	31.8	6/7	野談
202	·	에로·그로百% 屍體結婚式, 統營에 이러난	〃	〃	奇談
203	朴士淸	萬寶山 事件을 直後한 滿蒙 及 間島와 朝鮮人 問題	31.9	6/8	
204	風流郎	朝鮮歷代名妓傳	〃	〃	
205	金振九	千古悲壯 野談 錦山 七百義士塚	〃	〃	
206	車相瓚	東洋史上 風雲 만튼 日淸戰爭의 回顧	31.10	6/9	
207	·	滿洲事變에 活躍하는 人物	31.12	6/11	
208	三山人	朝鮮壬申史上에 빗나는 薩水大戰捷, 百萬隋兵을 一擧擊滅한 壯快史談	32.1	7/1	史談
209	風流郎	反作春香傳 春香이는 정말 美人이엿더냐, 薄色고개의 한 傳說	〃	〃	傳說
210	月明山人	長篇講談 滄海力士 1	〃	〃	長篇講談
211	月明山人	長篇講談 滄海力士 2	32.2	7/2	〃
212	金奎	長篇講談 滄海力士 3	32.3	7/3	〃
213	安商澈	事實奇話, 馬賊에 붓들려 갓다가 장가들고 온 이야기	32.4	7/4	奇話
214	·	錦山七百義士塚	〃	〃	野談
215	月明山人	長篇講談 滄海力士 4	〃	〃	長篇講談
216	月明山人	長篇講談 滄海力士 5	32.5	7/5	〃
217	金振九	錦山七百義士塚	〃	〃	野談
218	·	熊超 崔英淑地下訪問記, 冥府行列車를 追擊하면서	32.6	7/6	
219	月明山人	長篇講談 滄海力士 6	〃	〃	長篇講談
220	月明山人	長篇講談 滄海力士 7	32.7	7/7	〃
221	月明山人	長篇講談 滄海力士 9	32.9	7/9	7/8결호

No.	필자	제목	연.월	권 / 호	비고
222	青吾	薩水大戰記 朝鮮 最初의 大戰爭	32.11	7 / 11	7 / 10결호
223	車相瓚	民謠에 나타난 哀話 2, 山有花 노래와 朴香娘	〃	〃	
224	一笑	모던 葬禮行進曲	〃	〃	漫談小說
225	壽春山人	朝鮮刺客列傳	33.1	8 / 1	
226	月明山人	長篇講談 滄海力士 12	〃	〃	長篇講談
227	壽春山人	朝鮮刺客列傳(其二), 三國 · 高麗篇	33.2	8 / 2	
228	愼麟範	萬古 義婦 尹夫人	〃	〃	史上挿話
229	青吾	送郎謠와 最卿, 民謠에 숨켜진 斷腸哀話	〃	〃	
230	月明山人	長篇講錟 滄海力士 13	〃	〃	長篇講錟
231	愼麟範	三月史上挿話 소매속의 青扇紅扇	33.3	8 / 3	史上挿話
232	壽春山人	朝鮮刺客列傳 3	〃	〃	
233	李秉岐	連載 長篇講談, 燕山主	33.4	8 / 4	長篇講談
234	一鄕暗	朝鮮高官 盛衰記, 沒落에 悲泣하는 朝鮮三府院君家, 當年世道 於今에 安在	〃	〃	
235	壽春山人	史談에 낫타난 情話, 高霽峯先生과 公州妓	〃	〃	
236	青吾	노래에 나타난 情話, 琉璃王과 黃鳥歌	〃	〃	
237	柳光烈	醫師와 占쟁이	〃	〃	漫談
238	車相瓚	關東民謠	33.5	8 / 5	
239	一鄕暗	朝鮮高官 盛衰記, 半島天地를 흔들던 閔氏三家의 今昔	〃	〃	
240	車相瓚	忠淸道民謠	33.6	8 / 6	
241	一鄕暗	朝鮮高官 盛衰期, 半島天地를 흔들든 銷氏後裔의 今日, 當年勢道=於今安在	〃	〃	
242	壽春山人	三寸舌로 鬱陵島 奪還한 海上의 快人勇士 安龍福	33.7	8 / 7	
243	白岳生	朝鮮高官盛衰記(續), 宋秉畯, 李完用, 李根澤, 任善準	33.9	8 / 8	8 · 9 합본호
244	白岳	朝鮮高官盛衰記(續), 李址鎔, 朴齊純, 趙重應, 李秉武, 李載崐	33.11	8 / 9	
245	壽春山人	4000年 史外史, 歷代王妃 · 公主篇	33.12	8 / 10	
246	壽春山人	4000년 史外史, 歷代王妃 · 公主篇(續)	34.1	9 / 1	
247	壽春人	三韓時代列國	〃	〃	
248	翠雲生	눈속에 파뭇친 雪禍의 鬱陵島秘史	〃	〃	秘史
249	壽春山人	四千年史外史, 仁祖反正時 秘話, 反正亂中 三大 女傑	34.2	9 / 2	
250	金陵人	金剛情話, 蝴蝶과 鈴蘭花	〃	〃	
251	XYZ	傳統奇談, 天下豪傑 楊秀深	34.3	9 / 3	奇談
252	申敬淳	實話, 家乘奇譚	34.3	·	實話
253	A. XYZ	劍頭의 香魂 虞美人哀話, 三代美人情話集	34.4	9 / 4	哀話
254	金振九	奇想天外妙案家 稀世名物 金鳳伊	〃	〃	

2.『한빛』 史話・野談・역사 관련 목록(1928.1~1928.8)

No.	필자	제목	쪽수	연.월	권/호	비고
1	崔南善	朝鮮歷史講話 1	4~5	28.1	2/1	歷史
2	文一平	高麗의 國家的 理想(上)	6~7	〃	〃	〃
3	茂園遺稿	檀君民史 1	8	〃	〃	〃
4	李重華	戊辰紀年	11~13	〃	〃	〃
5	한결	조선말과 글 1	24~25	〃	〃	한글
6	金生	東國書家의 祖	29~30	〃	〃	傳記
7	崔南善	朝鮮歷史講話 2-「개아지」朝鮮	3	28.2	2/2	歷史
8	文一平	高麗의 國家的 理想(下)	4~6	〃	〃	〃
9	茂園遺稿	檀君民史 2	4~6	〃	〃	〃
10	한결	조선말과 글 2	7~9	〃	〃	한글
11	崔鉉培	吏讀文字란 무엇인가	9~11	〃	〃	〃
12	李能和	信義를 尊重하는 神聖한 戀愛	24~27	〃	〃	史話
13	司空桓	또 한 봄을 맞는 善竹橋와 義岩	30~31	〃	〃	〃
14	·	奇人奇事 李之菡先生-四百年前社會主義者	16~19	〃	〃	傳記
15	崔南善	朝鮮歷史講話 3-민족자각의 시초	2~5	28.3	2/3	歷史
16	茂園遺稿	檀君民史 3	5~6	〃	〃	〃
17	李能和	朝鮮歷史的遺物遺蹟	6~12	〃	〃	〃
18	李重華	武烈王陵의 碑身에 對하여 1	12~17	〃	〃	〃
19	文一平	政治上의 興味깊은 新羅의 國家的 發展	18~21	〃	〃	〃
20	·	申元帥와 불쌍한 處女	25~26	〃	〃	傳說
21	鄭昞淳	楊萬春	28~32	〃	〃	史話
22	金允經	夫餘 坪濟塔에 對하여	32~39	〃	〃	歷史
23	李殷相	風水를 믿던 이들	39~44	28.3	2/3	野談
24	崔南善	高句麗의 興起	1~6	28.4・5	2/4.5	歷史
25	申采浩	朝鮮의朝鮮史를 찾아면 朝鮮史의朝鮮붙여	·	〃	〃	全文削除
26	李丙燾	古朝鮮四郡 疆域考 1	7~14	〃	〃	歷史
27	李重華	武烈王陵의 碑身에 對하여 2	15~21	〃	〃	〃
28	茂園遺稿	神檀民史 4	22~25	〃	〃	〃
29	司空桓	高句麗國民의 特性과 當時勢力	26~29	〃	〃	〃
30	李能和	朝鮮歷史的遺物遺蹟	30~34	〃	〃	〃
31	徐世忠	江만건너드면 大金皇帝될 李徵玉	35~39	〃	〃	傳記
32	白岳山人	渤海遺蹟巡禮記 1	40~42	〃	〃	紀行文
33	金振九	金玉均과 諸葛亮	46~48	〃	〃	〃
34	六堂	檀君窟의 靈蹟가진 寧邊의 妙香山(上)	54~59	〃	〃	紀行文
35	北旅東人	民族魂 發祥地 三道溝에서	·	〃	〃	全文削除
36	北岳山人	信義 높은 張書房	60~71	〃	〃	傳說
37	多勿	史學上으로 본 우리의 世界的 자랑	·	〃	〃	全文削除
38	崔南善	新羅의 勃興	1~4	28.8	2/6	歷史

No.	필자	제목	쪽수	연.월	권/호	비고
39	李丙燾	古朝鮮四郡 疆域考 2	5~9	〃	〃	〃
40	文一平	新羅의 國家的 發展	10~13	〃	〃	〃
41	申翔雨	李朝文化史의 消長	14~18	〃	〃	〃
42	李灝	世界的 大元帥 朝鮮의 忠武公	19~25	〃	〃	傳記
43	六堂	檀君窟의 靈蹟가진 寧邊의 玅香山(下)	26~37	〃	〃	紀行文
44	白岳山人	渤海遺蹟巡禮記 2	37~43	〃	〃	紀行文
45	崔鉉培	한글글씨의 이름에 對하여	44~46	〃	〃	한글
46	南山生	「金玉均과 諸葛亮」을 보고	46~47	〃	〃	讀者投稿

3. 『三千里』 史話 · 野談 · 역사 관련 목록(1929.7~1942.1)

No.	필자	제목	쪽수	연.월	권/호	비고
1	文一平	義慈王의 最後	16	29.7	1/1	創刊號
2	黃義敦	新羅民衆의 榮華	18	〃	〃	
3	碧初	林巨正傳에 對하여	42	〃	〃	
4	春園	端宗哀史에 對하여	42	〃	〃	
5	閔泰瑗	薄命의 志士 金玉均	11	29.9	1/2	政治
6	洪命憙	自敍傳	26	〃	〃	
7	許 憲	世界一週紀行-復活하는 愛蘭	15	29.12	1/3	
8	道袍居士	半島女傑-閔后哀史	28	30.4	2/2	特大號
9	尹白南	李朝 密話-白蘭堂의 死	48	〃	〃	
10	파인	大同江과 善竹橋	70	30.7	2/4	隨筆
11	李如星	愛蘭民族運動의 特質	12	30.秋	2/5	
12	金東煥	신펜黨과 復活祭亂	30	〃	〃	
13	崔麟	友邦巨頭會見記-愛蘭 떼黨首 떼벨라氏	17	30.11	2/7	中美
14	草士	銀姬哀史(人世의 悲劇, 其一)	68	31.1	3/1	
15	遠東學人	露帝의 死의 記錄	49	31.2	3/2	
16	英國牛津大學 톰슨教授	印度國民運動批判	13	31.3	3/3	
17	尹白南	中國奇談-女兒國	72	31.4	3/4	奇談
18	草士	誌上映畵-윌리암 텔	·	·	·	
19	頭空	誌上映畵-짠 다크	·	·	·	
20	百柳鄕	西班牙王祖의 沒落	7	31.5	3/5	
21	金振九	金玉均과 朴泳孝	40	〃	〃	
22	滄浪客	法廷에 선 許 憲, 洪命憙	14	〃	〃	
23	·	傳說의 半島-玉蘭의 死, 七孝子, 一枝梅와 監司	48	31.5	3/5	傳說
24	朴尹錫	李舜臣墓參拜記	71	31.6	3/6	
25	李光洙	李舜臣과 安島山	32	31.夏	3/7	盛夏號
26	朝鮮日報社 安在鴻	朝鮮新文化建設의 三個年計劃 :	3	31.9	3/9	
27	東亞日報社 宋鎭禹	三年間에 三十萬名	5	〃	〃	
28	宋耀燮	八十萬圓으로 五百萬名을	7	〃	〃	
29	編輯室	新聞夜話와 交叉點과 壁新聞	49	〃	〃	
30	尹致昊	暗殺前夜의 金玉均氏	12	31.12	3/12	送年號
31	金振九	李圭完의 金玉均, 朴泳孝評	50	〃	〃	
32	金東煥	民族文化館의 創立運動	10	32.1	4/1	新年號
33	崔英淑	印度 간디와 나이두會見記	47	〃	〃	

No.	필자	제목	쪽수	연.월	권/호	비고
34	宋桭禹	無風的인 現下難局打開策－文化運動과 消費組合運動	2	32.4	4/4	特大號
35	·	夏日夜話	10	32.夏	4/6	夏節號
36	諸氏	三千里社 主催 文士座談會	14	〃	〃	
37	金振九	李浣과 關東大亂	34	〃	〃	野談
38	·	端宗과 死六臣, 生六臣의 寧越遺趾	·	32.三伏	4/7	三伏號畵報
39	·	行進하는 靑年愛蘭	18	32.7	4/8	特大號
40	金泰午	農民과 文藝	58	32.10	4/10	淸秋文壇
41	李如星	印度難觀	42	33.2	5/2	
42	張道斌	近代史上의 武勇傳	76	〃	〃	
43	李光洙	朝鮮의 文學	12	33.3	5/3	
44	石兵丁	愛蘭宰相 떼 발라氏	51	〃	〃	
45	洪命憙	長篇小說과 作者心境－「林巨正傳」을 쓰면서(朝鮮日報)	72	33.9	5/9	
46	春園	「흙」을 다 쓰고서(東亞日報)	73	〃	〃	
47	金東仁	「雲峴宮의 봄」을 쓰면서(朝鮮日報)	176	〃	〃	
48	尹白南	長篇小說과 作者心境－「烽火」를 쓰면서(東亞日報 連載)	50	33.12	5/10	
49	韓昌敏	東方의 聖者, 깐디會見記	74	34.5	6/5	
50	八峰	新聞長篇小說時感	222	〃	〃	初夏文藝
51	鄭寅燮	文壇問題 抄	226	〃	〃	
52	張赫宙外	내가 읽은 新聞小說	223	〃	〃	隨感
53	李光洙	庚戌以來의 新文學發展史	68	34.7	6/7	
54	曺晩植	깐디, 人物과 印度運動	26	〃	〃	
55	·	洪命憙	122	〃	〃	述懷
56	·	文人奇話	250	〃	〃	
57	白浪星	여름밤의 神秘와 密談: 深夜의 養蠶室의 密談	155	〃	〃	
58	草仙子	落馬한 新郎의 行方	158	〃	〃	
59	茶坊谷人	妓生의 屍體室의 怪音	160	〃	〃	
60	金東仁	七月文藝－春園의 藝術과 生涯	215	〃	〃	
61	朝鮮日報 安夕影	新聞小說과 挿畵家告白－碧初, 春園作, 其他의 苦心	137	34.8	6/8	
62	中央日報 盧心汕	泰俊, 沈 熏과 挿畵味	159	〃	〃	
63	東亞日報 李靑田	白南, 八峯, 其他의 特質	161	〃	〃	
64	每日申報 李承萬	想涉, 東仁과 彩筆	157	〃	〃	
65	晉夜郞	好色女王夜話	140	34.8	〃	
66	金東仁	春園의 藝術과 生涯	146	〃	〃	八月文藝

No.	필자	제목	쪽수	연.월	권/호	비고
67	·	文人奇話	164	·	·	
68	·	二十餘萬圓버린 讀書新聞	17	34.9	6/9	言論界
69	·	長恨夢板權 三百圓	17	〃	〃	〃
70	洪曉民	尹白南과 그 藝術	231	〃	〃	新秋文藝
71	趙一齊	長恨夢 飜案回顧	234	34.9	6/9	
72	·	作品短評, 文壇歸去來, 文人奇話	·	〃	〃	〃
73	權東鎭, 安在鴻, 薛泰熙	「半島의 英雄」을 論함-英主로서의 英祖大王, 高麗太祖를 論함	22	34.11	6/1	
74		名宰相으로서의 金春秋, 鄭夢周等의 人物	·	〃	〃	
75		名將으로서의 李舜臣, 金庾信 等의 人物	·	〃	〃	
76		學者, 思想家로서의 丁茶山, 朴燕岩等 人物	·	〃	〃	
77	元世勳	英雄論	52	〃	〃	
78	金明植	筆禍와 論戰	32	〃	〃	
79	編輯局	王陵과 殿閣의 所在와 現狀	25	34.11	6/1	
80	諸氏	春園文壇生活 二十年紀念 文壇回顧座談會	234	〃	〃	
81	朝日新聞	金玉均, 朴泳孝暗殺事件의 電文集	19	35.1	7/1	新年號
82	申采浩	朝鮮民族의 全盛時代	59	〃	〃	
83	綠衣童子	美人薄命哀史; 李月華 篇	94	〃	〃	哀史
84	·	兵亂과 宮中光景	12	35.2	7/2	機密室
85	金明植	朝鮮民族起源의 文化的 考察	52	〃	〃	
86	·	新羅, 百濟, 高句麗 女性論	159	〃	〃	
87	三千里 編輯局	世界의 愛國者群像-阿片戰爭의 危機를 막은 中國 林則徐	89	〃	〃	
88		建國의 偉傑인 伊太利 가-불	82	〃	〃	
89		大國家의 柱礎놓은 獨逸 비스말크	87	〃	〃	
90		今日을 이룬 比律賓의 先驅 아기날드	88	〃	〃	
91		三寸舌로 祖國을 救하던 佛의 칸벳타	84	〃	〃	
92		米國을 이루어 놓은 熱血兒 와싱톤	86	〃	〃	
93		英吉利常國의 九死를 건진 빗드	85	〃	〃	
94	紅衣童子	美人薄命哀史; 崔香花 篇	130	〃	〃	哀史
95	中公	新民族文學의 樹立	220	35.2	7/2	
96	木春學人	帝王一代記	90	35.3	7/3	
97	金性睦	端宗大王莊陵參拜記	·	〃	〃	
98	紅衣童子	美人薄命哀史; 宋桂月 篇	141	〃	〃	
99	金東仁	己未運動前後의 春園作品	170	〃	〃	
100	滄浪客	純宗의 御學友記	34	35.6	7/5	
101	金性睦	端宗莊陵參拜記	109	〃	〃	
102	木春學人	帝王一代記; 燕山君	128	〃	〃	
103	金東仁	史話와 野談特輯-孫舜考의 三盃酒	154	〃	〃	野談特輯
104	尹白南	阿娘閣의 白蝶	157	〃	〃	〃
105	柳光烈	佛國寺의 石佛	161	〃	〃	〃
106	金八蓮	長淵湖의 化石岩	163	〃	〃	〃

No.	필자	제목	쪽수	연.월	권/호	비고
107	李瑞求	美人薄命哀史; 李景雪	209	〃	〃	哀史
108	金東仁	物語와 史話와 春園作品	260	35.6	7/5	
109	三新聞	朝鮮文化와 民衆과 新聞	42	35.7	7/6	
110	安在鴻	舊文明의 崩毁, 新文明의 建設	34	〃	〃	
111	韓龍雲	國寶잠긴 安心寺; 名山大刹巡禮	114	〃	〃	
112	金泰洽	元曉大師; 高僧逸話	217	〃	〃	
113	李光洙	古今書籍을 刊行하라	203	〃	〃	
114	紅衣童子	千秋長恨의 尹心悳; 美人薄命哀史	132	〃	〃	哀史
115	金東仁	「再生」의 文藝的 價値(春園研究 七)	256	〃	〃	七月文藝
116	柳光烈	百濟 刀比山城戰과 金庾信	99	35.8	7/7	
117	李光洙	閑山島大戰과 李舜臣	102	〃	〃	
118	朱雲成	英雄과 豪傑論	111	〃	〃	
119	朴相義	少年時節의 李太祖	252	〃	〃	
120	申不出	銷夏野談-寬大한 男便	237	〃	〃	野談
121	愼麟範	金緻와 水姓人	244	〃	〃	
122	靑衣處士	死를 讚美한 名妓 康明花; 美人薄命哀史	116	35.8	7/7	哀史
123	金東仁	「再生」의 非永遠性(春園研究 八)	270	〃	〃	八月文藝
124	金明植	高句麗考證(讀史隨筆)	88	35.9	7/8	
125	李光洙 譯	검둥의 悲哀	106	〃	〃	
126	三千里	에치오피아 皇帝 이야기	231	〃	〃	
127	金東仁	「麻衣太子」의 文學的 價値	238	〃	〃	新秋文壇
128	李光洙	民族에 關한 몇 가지 생각	60	35.10	7/9	
129	盧春城	民族文學은 朝鮮文學의 柱石	228	〃	〃	
130	咸大勳	톨스토이의 文學史上 地位	236	〃	〃	
131	閔丙徽	作家로 본 稻香	270	〃	〃	
132	尹白南	옛 妓生, 지금 妓生	198	35.11	7/10	
133	·	民族文學이냐, 階級文學이냐	218	〃	〃	淸秋文壇
134	李光洙	朝鮮文學이 가지기를 바라는 要件	218	〃	〃	
135	廉想燮	모든 文學은 民族文學	218	〃	〃	
136	兪鎭午	階級文學의 길로	219	〃	〃	
137	金珖燮	海外文學派의 中堅性	·	35.11	7/10	
138	金岸曙	公利的임을 否認	222	〃	〃	
139	李孝石	朗實主義의 길	227	〃	〃	
140	咸大勳	進步的인 朝鮮文學	228	〃	〃	
141	月 灘	큰 해를 주지 않는 限에서	229	35.11	7/10	
142	沈 熏	三位一體를 主張	229	〃	〃	
143	鄭芝溶	民族文學의 길을 通하여	230	〃	〃	
144	洪曉民	國際主義의 길로	231	〃	〃	
145	蔡萬植	對立에서 發展에로	233	〃	〃	
146	嚴興燮	오직 階級文學의 길로	234	〃	〃	

No.	필자	제목	쪽수	연.월	권/호	비고
147	朱耀翰	分類方法이 틀렸다	223	35.11	7/10	淸秋文壇
148	申不出	漫談, 言語 아닌 言語	126	〃	〃	
149	李光洙	文學總論講座; 文學과 文章	222	〃	〃	文藝講座
150	鄭寅燮	文學總論講座; 文學과 思想	227	〃	〃	〃
151	廉想涉	小說講座; 小說은 무엇인가	236	〃	〃	〃
152	金珖燮	世界文學講座; 愛蘭文學의 輪廓	246	〃	〃	〃
153	梁白華	海外文豪講座; 李 白과 杜 甫	249	〃	〃	〃
154	金台俊	文藝講座; 小說講座－朝鮮小說發達史	264	35.12	7/11	送年號
155	崔鳳則	肅宗嬪墓 昭寧園紀行	142	36.1	8/1	新年號
156	金珖燮	愛蘭文學의 輪廓	223	〃	〃	文藝講座
157	金台俊	朝鮮小說發達史	215	〃	〃	〃
158	石兵丁	挑戰하는 朝鮮日報, 應戰하는 東亞日報	56	36.2	8/2	
159	申興雨	民族興亡의 자취를 찾아－埃及의 스핑크스를 바라보고	56	〃	〃	
160	元世勳	興安嶺上에서 蒙古民族興亡을 봄	58	〃	〃	
161	洪秉璇	예루살렘聖殿에서 二千年을 생각노라	65	〃	〃	
162	三淸學人	짠 다－크의 記念碑앞에 서서	67	〃	〃	
163	尹白南	小說講座, 大衆小說論	186	〃	〃	文壇講座
164	元世勳	嗚呼, 丹齋 申采浩	128	36.4	8/4	
165	春秋學人	當代處士 洪命憙氏를 찾아	64	〃	〃	
166	鷲公	中央, 東亞, 朝鮮 三新聞戰	47	〃	〃	
167	李光洙	檀君陵	70	36.4	8/4	紀行
168	李光洙 外 十餘氏	朝鮮文學의 世界的 水準論	308	〃	〃	文藝特輯
169	·	申采浩의 碑建立	23	36.6	8/6	
170	諸氏	世界的 偉大한 人物들 印象	41	〃	〃	
171	安在鴻	朝鮮, 體系, 英雄	53	〃	〃	
172	諸氏	朝鮮에 파시즘文學의 成否討議	242	36.6	8/6	
173	李光洙	「朝鮮文學의 定義」와 諸家觀－朝鮮文學의 概念	83	36.8	8/8	
174	朴英熙	조선사람 읽을 것 만이	84	〃	〃	
175	廉想涉	言語는 第二次的	84	〃	〃	「朝鮮文學」의 定義와 諸家觀
176	金珖燮	言語에서 規定된다	85	〃	〃	
177	張赫宙	朝鮮을 題材한 것이어야	86	〃	〃	
178	徐恒錫	我觀「朝鮮文學」	87	〃	〃	
179	李軒求	自己文字의 表現만이	90	〃	〃	
180	李秉岐	朝鮮文學을 두 가지로 規定	93	〃	〃	
181	朴月灘	朝鮮사람에게 읽히움에	93	〃	〃	
182	林 和	客觀的 事情에서 規定된다	94	〃	〃	
183	金岸曙	朝鮮文學의 定義	96	〃	〃	
184	李泰俊	한글文學만이「朝鮮文學」	98	〃	〃	

No.	필자	제목	쪽수	연.월	권/호	비고
185	尹致昊	金玉均씨의 最後	70	36.11	8/11	
186	申鼎言	그 處女의 艶書	239	〃	〃	野談
187	·	江南風月-洪命憙氏의 諧謔	24	36.12	8/12	
188	金台俊	古典文學의 鑑賞-「薔花紅蓮傳」의 研究	218	〃	〃	
189	梁白華	「九雲夢」의 價値	219	〃	〃	
190	文士諸氏	「藝術」을 取하느냐, 「死」를 취하느냐	192	〃	〃	文士心境
191	三千里	文豪 春園이 「無情」等 全作品을 語함	129	37.1	9/1	新年號
192	三千里	咸興差使의 「林巨正」	53	37.5	9/4	
193	申鼎言	平壤監司豪華史(二)	40	〃	〃	野談
194	毛允淑外 諸氏	女流文士의 「戀愛問題」 會議	308	38.5	10/5	
195	·	在鮮宣教師와 總督府(朝鮮統治會見記 第 三)	70	38.8	10/8	
196	羅蕙錫	海印寺의 風光	231	38.8	10/8	紀行
197	朴英熙	東京雜感	128	38.10	10/10	
198	鄭寅燮	愛蘭紀行	60	〃	〃	
199	金東煥	新羅故鄕紀行	136	〃	〃	
200	李瑞求	放送夜話	192	〃	〃	JODK
201	金東仁	淸秋十月文壇-春園研究	212	〃	〃	
202	金東煥	金玉均先生의 墓	72	38.11	10/11	
203	北山學人	愛國精神과 獨逸鄕土文學	224	〃	〃	
204	朝鮮總督 南 次郎	碧血로써 歷史를 綴하노라	34	39.1	11/1	新年特別號
205	柳子厚	東方의 先驅者 要谷	95	〃	〃	
206	金東仁	「端宗哀史」와 春園	216	〃	〃	新秋文壇
207	金東仁	春園研究	216	〃	〃	〃
208	柳子厚	政治家 李要谷論	100	39.4	11/4	
209	金東仁	春園研究(續)	198	〃	〃	陽春文壇
210	金文輯	文壇再建論	209	〃	〃	〃
211	一記者	作家訪問記; 金東仁氏	218	〃	〃	〃
212	崔玉禧	南原 春香祭參列記	14	39.7	11/7	特輯
213	田榮澤	文壇에 再出發	60	〃	〃	
214	毛允淑 崔貞熙 李善熙	李光洙氏에 묻는 女流作家會合	46	〃	〃	
215	孟姜女	萬里長城哀話	214	〃	〃	
216	金東仁	春園研究	242	〃	〃	初夏文壇
217	一記者	燕山君史와 作家(作家訪問記; 朴鍾和)	253	〃	〃	〃
218	金文輯	文壇의 作的 現象	257	〃	〃	〃
219	李相寅	率去의 生涯와 藝術	176	〃	〃	〃

No.	필자	제목	쪽수	연.월	권/호	비고
220	朴英熙 金東仁 林學洙	文壇使節歸還報告(座談會)	- 232	39.7	11/7	
221	李光洙	文壇使節의 意義	237	〃	〃	
222	金東仁	北支戰線을 向하여	232	〃	〃	
223	朴英熙	戰爭과 文學者의 任務	234	〃	〃	
224	林學洙	大黃河畔을 찾아	236	〃	〃	「文壇使節」渡支特輯
225	柳鎭午	新秩序建設과 文學	238	〃	〃	
226	金基鎭	歷史的 壯行	239	〃	〃	
227	鄭寅燮	渡支使節의 送別	239	〃	〃	
228	金文輯	肉彈的 契機	240	〃	〃	
229	李善熙	三勇士의 平安	240	〃	〃	
230	金東煥	文化交易의 큰 使命	241	〃	〃	
231	·	大作「林巨正」出版	27	40.3	12/3	機密室
232	金泰洽	元曉大師의 逸話	280	〃	〃	
233	張赫宙	朝鮮文學의 新動向	300	〃	〃	三月文壇
234	·	「文學全集」戰의 成果	26	40.4	12/4	機密室
235	金一天	印度 깐디翁 會見記	174	〃	〃	
236	朴鍾和	南漢山城	110	〃	〃	紀行
237	李箕永 柳鎭午 李孝石 金南天	長篇作家會議; 戰爭 取扱하는가	122	〃	〃	
238		映畵, 演劇化에 對한 用意	〃	〃	〃	
239		讀者層에 對한 作品의 用意	〃	〃	〃	
240		主人公의 戀愛觀, 結婚觀	〃	〃	〃	
241		文章의 苦心과 讀者의 反響	〃	〃	〃	
242	朴仁德	女流文士詞華集; 印度旅行記	256	40.4	12/4	
243	·	東亞, 朝鮮 兩日報發刊問題眞相	13	40.5	12/5	機密室
244	梁柱東	初夏의 浿江禮讚	102	〃	〃	紀行
245	李光洙 外 五人	關西出身文士가 鄕土文化를 말하는 座談會(李光洙, 朱耀翰, 金 億, 盧子泳, 白 鐵, 咸大勳, 李石薰)	166	40.5	12/5	
246	金明植	波蘭興亡史	60	40.6	12/6	
247	朴啓周	東銀 會長, 永保 社長 閔奎植氏의 事業과 人生觀	68	〃	〃	
248	李箕永	陜川海印寺	84	〃	〃	紀行
249	朴八陽 外 七人	畿湖出身文士 諸氏가 鄕土文化를 말하는 座談會(朴八陽, 安懷南, 尹石重, 兪鎭午,方仁根, 蔡萬植, 鄭寅澤, 朴英熙)	160	〃	〃	
250	·	白衣天使; 愛國美談	192	〃	〃	
251	印貞植	朝鮮農民과 文學的 表現	102	40.7	12/7	
252	盧天命	仙境 妙香山	116	〃	〃	紀行
253	李泰俊 外 五人	嶺南, 嶺東出身文士 諸氏가 鄕土文化를 말하는 座談會(李泰俊, 鄭寅燮, 嚴興燮, 李孝石, 張赫宙, 金東里)	148	〃	〃	

No.	필자	제목	쪽수	연.월	권/호	비고
254	三千里	護國忠勇의 半島男兒	144	〃	〃	愛國美談
255	編輯局	愛國忠烈의 龜鑑	144	〃	〃	〃
256	頭山 滿	金玉均 생각	84	40.9	12/8	
257	毛允淑	赴戰高原	112	〃	〃	紀行
258	·	故 金玉均先生의 墓碑文	34	〃	〃	
259	·	史劇「無影塔」	·	40.10	12/9	口繪
260	·	銃後愛國美談	144	〃	〃	
261	楊子江人	盧山風光의 紀行	58	〃	〃	
262	李光洙	「東亞」,「朝鮮」, 兩新聞에 小說連載回想記;「端宗哀史」와「有情」	182	〃	〃	
263	編輯局	古宮 德壽宮의 由來	146	〃	〃	
264	李善熙	女流文人의 古典文學鑑想記; 薔花江蓮傳	194	40.10	12/9	
265	盧天命	沈淸傳	199	〃	〃	
266	毛允淑	力對女流詩歌	196	〃	〃	
267	崔貞熙	春香傳	202	〃	〃	
268	·	銃後愛國美談	126	40.12	12/10	
269	田榮澤	統軍亭	128	〃	〃	紀行
270	李光洙 外 三人	新體制下의 朝鮮文學의 進路(李光洙, 兪鎭午, 朴英熙, 鄭寅燮)	196	〃	〃	座談會
271	編輯局	愛國美談	154	41.1	13/1	新年號
272	李光洙	新體制와 新藝術論	250	〃	〃	
273	蔡萬植	文學과 全體主義	254	〃	〃	
274	諸氏	國語版特輯; 朝鮮の「文化問題」を 語る 座談會	40	41.3	13/3	
275	·	志願兵美談; 內鮮一體美談, 海外朝鮮人赤誠, 小學生愛國美談	62	〃	〃	銃後愛國美談
276	白 鐵	文學, 文化性을 尊重하라	240	〃	〃	三月文壇
277	韓雪野	文藝時感	254	〃	〃	〃
278	八團體幹部	新らしき 朝鮮文化を 語る 座談會	64	41.4	13/4	國語版特輯
279	佛專 教授 權相老	名刹 梵魚寺; 古刹巡禮記	176	〃	〃	
280	金史良	朝鮮文學と言語 問題	85	41.6	13/6	
281	崔南善	朝鮮人大學教授의 特別論文; 東方古民族과 不咸文化(新京建國大學 崔南善)	97	〃	〃	
282	柳子厚	三千里文藝－文化와 花郎의 風流	270	〃	〃	
283	三千里	銃後愛國美談	152	41.7	13/7	
284	朝鮮日報 婦人記者 田熙福	蒙古紀行, 北支紀行－萬里長城을 넘어(田熙福－田村芙紀子)	84	〃	〃	
285	宋今璇	天津 北支의 初夏(京城德成 實業學校 校長 宋今璇－福澤玲子)	87	〃	〃	
286	車相瓚	傳說과 史蹟의 漢陽; 名山巡禮記 北漢山記	114	〃	〃	

No.	필자	제목	쪽수	연.월	권/호	비고
287	李秉岐	道峰山行	117	〃	〃	
288	柳光烈	烽燧臺 高峯山	121	〃	〃	
289	崔鳳烈	冠岳山遊記	122	〃	〃	
290	申鼎言	名妓의 名分	134	〃	〃	野談
291	警務局 則武三雄	新聞, 讀書, 學校	36	41.9	13/9	國語特別版
292	三千里	銃後愛國美談	126	〃	〃	
293	李泰俊	文學構成의 特質	138	〃	〃	文學
294	·	自動車運轉手 朱耀燮氏, 春園과 文學青年의 便紙	160	〃	〃	文壇秘話
295	李庸岳	冠帽峰登攀記	123	41.11	13/11	紀行
296	李軒求 譯	戰爭小說, 「메르시에」의 죽음	152	〃	〃	
297	編輯室	愛國美談	96	41.12	13/12	

4. 『朝光』 史話・野談・역사 관련 목록(1935.11~1944.8)

No.	필자	제목	쪽수	연.월	권/호	비고
1	黑髮人	(全世界視聽을 集中한) 에디오피아皇帝 하일레셀라시에-그의 人物 生活 主義는 어떠한가	75~77	35.12	1/2	野談
2	申鼎言	烏金色美人의 降山-2에國野談. [2]	133~138	〃	〃	野談
3	韓普容	新獨立國比律賓大觀	139~146	〃	〃	
4	李石薰	JODK-京城放送局은 어떠한 곳, 무엇을 하는 곳인가?	190~194	〃	〃	JODK
5	·	親히 設立하신 印刷所-에디오피아皇帝	198	〃	〃	
6	河仁里	女神이시스의 漂泊-埃及神話	344~351	〃	〃	神話
7	車相瓚	丙子亂中 關西7義士	76~89	36.1	2/1	史話
8	史外史人	丙子胡亂雜話	78~89	〃	〃	雜話
9	李卯默	布와群島發見史話-正月의 歷史	90~93	〃	〃	史話
10	徐椿	第2次世界大戰論	94~98	〃	〃	
11	안테나生	라디오는 누가 第一잘하나-JODK電波의 妙技	274~277	〃	〃	JODK
12	車相瓚	史上美人列傳-楊貴妃傳	396~401 ·304	〃	〃	史話
13	車相瓚	史上美人列傳. [2], 漢武帝愛姬李夫人	163~170	36.2	2/2	史話
14	林小石	어둔밤의 化人虎-印度夜話	187~190	〃	〃	野談
15	史外史人	朝鮮風雲兒列傳-史話. 其1, 平西大元帥 洪景來將軍	296~305	〃	〃	史話
16	申鼎言	鬼神을 울린 鄭古玉-野談	395~407	〃	〃	野談
17	車相瓚	史上美人列前. 其3, 楚覇王의 愛姬虞美人	111~116 ·110	36.3	2/3	史話
18	史外史人	朝鮮風雲兒列傳-史話. 其2, 天下李适	152~158	〃	〃	史話
19	八公山人	(曠野를 彷徨하는 女王) 帝政露西亞王朝沒落奇談	220~227 ·219	36.3	2/3	奇談
20	史外史人	風雲兒列傳-史話. 其3, 關北怪傑 李施愛	154~159	36.4	2/4	史話
21	車相瓚	東學黨首領全琫準 그의 生涯와 活動. [1]	88~95	36.5	2/5	
22	車相瓚	史上美人列傳. 第5, 百濟美人 都彌의 妻, 高句麗長髮美人 貫那	220~225	〃	〃	史話
23	車相瓚	史上美人列傳. 第5, 高句麗 長髮美人貫那	225	〃	〃	史話
24	李元坤	極東政局의 低氣壓圈-滿蘇滿蒙國境問題	104~111	36.6	2/6	
25	車相瓚	東學黨首領全琫準 그의 生涯와 活動. [2]	238~247	〃	〃	史話
26	車相瓚	高句麗王妃 慶姬小后	329~335	〃	〃	
27	史外史人	己丑逆魁 鄭汝立	336~345	〃	〃	
28	申翊雨	土亭秘訣의 作者 李土亭의 奇談	347~357	〃	〃	
29	李花村	綠衣의 處女	358~363	〃	〃	
30	咸尙勳	亞剌比亞의 民族鬪爭-大아라삐아民族統一運動	140~143	36.8	2/8	
31	金翰容	시리아의 獨立承認과 그 歷史的 意義	144~150	〃	〃	

No.	필자	제목	쪽수	연.월	권/호	비고
32	李元坤	中央西南의 軍事對立과 其政治的意義	190~196	〃	〃	
33	車相瓚	朝鮮3大海戰記－李忠武公實話	255~259	〃	〃	史話
34	申鼎言	鬼神도울닐 夫娘子	300~313	〃	〃	
35	·	興隆해가는 아메리카인듸안	313	〃	〃	
36	史外史人	大金皇帝를 꿈꾸던 節度使 李澄玉	334~339	〃	〃	
37	韓普容	西班牙叛亂의 國際問題化－퐛시스트 對 人民戰線對立激化	98~102	36.9	2/9	
38	韓德奉	라듸오는 어떠케 放送되나	173~178	〃	〃	JODK
39	·	印度의 大哲人 간디翁의 田園生活	262	36.9	2/9	
40	申鼎言	南師古	387	〃	〃	野談
41	·	스탈린論 大人氣	77	36.1	2/10	
42	韓青心	中國의 漢字統一運動－各派分立된 言語統一運動의 槪觀	78~80	〃	〃	
43	洪命憙	亦一詩話	81~93	〃	〃	
44	李克魯	한글 統一運動의 社會的 意義	53~63	36.11	2/11	
45	車相瓚	朝鮮俠客傳. 其1, 高句麗의 紐由	160~164	〃	〃	史話
46	車相瓚	鴨綠江上의 3美人－高句麗의 옛情話	210~214	〃	〃	
47	車相瓚	盲寡婦로 成家한 徐藥峯母親李氏	215~218	〃	〃	
48	車相瓚	薄命佳人 王昭君	273~279	〃	〃	
49	姜在鎬	山川人文으로 본 扶餘－文化地에 남긴 印象의 一節－古代文化地의 印象	329~335	〃	〃	
50	車相瓚	活人樹	348~356	〃	〃	野談
51	申鼎言	까닭부튼 白魚－士禍의 史話	363~379	〃	〃	史話
52	申基碩	朝鮮人의 極東露領移住來歷－그들은 언제 무엇 때문에 故土를 떠낫나?	112~121	36.12	2/12	
53	李鍾洙	朝鮮雜誌發達史	122~137	〃	〃	
54	車相瓚	朝鮮5百年間弊막이던 科學制度의 考察－朝鮮文化問答室	235~245	〃	〃	
55	壽春山人	歷代名寡婦列傳. 其2, 仁祖反正時花形女性 李貴의 寡女禮順	246~251	〃	〃	
56	文一平	朝鮮의 名山巨刹	70~75	37.7	3/7	
57	一記者	朝鮮維新運動의 先鋒 金玉均氏後嗣의 今日－名家後嗣探訪	143~151	〃	〃	
58	車相瓚	今古諷刺諧談眞談	219~226	〃	〃	
59	車相瓚	史外史. 第2講, 福城君哀話	235~241	〃	〃	
60	卞榮晩	孫乭의 昇天	242~243	〃	〃	傳說
61	申鼎言	初夜夢	270~282	〃	〃	野談
62	翠雲生	朝鮮怪奇人物傳!	328~333	37.7	3/7	
63	李瑄申	史料募集의 苦心	114 115	37.11	3/11	野談
64	申鼎言	李監司의 큰 기침	328~337	37.12	3/12	野談
65	金濯雲	處女의 寃魂	338~351	38.4	4/4	
66	金東仁	帝星臺－長篇歷史小說. 第1回	72~94	38.5	4/5	

No.	필자	제목	쪽수	연.월	권/호	비고
67	車相瓚	東西妖婦奇話－奇談野談	174~182	〃	〃	野談
68	申鼎言	칼을 빼든 樵夫	202~215	〃	〃	野談
69	金東仁	(朝鮮文學의 黎明) 創造 回顧－創刊에서 廢刊까지－雜誌編輯者가 본 朝鮮文壇側面史	42~50	38.6	4/6	
70	金東仁	帝星臺－長篇歷史小說. 第2回	102~122	〃	〃	
71	車相瓚	東西妖婦奇話－周幽王愛姬褒사	190~197	〃	〃	
72	申鼎言	金花八枝－連作野談. 第1回	288~302	〃	〃	
73	金東仁	帝星臺－長篇歷史小說. [3]	114~132	38.7	4/7	
74	車相瓚	東西妖婦奇話－掌上에서 춤을추던 韓末妖姬趙飛燕	258~264	〃	·	
75	金東仁	帝星臺－連載歷史小說. [4]	50~70	38.8	4/8	
76	·	류大將越境脫出記－류쉬콥흐大將手記	72~79	〃	·	
77	王周平	黃河美人傳	108~111	〃	·	
78	黃義敦	歷史－文化講座	206~208	〃	·	
79	李源朝	林巨正에 關한 小考察	258~264	〃	·	
80	車相瓚	(德壽宮으로 온) 興天鍾의 來歷	292~298	〃	·	
81	車相瓚	東西妖婦奇話－支那3女傑의 1人 漢太祖妃呂雉	300~305	〃	·	
82	金灌雲	金花八枝－連載野談. 第3回	316~327	〃	·	野談
83	金東仁	帝星臺－連載歷史小說. [5]	70~90	38.9	4/9	
84	申鼎言	武陵桃源－異人異蹟	202~216	〃	·	
85	高青	高句麗古都國內城遊觀記	300~316	〃	·	
86	車相瓚	陽子江과 支那文化	90~100	38.10	4/10	
87	車相瓚	白馬潮－支那史談	172~180	〃	·	
88	金東仁	帝星臺－長篇歷史連載小說. [6]	66~84	38.11	4/11	
89	安浩相	히틀러 아인스타인 오이켄 諸氏의 印象－世界人物會見記	86~89	〃	·	
90	李克魯	世界各國의 諸偉人의 面貌－世界人物會見記	90~92	〃	·	
91	李光洙	心懷	94~95	〃	·	
92	車相瓚	漢陽都古蹟巡禮記	96~103	〃	·	
93	·	京城中央放送局解剖	144~148	〃	·	
94	車相瓚	生六臣傳	162~171	〃	·	
95	申鼎言	空棺移葬	296~307	〃	·	野談
96	車相瓚	生六臣傳. 續－梅月堂金時習先生	117~123	38.12	4/12	
97	金灌雲	聖代逸話	237~249	〃	·	野談
98	·	歷史的戰勝의 感激－我皇軍의 武勳은 永久히 빛나다	30~35	39.1	5/1	
99	金文輯	傳統文學과 植民地文學－文藝發展策	72~76	〃	〃	
100	文一平	朝鮮史上의 己卯	140~144	〃	·	
101	申鼎言	토끼의 責任感－토끼傳說	160~167	〃	·	傳說
102	金東仁	帝星臺－長篇連載歷史小說. [7]	178~199	〃	·	
103	崔永秀	雜誌哀詞－一雜誌狂의 讀書一節	294~298	〃	·	
104	金東仁	帝星臺－長篇歷史小說. [8]	66~85	39.2	5/2	

No.	필자	제목	쪽수	연.월	권/호	비고
105	劉鳳榮	30年前의 朝鮮	114~123	〃	·	
106	車相瓚	生六臣傳. 續, 南秋江孝溫	200~204	〃	·	
107	李潤植	함렛트와 막베스	205~209	〃	·	
108	金汶植	裁判千一夜話－에치오피아篇	222~223	〃	·	
109	車相瓚	己卯士禍의 回顧	136~143	39.4	5/4	
110	金東仁	帝星臺－長篇連載歷史小說. [10]	232~249	〃	·	
111	咸尙勳	蔣政權을 싸고도는 列國의 動向	20~24	39.5	5/5	
112	李甲燮	췌코興亡記	58~64	〃	〃	
113	車相瓚	處女의 魂	334~342	〃	〃	野談
114	咸尙勳	第2次世界大戰	20~24	39.6	5/6	
115	李石薰	世界放送宣傳戰의 全貌	46~52	〃	〃	
116	柳子厚	(新羅의 聖徒) 百結先生論－史上의 偉人	64~69	〃	〃	
117	申鼎言	處女壯士의 遺言－人情野談	314~327	〃	〃	野談
118	李甲燮	나치스 獨逸의 推進力	42~46	39.7	5/7	
119	李瑄根	滿洲와 朝鮮－滿洲問題特輯	58~61	〃	〃	
120	庚秋岡	龍沼의 怪火－내 시골의 怪談獵奇談	166~168	39.8	5/8	奇談
121	金濯雲	상사뱀－내 시골의 怪談獵奇談	168~170	〃	〃	奇談
122	李軒求	印朱 맞은 도께비－내 시골의 怪談獵奇談	171~172	〃	〃	奇談
123	金錫源	實戰談과 非常時局下의 覺悟	116~126	39.9	5/9	
124	柳子厚	(高句麗의 偉人) 乙支文德論	128~133	〃	〃	
125	申翊雨	傳說山川打令	245~255	〃	〃	
126	申奭鎬	韓末政界와 朴泳孝	228~240	39.11	5/11	
127	黃義敦	甲申政變의 原因과 結果	241~247	〃	〃	
128	金庠基	波蘭의 獨立史－波蘭問題 特輯	283~295	〃	〃	
129	黃義敦	懷安公芳幹의 亂－史上의 庚申	26~35	40.1	6/1	
130	申鼎言	龍夢大吉－新年史話	46~55	〃	〃	史話
131	盧佐根	英帝國主義下의 印度	209~213	〃	〃	
132	黃義敦	壬午軍亂	44~52	40.2	6/2	
133	柳子厚	續百結先生論－新羅의 聖徒	54~60	〃	〃	
134	金雄奎	假死奇譚	162~170	〃	〃	奇譚
135	咸世德	落花巖－戲曲 : 百濟滅亡史. 第2幕	204~218	〃	〃	
136	申鼎言	天外奇想	290~299	40.3	6/3	野談
137	咸世德	落花巖－戲曲 : 百濟滅亡史. 第3幕	312~329	〃	〃	
138	珠簾山人	李朝末葉의 王室秘史	42~54	40.4	6/4	秘史
139	車相瓚	仁祖反正亂의 顚末－4月史話	56~65	〃	〃	史話
140	劉漢徹	輸血奇談	196~202, 204~208	〃	〃	奇談
141	咸世德	落花巖－戲曲 : 百濟滅亡史. 第4幕	292~310	40.5	6/5	
142	車相瓚	義和團事件의 回顧－清末北清事變－5月史話	114~120	40.7	6/7	史話
143	朴鍾和	前夜－長篇歷史小說. 1回	60~81	·	·	
144	車相瓚	壬午軍變記－7月史話	102~108	〃	6/7	史話
145	申鼎言	月下追猫－智妓夜話	306~318	〃	〃	夜話

No.	필자	제목	쪽수	연.월	권/호	비고
146	朴鍾和	前夜－長篇歷史小說. 3回	100~115	40.9	6/9	
147	車相瓚	京城古宮巡禮	212~216	〃	〃	
148	H. R. 닉카－복카－알카자－르	70日籠城記－西班牙內亂의 秘話	152~162	40.11	6/11	秘話
149	崔汝成	눈뜬 장님	170~179	〃	〃	野談
150	朴鍾和	前夜. 第4章	224~239	41.1	7/1	
151	申鼎言	白馬江賦	290~300	〃	〃	野談
152	朴鍾和	前夜. 第2章	36~56	41.4	7/4	
153	金東仁	大首陽－長篇歷史小說. [3]	204~225	〃	〃	
154	吳祥根	5月飛霜	366~373	〃	〃	野談
155	朴鍾和	前夜. [續]	78~86	41.9	7/9	
156	望洋亭人	許生傳－異人奇聞	188~202	〃	〃	
157	金東仁	大首陽－歷史小說. [續]	230~242	〃	〃	
158	矢鍋永三郎	戰時文化方策	76~78	42.1	8/1	
159	田中初夫	朝鮮に於ける文化政策	79~81	〃	〃	
160	柳子厚	(栗谷李珥先生의) 壬午4大宣言	136~142	〃	〃	
161	金東仁	癸酉 丙子 丁丑－死六臣과 南秋江 2	152~160	42.1	8/1	
162	申鼎言	金波萬頃－增野談	144~149	42.6	8/6	野談
163	申鼎言	李氏夫人의 嚴訓－高麗의 軍國母性	118~123	42.7	8/7	
164	金濯雲	千秋의 恨－百濟의 軍國母性	128~135	〃	〃	
165	金庠基	世界海戰史. 第5回, 獨逸의 潛水艦戰－世界大戰의 戰史	156~163	〃	〃	
166	洪承耉	東洋名婦傳－李後淵夫人－波瀾起伏의 一生	174~180	43.1	9/1	
167	朴泰遠	水滸傳. 第6回	182~191	〃	〃	
168	金庠基	世界明將傳. 第1回, 源義歌	168~172	43.2	9/2	
169	朴泰遠	水滸傳. 第7回	174~183	〃	〃	
170	朴泰遠	水滸傳. 第8回	102~111	43.4	9/4	
171	金庠基	世界明將傳. 第3回, 源義經	144~157	〃	〃	
172	朴泰遠	水滸傳. 第9回	170~186	43.5	9/5	
173	金秉逵	獨逸小史	51~57	43.7	9/7	
174	洪以燮	紅羅女의 寛永王－北滿傳說	98~103	〃	〃	傳說
175	朴泰遠	水滸傳. 第11回	162~177	〃	〃	
176	朴泰遠	水滸傳. [15]	126~141	43.11	9/11	
177	朴泰遠	水滸傳. [16]	133~148	43.12	9/12	
178	朴泰遠	水滸傳. 第24回	92~102	44.8	10/8	
179	金鐘漢	白馬江; 百濟古甕賦	89	44.9	10/9	

5. JODK 강좌·위안·문예·역사 관련 기사 목록

No.	기사	신문	날짜	비고
1	교육계의 라디오화—고등교과를 강의하고 소학아동 보습교육에	동아일보	25.6.11	교육방송 실시 연구
2	라디오 강습회 12일부터 1주간 중앙청년회관에서 무전지식을 보급코자	조선일보	27.1.8	
3	DK의 명창대회	조선일보	27.8.13	
4	가나다회 동요가극 무산아동야학 유지비 얻고자	조선일보	27.10.23	
5	海蔘威勞農 極東政廳—적극적으로 해외 선전, 조선어, 중어로 방송	동아일보	29.4.3	
6	조선문인 5씨 일본말로 방송(오후 7시 25분부터 8시)	조선일보	30.1.14	
7	명창대회 중계방송: 흥미를 더욱 끌어	조선일보	30.9.22	최초로 가극 중계
8	DK에서 문예 강좌 개강	조선일보	30.12.1	
9	팔도명창 중계: 22일 오후 9시	조선일보	31.9.22	
10	방송무대극 '희망의 눈물'	조선일보	31.10.10	
11	한글 기념강연: 최현배	조선일보	31.10.29	한글 관련
12	이중방송 허가	동아일보	32.5.8	
13	무전방송 기호조사—방송 공평 도모	조선일보	32.6.17	
14	연속야담: 尹白南	조선일보	32.12.5	연속 야담
15	조선어방송엔 강좌가 골자 2중방송의 新陣容	동아일보	33.4.20	
16	2중방송을 기회로 라디오란을 확장 명 26일분부터	동아일보	33.4.25	
17	조선말측 방송 제2 방송과의 진용	조선일보	33.4.26	
18	제2 방송의 시간 안배: 市況은 공통	조선일보	33.4.26	편성 안내
19	유효한 교양기관 당일 宇垣총독의 축사	동아일보	33.4.27	
20	오후 0시 50분 배반(杯盤)방송 明月館 본점서 중계	조선일보	33.9.10	
21	DK 어학강좌: 11일부터 개강	조선일보	33.9.12	영어·독어·불어 등
22	조선의 山水—휘문고보 1 金道泰 라디오 학교 어린이 시간(오후 6시 25분 3일간)	조선일보	33.9.14	
23	고담: 병아리 御使, 朴寅成	조선일보	33.9.14	고담
24	수양강화: 신앙의 力, 金昶濟, 오후 6시 25분	조선일보	33.9.17	
25	가정강좌: 폐물이용과 가정염색, 宋今璇	조선일보	33.9.19	
26	강연·미곡통제법이란 무엇인가, 徐 椿	조선일보	33.9.20	
27	DK의 신계획 재봉, 만어강좌 만어강사:張志暎, 재봉강사:金永愛	조선일보	33.9.22	텍스트도 발행
28	가정강좌: …3일간 오후 2시 관습에 대하여, 金斗憲	조선일보	33.9.26	

No.	기사	신문	날짜	비고
29	신문과 가정 : 朴八陽, 오후 2시(3일간)	조선일보	33.9.28	
30	취미강화 : 조선가요에 나타난 가을, 李秉岐, 오후 7시 30분(3일간)	조선일보	33.9.28	
31	고담 : 大盜, 愼麟範	조선일보	33.9.30	고담
32	강좌 : 詩歌와 流行歌, 金岸曙	조선일보	33.10.3	문예 강좌
33	DK에서 강좌신설, 만주어 개강 10일 오후 6시25분부터 매주 화 · 목 · 토 3회 방송, 굉장한 환영	조선일보	33.10.8	
34	문예강좌 : 文藝作品과 映畵, 金幽影	조선일보	33.10.10	문예 강좌
35	강화 : 조선고적의 세계적 가치, 崔南善, 오후 7시 30분	조선일보	33.11.2	역사 강좌
36	방송국에서 한글강좌, 강사는 權悳奎씨	조선일보	33.11.7	한글맞춤법 통일안 발표
37	문예강좌 : (22, 24, 25일 오후 2시) 조선신소설고, 金東仁	조선일보	33.11.12	문예 강좌
38	13일부터 조선어 강좌를 열면서, 權悳奎	조선일보	33.11.12	한글 관련
39	문예강좌 : 朝鮮新小說考, 金東仁	조선일보	33.11.22	문예 강좌
40	취미강좌 : 담배, 金岸曙	조선일보	33.11.30	
41	문예강화 : 조선의 신시운동, 朴八陽	조선일보	33.12.5	문예 강화
42	만주와 조선의 史的 관계, 柳光烈	조선일보	33.12.8	역사 강좌
43	강좌 : 엘렌케이의 생애와 사상, 李軒求	조선일보	33.12.12	
44	강화 : 금년도의 세계를 회고함, 申鼎言	조선일보	33.12.16	
45	강좌 : 신문소설에 대하여, 金東仁	조선일보	33.12.20	문예 강좌
46	라디오 황금시대 사상선전에 주력 각국의 방송정책	조선일보	34.1.23	
47	3월의 DK방송 전일본 중계 3회 7일은 가야금 방송	조선일보	34.3.7	
48	꾀꼬리회에서 조선재래의 동요방송 26일밤 전국 중계로	조선일보	34.3.27	
49	JODK의 현상 신민요 당선작 3편	조선일보	34.9.22	
50	방송국서 가요 모집	동아일보	35.6.12	농촌진흥가 현상모집
51	라디오 청취자 5만 돌파-명춘 연예대회	조선일보	35.12.19	
52	DK 라디오 소설 당선자 발표	조선일보	36.5.19	
53	처음으로 동화를 방송하는 두 애기 주인공 李耕宰군과 梁昭榮양	동아일보	36.6.7	
54	각본 현상모집-DK에서 계획	조선일보	36.9.13	
55	라디오뉴스는 동경 것을 중계키로 15일부터 실시키로 결정	매일신보	36.12.16	
56	라디오 교화사업 수양, 부인, 상식 등 3강좌 신설	조선일보	37.1.22	
57	라디오의 프로, 石耕牛	조선일보	37.4.1	
58	조선문화사의 유행가 대회	조선일보	37.5.2	

No.	기사	신문	날짜	비고
59	견우직녀 상봉하는 오작교 러브신을 방송, 칠석밤, DK의 첫 시험	동아일보	37.7.6	
60	라디오드라마 : 錬金機, 三色童	조선일보	37.7.16	드라마
61	라디오 소설 현상모집	조선일보	37.9.1	'내선일치, 총후적성' 주제
62	DK에서 노어로 방송	동아일보	37.12.12	
63	DK를 통하여 노어로 방송 시국의식 시정 위하여	조선일보	37.12.12	
64	名士多數會集－방송문제토의	동아일보	38.1.27	
65	공중을 싸고도는 세계의 전파대전! '라디오'의 놀라운 비상시적비약	조선일보	38.4.8	영·미·독·이, 국제방송 현황
66	선전 방해 청취 등에 무전의 신무기를 구사, 영·불·독·노의 선전 각축 우심 라디오의 공중전 맹렬!	동아일보	38.4.10	
67	아동애호방송	동아일보	38.5.4	
68	라디오소설 : 女子의 口說 方仁根作, 劇團豪華船 南海燕	조선일보	38.5.19	라디오소설
69	라디오 소설 : 어머니의 所願, 崔仙	조선일보	38.5.22	라디오소설
70	야담 : 申鼎言	조선일보	38.5.29	야담
71	라디오소설 : 紅薔미 白薔미, 沈影	조선일보	38.6.2	라디오소설
72	라디오소설 : 支那事變과 南洋華僑, 柳光烈	조선일보	38.6.3	라디오소설
73	야담 : 一刀兩斷, 金濯雲	조선일보	38.6.3	야담
74	라디오소설 : 비오는 일요일, 安夕影作, 池京順	조선일보	38.6.5	라디오소설
75	시조와 해설 : 해설 : 李秉岐, 창 : 玄石年 8일 오후 8시 45분	조선일보	38.6.8	문예 강좌
76	강연 : 名刹과 傳說, 姜在鎬	조선일보	38.6.8	
77	위생강연 : 병의 예방과 응급치료, 金光鉉, 9일 오후 10시 15분	조선일보	38.6.9	
78	강연 : 조선 산수대계, 金東熹, 오후 7시	조선일보	38.6.15	
79	기류 : 연예방송자와 작자	조선일보	38.6.18	청취자투고
80	강연 : 대용품 이야기, 李健赫, 오후 7시	조선일보	38.6.22	
81	야담 : 藥水도 가지가지, 車靑吾	조선일보	38.6.23	야담
82	라디오소설 : 白雲과 人生, 韓人松	조선일보	38.7.2	라디오소설
83	야담 : 孝反爲苦, 庚秋岡	조선일보	38.7.6	야담
84	JODK 연예방송 중지, 기념행사방송	조선일보	38.7.8	중일전쟁 1주년 기념
85	연속야담 : 百中날밤, 申鼎言	조선일보	38.7.10	연속 야담
86	라디오소설 : 맑은 하늘, 方仁根作 朴商翊	조선일보	38.7.14	라디오소설
87	강연 : 寓話文學에 대하야, 金晋燮, 오후 7시	조선일보	38.7.15	문예 강좌
88	강연 : 旅行文學, 金尙鎔	조선일보	38.7.16	문예 강좌
89	야담 : 可憐節妓, 張玉軒	조선일보	38.7.17	야담
90	강연 : 문화운동에 대하여, 姜在鎬	조선일보	38.7.20	
91	취미강연 : 폭포이야기, 차상찬	조선일보	38.7.22	
92	강연 : 비상시 무역, 徐春	조선일보	38.7.23	

No.	기사	신문	날짜	비고
93	야담 : 男裝女勇士, 車靑吾	조선일보	38.7.24	야담
94	라디오소설 : 歸鄕, 方仁根作 卜惠淑	조선일보	38.7.27	라디오소설
95	야담 : 新房虎감, 申自老	조선일보	38.7.30	야담
96	라디오소설 : 내일은 맑은 하늘, 金素英	조선일보	38.8.2	라디오소설
97	경전해설 : 天助와 人力, 沈明燮, 오후 7시	조선일보	38.8.4	
98	기류 : 방송연예의 편협성	조선일보	38.8.5	방송평
99	수양강화 : 小我와 大我, 李敦化(7일 오후 6:55)	조선일보	38.8.7	
100	연속탐정소설 : 제2의 遺書, 金白首 作, 卜惠淑	조선일보	38.8.7	탐정소설
101	사회견학 : 육군병지원자 훈련소, 오후 8시	조선일보	38.8.11	
102	라디오소설 : 눈물의 便紙, 方仁根 作 高鈴蘭	조선일보	38.8.13	라디오소설
103	탐정소설 : 얼룩얼룩한끈타불, 코난도일 原作 金來成譯 黃澈朗讀	조선일보	38.8.14	탐정소설
104	강연 : 사회생활과 공덕, 李克魯, 오후 8시	조선일보	38.8.16	
105	라디오소설 : 秋夕, 金福鎭	조선일보	38.8.18	라디오소설
106	강좌 : 재래의 가정오락에 대하여, 車相瓚, 오전 11시 15분	조선일보	38.8.19	
107	강연 : 좋은 성격의 발전에 대하여, 中央佛專 金斗憲, 오후 7시	조선일보	38.8.19	
108	강좌 : 아동교육에 대한 태도, 許英肅, 26일 오전 11시 15분	조선일보	38.8.25	
109	연속소설 : 東西怪談選, 方仁根	조선일보	38.8.24	연속소설
110	취미강연 : 조선 각 도(道) 풍습이야기, 李克魯, 오후 8시	조선일보	38.8.30	
111	경전해설 : 인생과 인내, 천주교신부 盧基南(3일 오후 6시 30분)	조선일보	38.9.1	
112	漫談 : 기박한 인생, 申不出	조선일보	38.9.1	만담
113	古談 : 三父子同榜, 申淸居	조선일보	38.9.3	고담
114	사회견학 : 레코드 취입광경, 빅타회사 경성취입소에서, 견학자 南海燕, 오후 8시	조선일보	38.9.6	
115	생활개선좌담회	조선일보	38.9.7	
116	강연 : 가정연료절약에 대하야, 高工교수 安東爀, 오후 8시 30분	조선일보	38.9.8	
117	강연 : 農村과 信仰, 崔鍾濬, 오후 6시 30분	조선일보	38.9.9	
118	강연 : 내선동원의 사적을 회고하면서, 사회교육과장 金大羽, 오후 7시 30분	조선일보	38.9.9	역사 강연
119	야담 : 大人妙笑, 庚秋岡	조선일보	38.9.10	야담
120	야담 : 活佛, 庚秋岡	조선일보	38.9.11	야담
121	야담 : 金鴈, 張志浩	조선일보	38.9.14	야담
122	야담 : 玉에도 티가 있다, 朴一笑	조선일보	38.9.15	야담
123	강연 : 구주의 무용을 보고와서, 趙澤元, 오후 7시 30분	조선일보	38.9.17	
124	야담 : 義拘塚, 申鼎言	조선일보	38.9.20	야담
125	古典藝術의 精華 아악공개연주회 6일 부민관에서 李王職주최로 DK 전조선에 중계방송	조선일보	38.10.1	
126	야담 : 뻔뻔한 女子, 申鼎言	조선일보	38.10.7	야담
127	라디오소설 : 잠고대, 方春海作 卜惠淑	조선일보	38.10.13	라디오소설

No.	기사	신문	날짜	비고
128	라디오소설 : 省墓, 秋山作 金暎玉	조선일보	38.10.15	라디오소설
129	고담 : 벼슬한 松木, 金濯雲	조선일보	38.10.25	고담
130	皇居遙拜 시간 : 每朝 라디오로 방송	조선일보	38.11.3	
131	야담 : 四蛇昇天, 金濯雲	조선일보	38.11.4	야담
132	라디오소설 : 人情, 池景順	조선일보	3811.6	라디오소설
133	週間中 기념방송 : JODK 의 프로결정	조선일보	38.11.7	국민정신 작흥주간
134	라디오 학교 : 악보이야기, 誠信여학교 金尙權, 오후 6시	조선일보	38.11.16	
135	강연 : 조선농업의 특질, 李勳求, 오후 6시 20분	조선일보	38.11.26	
136	강연 : 최제우의 사상, 鄭廣朝, 오후 7시 30분	조선일보	38.11.29	역사 강연
137	야담 : 신흙속에 土, 庚秋岡	조선일보	38.11.30	야담
138	라디오소설 : 指導者, 金素英	조선일보	38.12.3	라디오소설
139	경제해설 : 公債와 增稅, 李健赫	조선일보	38.12.9	
140	라디오수필 : 落葉의 집, 毛允淑	조선일보	38.12.11	수필
141	연속소설 : 哀史, 卜惠淑	조선일보	38.12.13	연속소설
142	취미강연 : 作品과 匿名로맨스, 金晋燮	조선일보	38.12.24	
143	고담 : 奇智, 金濯雲	조선일보	38.12.24	고담
144	야담 : 友兄愛弟, 申淸居	조선일보	38.12.31	야담
145	리디오소설 : 勇士, 金素英	조선일보	39.1.24	라디오소설
146	강연 : 언어의 변천, 梁柱東(오후 7시 10분)	조선일보	39.2.2	한글 강연
147	야담 : 西山大師, 車靑吾	조선일보	39.2.9	야담
148	연속야담 : 奇智答君命, 申靑居	조선일보	39.2.16	연속 야담
149	강연 : 동양사상과 5행설, 柳子厚	조선일보	39.2.18	
150	발성판 전원 · 해양 · 산곡 삼중주, 농악 · 禽聲 등 녹음방송	조선일보	39.6.2	
151	"천편일률의 프로에 怠氣가 만만하다!" 제2부 방송확충선언도 유야무야, 라디오 청취자의 호소장	동아일보	39.8.23	
152	조선방송협회에서 赤穗義士錄을 방송(일본 충효의 열을 조선어로 번역)	동아일보	39.8.26	야담형식으로 방송
153	'금일의 보고'와 '라디오 메모' 시간 신설 9월 1일부터 시행	동아일보	39.8.31	
154	기원 2600년 기념 방송문예모집 한시, 동요, 가요, 설화 등	조선일보	39.12.1	
155	가요정화의 봉화!(건전한 노래 보급계획 방송협회 쾌거)	조선일보	39.12.21	
156	전파에 흐르는 "내일의 聲帶" DK의 珍寶 李啓元 · 宋珍根군	조선일보	40.1.11	
157	방송문예현상모집 2600봉축기념	동아일보	40.2.2	
158	경성중앙방송국 현상 방송문예모집	조선일보	40.2.2	
159	기원 2600년 봉축, 아악과 가무의 저녁 13일 부민관서 방송협회주최	조선일보	40.2.9	
160	아름다운 조선말을… 경성중앙방송국 제2 방송부에서 순화운동 방송기술연구위원회를 신설	조선일보	40.2.9	한글 관련

No.	기사	신문	날짜	비고
161	時宜에 得當, 조선어학회측 담화	조선일보	40.2.9	
162	방송문답 : 국민정신총동원, 鄭僑源, 玄永燮	조선일보	40.3.1	
163	야담 : 男心, 庚秋岡	조선일보	40.3.3	야담
164	강연 : 생활과 사업, 普專 安浩相, 오후 7시 30분	조선일보	40.3.8	
165	강연 : 상점과 공장의 조명, 京專 閔鏞圭, 오후 7시 30분	조선일보	40.3.9	
166	취미강연 : 조선가락지 이야기, 柳子厚, 오후 6시 30분	조선일보	40.3.12	
167	야담 : 잠간만 첨엇드면, 申鼎言	조선일보	40.3.15	야담
168	전래가요의 비약, 신창극조를 짓기로 결정 조선방송협회의 새로운 시험	조선일보	40.3.22	건전가요 보급목적
169	대망의 방송예술가 실연의 밤 금야로 절박, 라디오 스타 대경연	조선일보	40.3.26	
170	라디오소설 : 窓밧게 봄비, 金碧疲 作 金福鎭朗讀	조선일보	40.4.6	라디오소설
171	라디오소설 : 비젓는 봄, 金健作 卜惠淑 朗讀	조선일보	40.4.10	라디오소설
172	강연 : 몽고민족 이야기, 崔南善	조선일보	40.4.13	역사 강연
173	강연 : 풍속수양에 대하여, 鄭廣朝	조선일보	40.4.21	
174	라디오소설 : 賢母日記, 金福鎭	조선일보	40.5.8	라디오소설
175	明治大正名作 라디오 文庫 : 奇綠, 卜惠淑 朗讀	조선일보	40.5.10	일본 문고
176	강연 : 元曉大師이야기, 權相老	조선일보	40.5.12	역사 강연
177	강연 : 史實로 본 內鮮一體, 鄭僑源	조선일보	40.5.22	역사 강연
178	어린이 시간을 毛允淑씨 담당 방송국의 새 시험	조선일보	40.6.2	
179	연속강담 : 五平菩薩, 申鼎言	조선일보	40.6.2	연속 강담
180	강연 : 近世의 蒙古, 崔南善	조선일보	40.6.5	역사 강연
181	강연 : 風俗과 道德, 鄭寅燮	조선일보	40.6.5	
182	문학의 시대성, 白 鐵, 오후 8시	조선일보	40.7.7	문예 강좌
183	海外名作 : 푸른瞳子, 아포리네르作, 李源朝	조선일보	40.7.12	
184	海外名作 : 優良品, 골즈워디作 洪福柔	조선일보	40.7.19	
185	라디오소설 : 어떤 詩人의 日記, 金健作 池景順 朗讀	조선일보	40.7.24	라디오소설
186	상해서 조선말 방송, 重慶측 동포를 향해	동아일보	40.7.31	조선어로 선전 방송
187	제2 방송 프로 쇄신, 국체제와 생활개선을 주안, 가요곡 정화도 도모	동아일보	40.8.4	